LES

CODES FRANÇAIS

o————o

CORBEIL., Imprimerie de CRÉTÉ.

LES
CODES FRANÇAIS

COLLATIONNÉS

SUR LES ÉDITIONS OFFICIELLES

contenant :

1° LA CONFÉRENCE DES ARTICLES ENTRE EUX ;

2° SOUS CHAQUE ARTICLE LES TEXTES TANT ANCIENS QUE NOUVEAUX QUI LES EXPLIQUENT, LES COMPLÈTENT OU LES MODIFIENT ;

3° UN SUPPLÉMENT PAR ORDRE ALPHABÉTIQUE ET CHRONOLOGIQUE, RENFERMANT, OUTRE LES LOIS LES PLUS USUELLES, CELLES RELIGÉES POUR LES THÈSES ET LES TEXTES ANCIENS QUI SONT ENCORE EN VIGUEUR ;

4° UNE TABLE ALPHABÉTIQUE RENVOYANT AUX LOIS ET AUX PAGES OÙ ELLES SONT REPRODUITES

ET

Les seuls où sont rapportés

LES TEXTES DU DROIT ANCIEN ET INTERMÉDIAIRE

NÉCESSAIRES A L'INTELLIGENCE DES ARTICLES

PAR

LOUIS TRIPIER

Avocat à la Cour d'appel de Paris, Docteur en droit, Membre du Conseil général de l'Yonne

PARIS

LIBRAIRIE DE JURISPRUDENCE DE COTILLON

RUE DES GRÈS-SORBONNE, 16

Réunir tous les textes nécessaires à l'intelligence d'une législation et rendre leur recherche aussi prompte que sûre, telles sont, selon moi, les conditions d'un bon Code. C'est dans la pensée d'atteindre ce double but que je publie aujourd'hui les Codes français.

Et, d'abord, réunion de tous les text.. nécessaires.

Sous chaque article j'ai rapporté, outre les textes des lois nouvelles qui le complètent ou le modifient :

1° Les dispositions du droit ancien et du droit intermédiaire, indispensables à connaître pour son explication, et qui sont citées par les commentateurs et les professeurs (1);

2° Tous les changemens que cet article a subis depuis sa promulgation. De cette manière, on a simultanément sous les yeux les Codes de la République, de l'Empire, de la Restauration, et on peut les comparer, soit entre eux, soit avec les Codes actuels.

Je n'insisterai pas sur l'utilité de ces innovations. Depuis longtemps il est reconnu qu'on ne peut étudier, même sommairement, certaines parties de notre droit, notamment les donations, les testamens, les substitutions, la preuve testimoniale, la procédure civile et le droit commercial, sans le

---

(1) J'avais aussi rapporté sous chaque article des Codes tous les textes de nos coutumes qui pouvaient s'y rattacher. Mais l'impossibilité de tout comprendre dans un volume m'a obligé à ne laisser que les dispositions indispensables. Au reste, cette partie de mon travail trouvera sa place dans une publication nouvelle, que j'entreprends, sur nos coutumes, et qui comprendra, outre les textes:

1° La conférence des articles entre eux et avec notre législation actuelle;

2° Sous chaque article, la définition des termes de droit qu'il renferme, ainsi que l'exposé et la solution des questions qu'il a soulevées, le tout d'après les meilleurs commentateurs.

secours de nos anciens édits, lettres patentes, ordonnances, réglemens..... Comment exploiter la mine si riche et si féconde de notre ancienne jurisprudence, si l'on ne connaît les points de ressemblance et de différence de l'ancienne législation et de la nouvelle?

Et quant au droit intermédiaire, comment comprendre, par exemple, notre législation pénale et suivre sa marche, si l'on ignore les dispositions de ce droit sur cette importante matière? De quelle utilité n'est pas la loi de brumaire an VII pour l'étude de notre système hypothécaire?

Plusieurs articles de nos Codes renvoient aux usages locaux, j'ai placé sous ce mot *Usages locaux* les dispositions de nos coutumes sur ces matières.

En second lieu, célérité et sûreté des recherches.

Le tarif civil et le tarif criminel comprennent chacun plusieurs lois. Je les ai classées, suivant leur ordre chronologique, par 1re, 2e..... Lorsque j'ai rencontré un article de quelque étendue, j'ai eu soin d'en indiquer les paragraphes. De cette manière, les nombreux renvois que j'ai faits aux tarifs sont tellement précis, que l'on trouve de suite et sûrement la disposition indiquée. MM. les juges taxateurs, les notaires, les avoués, les greffiers, les huissiers et toutes les personnes qui désirent connaître le prix des actes comprendront l'importance de ce nouvel ordonnancement.

Dans le Supplément aux Codes, se trouvent outre les lois les plus usuelles, celles exigées pour les thèses et les textes de notre ancien droit qui sont encore en vigueur. Il est divisé par ordre alphabétique, et les lois relatives à chaque matière arrivent par ordre chronologique. Ces deux ordres se prêtent un tel concours que les recherches sont aussi faciles que dans un dictionnaire.

Ce volume est terminé par une table alphabétique et par une table chronologique. Dans toutes les deux on indique les pages où les lois citées sont rapportées.

En faisant ce travail, j'ai voulu contribuer à faciliter et à fortifier les études juridiques. Je serai suffisamment récompensé si le public estime que je ne suis pas resté trop au-dessous de la tâche, bien modeste assurément, mais utile, que je me suis imposée.

ABRÉVIATIONS.

Cons... Constitution.
C....... Code Napoléon.
Pr..... Code de procédure
(A. Pr.) Ancien Code de procédure civile.
Co...... Code de commerce.
(A. Co.) Ancien Code de commerce.
I. Cr.... Code d'instruction criminelle.
(A. I. Cr.) Ancien Code d'instruction criminelle.
P....... Code pénal.
F....... Code forestier.

O. F.... Ordonnance forestière.
A. C. d'Ét. Avis du conseil d'État.
C. D. P. Code des Délits et des Peines.
L....... Loi.
Décr.... Décret.
Ord..... Ordonnance.
Rég..... Réglement
s........ et suivans.
S. cons. Sénatus-consulte.
S. cons. org. Sénatus-consulte organique.
V. ou Voy. Voyez.

Tarifs en matière civile.

T. 1er.— Décret du 16 février 1807, sur le tarif des frais et dépens pour le ressort de la cour royale de Paris.

T. 2. — Décret du 16 février 1807, sur la liquidation des dépens.

T. 3. — Décret du 14 mars 1808, sur les gardes du commerce.

T. 4. — Ordonnance du 9 octobre 1825, fixant les droits des greffiers des tribunaux de commerce.

T. 5. — Ordonnance du 10 octobre 1841, sur le tarif des frais et dépens des ventes judiciaires de biens immeubles.

T. 6. — Loi du 18 juin 1843, sur le tarif des commissaires-priseurs

T. 7. — Loi du 21 juin 1843, qui supprime les droits et vacations des juges de paix.

Tarifs en matière criminelle.

T. Cr. ou **T. Cr. 1er.** — Décret du 18 juin 1811, contenant le tarif général des frais.

T. Cr. 2. — Décret du 7 avril 1813, qui modifie quelques dispositions de celui du 18 juin 1811.

T. Cr. 3. — Ordonnance du 3 novembre 1819, sur la comptabilité des frais de justice.

T. Cr. 4. — Ordonnance du 30 décembre 1823, sur le recouvrement des amendes.

T. Cr. 5. — Ordonnance du 28 juin 1832, relative aux sommes consignées par les parties civiles.

T. Cr. 6. — Ordonnance du 28 novembre 1838, sur la liquidation et le paiement des frais de justice criminelle.

Vend.........	Vendémiaire.	Germ.........	Germinal.
Brum.........	Brumaire.	Flor.........	Floréal.
Frim.........	Frimaire.	Prair.........	Prairial.
Niv.........	Nivôse.	Mess.........	Messidor.
Pluv.........	Pluviôse.	Therm.........	Thermidor.
Vent.........	Ventôse.	Fruct.........	Fructidor.

Janv.........	Janvier.	Sept.........	Septembre.
Févr.........	Février.	Oct.........	Octobre.
Avr.........	Avril.	Nov.........	Novembre.
Juil.........	Juillet.	Déc.........	Décembre.

AVIS.

Les *chiffres* renvoient aux textes en vigueur; — Les *lettres* renvoient aux textes qui, quoique n'étant plus en vigueur, sont indispensables à connaître.

Pour éviter le redoublement du signe du §, lorsqu'après l'énonciation des paragraphes, j'ai eu à citer un article, je l'ai fait précéder de ces lettres *art.* Ainsi, T. 1er, art. 29, § 15, 72, *signifie* décret du 18 février 1807, article 29, paragraphe 15 et 72 et T. 1er, art. 16, § 5, 6, art. 78, § 18, *s.*, *signifie* décret du 16 février 1807, article 16, paragraphes 5 et 6, et article 78, paragraphe 18 et suivants.

SÉNATUS-CONSULTE

DU 7-10 NOVEMBRE 1852,

PORTANT MODIFICATION A LA CONSTITUTION.

ART. 1er. La dignité impériale est rétablie. — *Louis-Napoléon Bonaparte* est Empereur des Français sous le nom de *Napoléon III*.

2. La dignité impériale est héréditaire dans la descendance directe et légitime de *Louis-Napoléon Bonaparte*, de mâle en mâle, par ordre de primogéniture, et à l'exclusion perpétuelle des femmes et de leur descenda.

3. *Louis-Napoléon Bonaparte*, s'il n'a pas d'enfans mâles, peut adopter les enfans et descendans légitimes, dans la ligne masculine, des frères de l'Empereur *Napoléon Ier*. — Les formes de l'adoption sont réglées par un sénatus-consulte. — Si, postérieurement à l'adoption, il survient à *Louis-Napoléon* des enfans mâles, ses fils adoptifs ne pourront être appelés à lui succéder qu'après ses descendans légitimes. — L'adoption est interdite aux successeurs de *Louis-Napoléon* et à leur descendance.

4. *Louis-Napoléon Bonaparte* règle, par un décret organique adressé au Sénat et déposé dans ses archives, l'ordre de succession au trône dans la famille *Bonaparte*, pour le cas où il ne laisserait aucun héritier direct, légitime ou adoptif.

5. A défaut d'héritier légitime ou d'héritier adoptif de *Louis-Napoléon Bonaparte*, et des successeurs en ligne collatérale qui prendront leur droit dans le décret organique sus-mentionné, un sénatus-consulte proposé au Sénat par les ministres formés en conseil de gouvernement, avec l'adjonction des présidens en exercice du Sénat, du Corps législatif et du conseil d'Etat, et soumis à l'acceptation du peuple, nomme l'Empereur et règle dans sa famille l'ordre héréditaire de mâle en mâle, à l'exclusion perpétuelle des femmes et de leur descendance. — Jusqu'au moment où l'élection du nouvel Empereur est consommée, les affaires de l'Etat sont gouvernées par les ministres en fonctions, qui se forment en conseil de gouvernement et délibèrent à la majorité des voix.

6. Les membres de la famille de *Louis-Napoléon Bonaparte* appelés éventuellement à l'hérédité, et leur descendance des deux sexes, font partie de la famille impériale. Un sénatus-consulte règle leur position. Ils ne peuvent se marier sans l'autorisation de l'Empereur. Leur mariage fait sans cette autorisation emporte privation de tout droit à l'hérédité, tant pour celui qui l'a contracté que pour ses descendans. — Néanmoins, s'il n'existe pas d'enfans de ce mariage, en

cas de dissolution pour cause de décès, le prince qui l'aurait contracté recouvre ses droits à l'hérédité.—*Louis-Napoléon Bonaparte* fixe les titres et la condition des autres membres de sa famille. — L'Empereur a pleine autorité sur tous les membres de sa famille; il règle leurs devoirs et leurs obligations par des statuts qui ont force de loi.

7. La constitution du 14 janvier 1852 est maintenue dans toutes celles de ses dispositions qui ne sont pas contraires au présent sénatus-consulte; il ne pourra y être apporté de modifications que dans les formes et par les moyens qu'elle a prévus.

8. La proposition suivante sera présentée à l'acceptation du Peuple français dans les formes déterminées par les décrets des 2 et 4 décembre 1851 : — « Le Peuple français veut le rétablissement de la dignité impériale dans la personne de *Louis-Napoléon Bonaparte*, avec hérédité dans sa descendance directe, légitime ou adoptive, et lui donne le droit de régler l'ordre de succession au trône dans la famille *Bonaparte*, ainsi qu'il est prévu par le sénatus-consulte du 7 novembre 1852. »

DÉCRET IMPÉRIAL

DU 2-9 DÉCEMBRE 1852,

QUI PROMULGUE ET DÉCLARE LOI DE L'ÉTAT LE SÉNATUS-CONSULTE DU 7 NOVEMBRE 1852, RATIFIÉ PAR LE PLÉBISCITE DES 21 ET 22 NOVEMBRE.

ART. 1ᵉʳ. Le sénatus-consulte du 7 novembre 1852, ratifié par le plébiscite des 21 et 22 novembre, est promulgué et devient loi de l'État.

2. *Louis-Napoléon Bonaparte* est Empereur des Français sous le nom de *Napoléon III.*

DÉCRET ORGANIQUE

DU 18-31 DÉCEMBRE 1852,

QUI RÈGLE, CONFORMÉMENT A L'ARTICLE 4 DU SÉNATUS-CONSULTE DU 7 NOVEMBRE 1852, L'ORDRE DE SUCCESSION AU TRÔNE DANS LA FAMILLE BONAPARTE,

ART. 1ᵉʳ. Dans le cas où nous ne laisserions aucun héritier direct, légitime ou adoptif, — Notre oncle bien-aimé *Jérôme-Napoléon Bonaparte*, et sa descendance directe, naturelle et légitime, provenant de son mariage avec la princesse *Catherine de Wurtemberg*, de mâle en mâle, par ordre de primogéniture et à l'exclusion perpétuelle des femmes,

sont appelés à nous succéder. | porté au Sénat par notre mi-
2. Le présent décret, revê- | nistre d'Etat pour être déposé
tu du sceau de l'Etat, sera | dans ses archives.

SÉNATUS-CONSULTE

DU 25-30 DÉCEMBRE 1852,

PORTANT INTERPRÉTATION ET MODIFICATION DE LA CONSTITUTION DU 14 JANVIER 1852.

ART. 1er. L'Empereur a le droit de faire grâce et d'accorder des amnisties.

2. L'Empereur préside, quand il le juge convenable, le Sénat et le conseil d'Etat.

3. Les traités de commerce faits en vertu de l'article 6 de la constitution ont force de loi pour les modifications de tarif qui y sont stipulées.

4. Tous les travaux d'utilité publique, notamment ceux désignés par l'article 10 de la loi du 21 avril 1832 et l'article 3 de la loi du 8 mai 1841, toutes les entreprises d'intérêt général, sont ordonnés ou autorisés par décrets de l'Empereur. — Ces décrets sont rendus dans les formes prescrites pour les règlemens d'administration publique. — Néanmoins, si ces travaux et entreprises ont pour condition des engagemens ou des subsides du trésor, le crédit devra être accordé ou l'engagement ratifié par une loi avant la mise à exécution. — Lorsqu'il s'agit de travaux exécutés pour le compte de l'Etat, et qui ne sont pas de nature à devenir l'objet de concessions, les crédits peuvent être ouverts, en cas d'urgence, suivant les formes prescrites pour les crédits extraordinaires : ces crédits seront soumis au Corps législatif dans sa plus prochaine session.

5. Les dispositions du décret organique du 22 mars 1852 peuvent être modifiées par des décrets de l'Empereur.

6. Les membres de la famille impériale appelés éventuellement à l'hérédité et leurs descendans portent le nom de *Princes français*. — Le fils aîné de l'Empereur porte le titre de *Prince impérial*.

7. Les Princes français sont membres du Sénat et du conseil d'Etat quand ils ont atteint l'âge de dix-huit ans accomplis. — Ils ne peuvent y siéger qu'avec l'agrément de l'Empereur.

8. Les actes de l'état civil de la famille impériale sont reçus par le ministre d'Etat, et transmis, sur un ordre de l'Empereur, au Sénat, qui en ordonne la transcription sur ses registres et le dépôt dans ses archives.

9. La dotation de la couronne et la liste civile de l'Empereur sont réglées, pour la durée de chaque règne, par un sénatus-consulte spécial.

10. Le nombre des sénateurs nommés directement par l'Empereur ne peut excéder cent cinquante.

11. Une dotation annuelle et viagère de trente mille

francs est affectée à la dignité de sénateur.

12. Le budget des dépenses est présenté au Corps législatif avec ses subdivisions administratives, par chapitres et par articles. — Il est voté par ministère. — La répartition par chapitres du crédit accordé pour chaque ministère est réglée par décret de l'Empereur, rendu en conseil d'État. — Des décrets spéciaux, rendus dans la même forme, peuvent autoriser des viremens d'un chapitre à un autre. Cette disposition est applicable au budget de l'année 1853.

13. Le compte-rendu prescrit par l'article 42 de la constitution est soumis, avant sa publication, à une commission composée du président du Corps législatif et des présidens de chaque bureau. En cas de partage d'opinions, la voix du président du Corps législatif est prépondérante. — Le procès-verbal de la séance, lu à l'assemblée, constate seulement les opérations et les votes du Corps législatif.

14. Les députés au Corps législatif reçoivent une indemnité qui est fixée à deux mille cinq cents francs par mois pendant la durée de chaque session ordinaire ou extraordinaire.

15. Les officiers généraux placés dans le cadre de réserve peuvent être membres du Corps législatif. Ils sont réputés démissionnaires, s'ils sont employés activement, conformément à l'article 5 du décret du 1er décembre 1852, et à l'article 3 de la loi du 4 août 1839.

16. Le serment prescrit par l'article 14 de la constitution est ainsi conçu : « Je jure obéissance à la constitution et fidélité à l'Empereur. »

17. Les articles 2, 9, 11, 15, 16, 17, 18, 19, 22 et 37 de la constitution du 14 janvier 1852 sont abrogés.

<○●●○>

CONSTITUTION.

(14 janvier 1852. — Promulguée le 22.)

◁————◦————▷

LOUIS-NAPOLÉON,

PRÉSIDENT DE LA RÉPUBLIQUE,

AU NOM DU PEUPLE FRANÇAIS.

———

FRANÇAIS!

Lorsque, dans ma proclamation du 2 décembre, je vous exprimai loyalement quelles étaient, à mon sens, les conditions vitales du pouvoir en France, je n'avais pas la prétention, si commune de nos jours, de substituer une théorie personnelle à l'expérience des siècles. J'ai cherché, au contraire, quels étaient dans le passé les exemples les meilleurs à suivre, quels hommes les avaient donnés, et quel bien en était résulté.

Dès lors, j'ai cru logique de préférer les préceptes du génie aux doctrines spécieuses d'hommes à idées abstraites. J'ai pris comme modèle les institutions politiques qui déjà, au commencement de ce siècle, dans des circonstances analogues, ont raffermi la société ébranlée et élevé la France à un haut degré de prospérité et de grandeur.

J'ai pris comme modèle les institutions qui, au lieu de disparaître au premier souffle des agitations populaires, n'ont été renversées que par l'Europe entière coalisée contre nous.

En un mot, je me suis dit: Puisque la France ne marche depuis cinquante ans qu'en vertu de l'organisation administrative, militaire, judiciaire, religieuse, financière du consulat et de l'empire, pourquoi n'adopterions-nous pas aussi les institutions politiques de cette époque? Créées par la même pensée, elles doivent porter en elles le même caractère de nationalité et d'utilité pratique.

En effet, ainsi que je l'ai rappelé dans ma proclamation, notre société actuelle, il est essentiel de le constater, n'est pas autre chose que la France régénérée par la révolution de 89 et organisée par l'empereur. Il ne reste plus rien de l'ancien régime que de grands souvenirs et de grands bienfaits. Mais tout ce qui alors était organisé a été détruit par la révolution, et tout ce qui a été organisé depuis la révolution et qui existe encore l'a été par Napoléon.

Nous n'avons plus ni provinces, ni pays d'états, ni parlemens, ni intendans, ni fermiers généraux, ni coutumes diverses, ni droits féodaux, ni classes privilégiées en possession exclusive des emplois civils et militaires, ni juridictions religieuses différentes.

A tant de choses incompatibles avec elle, la révolution avait fait subir une réforme radicale, mais elle n'avait rien fondé de définitif. Seul, le premier consul rétablit l'unité, la hiérarchie et les véritables principes du gouvernement. Ils sont encore en vigueur.

Ainsi l'administration de la France confiée à des préfets, à des sous-préfets, à des maires, qui substituaient l'unité aux commissions directoriales; la décision des affaires, au contraire, donnée à des conseils, depuis la commune jusqu'au département. Ainsi, la magistrature affermie par l'inamovibilité des juges, par la hiérarchie des tribunaux; la justice rendue plus facile par la délimitation des attributions, depuis la justice de paix jusqu'à la cour de cassation. Tout cela est encore debout.

De même, notre admirable système financier, la banque de France, l'établissement des budgets, la cour des comptes, l'organisation de la police, nos réglemens militaires datent de cette époque.

Depuis cinquante ans c'est le Code Napoléon qui règle les intérêts des citoyens entre eux; c'est encore le concordat qui règle les rapports de l'État avec l'Église.

Enfin, la plupart des mesures qui concernent les progrès de l'industrie, du commerce, des lettres, des sciences, des arts, depuis les réglemens du Théâtre-Français jusqu'à ceux de l'Institut, depuis l'institution des prud'hommes jusqu'à la création de la Légion d'honneur, ont été fixées par les décrets de ce temps.

On peut donc l'affirmer, la charpente de notre édifice social est l'œuvre de l'empereur, et elle a résisté à sa chute et à trois révolutions.

Pourquoi, avec la même origine, les institutions politiques n'auraient-elles pas les mêmes chances de durée?

Ma conviction était formée depuis longtemps, et c'est pour cela que j'ai soumis à votre jugement les bases principales d'une constitution empruntée à celle de l'an VIII. Approuvées par vous, elles vont devenir le fondement de notre constitution politique.

Examinons quel en est l'esprit.

Dans notre pays, monarchique depuis huit cents ans, le pouvoir central a toujours été en s'augmentant. La royauté a détruit les grands vassaux; les révolutions elles-mêmes ont fait disparaître les obstacles qui s'opposaient à l'exercice rapide et uniforme de l'autorité. Dans ce pays de centralisation, l'opinion publique a sans cesse tout rapporté au chef du gouvernement, le bien comme le mal. Aussi, écrire en tête d'une charte que ce chef est irresponsable, c'est mentir au sentiment public, c'est vouloir établir une fiction qui s'est trois fois évanouie au bruit des révolutions.

La Constitution actuelle proclame, au contraire, que le chef que vous avez élu est responsable devant vous; qu'il a toujours le droit de faire appel à votre jugement souverain, afin que, dans les circonstances solennelles, vous puissiez lui continuer ou lui retirer votre confiance.

Etant responsable, il faut que son action soit libre et sans entraves. De là l'obligation d'avoir des ministres qui soient les auxiliaires honorés et puissans de sa pensée; mais qui ne forment plus un conseil responsable, composé de membres solidaires, obstacle journalier à l'impulsion particulière du chef de l'Etat, expression d'une politique émanée des chambres, et par là même exposé à des changemens fréquens qui empêchent tout esprit de suite, toute application d'un système régulier.

Néanmoins, plus un homme est haut placé, plus il est indépendant, plus la confiance que le peuple a mise en lui est grande, plus il a besoin de conseils éclairés, consciencieux. De là la création d'un conseil d'Etat, désormais véritable conseil du gouvernement, premier rouage de notre organisation nouvelle, réunion d'hommes pratiques élaborant des projets de loi dans des commissions spéciales, les discutant à huis clos, sans ostentation oratoire, en assemblée générale, et les représentant ensuite à l'acceptation du corps législatif.

Ainsi le pouvoir est libre dans ses mouvemens, éclairé dans sa marche.

Quel sera maintenant le contrôle exercé par les assemblées?

Une chambre, qui prend le titre de corps législatif, vote les lois et l'impôt. Elle est élue par le suffrage universel, sans scrutin de liste. Le peuple, choisissant isolément chaque candidat, peut plus facilement apprécier le mérite de chacun d'eux.

La chambre n'est plus composée que d'environ deux cent soixante membres. C'est là une première garantie du calme des délibérations, car trop souvent on a vu dans les assemblées la mobilité et l'ardeur des passions croître en raison du nombre.

Le compte rendu des séances qui doit instruire la nation n'est plus livré, comme autrefois, à l'esprit de parti de chaque journal; une publication officielle, rédigée par les soins du président de la chambre, en est seule permise.

Le corps législatif discute librement la loi, l'adopte ou la repousse; mais il n'y introduit pas à l'improviste de ces amendemens qui dérangent souvent toute l'économie d'un système et l'ensemble du projet primitif. A plus forte raison n'a-t-il pas cette initiative parlementaire qui était la source de si graves abus, et qui permettait à chaque député de se substituer à tout propos au gouvernement en présentant les projets les moins étudiés, les moins approfondis.

La chambre n'étant plus en présence des ministres, et les projets de loi étant soutenu par les orateurs du conseil d'Etat, le temps ne se perd plus en vaines interpellations, en accusations frivoles, en luttes passionnées dont l'unique but était de renverser les ministres pour les remplacer.

Ainsi donc, les délibérations du corps législatif seront indépendantes; mais les causes d'agitations stériles auront été supprimées, des lenteurs salutaires apportées à toute modification de la loi. Les mandataires de la nation feront mûrement les choses sérieuses.

Une autre assemblée prend le nom de sénat. Elle sera composée des élémens qui, dans tout pays, créent les influences légitimes : le nom illustre, la fortune, le talent et les services rendus.

Le sénat n'est plus, comme la chambre des pairs, le pâle reflet de la chambre des députés, répétant à quelques jours d'intervalle les mêmes discussions sur un autre ton. Il est le dépositaire du pacte fondamental et des libertés compatibles avec la Constitution; et c'est uniquement sous le rapport des grands principes sur lesquels repose notre société qu'il examine toutes les lois et qu'il en propose de nouvelles au pouvoir exécutif. Il intervient, soit pour résoudre toute difficulté grave qui pourrait s'élever pendant l'absence du corps législatif, soit pour expliquer le texte de la Constitution et assurer ce qui est nécessaire à sa marche. Il a le droit d'annuler tout acte arbitraire et illégal; et, jouissant ainsi de cette considération qui s'attache à un corps exclusivement occupé de l'examen de grands intérêts ou de l'application de grands principes, il remplit dans l'Etat le rôle indépendant, salutaire, conservateur, des anciens parlemens.

Le sénat ne sera pas, comme la chambre des pairs, transformé en cour de justice : il conservera son caractère de modérateur suprême; car la défaveur atteint toujours les corps politiques lorsque le sanctuaire des législateurs devient un tribunal criminel. L'impartialité du juge est trop souvent mise en doute, et il perd de son prestige devant l'opinion, qui va quelquefois jusqu'à l'accuser d'être l'instrument de la passion ou de la haine.

Une haute cour de justice, choisie dans la haute magistrature, ayant pour jurés des membres des conseils généraux de toute la France, réprimera seule les attentats contre le chef de l'Etat et la sûreté publique.

L'empereur disait au conseil d'Etat : «Une Constitution est l'œuvre du temps; on ne saurait laisser une trop large voie aux améliorations.» Aussi la Constitution présente n'a-t-elle fixé que ce qu'il était impossible de laisser incertain. Elle n'a pas enfermé dans un cercle infranchissable les destinées d'un grand peuple; elle a laissé aux changemens une assez large voie pour qu'il y ait, dans les grandes crises, d'autres moyens de salut que l'expédient désastreux des révolutions.

Le sénat peut, de concert avec le gouvernement, modifier tout ce qui n'est pas fondamental dans la Constitution; mais quant aux modifications à apporter aux bases premières, sanctionnées par vos suffrages, elles ne peuvent devenir définitives qu'après avoir reçu votre ratification.

Ainsi, le peuple reste toujours maître de sa destinée. Rien de fondamental ne se fait en dehors de sa volonté.

Telles sont les idées, tels sont les principes dont vous m'avez autorisé à faire l'application. Puisse cette Constitution donner à notre patrie des jours calmes et prospères! Puisse-t-elle prévenir le retour de ces luttes intestines où la victoire, quelque légitime qu'elle soit, est toujours chèrement achetée! Puisse la sanction que vous avez donnée à mes efforts être bénie du ciel! Alors la paix sera assurée au dedans et au dehors, mes vœux seront comblés, ma mission sera accomplie

CONSTITUTION

FAITE

EN VERTU DES POUVOIRS DÉLÉGUÉS PAR LE PEUPLE FRANCAIS

A LOUIS-NAPOLÉON BONAPARTE

par le vote des 20 et 21 décembre 1851.

Le Président de la République,

Considérant que le peuple français a été appelé à se prononcer sur la résolution suivante :

« Le peuple veut le maintien de l'autorité de Louis-Napoléon Bonaparte, et lui donne les pouvoirs nécessaires pour faire une Constitution d'après les bases établies dans sa proclamation du 2 décembre; »

Considérant que les bases proposées à l'acceptation du peuple étaient :

« 1º Un chef responsable nommé pour dix ans;

« 2º Des ministres dépendant du pouvoir exécutif seul;

« 3º Un conseil d'État formé des hommes les plus distingués, préparant les lois et en soutenant la discussion devant le corps législatif;

« 4º Un corps législatif discutant et votant les lois, nommé par le suffrage universel, sans scrutin de liste qui fausse l'élection;

« 5º Une seconde assemblée formée de toutes les illustrations du pays, pouvoir pondérateur, gardien du pacte fondamental et des libertés publiques; »

Considérant que le peuple a répondu affirmativement par

sept millions cinq cent mille suffrages, Promulgue la Constitution dont la teneur suit :

TITRE PREMIER.

Art. 1er. La Constitution reconnaît, confirme et garantit les grands principes proclamés en 1789, et qui sont la base du droit public des Français.

TITRE DEUXIÈME.

FORMES DU GOUVERNEMENT DE LA RÉPUBLIQUE.

2. Le gouvernement de la République française est confié pour dix ans au prince Louis-Napoléon Bonaparte, Président actuel de la République.

3. Le Président de la République gouverne au moyen des ministres, du conseil d'Etat, du sénat et du corps législatif.

4. La puissance législative s'exerce collectivement par le Président de la République, le sénat et le corps législatif.

TITRE TROISIÈME.

DU PRÉSIDENT DE LA RÉPUBLIQUE.

5. Le Président de la République est responsable devant le peuple français, auquel il a toujours le droit de faire appel.

6. Le Président de la République est le chef de l'Etat; il commande les forces de terre et de mer, déclare la guerre; fait les traités de paix, d'alliance et de commerce; nomme à tous les emplois, fait les réglemens et décrets nécessaires pour l'exécution des lois.

7. La justice se rend en son nom.

8. Il a seul l'initiative des lois.

9. Il a le droit de faire grâce.

10. Il sanctionne et promulgue les lois et les sénatus-consultes.

11. Il présente, tous les ans, au sénat et au corps législatif, par un message, l'état des affaires de la République.

12. Il a le droit de déclarer l'état du siége dans un ou plusieurs départemens, sauf à en référer au sénat dans le plus bref délai.

Les conséquences de l'état de siége sont réglées par la loi.

13. Les ministres ne dépendent que du chef de l'E-

tat; ils ne sont responsables que chacun en ce qui le concerne des actes du gouvernement; il n'y a point de solidarité entre eux; ils ne peuvent être mis en accusation que par le sénat.

14. Les ministres; les membres du sénat, du corps législatif et du conseil d'Etat; les officiers de terre et de mer, les magistrats et les fonctionnaires publics prêtent le serment ainsi conçu :

Je jure obéissance à la Constitution et fidélité au Président.

15. Un sénatus-consulte fixe la somme allouée annuellement au Président de la République pour toute la durée de ses fonctions.

16. Si le Président de la République meurt avant l'expiration de son mandat, le sénat convoque la nation pour procéder à une nouvelle élection.

17. Le chef de l'Etat a le droit, par un acte secret et déposé aux archives du sénat, de désigner au peuple le nom du citoyen qu'il recommande, dans l'intérêt de la France, à la confiance du peuple et à ses suffrages.

18. Jusqu'à l'élection du nouveau Président de la République, le président du sénat gouverne avec le concours des ministres en fonctions, qui se forment en conseil de gouvernement, et délibèrent à la majorité des voix.

TITRE QUATRIÈME.

DU SÉNAT.

19. Le nombre des sénateurs ne pourra excéder cent cinquante ; il est fixé pour la première année à quatre-vingts.

20. Le sénat se compose :

1° Des cardinaux, des maréchaux, des amiraux;

2° Des citoyens que le Président de la République juge convenable d'élever à la dignité de sénateur.

21. Les sénateurs sont inamovibles et à vie.

22. Les fonctions de sénateur sont gratuites; néanmoins le Président de la République pourra accorder à ses sénateurs, en raison de services rendus et de leur position de fortune, une dotation personnelle, qui ne pourra excéder trente mille francs par an.

23. Le président et les vice-présidens du sénat sont nommés par le Président de la République et choisis parmi les sénateurs.

Ils sont nommés pour un an.

Le traitement du président du sénat est fixé par un décret.

24. Le Président de la République convoque et proroge le sénat. Il fixe la durée de ses sessions par un décret.

Les séances du sénat ne sont pas publiques.

25. Le sénat est le gardien du pacte fondamental et des libertés publiques. Aucune loi ne peut être promulguée avant de lui être soumise.

26. Le sénat s'oppose à la promulgation :

1° Des lois qui seraient contraires ou qui porteraient

atteinte à la Constitution, à la religion, à la morale, à la liberté des cultes, à la liberté individuelle, à l'égalité des citoyens devant la loi, à l'inviolabilité de la propriété et au principe de l'inamovibilité de la magistrature;

2° De celles qui pourraient compromettre la défense du territoire.

27. Le sénat règle par un sénatus-consulte :

1° La constitution des colonies et de l'Algérie;

2° Tout ce qui n'a pas été prévu par la Constitution et qui est nécessaire à sa marche;

3° Le sens des articles de la Constitution qui donnent lieu à différentes interprétations.

28. Ces sénatus-consultes seront soumis à la sanction du Président de la République, et promulgués par lui.

29. Le sénat maintient ou annule tous les actes qui lui sont déférés comme inconstitutionnels par le gouvernement, ou dénoncés pour la même cause par les pétitions des citoyens.

30. Le sénat peut, dans un rapport adressé au Président de la République, poser les bases des projets de loi d'un grand intérêt national.

31. Il peut également proposer des modifications à la Constitution. Si la proposition est adoptée par le pouvoir exécutif, il y est statué par un sénatus-consulte.

32. Néanmoins, sera soumise au suffrage universel toute modification aux bases fondamentales de la Constitution, telles qu'elles ont été posées dans la proclamation du 2 décembre et adoptées par le peuple français.

33. En cas de dissolution du corps législatif, et jusqu'à une nouvelle convocation, le sénat, sur la proposition du Président de la République, pourvoit, par des mesures d'urgence, à tout ce qui est nécessaire à la marche du gouvernement.

TITRE CINQUIÈME.

DU CORPS LÉGISLATIF.

34. L'élection a pour base la population.

35. Il y aura un député au corps législatif à raison de trente-cinq mille électeurs.

36. Les députés sont élus par le suffrage universel, sans scrutin de liste.

37. Ils ne reçoivent aucun traitement.

38. Ils sont nommés pour six ans.

39. Le corps législatif discute et vote les projets de loi et l'impôt.

40. Tout amendement adopté par la commission chargée d'examiner un projet de loi sera renvoyé, sans discussion, au conseil d'État par le président du corps législatif.

Si l'amendement n'est pas adopté par le conseil d'État, il ne pourra pas être soumis à la délibération du corps législatif.

41. Les sessions ordinaires du corps législatif durent trois mois; ses séances sont publiques; mais la demande de cinq membres suffit pour qu'il se forme en comité secret.

42. Le compte rendu des séances du corps législatif par les journaux ou tout autre moyen de publication ne consistera que dans la reproduction du procès-verbal dressé à l'issue de chaque séance par les soins du président du corps législatif.

43. Le président et les vice-présidens du corps législatif sont nommés par le Président de la République pour un an; ils sont choisis parmi les députés. Le traitement du président du corps législatif est fixé par un décret.

44. Les ministres ne peuvent être membres du corps législatif.

45. Le droit de pétition s'exerce auprès du sénat. Aucune pétition ne peut être adressée au corps législatif.

46. Le Président de la République convoque, ajourne, proroge et dissout le corps législatif. En cas de dissolution, le Président de la République doit en convoquer un nouveau dans le délai de six mois.

TITRE SIXIÈME.

DU CONSEIL D'ÉTAT.

47. Le nombre des conseillers d'État en service ordinaire est de quarante à cinquante.

48. Les conseillers d'État sont nommés par le Président de la République et révocables par lui.

49. Le conseil d'État est présidé par le Président de la République, et, en son absence, par la personne qu'il désigne comme vice-président du conseil d'État.

50. Le conseil d'État est chargé, sous la direction du Président de la République, de rédiger les projets de loi et les réglemens d'administration publique, et de résoudre les difficultés qui s'élèvent en matière d'administration.

51. Il soutient, au nom du gouvernement, la discussion des projets de loi devant le sénat et le corps législatif.

Les conseillers d'État chargés de porter la parole au nom du gouvernement sont désignés par le Président de la République.

52. Le traitement de chaque conseiller d'État est de vingt-cinq mille francs.

53. Les ministres ont rang, séance et voix délibérative au conseil d'État.

TITRE SEPTIÈME.

DE LA HAUTE COUR DE JUSTICE.

54. Une haute cour de justice juge, sans appel ni recours en cassation, toutes personnes qui auront été renvoyées devant elle comme prévenues de crimes, attentats ou complots contre le Président de la République et contre la sûreté intérieure ou extérieure de l'Etat.

Elle ne peut être saisie qu'en vertu d'un décret du Président de la République.

55. Un sénatus-consulte déterminera l'organisation de cette haute cour.

TITRE HUITIÈME.

DISPOSITIONS GÉNÉRALES ET TRANSITOIRES.

56. Les dispositions des Codes, lois et réglemens existans, qui ne sont pas contraires à la présente Constitution, restent en vigueur jusqu'à ce qu'il y soit légalement dérogé.

57. Une loi déterminera l'organisation municipale. Les maires seront nommés par le pouvoir exécutif, et pourront être pris hors du conseil municipal.

58. La présente Constitution sera en vigueur à dater du jour où les grands corps de l'Etat qu'elle organise seront constitués.

Les décrets rendus par le Président de la République, à partir du 2 déc. jusqu'à cette époque, auront force de loi.

FIN DE LA CONSTITUTION.

LOI

CONTENANT LA RÉUNION DES LOIS CIVILES EN UN SEUL CORPS DE LOIS,

SOUS LE TITRE DE

CODE CIVIL DES FRANÇAIS.

30 ventôse an XII [21 mars 1804].

ART. 1er. Seront réunies en un seul corps de lois, sous le titre de *Code civil des Français*, les lois qui suivent; savoir : — 1º Loi du 14 ventôse an XI. *Sur la Publication, les Effets et l'Application des Lois en général.* — 2º Loi du 17 ventôse an XI. *Sur la Jouissance et la Privation des Droits civils.* — 3º Loi du 20 ventôse an XI. *Sur les Actes de l'État civil.* — 4º Loi du 23 ventôse an XI. *Sur le Domicile.* — 5º Loi du 24 ventôse an XI. *Sur les Absens.* — 6º Loi du 26 ventôse an XI. *Sur le Mariage.* — 7º Loi du 30 ventôse an XI. *Sur le Divorce.* — 8º Loi du 2 germinal an XI. *Sur la Paternité et la Filiation.* — 9º Loi du 2 germinal an XI. *Sur l'Adoption et la Tutelle officieuse.* — 10º Loi du 3 germinal an XI. *Sur la Puissance paternelle.* — 11º Loi du 5 germinal an XI. *Sur la Minorité, la Tutelle et l'Émancipation.* — 12º Loi du 8 germinal an XI. *Sur la Majorité, l'Interdiction et le Conseil judiciaire.* — 13º Loi du 4 pluviôse an XII. *Sur la Distinction des biens.* — 14º Loi du 6 pluviôse an XII. *Sur la Propriété.* — 15º Loi du 9 pluviôse an XII. *Sur l'Usufruit, l'Usage et l'Habitation.* — 16º Loi du 10 pluviôse an XII. *Sur les Servitudes ou Services fonciers.* — 17º Loi du 19 germinal an XI. *Sur les Successions.* — 18º Loi du 13 floréal an XI. *Sur les Donations entre-vifs et les Testamens.* — 19º Loi du 17 pluviôse an XII. *Sur les Contrats ou les Obligations conventionnelles en général.* — 20º Loi du 19 pluviôse an XII. *Sur les Engagemens qui se forment sans convention.* — 21º Loi du 20 pluviôse an XII. *Sur le Contrat de Mariage.* — 22º Loi du 12 ventôse an XII. *Sur la Vente.* — 23º Loi du 16 ventôse an XII. *Sur l'Échange.* — 24º Loi du 16 ventôse an XII. *Sur le Louage.* — 25º Loi du 17 ventôse an XII. *Sur le Contrat de Société* — 26º Loi du 18 ventôse an XII. *Sur le Prêt.* — 27º Loi du 23 ventôse an XII. *Sur le Dépôt et le Séquestre.* — 28º Loi du 19 ventôse an XII. *Sur les Contrats aléatoires.* — 29º Loi du 19 ventôse an XII. *Sur le Mandat.* — 30º Loi du 24 pluviôse an XII. *Sur le Cautionnement.* — 31º Loi du 29 ventôse an XII. *Sur les Transactions.* — 32º Loi du 23 pluviôse an XII. *Sur la Contrainte par corps en matière civile.* — 33º Loi du 25 ventôse an XII. *Sur le Nantissement.* — 34º Loi du 28 ventôse an XII. *Sur les Priviléges et Hypothèques.* — 35º Loi du 28 ventôse an XII. *Sur l'Expropriation forcée et les Ordres entre les Créanciers.* — 36º Loi du 24 ventôse an XII. *Sur la Prescription.*

2. Les six articles dont est composée la loi du 21 du présent mois, concernant les actes respectueux à faire par les enfans, aux pères et mères, aïeuls

et aïeules, dans les cas où ils sont prescrits, seront insérés au titre *du Mariage*, à la suite de l'article qui se trouve maintenant au n° 151.

3. Sera insérée au titre *de la Distinction des biens*, à la suite de l'article qui se trouve maintenant au n° 523, la disposition contenue en l'article qui suit :—
ART... « Toute rente établie à « perpétuité pour le prix de « la vente d'un immeuble, ou « comme condition de la cession à titre onéreux ou gratuit « d'un fonds immobilier, est « essentiellement rachetable. « — Il est néanmoins permis au « créancier de régler les clauses et conditions du rachat. « — Il lui est aussi permis de « stipuler que la rente ne pourra lui être remboursée qu'après un certain terme, lequel « ne peut jamais excéder trente « ans : toute stipulation contraire est nulle. »

4. Le Code civil sera divisé en un titre préliminaire et en trois livres. — La loi du 14 ventôse an XI, *sur la Publication, les Effets et l'Application des Lois en général*, est le titre préliminaire. — Le premier livre sera composé des onze lois suivantes, sous le titre *des Personnes*. — Le second livre sera composé des quatre lois suivantes, sous le titre *des Biens et des différentes Modifications de la Propriété*. — Le troisième livre sera composé des vingt dernières lois sous le titre *des différentes Manières dont on acquiert la Propriété*. — Chaque livre sera divisé en autant de titres qu'il y a de lois qui doivent y être comprises.

5. Il n'y aura pour tous les articles du Code civil qu'une seule série de numéros.

6. La disposition de l'article premier n'empêche pas que chacune des lois qui y sont énoncées n'ait son exécution du jour qu'elle dut l'avoir en vertu de sa promulgation particulière.

7. A compter du jour où ces lois sont exécutoires, les lois romaines, les ordonnances, les coutumes générales ou locales, les statuts, les réglemens cessent d'avoir force de loi générale ou particulière dans les matières qui sont l'objet desdites lois composant le présent Code.

CODE NAPOLÉON [1]

TITRE PRÉLIMINAIRE.

DE LA PUBLICATION, DES EFFETS ET DE L'APPLICATION DES LOIS EN GÉNÉRAL.

Décrété le 14 ventôse an XI, promulgué le 24 ventôse [5-15 mars 1803].

ART. 1er. Les lois sont exécutoires dans tout le territoire français, en vertu de la promulgation qui en est faite par le Roi (a). — Elles seront exécutées dans chaque partie du

[1] L'édition de 1804 était intitulée : *Code civil des Français* ; celle du 3 septembre 1807, *Code Napoléon* ; celle du 30 août 1816, *Code civil*. Le décret du 27 mars 1852 a rétabli le titre de *Code Napoléon*.

(a) CONST. 22 frim. an VIII. — ART. 37. Tout décret du Corps Législatif, le dizième jour après son émission, est promulgué par le premier Consul, à moins que dans ce délai il n'y ait eu recours au Sénat pour cause d'inconstitutionnalité. Ce recours n'a point lieu contre les lois promulguées. S. CONS. ORG. 28 flor. an XII. — ART. 137. L'Empereur fait sceller et fait promulguer les sénatus-consultes organiques, — Les sénatus-consultes, — Les actes du Sénat, — Les lois. — Les sénatus-consultes organiques, les sénatus-consultes, les actes du Sénat, sont promulgués au plus tard le dizième jour qui suit leur émission. AV. C. D'ÉT., 25 prairial an XIII (14 juin 1805), *sur le jour à compter duquel les décrets impériaux sont obligatoires.* — Le conseil d'État est d'avis

que les décrets impériaux insérés au *Bulletin des lois* sont obligatoires, dans chaque département, du jour auquel le *Bulletin* a été distribué au chef-lieu, conformément à l'article 12 de la loi du 12 vendémiaire an IV ; — Et que, quant à ceux qui ne sont point insérés au *Bulletin*, ou qui n'y sont indiqués que par leur titre, ils sont obligatoires du jour qu'il en est donné connaissance aux personnes qu'ils concernent, par publication, affiche, notification ou signification, ou envois faits ou ordonnés par les fonctionnaires publics chargés de l'exécution.

CHARTE CONSTITUTIONNELLE du 14 juin 1814. ART. 22. Le Roi seul sanctionne et promulgue les lois. *Nota.* Cet article est devenu l'article 18 de la Charte constitutionnelle du 14 août 1830. CONST. *du 4 novembre 1848.* ART. 56. Le Président de la République promulgue les lois au nom du peuple français. 57. Les lois d'urgence sont promulguées dans le délai de trois jours, et les autres lois

Royaume, du moment où la promulgation en pourra être connue (1).—La promulgation faite par le Roi sera réputée connue *dans le département de la résidence royale* (a), un jour après celui de la promulgation; et dans chacun des autres départemens, après l'expiration du même délai, augmenté d'autant de jours qu'il y aura de fois dix myriamètres (environ vingt lieues anciennes) entre la ville où la promulgation en aura été faite, et le chef-lieu de chaque département (2. — O. 1350. — Cons. 10. — P. 127 1o.

dans le délai d'un mois, à partir du jour où elles auront été adoptées par l'Assemblée nationale.

58. Dans le délai fixé pour la promulgation, le Président de la République peut, par un message motivé, demander une nouvelle délibération.

L'Assemblée délibère : sa résolution devient définitive; elle est transmise au Président de la République.

En ce cas, la promulgation a lieu dans le délai fixé pour les lois d'urgence.

59. A défaut de promulgation par le Président de la République dans les délais déterminés par les articles précédens, il y serait pourvu par le Président de l'Assemblée nationale.

(1) Ord. 27 nov. 1816.

Art. 1er. A l'avenir, la promulgation des lois et de nos ordonnances résultera de leur insertion au Bulletin officiel.

2. Elle sera réputée connue, conformément à l'article 1er du Code civil, un jour après que le *Bulletin des lois* aura été reçu de l'imprimerie royale par notre chancelier, ministre de la justice, lequel constatera sur un registre, l'époque de la réception.

3. Les lois et ordonnances seront exécutoires, dans chacun des autres départemens du Royaume, après l'expiration du même délai augmenté d'autant de jours qu'il y aura de fois dix myriamètres (environ vingt lieues anciennes) entre la ville où la promulgation en aura été faite et le chef-lieu de chaque département, suivant le tableau annexé à l'arrêté du 25 thermidor an XI ou 13 août 1803.

4. Néanmoins, dans les cas et les lieux où nous jugerons convenable de hâter l'exécution, les lois et ordonnances seront censées publiées et seront exécutoires du jour qu'elles seront parvenues au préfet, qui en constatera la réception sur un registre.

Ord. 18 *janv.* 1817.

Art. 1er. Dans les cas prévus par l'article 4 de notre ordonnance du 27 novembre 1816, où nous jugerons convenable de hâter l'exécution des lois et de nos ordonnances en les faisant parvenir extraordinairement sur les lieux, les préfets prendront incontinent un arrêté par lequel ils ordonneront que lesdites lois et ordonnances seront imprimées et affichées partout où besoin sera.

2. Lesdites lois et ordonnances seront exécutées à compter du jour de la publication faite dans la forme prescrite par l'article ci-dessus.

(a) Édition de 1804. *Dans le département où siégera le gouvernement.* Édition du 3 septembre 1807: *Dans le département de la résidence impériale.*

(2) L'arrêté du 2 thermidor an XI (13 août 1803) contient le tableau des distances de Paris aux chefs-lieux des départemens.

2. La loi ne dispose que pour l'avenir ; elle n'a point d'effet rétroactif (a). — C. 691, 1179, 2251. — Pr. 1041. — P. 4. — F. 2|3.

3. Les lois de police et de sûreté obligent tous ceux qui habitent le territoire. — Les immeubles, même ceux possédés par des étrangers, sont régis par la loi française.—Les lois concernant l'état et la capacité des personnes régissent les Français, même résidant en pays étranger. — C. 47, 170, 999, 2065, 2123, 2128. — Pr. 546. — I. Cr. 6-7.

4. Le juge qui refusera de juger, sous prétexte du silence, de l'obscurité ou de l'insuffi-

sance de la loi, pourra être poursuivi comme coupable de déni de justice. — Pr. 505-508. — P. 185. — I. Cr. 364.

5. Il est défendu aux juges de prononcer par voie de disposition générale et réglementaire sur les causes qui leur sont soumises (1). — C. 1351 (b). — P. 127.

6. On ne peut déroger, par des conventions particulières, aux lois qui intéressent l'ordre public et les bonnes mœurs. — C. 307, 686, 791, 900, 946, 965, 1130, 1133, 1172, 1268, 1387 s., 1451, 1453, 1521, 1628, 1660, 1674, 1780, 1833, 2063, 2078, 2088, 2140, 2220. — Pr. 1004. — Co. 318, 347, 365 s., 598.

(a) CONST. 3 sept. 1791, *déclaration des droits.*

ART. 8. La loi ne doit établir que des peines strictement et évidemment nécessaires, et nul ne peut être puni qu'en vertu d'une loi établie et promulguée antérieurement au délit, et légalement appliquée.

CONST. 24 juin 1793, *déclaration des droits.*

ART. 14. Nul ne doit être jugé et puni qu'après avoir été entendu ou légalement appelé, et qu'en vertu d'une loi promulguée antérieurement au délit. La loi qui punirait les délits commis avant qu'elle n'existât, serait une tyrannie ; l'effet rétroactif donné à la loi serait un crime.

(1) L. 1er avril 1837.

ART. 1er. Lorsque, après la cassation d'un premier arrêt ou jugement rendu en dernier ressort, le deuxième arrêt ou juge-

ment rendu dans la même affaire, entre les mêmes parties procédant en la même qualité, sera attaqué par les mêmes moyens que le premier, la cour de cassation prononcera, toutes les chambres réunies.

2. Si le deuxième arrêt ou jugement est cassé pour les mêmes motifs que le premier, la cour royale ou le tribunal auquel l'affaire est renvoyée se conformera à la décision de la cour de cassation sur le point de droit jugé par cette cour.

3. La cour royale statuera en audience ordinaire, à moins que la nature de l'affaire n'exige qu'elle soit jugée en audience solennelle.

4. La loi du 30 juillet 1828 est abrogée.

(b) *Voyez* dans mon édition in-8o (p. 14 et 15), les lois des 18 sept. 1807 et 30 juillet 1828.

LIVRE PREMIER.

DES PERSONNES.

—

TITRE PREMIER.

DE LA JOUISSANCE ET DE LA PRIVATION DES DROITS CIVILS.

Décrété le 17 vent. an XI, promulgué le 27 (8-18 mars 1803).

CHAPITRE Iᵉʳ.

DE LA JOUISSANCE DES DROITS CIVILS.

7. L'exercice des droits civils est indépendant de la qualité de *citoyen*, laquelle ne s'acquiert et ne se conserve que conformément à la loi constitutionnelle (1). — C. 23. — P.

(1) L. des 13, 21 nov. 3-11 déc. 1849, *sur la naturalisation et le séjour des étrangers en France*.

Art. 1ᵉʳ. Le Président de la République statuera sur les demandes en naturalisation. — La naturalisation ne pourra être accordée qu'après enquête faite par le gouvernement relativement à la moralité de l'étranger, et sur l'avis favorable du conseil d'Etat. — L'étranger devra en outre réunir les deux conditions suivantes : 1º D'avoir, après l'âge de vingt et un ans accomplis, obtenu l'autorisation d'établir son domicile en France, conformément à l'article 13 du Code civil. — 2º D'avoir résidé pendant dix ans en France depuis cette autorisation. — L'étranger naturalisé ne jouira du droit d'éligibilité à l'Assemblée nationale qu'en vertu d'une loi.

2. Néanmoins, le délai de dix ans pourra être réduit à une année en faveur des étrangers qui auront rendu à la France des services importans, ou qui auront apporté en France, soit une industrie, soit des inventions utiles, soit des talens distingués, ou qui auront formé de grands établissemens.

3. Tant que la naturalisation n'aura pas été prononcée, l'autorisation accordée à l'étranger d'établir son domicile en France pourra toujours être révoquée ou modifiée par décision du gouvernement, qui devra prendre l'avis du conseil d'Etat.

4. Les dispositions de la loi du 14 octobre 1814 concernant les habitans des départemens réunis à la France ne pourront plus être appliquées à l'avenir.

5. Les dispositions qui précèdent ne portent aucune atteinte aux droits d'éligibilité à l'Assemblée nationale acquis aux étrangers naturalisés avant la promulgation de la présente loi.

6. L'étranger qui aura fait, avant la promulgation de la présente loi, la déclaration prescrite par l'article 3 de la constitution de l'an VIII, pourra, après une résidence de dix années, obtenir la naturalisation suivant la forme indiquée par l'article 1ᵉʳ.

7. Le ministre de l'intérieur pourra, par mesure de police, enjoindre à tout étranger voyageant ou résidant en France, de

maisons de reclusion, ou d'exécution à mort, il ne sera fait sur les registres aucune mention de ces circonstances, et les actes de décès seront simplement rédigés dans les formes prescrites par l'article 79. — C. 81, 83, 84.

85. En cas de décès pendant un voyage de mer, il en sera dressé acte dans les vingt-quatre heures, en présence de deux témoins pris parmi les officiers du bâtiment, ou, à leur défaut, parmi les hommes de l'équipage. Cet acte sera rédigé, savoir, sur les bâtimens du roi, par l'officier d'administration de la marine; et sur les bâtimens appartenant à un négociant ou armateur, par le capitaine, maître ou patron du navire. L'acte de décès sera inscrit à la suite du rôle de l'équipage. — C. 84 s., 59, 79, 87.

87. Au premier port où le bâtiment abordera, soit de relâche, soit pour toute autre cause que celle de son désarmement, les officiers de l'administration de la marine, capitaine, maître ou patron, qui auront rédigé les actes de décès, seront tenus d'en déposer deux expéditions; conformément à l'article 60. — A l'arrivée du bâtiment dans le port du désarmement, le rôle d'équipage sera déposé au bureau du préposé à l'inscription maritime; il enverra une expédition de l'acte de décès, de lui signée, à l'officier de l'état civil du domicile de la personne décédée: cette expédition sera inscrite de suite sur les registres. — C. 61, 86, 102.

CHAPITRE V.

DES ACTES DE L'ÉTAT CIVIL CONCERNANT LES MILITAIRES HORS DU TERRITOIRE DU ROYAUME.

88. Les actes de l'état civil faits hors du territoire du Royaume, concernant des militaires ou autres personnes employées à la suite des armées, seront rédigés dans les formes prescrites par les dispositions précédentes, sauf les exceptions contenues dans les articles suivans. — C. 84 s., 47 s.; 56 s., 76, 78 s., 983.

89. Le quartier-maître dans chaque corps d'un ou plusieurs bataillons ou escadrons, et le capitaine commandant dans les autres corps, rempliront les fonctions d'officiers de l'état civil: ces mêmes fonctions seront remplies, pour les officiers sans troupes et pour les employés de l'armée, par l'inspecteur aux revues attaché à l'armée ou au corps d'armée (1). — C. 97.

90. Il sera tenu, dans chaque corps de troupes, un registre pour les actes de l'état civil relatifs aux individus de ce corps, et un autre à l'état-major de l'armée ou d'un corps d'armée, pour les actes civils relatifs aux officiers sans troupes et aux employés: ces registres seront conservés de la même manière que les autres registres des corps et états-majors, et déposés aux archives de la guerre, à la rentrée des corps ou armées sur le territoire du Royaume. — C. 40, 91.

91. Les registres seront cotés et paraphés, dans chaque corps, par l'officier qui le com-

---

(1) Les fonctions des inspecteurs aux revues sont aujourd'hui exercées par les intendans et sous-intendans militaires (Ordonnance du 29 juillet 1817, articles 1, 9).

mande; et à l'état-major, par le chef de l'état-major général. — C. 41, 90.

92. Les déclarations de naissance à l'armée seront faites dans les dix jours qui suivront l'accouchement. — C. 55 s.

93. L'officier chargé de la tenue du registre de l'état civil devra, dans les dix jours qui suivront l'inscription d'un acte de naissance audit registre, en adresser un extrait à l'officier de l'état civil du dernier domicile du père de l'enfant, ou de la mère si le père est inconnu. — C. 89, 102 s.

94. Les publications du mariage des militaires et employés à la suite des armées, seront faites au lieu de leur dernier domicile: elles seront mises en outre, vingt-cinq jours avant la célébration du mariage, à l'ordre du jour du corps, pour les individus qui tiennent à un corps; et

à celui de l'armée ou du corps d'armée, pour les officiers sans troupes, et pour les employés qui en font partie (1). — C. 63-65, 74 note, 166-169, 192.

95. Immédiatement après l'inscription sur le registre, de l'acte de célébration du mariage, l'officier chargé de la tenue du registre en enverra une expédition à l'officier de l'état civil du dernier domicile des époux. — C. 76, 89 et la note, 93, 102.

96. Les actes de décès seront dressés, dans chaque corps, par le quartier-maître; et pour les officiers sans troupes et les employés, par l'inspecteur aux revues de l'armée, sur l'attestation de trois témoins; et l'extrait de ces registres sera envoyé, dans les dix jours, à l'officier de l'état civil du dernier domicile du décédé. — C. 84 s., 46, 78 s., 89 et la note, 93, 102.

---

(1) Décr. 10 juin 1808.

Art. 1er. Les officiers de tout genre, en activité de service, ne pourront, à l'avenir, se marier qu'après en avoir obtenu la permission par écrit du Ministre de la guerre. — Ceux d'entre eux qui auront contracté mariage sans cette permission, encourront la destitution et la perte de leurs droits, tant pour eux que pour leurs veuves et leurs enfans, à toute pension ou récompense militaire.

2. Les sous-officiers et soldats en activité de service ne pourront de même se marier qu'après en avoir obtenu la permission du conseil d'administration de leur corps.

3. Tout officier de l'état civil qui, sciemment, aura célébré le mariage d'un officier, sous-officier ou soldat en activité de service, sans s'en être fait remettre les-

dites permissions, ou qui aura négligé de les joindre à l'acte de célébration du mariage, sera destitué de ses fonctions.

Nota. Ce décret est applicable: — Aux officiers, sous-officiers et soldats de la marine (Décr. 3 août 1808); — Aux commissaires-ordonnateurs et ordinaires des guerres, et aux adjoints, aux officiers de santé, militaires de toutes classes et de tous grades; aux officiers, sous-officiers et soldats des bataillons des équipages (Décr. 28 août 1808); — Aux officiers réformés et jouissant d'un traitement de réforme (Av. C. d'Ét. 21 déc. 1808); — Aux officiers de tous grades de la gendarmerie; et aux sous-officiers et gendarmes (Ord. 29 oct. 1820, art. 271, 272); — Aux sous-officiers et soldats de la garde municipale de Paris (Ord. 27 déc. 1831, art. 1, 2).

97. En cas de décès dans les hôpitaux militaires ambulans ou sédentaires, l'acte en sera rédigé par le directeur desdits hôpitaux, et envoyé au quartier-maître du corps, ou à l'inspecteur aux revues de l'armée ou du corps d'armée dont le décédé faisait partie : ces officiers en feront parvenir une expédition à l'officier de l'état civil du dernier domicile du décédé. — C. 80, 89 *et la note*, 93, 102.

98. L'officier de l'état civil du domicile des parties auquel il aura été envoyé de l'armée expédition d'un acte de l'état civil, sera tenu de l'inscrire de suite sur les registres.—C. 42, 50 s., 93, 95-97.

CHAPITRE VI.
DE LA RECTIFICATION DES ACTES DE L'ÉTAT CIVIL.

99. Lorsque la rectification d'un acte de l'état civil sera demandée, il y sera statué, sauf l'appel, par le tribunal compétent, et sur les conclusions du procureur du Roi. Les parties intéressées seront appelées, s'il y a lieu (1). — C. 54, 70 *note*. — Pr. 83 2°, 855-858. — T. Cr. 121. — Supp. *Enregistrement*, L. 25 mars 1817, art. 75.

100. Le jugement de rectification ne pourra, dans aucun temps, être opposé aux parties intéressées qui ne l'auraient point requis, ou qui n'y auraient pas été appelées. — C. 54, 1351. — Pr. 474 s.

101. Les jugemens de rectification seront inscrits sur les registres par l'officier de l'état civil, aussitôt qu'ils lui auront été remis ; et mention en sera faite en marge de l'acte réformé (2). — C. 49, 50, 62. — Pr. 857.

TITRE TROISIÈME.
DU DOMICILE.
Décrété le 23 ventôse an XI, promulgué le 3 germinal [14-24 mars 1863].

102. Le domicile de tout Français, quant à l'exercice de ses droits civils, est au lieu où il a son principal établissement (3). — C. 9 s., 13, 74, 165 s., 1247. — Pr. 2, 59, 59, 68 s., 420, 781. — I. Cr. 91. — P. 184. — F. 105.

103. Le changement de domicile s'opérera par le fait

(1) L'avis du conseil d'État du 13 niv. an X, porte que toute rectification des registres doit être le résultat d'un jugement provoqué par les parties intéressées à demander ou à contredire la rectification.

(2) L'avis du conseil d'État du 4 mars 1808, décide qu'il doit être fait mention expresse de la rectification en marge de l'acte réformé, et non par simple renvoi au jugement ; il doit être délivré aux parties avec la mention expresse de la rectification, et le ministère public doit veiller, conformément à l'article 49 du Code civil, à ce que la mention de la rectification soit faite uniformément sur les deux registres.

(3) Pour le domicile politique, Supp. L. 19 avril 1831, art. 10 modifié par la loi du 25 avril 1845.

d'une habitation réelle dans un autre lieu, joint à l'intention d'y fixer son principal établissement.— C. 104 s., except. 107, 108.

104. La preuve de l'intention résultera d'une déclaration expresse, faite tant à la municipalité du lieu qu'on quittera, qu'à celle du lieu où on aura transféré son domicile.— C. 103, 105.

105. A défaut de déclaration expresse, la preuve de l'intention dépendra des circonstances.— C. 104.

106. Le citoyen appelé à une fonction publique temporaire ou révocable, conservera le domicile qu'il avait auparavant, s'il n'a pas manifesté d'intention contraire.— C. 103.

107. L'acceptation de fonctions conférées à vie emportera translation immédiate du domicile du fonctionnaire dans le lieu où il doit exercer ces fonctions.

108. La femme mariée n'a point d'autre domicile que celui de son mari. Le mineur non émancipé aura son domicile chez ses père et mère ou tuteur : le majeur interdit aura le sien chez son tuteur (1).— C. 214, 306, 450, 507, 509, 1449.

109. Les majeurs qui servent ou travaillent habituellement chez autrui, auront le même domicile que la personne qu'ils servent ou chez laquelle ils travaillent, lorsqu'ils demeureront avec elle dans la même maison. — C. 108.

110. Le lieu où la succession s'ouvrira, sera déterminé par le domicile. — C. 770, 784, 793, 812, 822. — Pr. 59.

111. Lorsqu'un acte contiendra, de la part des parties ou de l'une d'elles, élection de domicile pour l'exécution de ce même acte dans un autre lieu que celui du domicile réel, les significations, demandes et poursuites relatives à cet acte, pourront être faites au domicile convenu, et devant le juge de ce domicile. — C. 176, 1134, 1156, 2148, 2152.— Pr. 59, 61, 420, 423, 435, 559, 584, 637, 673, 927.

TITRE QUATRIÈME.

DES ABSENS.

Décrété le 21 ventôse an XI, promulgué le 4 germinal [15-25 mars 1803].

CHAPITRE Ier.
DE LA PRÉSOMPTION D'ABSENCE.

112. S'il y a nécessité de pourvoir à l'administration de tout ou partie des biens laissés par une personne présumée absente, et qui n'a point de pro-cureur fondé, il y sera statué par le tribunal de première instance, sur la demande des parties intéressées. — C. 28, 114, 115, 121, 122, 2093. — Pr. 859 s.

113. Le tribunal, à la requête de la partie la plus dili-

___

(1) Dans les éditions du Code civil de 1804 et de 1807, on disait: *Le majeur interdit aura le sien chez son curateur.*

gente, commettra un notaire pour représenter les présumés absens, dans les inventaires, comptes, partages et liquidations dans lesquels ils seront intéressés (*a*). — C. 135, 136, 819, 838, 840, 1872. — Pr. 928, 931 3°, 942. — T. 1er, art. 77 § 10, 16.

114. Le ministère public est spécialement chargé de veiller aux intérêts des personnes présumées absentes; et il sera entendu sur toutes les demandes qui les concernent. — C. 112, 116 s., 126. — Pr. 83, 931.

CHAPITRE II.
DE LA DÉCLARATION D'ABSENCE.

115. Lorsqu'une personne aura cessé de paraître au lieu de son domicile ou de sa résidence, et que depuis quatre ans on n'en aura point eu de nouvelles, les parties intéressées pourront se pourvoir devant le tribunal de première instance, afin que l'absence soit déclarée. — C. 112, 120 s. — Pr. 859 s. — T. 1er, art. 78 § 6, 19.

116. Pour constater l'absence, le tribunal, d'après les pièces et documens produits, ordonnera qu'une enquête soit faite contradictoirement avec le procureur du Roi, dans l'arrondissement du domicile, et dans celui de la résidence, s'ils sont distincts l'un de l'autre. — C. 102, 114. — Pr. 855 s.

117. Le tribunal, en statuant sur la demande, aura d'ailleurs égard aux motifs de l'absence, et aux causes qui ont pu empêcher d'avoir des nouvelles de l'individu présumé absent.

118. Le procureur du Roi enverra, aussitôt qu'ils seront rendus, les jugemens tant préparatoires que définitifs, au Ministre de la Justice, qui les rendra publics. — C. 114, 119.

119. Le jugement de déclaration d'absence ne sera rendu qu'un an après le jugement qui aura ordonné l'enquête. — C. 116, 118.

CHAPITRE III.
DES EFFETS DE L'ABSENCE.

SECTION PREMIÈRE.
Des Effets de l'Absence, relativement aux biens que l'absent possédait au jour de sa disparition.

120. Dans les cas où l'absent n'aurait point laissé de procuration pour l'administration de ses biens, ses héritiers présomptifs, au jour de sa disparition ou de ses dernières nouvelles, pourront, en vertu du jugement définitif qui aura déclaré l'absence, se faire envoyer en possession provisoire des biens qui appartenaient à l'absent au jour de son départ ou de ses dernières nouvelles, à la charge de donner caution pour la sûreté de leur administration. — C. 121-124, 135 s., 723, 817, 2011, 2040 s. — Pr. 517 s., 859 s.

121. Si l'absent a laissé une procuration, ses héritiers pré-

___

(*a*) Déca. 29 *sept.*-6 *oct.* 1791, *tit.* I, *sect.* 2.

ART. 7. Les notaires pourront, sur la seule réquisition d'une partie intéressée, représenter dans les inventaires, ventes, comptes, partages et autres opérations amiables, les absens qui n'auront pas de fondés de procurations spéciales et authentiques; mais ils ne pourront en même temps instrumenter dans lesdites opérations.

somptifs ne pourront poursuivre la déclaration d'absence et l'envoi en possession provisoire, qu'après dix années révolues depuis sa disparition ou depuis ses dernières nouvelles. — C. 115, 121.

122. Il en sera de même si la procuration vient à cesser; et, dans ce cas, il sera pourvu à l'administration des biens de l'absent, comme il est dit au chapitre Ier du présent titre. — C. 112 s., 121.

123. Lorsque les héritiers présomptifs auront obtenu l'envoi en possession provisoire, le testament, s'il en existe un, sera ouvert à la réquisition des parties intéressées, ou du procureur du Roi près le tribunal; et les légataires, les donataires, ainsi que tous ceux qui avaient sur les biens de l'absent, des droits subordonnés à la condition de son décès, pourront les exercer provisoirement, à la charge de donner caution. — C. 114, 124, 134, 617, 625, 894, 951, 1004, 1011, 1014, 1082, 1795, 1865, 2003, 2011, 2040. — Pr. 517 s.

124. L'époux commun en biens, s'il opte pour la continuation de la communauté, pourra empêcher l'envoi provisoire, et l'exercice provisoire de tous les droits subordonnés à la condition du décès de l'absent, et prendre ou conserver par préférence l'administration des biens de l'absent. Si l'époux demande la dissolution provisoire de la communauté, il exercera ses reprises et tous ses droits légaux et conventionnels, à la charge de donner caution pour les choses susceptibles de restitution. — La femme, en optant pour la continuation de la communauté, conservera le droit d'y renoncer ensuite. —

C. 120, 123, 1453 s., 1492 s., 2040 s. — Pr. 517 s., 863.

125. La possession provisoire ne sera qu'un dépôt, qui donnera, à ceux qui l'obtiendront, l'administration des biens de l'absent, et qui les rendra comptables envers lui, en cas qu'il reparaisse ou qu'on ait de ses nouvelles. — C. 120, 123, 124, 127 s., 1915 s.

126. Ceux qui auront obtenu l'envoi provisoire, ou l'époux qui aura opté pour la continuation de la communauté, devront faire procéder à l'inventaire du mobilier et des titres de l'absent, en présence du procureur du Roi près le tribunal de première instance, ou d'un juge de paix requis par ledit procureur du Roi. — Le tribunal ordonnera, s'il y a lieu, de vendre tout ou partie du mobilier. Dans le cas de vente, il sera fait emploi du prix, ainsi que des fruits échus. — Ceux qui auront obtenu l'envoi provisoire, pourront requérir, pour leur sûreté, qu'il soit procédé, par un expert nommé par le tribunal, à la visite des immeubles, à l'effet d'en constater l'état. Son rapport sera homologué en présence du procureur du Roi; les frais en seront pris sur les biens de l'absent.— C. 114, 120, 125, 1731. — Pr. 801 s., 617 s., 941 s.

127. Ceux qui, par suite de l'envoi provisoire, ou de l'administration légale, auront joui des biens de l'absent, ne seront tenus de lui rendre que le cinquième des revenus, s'il reparaît avant quinze ans révolus depuis le jour de sa disparition; et le dixième, s'il ne reparaît qu'après les quinze ans. — Après trente ans d'absence, la totalité des revenus leur appartiendra. — C. 120,

124, 129, 138, 605, 608, 609, 612, 613, 1401.

128. Tous ceux qui ne jouiront qu'en vertu de l'envoi provisoire, ne pourront aliéner ni hypothéquer les immeubles de l'absent. — C. 125, 132, 457, 481, 1168, 1429, 2124, 2126.

129. Si l'absence a continué pendant trente ans depuis l'envoi provisoire, ou depuis l'époque à laquelle l'époux commun aura pris l'administration des biens de l'absent, ou s'il s'est écoulé cent ans révolus depuis la naissance de l'absent, les cautions seront déchargées; tous les ayant-droit pourront demander le partage des biens de l'absent, et faire prononcer l'envoi en possession définitif par le tribunal de première instance. — C. 120, 124, 132, 133, 815 s.

130. La succession de l'absent sera ouverte du jour de son décès prouvé, au profit des héritiers les plus proches à cette époque; et ceux qui auraient joui des biens de l'absent, seront tenus de les restituer, sous la réserve des fruits par eux acquis en vertu de l'article 127. — C. 120, 124, 135 s.

131. Si l'absent reparaît, ou si son existence est prouvée pendant l'envoi provisoire, les effets du jugement qui aura déclaré l'absence cesseront; sans préjudice, s'il y a lieu, des mesures conservatoires prescrites au chapitre Ier du présent titre, pour l'administration de ses biens. — C. 112 s., 132 s.

132. Si l'absent reparaît, ou si son existence est prouvée, même après l'envoi définitif, il recouvrera ses biens dans l'état où ils se trouveront, le prix de ceux qui auraient été aliénés, ou les biens provenant de l'emploi qui aurait été fait du prix de ses biens vendus. — C. 129, 133, 2126.

133. Les enfans et descendans directs de l'absent pourront également, dans les trente ans, à compter de l'envoi définitif, demander la restitution de ses biens, comme il est dit en l'article précédent. — C. 129, 132, 2252.

134. Après le jugement de déclaration d'absence, toute personne qui aurait des droits à exercer contre l'absent, ne pourra les poursuivre que contre ceux qui auront été envoyés en possession des biens, ou qui en auront l'administration légale. — C. 120, 124, 139, 817.

SECTION II.

Des Effets de l'Absence, relativement aux droits éventuels qui peuvent compéter à l'absent.

135. Quiconque réclamera un droit échu à un individu dont l'existence ne sera pas reconnue, devra prouver que ledit individu existait quand le droit a été ouvert: jusqu'à cette preuve, il sera déclaré non recevable dans sa demande. — C. 113, 136 s., 725, 744, 1039, 1983.

136. S'il s'ouvre une succession à laquelle soit appelé un individu dont l'existence n'est pas reconnue, elle sera dévolue exclusivement à ceux avec lesquels il aurait eu le droit de concourir, ou à ceux qui l'auraient recueillie à son défaut. — C. 113, 135, 137 s., 725, 739, 740, 742, 744.

137. Les dispositions des deux articles précédens auront lieu sans préjudice des actions en pétition d'hérédité et d'autres droits, lesquels compéteront à l'absent ou à ses représentans ou ayant-cause, et ne s'éteindront que par le laps de temps établi pour la prescription. — C. 132, 135 s., 790, 1166, 1240, 1380, 1599, 1935, 2005, 2008 s., 2183, 2262, 2265 s., 2279.

136. Tant que l'absent ne se représentera pas, ou que les actions ne seront point exercées de son chef, ceux qui auront recueilli la succession, gagneront les fruits par eux perçus de bonne foi. — C. 549, 550, 2268.

SECTION III.
Des Effets de l'Absence, relativement au Mariage.

139. L'époux absent dont le conjoint a contracté une nouvelle union, sera seul recevable à attaquer ce mariage par lui-même, ou par son fondé de pouvoir, muni de la preuve de son existence (1). — C. 147, 184, 188-190, 1984. — P. 340.

140. Si l'époux absent n'a point laissé de parens habiles à lui succéder, l'autre époux pourra demander l'envoi en possession provisoire des biens. — C. 120, 723, 767.

CHAPITRE IV.
DE LA SURVEILLANCE DES ENFANS MINEURS DU PÈRE QUI A DISPARU.

141. Si le père a disparu laissant des enfans mineurs issus d'un commun mariage, la mère en aura la surveillance, et elle exercera tous les droits du mari, quant à leur éducation et à l'administration de leurs biens. — C. 149, 373, 376, 377, 381, 384, 389. — Co. 2.

142. Six mois après la disparition du père, si la mère était décédée lors de cette disparition, ou si elle vient à décéder avant que l'absence du père ait été déclarée, la surveillance des enfans sera déférée, par le conseil de famille, aux ascendans les plus proches, et, à leur défaut, à un tuteur provisoire. — C. 112, 143, 390, 405 s., 424.

143. Il en sera de même dans le cas où l'un des époux qui aura disparu, laissera des enfans mineurs issus d'un mariage précédent. — C. 142, 390, 395, 398.

---

(1) Av. C. d'Ét. 17 *germinal an* XIII [7 *avril* 1805].

Est d'avis : 1° Qu'il y aurait un extrême danger à admettre comme preuve de décès, de simples actes de notoriété fournis après coup, et résultant le plus souvent de quelques témoignages achetés ou arrachés à la faiblesse, qu'ainsi cette voie est impraticable; — 2° Qu'à l'égard de l'absence ses effets sont réglés par le Code civil en tout ce qui concerne les biens, mais qu'on ne peut aller au delà, ni dé-

clarer le mariage de l'absent dissous après un certain nombre d'années; qu'à la vérité plusieurs femmes de militaires peuvent, à ce sujet, se trouver dans une position fâcheuse, mais que cette considération n'a point paru, lors de la discussion du Code civil, assez puissante pour les relever de l'obligation de rapporter une preuve légale. En cet état, le conseil estime qu'il n'y a pas lieu de déroger au droit commun, ni d'y introduire une exception que la législation n'a jamais admise.

TITRE CINQUIÈME.

DU MARIAGE (1).

Décrété le 26 ventôse an XI, promulgué le 6 germinal [17-27 mars 1803].

CHAPITRE Ier.

DES QUALITÉS ET CONDITIONS REQUISES POUR POUVOIR CONTRACTER MARIAGE.

144. L'homme avant dix-huit ans révolus, la femme avant quinze ans révolus, ne peuvent contracter mariage (a). — C. 145, 184, 185 s., 1101, 1108.

145. Néanmoins il est loisible au Roi d'accorder des dispenses d'âge pour des motifs graves (2). — C. 44, 164, 169.

146. Il n'y a pas de mariage lorsqu'il n'y a point de consentement. — C. 180, 181, 201, 203, 312, 502, 1109 s., 1125. P. 357.

147. On ne peut contracter

(1) CONST. 3-14 *sept.* 1791, *tit.* II.

ART. 7. La loi ne considère le mariage que comme contrat civil.

(a) DÉCR. 20-25 *sept.* 1792.

ART. 1er. L'âge requis pour le mariage est quinze ans révolus pour les hommes, et treize ans révolus pour les filles.

(2) ARRÊTÉ du 20 *prair.* an XI.

ART. 1er. Les dispenses pour se marier avant dix-huit ans révolus pour les hommes, et quinze ans révolus pour les femmes, et celles pour se marier dans les degrés prohibés par l'article 164 du premier livre du Code civil, seront délivrées par le gouvernement, sur le rapport du grand-juge.

2. Le commissaire du gouvernement près le tribunal de première instance, de l'arrondissement dans lequel les impétrans se proposent de célébrer le mariage, lorsqu'il s'agira de dispenses dans les degrés prohibés, ou de l'arrondissement dans lequel l'impétrant a son domicile, lorsqu'il s'agira de dispenses d'âge, mettra son avis au pied de la pétition tendant à obtenir ces dispenses, et elle sera ensuite adressée au grand-juge.

3. Les dispenses de la seconde publication de bans, dont est mention dans l'article 169, seront accordées s'il y a lieu, au nom du gouvernement, par son commissaire près le tribunal de première instance dans l'arrondissement duquel les impétrans se proposent de célébrer leur mariage; et il sera rendu compte par ce commissaire, au grand-juge, ministre de la justice, des causes graves qui auront donné lieu à chacune de ces dispenses.

4. La dispense d'une seconde publication de bans sera déposée au secrétariat de la commune où le mariage sera célébré. Le secrétaire en délivrera une expédition, dans laquelle il sera fait mention du dépôt, et qui demeurera annexée à l'acte de célébration de mariage.

5. L'arrêté du gouvernement portant la dispense d'âge ou celle dans les degrés prohibés sera, à la diligence du commissaire du gouvernement, et en vertu d'or

un second mariage avant la dissolution du premier. — C. 189 *et la note*, 17?, 184, 187 ?., 201, 20?, 227, 22?. — P. 340.

148. Le fils qui n'a pas atteint l'âge de vingt-cinq ans accomplis, la fille qui n'a pas atteint l'âge de vingt-un ans accomplis, ne peuvent contracter mariage sans le consentement de leurs père et mère : en cas de dissentiment, le consentement du père suffit. — C. 73, 9? *note*, 149 ?., 159, 160, 18?, 18?, 186. — P. 12?, 19?.

149. Si l'un des deux est mort, ou s'il est dans l'impossibilité de manifester sa volonté, le consentement de l'autre suffit. — C. 25, 112 ?., 141, 150, 155, 159-160, 18? ?., 502. — P. 29, 193, 195.

150. Si le père et la mère sont morts, ou s'ils sont dans l'impossibilité de manifester leur volonté, les aïeuls et aïeules les remplacent : s'il y a dissentiment entre l'aïeul et l'aïeule de la même ligne, il suffit du consentement de l'aïeul. — S'il y a dissentiment entre les deux lignes, ce partage emportera consentement. — C. 73, 11? ?., 142, 18? ?., 502.— P. 29, 193, 195.

151. Les enfans de famille ayant atteint la majorité fixée par l'article 148, sont tenus, avant de contracter mariage, de demander, par un acte respectueux et formel, le conseil de leur père et de leur mère, ou celui de leurs aïeuls et aïeules, lorsque leur père et leur mère sont décédés, ou dans l'impossibilité de manifester leur vo-

[Articles 152, 153, 154, 155, 156 et 157, décrétés le 12 mars 1801, promulgués le 22 du même mois].

152. Depuis la majorité fixée par l'article 148 jusqu'à l'âge de trente ans accomplis pour les fils, et jusqu'à l'âge de vingt-cinq ans accomplis pour les filles, l'acte respectueux prescrit par l'article précédent, et sur lequel il n'y aurait pas de consentement au mariage, sera renouvelé deux autres fois, de mois en mois; et un mois après le troisième acte, il pourra être passé outre à la célébration du mariage. — C. 151, 153, 157 ?. — T. 1er, art. 168 § 3, 10.

153. Après l'âge de trente ans, il pourra être, à défaut de consentement sur un acte respectueux, passé outre, un mois après, à la célébration du mariage. — C. 152. — T. 1er, art. 168 § 3, 10.

154. L'acte respectueux sera notifié à celui ou ceux des ascendans désignés en l'article 151, par deux notaires, ou par un notaire et deux témoins; et, dans le procès-verbal qui doit en être dressé, il sera fait mention de la réponse.—T. 1er, art. 168 § 3, 10.

155. En cas d'absence de l'ascendant auquel eût dû être fait l'acte respectueux, il sera passé outre à la célébration du mariage, en représentant le jugement qui aurait été rendu pour déclarer l'absence, ou, à défaut de ce jugement, celui

---

donnance du président, enregistré au greffe du tribunal civil de l'arrondissement dans lequel le mariage sera célébré. Une expédition

de cet arrêté, dans laquelle il sera fait mention de l'enregistrement, demeurera annexée à l'acte de célébration de mariage.

qui aurait ordonné l'enquête, ou, s'il n'y a point encore eu de jugement, un acte de notoriété délivré par le juge de paix du lieu où l'ascendant a eu son dernier domicile connu. Cet acte contiendra la déclaration de quatre témoins appelés d'office par ce juge de paix. — C. 70-7², 73 *note*, 10², 116, 119, 141 *s.*, 157.

156. Les officiers de l'état civil qui auraient procédé à la célébration des mariages contractés par des fils n'ayant pas atteint l'âge de vingt-cinq ans accomplis, ou par des filles n'ayant pas atteint l'âge de vingt-un ans accomplis, sans que le consentement des pères et mères, celui des aïeuls et aïeules, et celui de la famille, dans le cas où ils sont requis, soient énoncés dans l'acte de mariage, seront, à la diligence des parties intéressées et du procureur du Roi près le tribunal de première instance du lieu où le mariage aura été célébré, condamnés à l'amende portée par l'article 19², et, en outre, à un emprisonnement dont la durée ne pourra être moindre de six mois. — C. 73, 76 4°, 148 *s.*, 157, 181 *s.* — I. Cr. 1, 63, 18². — P. 193, 195.

157. Lorsqu'il n'y aura pas eu d'actes respectueux, dans les cas où ils sont prescrits, l'officier de l'état civil qui aurait célébré le mariage, sera condamné à la même amende, et à un emprisonnement qui ne pourra être moindre d'un mois. — C. 151-155. — P. 193, 195.

158. Les dispositions contenues aux articles 148 et 149, et les dispositions des articles 151, 15², 153, 154 et 155, relatives à l'acte respectueux qui doit être fait aux père et mère dans le cas prévu par ces articles, sont applicables aux enfans naturels légalement reconnus. — C. 334 *s.*

159. L'enfant naturel qui n'a point été reconnu, et celui qui, après l'avoir été, a perdu ses père et mère, ou dont les père et mère ne peuvent manifester leur volonté, ne pourra, avant l'âge de vingt-un ans révolus, se marier qu'après avoir obtenu le consentement d'un tuteur *ad hoc* qui lui sera nommé. — C. 25, 11² *s.*, 160, 405 *s.*, 50². — P. 29.

160. S'il n'y a ni père ni mère, ni aïeuls ni aïeules, ou s'ils se trouvent tous dans l'impossibilité de manifester leur volonté, les fils ou filles mineurs de vingt-un ans ne peuvent contracter mariage sans le consentement du conseil de famille. — C. 25, 405 *s.*, 50². — Pr. 883. — P. 29.

161. En ligne directe, le mariage est prohibé entre tous les ascendans et descendans légitimes ou naturels, et les alliés dans la même ligne. — C. 184, 187, 190, 348, 736 *s.*

162. En ligne collatérale, le mariage est prohibé entre le frère et la sœur légitimes ou naturels, et les alliés au même degré. — C. 164, 184, 187, 190, 348, 736, 738 *et la note*.

163. Le mariage est encore prohibé entre l'oncle et la nièce, la tante et le neveu (1).

---

(1) Décision *de sa Majesté*, *7 mai* 1808.

Le mariage entre un grand-oncle et sa petite-nièce ne peut avoir lieu qu'en conséquence de dispenses accordées conformément à ce qui est prescrit par l'article 164 du Code.

— C. 164, 184, 187, 190, 736 s.

164. (*Ainsi modifié : L. 16 avril 1832*). Néanmoins, il est loisible au Roi de lever, pour des causes graves, les prohibitions portées par l'article 162 aux mariages entre beaux-frères et belles-sœurs, et par l'article 163, aux mariages entre l'oncle et la nièce, la tante et le neveu (*a*).—C.145 *et la note*, 162, 163, 169.

CHAPITRE II.

DES FORMALITÉS RELATIVES A LA CÉLÉBRATION DU MARIAGE.

165. Le mariage sera célébré publiquement, devant l'officier civil du domicile de l'une des deux parties. — C. 63 *et la note*, 74 *et les notes*, 102, 167, 191, 193. — P. 199, 200.

166. Les deux publications ordonnées par l'article 63, au titre *des Actes de l'état civil*, seront faites à la municipalité du lieu où chacune des parties contractantes aura son domicile. — C. 74 s., 94, 102 s., 167, 169.

167. Néanmoins, si le domicile actuel n'est établi que par six mois de résidence, les publications seront faites en outre à la municipalité du dernier domicile. — C. 74 *et les notes*, 102 s., 166.

168. Si les parties contractantes, ou l'une d'elles, sont, relativement au mariage, sous la puissance d'autrui, les publications seront encore faites à la municipalité du domicile de ceux sous la puissance desquels elles se trouvent. — C. 102 s., 148 s., 158 s., 160, 872.

169. Il est loisible au Roi ou aux officiers qu'il préposera à cet effet, de dispenser, pour des causes graves, de la seconde publication. — C. 63 *et la note*, 64, 145 *et la note*.

170. Le mariage contracté en pays étranger entre Français, et entre Français et étrangers, sera valable, s'il a été célébré dans les formes usitées dans le pays, pourvu qu'il ait été précédé des publications prescrites par l'article 63, au titre *des Actes de l'état civil*, et que le Français n'ait point contrevenu aux dispositions contenues au chapitre précédent. — C. 3, 47, 48, 145-164, 171, 192, 194.

171. Dans les trois mois après le retour du Français sur le territoire du Royaume, l'acte de célébration du mariage contracté en pays étranger sera transcrit sur le registre public des mariages du lieu de son domicile. — C. 40 s., 102.

CHAPITRE III.

DES OPPOSITIONS AU MARIAGE.

172. Le droit de former opposition à la célébration du mariage, appartient à la personne engagée par mariage avec l'une des deux parties contractantes. — C. 66 s., 147, 176, 179.

173. Le père, et à défaut du père, la mère, et à défaut de père et mère, les aïeuls et aïeules, peuvent former opposition au mariage de leurs enfans et descendans, encore que ceux-ci aient vingt-cinq ans accomplis. — C. 66 s., 148 s., 152 s., 176, 179.

(*a*) *Ancien art.* 164. Néanmoins il est loisible au Roi de lever, pour des causes graves, les prohibitions portées au précédent article.

174. A défaut d'aucun ascendant, le frère ou la sœur, l'oncle ou la tante, le cousin ou la cousine germains, majeurs, ne peuvent former aucune opposition que dans les deux cas suivans :—1° Lorsque le consentement du conseil de famille, requis par l'article 160, n'a pas été obtenu;—2° Lorsque l'opposition est fondée sur l'état de démence du futur époux : cette opposition, dont le tribunal pourra prononcer mainlevée pure et simple, ne sera jamais reçue qu'à la charge, par l'opposant, de provoquer l'interdiction, et d'y faire statuer dans le délai qui sera fixé par le jugement.—C. 160, 176, 179, 489 s. — Pr. 890 s.

175. Dans les deux cas prévus par le précédent article, le tuteur ou curateur ne pourra, pendant la durée de la tutelle ou curatelle, former opposition qu'autant qu'il y aura été autorisé par un conseil de famille, qu'il pourra convoquer. — C. 174, 405 s. — Pr. 883 s.

176. Tout acte d'opposition énoncera la qualité qui donne à l'opposant le droit de la former; il contiendra élection de domicile dans le lieu où le mariage devra être célébré; il devra également, à moins qu'il ne soit fait à la requête d'un ascendant, contenir les motifs de l'opposition : le tout à peine de nullité, et de l'interdiction de l'officier ministériel qui aurait signé l'acte contenant opposition. — C. 66-69, 111, 179.

177. Le tribunal de première instance prononcera dans les dix jours sur la demande en main-levée. — C. 178.—Pr. 49.

178. S'il y a appel, il y sera statué dans les dix jours de la citation. — Pr. 443.

179. Si l'opposition est rejetée, les opposans, autres néanmoins que les ascendans, pourront être condamnés à des dommages-intérêts. — C. 176, 1149, 1382.—Pr. 128, 130, 131, 523 s.

CHAPITRE IV.
DES DEMANDES EN NULLITÉ DE MARIAGE.

180. Le mariage qui a été contracté sans le consentement libre des deux époux, ou de l'un d'eux, ne peut être attaqué que par les époux, ou par celui des deux dont le consentement n'a pas été libre. — Lorsqu'il y a eu erreur dans la personne, le mariage ne peut être attaqué que par celui des deux époux qui a été induit en erreur.—C. 146, 181, 201, 202, 1109-1114, 1116.—P. 354-357.

181. Dans le cas de l'article précédent, la demande en nullité n'est plus recevable, toutes les fois qu'il y a eu cohabitation continuée pendant six mois depuis que l'époux a acquis sa pleine liberté ou que l'erreur a été par lui reconnue. — C. 180, 1338.

182. Le mariage contracté sans le consentement des père et mère, des ascendans, ou du conseil de famille, dans les cas où ce consentement était nécessaire, ne peut être attaqué que par ceux dont le consentement était requis, ou par celui des deux époux qui avait besoin de ce consentement. — C. 148-150, 158, 159, 160, 183, 201, 202. — P. 193, 195.

183. L'action en nullité ne peut plus être intentée ni par les époux, ni par les parens dont le consentement était requis, toutes les fois que le mariage a été approuvé expressément ou tacitement par ceux dont le consentement était nécessaire, ou lorsqu'il s'est écoulé une année sans réclamation de leur part, depuis qu'ils ont eu connaissance du mariage. Elle ne peut être intentée non plus par l'époux, lorsqu'il s'est écoulé une année sans réclamation de sa part, depuis qu'il a atteint l'âge compétent pour consentir par lui-même au mariage. — C. 148, 150, 173.

184. Tout mariage contracté en contravention aux dispositions contenues aux articles 144, 147, 161, 162 et 163, peut être attaqué soit par les époux eux-mêmes, soit par tous ceux qui y ont intérêt, soit par le ministère public. — C. 139, 185 s., 187, 190, 201, 202. — P. 354-357. — T. Cr. 121.

185. Néanmoins le mariage contracté par des époux qui n'avaient point encore l'âge requis, ou dont l'un des deux n'avait point atteint cet âge, ne peut plus être attaqué, 1° lorsqu'il s'est écoulé six mois depuis que cet époux ou les époux ont atteint l'âge compétent; 2° lorsque la femme qui n'avait point cet âge, a conçu avant l'échéance de six mois. — C. 144, 184, 190.

186. Le père, la mère, les ascendans et la famille qui ont consenti au mariage contracté dans le cas de l'article précédent, ne sont point recevables à en demander la nullité.

187. Dans tous les cas où, conformément à l'article 184, l'action en nullité peut être intentée par tous ceux qui y ont intérêt, elle ne peut l'être par les parens collatéraux, ou par les enfans nés d'un autre mariage, du vivant des deux époux, mais seulement lorsqu'ils y ont un intérêt né et actuel. — C. 186, 191.

188. L'époux au préjudice duquel a été contracté un second mariage, peut en demander la nullité, du vivant même de l'époux qui était engagé avec lui. — C. 139, 147, 187, 189 s., 201, 202. — P. 340.

189. Si les nouveaux époux opposent la nullité du premier mariage, la validité ou la nullité de ce mariage doit être jugée préalablement. — C. 188, 190.

190. Le procureur du Roi, dans tous les cas auxquels s'applique l'article 184, et sous les modifications portées en l'article 185, peut et doit demander la nullité du mariage, du vivant des deux époux, et les faire condamner à se séparer. — C. 139, 199 s.

191. Tout mariage qui n'a point été contracté publiquement, et qui n'a point été célébré devant l'officier public compétent, peut être attaqué par les époux eux-mêmes, par les père et mère, par les ascendans, et par tous ceux qui y ont un intérêt né et actuel, ainsi que par le ministère public. — C. 63 s., 76 s., 165, 173, 192, 193, 196. — T. Cr. 121.

192. Si le mariage n'a point été précédé des deux publications requises, ou s'il n'a pas été obtenu des dispenses permises par la loi, ou si les intervalles prescrits dans les publications et célébrations n'ont point été observés, le procureur du Roi fera prononcer contre l'officier public une amende qui ne pourra excéder trois cents francs; et contre les parties contractantes, ou ceux sous la puissance desquels elles ont agi, une amende proportionnée à leur fortune. — C. 63 s., 166-169. — T. Cr. 121.

193. Les peines prononcées

par l'article précédent seront encourues par les personnes qui y sont désignées, pour toute contravention aux régles prescrites par l'article 165, lors même que ces contraventions ne seraient pas jugées suffisantes pour faire prononcer la nullité du mariage. — C. 74,75.

194. Nul ne peut réclamer le titre d'époux et les effets civils du mariage, s'il ne représente un acte de célébration inscrit sur le registre de l'état civil; sauf les cas prévus par l'article 46, au titre *des Actes de l'état civil* (a). — C. 40 s., 45 *et la note,* 62 *et la note,* 76, 195, 198.

195. La possession d'état ne pourra dispenser les prétendus époux qui l'invoqueront respectivement, de représenter l'acte de célébration du mariage devant l'officier de l'état civil. — C. 76, 194, 196, 331.

196. Lorsqu'il y a possession d'état, et que l'acte de célébration du mariage devant l'officier de l'état civil est représenté, les époux sont respectivement non recevables à demander la nullité de cet acte. — C. 76, 191, 194 s., 331.

197. Si néanmoins, dans le cas des articles 194 et 195, il existe des enfans issus de deux individus qui ont vécu publiquement comme mari et femme, et qui soient tous deux décédés, la légitimité des enfans ne peut être contestée sous le seul prétexte du défaut de représentation de l'acte de célébration, toutes les fois que cette

légitimité est prouvée par une possession d'état qui n'est point contredite par l'acte de naissance. — C. 198, 319-322.

198. Lorsque la preuve d'une célébration légale du mariage se trouve acquise par le résultat d'une procédure criminelle, l'inscription du jugement sur les registres de l'état civil assure au mariage, à compter du jour de sa célébration, tous les effets civils, tant à l'égard des époux, qu'à l'égard des enfans issus de ce mariage. — C. 40, 199, 200, 326, 327. — P. 145-147, 173, 254-256.

199. Si les époux ou l'un d'eux sont décédés sans avoir découvert la fraude, l'action criminelle peut être intentée par tous ceux qui ont intérêt de faire déclarer le mariage valable, et par le procureur du Roi. — C. 190, 193, 200, 326, 327. — I. Cr. 1, 2.

200. Si l'officier public est décédé lors de la découverte de la fraude, l'action sera dirigée au civil contre ses héritiers, par le procureur du Roi, en présence des parties intéressées, et sur leur dénonciation. — C. 46, 51, 724.

201. Le mariage qui a été déclaré nul, produit néanmoins les effets civils, tant à l'égard des époux qu'à l'égard des enfans, lorsqu'il a été contracté de bonne foi. — C. 25, 144, 147, 161 s., 180, 182, 184, 191, 202, 550, 2268.

202. Si la bonne foi n'existe que de la part de l'un des deux

(a) DÉCL. 26 nov. 1639. ART. 7. Défendons à tous juges, même à ceux d'église, de recevoir la preuve par témoins des promesses de mariage, ni autre-

ment que par écrit, qui soit arrêté en présence de quatre proches parens de l'une et l'autre des parties, encore qu'elles soient de basse condition.

époux, lo mariage ne produit les effets civils qu'en faveur de cet époux et des enfans issus du mariage.

CHAPITRE V.

DES OBLIGATIONS QUI NAISSENT DU MARIAGE.

203. Les époux contractent ensemble, par le fait seul du mariage, l'obligation de nourrir, entretenir et élever leurs enfans. — C. 203 s., 349, 884 s., 762, 852, 1409, 1448, 1558.

204. L'enfant n'a pas d'action contre ses père et mère pour un établissement par mariage ou autrement.

205. Les enfans doivent des alimens à leurs père et mère et autres ascendans qui sont dans le besoin. — C. 203, 207 s., 349, 955, 1558.

206. Les gendres et belles-filles doivent également, et dans les mêmes circonstances, des alimens à leurs beau-père et belle-mère; mais cette obligation cesse, 1° lorsque la belle-mère a convolé en secondes noces, 2° lorsque celui des époux qui produisait l'affinité, et les enfans issus de son union avec l'autre époux, sont décédés. — C. 205, 207 s., 1558.

207. Les obligations résultant de ces dispositions sont réciproques. — C. 205 s.

208. Les alimens ne sont accordés que dans la proportion du besoin de celui qui les réclame et de la fortune de celui qui les doit. — C. 209 s., 1202.

209. Lorsque celui qui fournit ou celui qui reçoit des alimens est replacé dans un état tel, que l'un ne puisse plus en donner, ou que l'autre n'en ait plus besoin en tout ou en partie, la décharge ou réduction peut en être demandée. — C. 210.

210. Si la personne qui doit fournir les alimens justifie qu'elle ne peut payer la pension alimentaire, le tribunal pourra, en connaissance de cause, ordonner qu'elle recevra dans sa demeure, qu'elle nourrira et entretiendra celui auquel elle devra des alimens. — C. 211.

211. Le tribunal prononcera également si le père ou la mère qui offrira de recevoir, nourrir et entretenir dans sa demeure, l'enfant à qui il devra des alimens, devra dans ce cas être dispensé de payer la pension alimentaire. — C. 203, 210.

CHAPITRE VI.

DES DROITS ET DES DEVOIRS RESPECTIFS DES ÉPOUX

212. Les époux se doivent mutuellement fidélité, secours, assistance. — C. 75, 213 s., 229 s., 306, 1388. — P. 337, 339.

213. Le mari doit protection à sa femme, la femme obéissance à son mari. — C. 1388.

214. La femme est obligée d'habiter avec le mari, et de le suivre partout où il juge à propos de résider: le mari est obligé de la recevoir, et de lui fournir tout ce qui est nécessaire pour les besoins de la vie, selon ses facultés et son état (1).

_____

(1) Le ministre de la guerre peut ordonner une retenue du tiers au plus sur la pension ou solde de retraite de tout militaire qui ne remplirait pas, à l'égard de sa femme ou de ses enfans, les obli-

— C. 108, 203, 306, 311, 507, 1142-1144, 1448, 1537.

215. La femme ne peut ester en jugement sans l'autorisation de son mari, quand même elle serait marchande publique, ou non commune, ou séparée de biens. — C. 216, 218, 818, 1388, 1530 s., 1536 s., 1576, 2208.

216. L'autorisation du mari n'est pas nécessaire lorsque la femme est poursuivie en matière criminelle ou de police. — C. 1424.

217. La femme, même non commune ou séparée de biens, ne peut donner, aliéner, hypothéquer, acquérir, à titre gratuit ou onéreux, sans le concours du mari dans l'acte, ou son consentement par écrit. — C. 219, 220 s., 226, 344, 362, 776, 905, 934, 940, 1029, 1096, 1124, 1419 s., 1449, 1538, 1554 s., 1576, 2092, 2139, 2155, 2194. — Co. 4, 5, 7.

218. Si le mari refuse d'autoriser sa femme à ester en jugement, le juge peut donner l'autorisation. — C. 215, 216. — Pr. 861 s.

219. Si le mari refuse d'autoriser sa femme à passer un acte, la femme peut faire citer son mari directement devant le tribunal de première instance de l'arrondissement du domicile commun, qui peut donner ou refuser son autorisation, après que le mari aura été entendu ou dûment appelé en la chambre du conseil. — C. 108, 217, 221 s., 1413, 1417, 1426 s. — Pr. 861 s.

220. La femme, si elle est marchande publique, peut, sans l'autorisation de son mari, s'obliger pour ce qui concerne son négoce; et, audit cas, elle oblige aussi son mari, s'il y a communauté entre eux. — Elle n'est pas réputée marchande publique, si elle ne fait que détailler les marchandises du commerce de son mari, mais seulement quand elle fait un commerce séparé. — C. 215, 217, 1409 2°, 1426. — Co. 4, 5, 7, 6, 38.

221. Lorsque le mari est frappé d'une condamnation emportant peine afflictive ou infamante, encore qu'elle n'ait été prononcée que par contumace, la femme, même majeure, ne peut, pendant la durée de la peine, ester en jugement, ni contracter, qu'après s'être fait autoriser par le juge, qui peut, en ce cas, donner l'autorisation, sans que le mari ait été entendu ou appelé. — C. 215, 217, 223, 1413, 1417, 1426 s. — Pr. 861 s. — I. Cr. 465 s., 476. — P. 7, 8, 28, 31.

222. Si le mari est interdit ou absent, le juge peut, en connaissance de cause, autoriser la femme, soit pour ester en jugement, soit pour contracter. — C. 120 s., 215, 217, 224, 502, 1413, 1417, 1426, 2208. — Pr. 863, 864.

223. Toute autorisation générale, même stipulée par contrat de mariage, n'est valable que quant à l'administration des biens de la femme. — C. 1388, 1420, 1538, 1988.

224. Si le mari est mineur, l'autorisation du juge est nécessaire à la femme, soit pour ester en jugement, soit pour contracter. — C. 215, 217 s., 388, 476, 1413, 1417, 1426 s., 2208. — Pr. 861 s.

---

gations qui lui sont imposées par les chap. V et VI du tit. V du liv. Ier du Code civil (Av C. d'Ét., 22 déc. 1807).

225. La nullité fondée sur le défaut d'autorisation ne peut être opposée que par la femme, par le mari, ou par leurs héritiers. — C. 215, 217, 942, 1125, 1304, 1312, 1338.

226. La femme peut tester sans l'autorisation de son mari. — C. 893, 905, 969 s.

CHAPITRE VII.
DE LA DISSOLUTION DU MARIAGE.

227. Le mariage se dissout, — 1° Par la mort de l'un des époux; — 2° Par le *divorce* lé-galement prononcé (1); — 3° Par la condamnation devenue définitive de l'un des époux, à une peine emportant mort civile. — C. 20, 24, 25, 30. — I. Cr. 476. — P. 18.

CHAPITRE VIII.
DES SECONDS MARIAGES.

228. La femme ne peut contracter un nouveau mariage qu'après dix mois révolus depuis la dissolution du mariage précédent. — C. 227, 296 s. — P. 194, 195.

TITRE SIXIÈME.
DU DIVORCE (2).

Décrété le 30 ventôse an XI, promulgué le 10 germinal (21-31 mars 1803).

CHAPITRE Ier.
DES CAUSES DU DIVORCE.

229. Le mari pourra demander le divorce pour cause d'adultère de sa femme.

230. La femme pourra demander le divorce pour cause d'adultère de son mari, lorsqu'il aura tenu sa concubine dans la maison commune.

231. Les époux pourront réciproquement demander le divorce pour excès, sévices ou injures graves, de l'un d'eux envers l'autre.

232. La condamnation de l'un des époux à une peine infamante sera pour l'autre époux une cause de divorce.

233. Le consentement mutuel et persévérant des époux, exprimé de la manière prescrite par la loi, sous les conditions et après les épreuves qu'elle détermine, prouvera suffisamment que la vie commune leur est insupportable, et qu'il

(1) Le divorce est aboli. L. 8 mai 1816.

(2) L. 8 mai 1816. Aar. 1er. Le divorce est aboli.
2. Toutes demandes et instances en divorce pour causes déterminées, sont converties en demandes et instances en séparation de corps; les jugemens et arrêts restés sans exécution par le défaut de prononciation du divorce par l'officier de l'état civil, conformément aux articles 227, 264, 265 et 266 du Code civil, sont restreints aux effets de la séparation.
3. Tous actes faits pour parvenir au divorce par consentement mutuel sont annulés; les jugemens et arrêts rendus en ce cas, mais non suivis de la prononciation du divorce, sont considérés comme non avenus, conformément à l'article 294.

existe, par rapport à eux, une cause péremptoire de divorce.

CHAPITRE II.

DU DIVORCE POUR CAUSE DÉTERMINÉE

SECTION PREMIÈRE.

Des Formes du Divorce pour cause déterminée.

234. Quelle que soit la nature des faits ou des délits qui donneront lieu à la demande en divorce pour cause déterminée, cette demande ne pourra être formée qu'au tribunal de l'arrondissement dans lequel les époux auront leur domicile.

235. Si quelques-uns des faits allégués par l'époux demandeur donnent lieu à une poursuite criminelle de la part du ministère public, l'action en divorce restera suspendue jusqu'après l'arrêt de la cour d'assises; alors elle pourra être reprise, sans qu'il soit permis d'inférer de l'arrêt aucune fin de non-recevoir ou exception préjudicielle contre l'époux demandeur.

236. Toute demande en divorce détaillera les faits: elle sera remise, avec les pièces à l'appui, s'il y en a, au président du tribunal ou au juge qui en fera les fonctions, par l'époux demandeur en personne, à moins qu'il n'en soit empêché par maladie; auquel cas, sur sa réquisition et le certificat de deux docteurs en médecine ou en chirurgie, ou de deux officiers de santé, le magistrat se transportera au domicile du demandeur, pour y recevoir sa demande.

237. Le juge, après avoir entendu le demandeur, et lui avoir fait les observations qu'il croira convenables, paraphera la demande et les pièces, et dressera procès-verbal de la remise du tout en ses mains. Ce procès-verbal sera signé par le juge et par le demandeur, à moins que celui-ci ne sache ou ne puisse signer; auquel cas il en sera fait mention.

238. Le juge ordonnera, au bas de son procès-verbal, que les parties comparaîtront en personne devant lui, au jour et à l'heure qu'il indiquera; et qu'à cet effet, copie de son ordonnance sera par lui adressée à la partie contre laquelle le divorce est demandé.

239. Au jour indiqué, le juge fera aux deux époux, s'ils se présentent, ou au demandeur, s'il est seul comparant, les représentations qu'il croira propres à opérer un rapprochement: s'il ne peut y parvenir, il en dressera procès-verbal, et ordonnera la communication de la demande et des pièces au ministère public, et le référé du tout au tribunal.

240. Dans les trois jours qui suivront, le tribunal, sur le rapport du président ou du juge qui en aura fait les fonctions, et sur les conclusions du ministère public, accordera ou suspendra la permission de citer. La suspension ne pourra excéder le terme de vingt jours.

241. Le demandeur, en vertu de la permission du tribunal, fera citer le défendeur, dans la forme ordinaire, à comparaître en personne à l'audience, à huis clos, dans le délai de la loi; il fera donner copie, en tête de la citation, de la demande en divorce et des pièces produites à l'appui.

242. A l'échéance du délai, soit que le défendeur comparaisse ou non, le demandeur en personne, assisté d'un conseil, s'il le juge à propos, exposera ou fera exposer les motifs de sa demande; il représentera les pièces qui l'appuient, et nommera les témoins qu'il se propose de faire entendre.

243. Si le défendeur comparaît en personne ou par un fondé de pouvoir, il pourra proposer ou faire proposer ses observations, tant sur les motifs de la demande que sur les pièces produites par le demandeur et sur les témoins par lui nommés. Le défendeur nommera, de son côté, les témoins qu'il se propose de faire entendre, et sur lesquels le demandeur fera réciproquement ses observations.

244. Il sera dressé procès-verbal des comparutions, dires et observations des parties, ainsi que des aveux que l'une ou l'autre pourra faire. Lecture de ce procès-verbal sera donnée auxdites parties, qui seront requises de le signer; et il sera fait mention expresse de leur signature, ou de leur déclaration de ne pouvoir ou ne vouloir signer.

245. Le tribunal renverra les parties à l'audience publique, dont il fixera le jour et l'heure; il ordonnera la communication de la procédure au ministère public, et commettra un rapporteur. Dans le cas où le défendeur n'aurait pas comparu, le demandeur sera tenu de lui faire signifier l'ordonnance du tribunal, dans le délai qu'elle aura déterminé.

246. Au jour et à l'heure indiqués, sur le rapport du juge commis, le ministère public entendu, le tribunal statuera d'abord sur les fins de non-recevoir, s'il en a été proposé. En cas qu'elles soient trouvées concluantes, la demande en divorce sera rejetée;

dans le cas contraire, ou s'il n'a pas été proposé de fins de non-recevoir, la demande en divorce sera admise.

247. Immédiatement après l'admission de la demande en divorce, sur le rapport du juge commis, le ministère public entendu, le tribunal statuera au fond. Il fera droit à la demande, si elle lui paraît en état d'être jugée; sinon, il admettra le demandeur à la preuve des faits pertinens par lui allégués, et le défendeur à la preuve contraire.

248. A chaque acte de la cause, les parties pourront, après le rapport du juge, et avant que le ministère public ait pris la parole, proposer ou faire proposer leurs moyens respectifs, d'abord sur les fins de non-recevoir, et ensuite sur le fond; mais en aucun cas le conseil du demandeur ne sera admis, si le demandeur n'est pas comparant en personne.

249. Aussitôt après la prononciation du jugement qui ordonnera les enquêtes, le greffier du tribunal donnera lecture de la partie du procès-verbal qui contient la nomination déjà faite des témoins que les parties se proposent de faire entendre. Elles seront averties par le président, qu'elles peuvent encore en désigner d'autres, mais qu'après ce moment elles n'y seront plus reçues.

250. Les parties proposeront de suite leurs reproches respectifs contre les témoins qu'elles voudront écarter. Le tribunal statuera sur ces reproches, après avoir entendu le ministère public.

251. Les parens des parties, à l'exception de leurs enfans et descendans, ne sont pas reprochables du chef de la parenté, non plus que les domestiques des époux, en raison de cette qualité; mais le tribunal aura tel égard que de raison aux dépositions des parens et des domestiques.

252. Tout jugement qui admettra une preuve testimoniale, dénommera les témoins qui seront entendus, et déterminera le jour et l'heure auxquels les parties devront les présenter.

253. Les dépositions des témoins seront reçues par le tribunal séant à huis clos, en présence du ministère public, des parties, et de leurs conseils ou amis, jusqu'au nombre de trois de chaque côté.

254. Les parties, par elles ou par leurs conseils, pourront faire aux témoins telles observations et interpellations qu'elles jugeront à propos, sans pouvoir néanmoins les interrompre dans le cours de leurs dépositions.

255. Chaque déposition sera rédigée par écrit, ainsi que les dires et observations auxquels elle aura donné lieu. Le procès-verbal d'enquête sera lu tant aux témoins qu'aux parties: les uns et les autres seront requis de le signer; et il sera fait mention de leur signature, ou de leur déclaration qu'ils ne peuvent ou ne veulent signer.

256. Après la clôture des deux enquêtes ou de celle du demandeur, si le défendeur n'a pas produit de témoins, le tribunal renverra les parties à l'audience publique, dont il indiquera le jour et l'heure; il ordonnera la communication de la procédure au ministère public, et commettra un rapporteur. Cette ordonnance sera signifiée au défendeur, à la requête du demandeur, dans le délai qu'elle aura déterminé.

257. Au jour fixé pour le jugement définitif, le rapport sera fait par le juge commis: les parties pourront ensuite faire, par elles-mêmes ou par l'organe de leurs conseils, telles observations qu'elles jugeront utiles à leur cause; après quoi le ministère public donnera ses conclusions.

258. Le jugement définitif sera prononcé publiquement : lorsqu'il admettra le divorce, le demandeur sera autorisé à se retirer devant l'officier de l'état civil pour le faire prononcer.

259. Lorsque la demande en divorce aura été formée pour cause d'excès, de sévices ou d'injures graves, encore qu'elle soit bien établie, les juges pourront ne pas admettre immédiatement le divorce. Dans ce cas, avant de faire droit, ils autoriseront la femme à quitter la compagnie de son mari, sans être tenue de le recevoir, si elle ne le juge à propos; et ils condamneront le mari à lui payer une pension alimentaire proportionnée à ses facultés, si la femme n'a pas elle-même des revenus suffisans pour fournir à ses besoins.

260. Après une année d'épreuve, si les parties ne se sont pas réunies, l'époux demandeur pourra faire citer l'autre époux à comparaître au tribunal, dans les délais de la loi, pour y entendre prononcer le jugement définitif, qui pour lors admettra le divorce.

261. Lorsque le divorce sera demandé par la raison qu'un des époux est condamné à une peine infamante, les seules formalités à observer consisteront à présenter au tribunal de première instance une expédition en bonne forme du jugement de condamnation, avec un certificat de la cour d'assises, portant que ce même jugement n'est plus susceptible d'être réformé par aucune voie légale.

262. En cas d'appel du jugement d'admission, ou du jugement définitif, rendu par le tribunal de première instance en matière de divorce, la cause sera instruite et jugée par la cour royale comme affaire urgente.

263. L'appel ne sera recevable qu'autant qu'il aura été interjeté dans les trois mois à compter du jour de la signification du jugement rendu contradictoirement ou par défaut. Le délai pour se pourvoir à la cour de cassation contre un jugement en dernier ressort, sera aussi de trois mois à compter de la signification. Le pourvoi sera suspensif.

264. En vertu de tout jugement rendu en dernier ressort ou passé en force de chose jugée, qui autorisera le divorce, l'époux qui l'aura obtenu, sera obligé de se présenter, dans le délai de deux mois, devant l'officier de l'état civil, l'autre partie dûment appelée, pour faire prononcer le divorce.

265. Ces deux mois ne commenceront à courir, à l'égard des jugemens de première instance, qu'après l'expiration du délai d'appel; à l'égard des arrêts rendus par défaut en cause d'appel, qu'après l'expiration du délai d'opposition; et à l'égard des jugemens contradictoires en dernier ressort, qu'après l'expiration du délai du pourvoi en cassation.

266. L'époux demandeur qui aura laissé passer le délai de deux mois ci-dessus déterminé, sans appeler l'autre époux devant l'officier de l'état civil, sera déchu du bénéfice du jugement qu'il avait obtenu, et

ne pourra reprendre son action en divorce, sinon pour cause nouvelle; auquel cas il pourra néanmoins faire valoir les anciennes causes.

SECTION II.

Des Mesures provisoires auxquelles peut donner lieu la Demande en divorce pour cause déterminée

267. L'administration provisoire des enfans restera au mari demandeur ou défendeur en divorce, à moins qu'il n'en soit autrement ordonné par le tribunal, sur la demande soit de la mère, soit de la famille, ou du ministère public, pour le plus grand avantage des enfans.

268. La femme demanderesse ou défenderesse en divorce pourra quitter le domicile du mari pendant la poursuite, et demander une pension alimentaire proportionnée aux facultés du mari. Le tribunal indiquera la maison dans laquelle la femme sera tenue de résider, et fixera, s'il y a lieu, la provision alimentaire que le mari sera obligé de lui payer.

269. La femme sera tenue de justifier de sa résidence dans la maison indiquée, toutes les fois qu'elle en sera requise : à défaut de cette justification, le mari pourra refuser la provision alimentaire, et, si la femme est demanderesse en divorce, la faire déclarer non recevable à continuer ses poursuites.

270. La femme commune en biens, demanderesse ou défenderesse en divorce, pourra, en tout état de cause, à partir de la date de l'ordonnance dont il est fait mention en l'article 238, requérir, pour la conservation de ses droits, l'apposition des scellés sur les effets mobiliers de la communauté. Ces scellés ne seront levés qu'en faisant inventaire avec prisée, et à la charge par le mari de représenter les choses inventoriées, ou de répondre de leur valeur comme gardien judiciaire.

271. Toute obligation contractée par le mari à la charge de la communauté, toute aliénation par lui faite des immeubles qui en dépendent, postérieurement à la date de l'ordonnance dont il est fait mention en l'article 238, sera déclarée nulle, s'il est prouvé d'ailleurs qu'elle ait été faite ou contractée en fraude des droits de la femme.

SECTION III.
Des Fins de non-recevoir contre l'Action en divorce pour cause déterminée.

272. L'action en divorce sera éteinte par la réconciliation des époux, survenue soit depuis les faits qui auraient pu autoriser cette action, soit depuis la demande en divorce.

273. Dans l'un et l'autre cas, le demandeur sera déclaré non recevable dans son action; il pourra néanmoins en intenter une nouvelle pour cause survenue depuis la réconciliation, et alors faire usage des anciennes causes pour appuyer sa nouvelle demande.

274. Si le demandeur en divorce nie qu'il y ait eu réconciliation, le défendeur en fera preuve, soit par écrit, soit par témoins, dans la forme prescrite en la première section du présent chapitre.

CHAPITRE III.
DU DIVORCE PAR CONSENTEMENT MUTUEL.

275. Le consentement mutuel des époux ne sera point admis, si le mari a moins de vingt-cinq ans, ou si la femme est mineure de vingt-un ans.

276. Le consentement mutuel ne sera admis qu'après deux ans de mariage.

277. Il ne pourra plus l'être après vingt ans de mariage, ni lorsque la femme aura quarante-cinq ans.

278. Dans aucun cas le consentement mutuel des époux ne suffira s'il n'est autorisé par leurs pères et mères, ou par leurs autres ascendans vivans, suivant les règles prescrites par l'article 150, au titre *du Mariage.*

279. Les époux déterminés à opérer le divorce par consentement mutuel, seront tenus de faire préalablement inventaire et estimation de tous leurs biens meubles et immeubles, et de régler leurs droits respectifs, sur lesquels il leur sera néanmoins libre de transiger.

280. Ils seront pareillement tenus de constater par écrit leur convention sur les trois points qui suivent : — 1° A qui les enfans nés de leur union seront confiés, soit pendant le temps des épreuves, soit après le divorce prononcé; — 2° Dans quelle maison la femme devra se retirer et résider pendant le temps des épreuves; — 3° Quelle somme le mari devra payer à sa femme pendant le même temps, si elle n'a pas des revenus suffisans pour fournir à ses besoins.

281. Les époux se présenteront ensemble, et en personne, devant le président du tribunal civil de leur arrondissement, ou devant le juge qui en fera les fonctions, et lui feront la déclaration de leur volonté, en présence de deux notaires amenés par eux.

282. Le juge fera aux deux

époux réunis, et à chacun d'eux en particulier, en présence des deux notaires, telles représentations et exhortations qu'il croira convenables; il leur donnera lecture du chapitre IV du présent titre, qui règle *les effets du Divorce*, et leur développera toutes les conséquences de leur démarche.

283. Si les époux persistent dans leur résolution, il leur sera donné acte, par le juge, de ce qu'ils demandent le divorce, et y consentent mutuellement; et ils seront tenus de produire et déposer à l'instant, entre les mains des notaires, outre les actes mentionnés aux articles 279 et 280, — 1° Les actes de leur naissance et celui de leur mariage; — 2° Les actes de naissance et de décès de tous les enfans nés de leur union; — 3° La déclaration authentique de leurs père et mère ou autres ascendans vivans, portant que, pour les causes à eux connues, ils autorisent tel ou telle, leur fils ou fille, petit-fils ou petite-fille, marié ou mariée à tel ou telle, à demander le divorce et à y consentir. Les pères, mères, aïeuls et aïeules des époux, seront présumés vivans jusqu'à la représentation des actes constatant leur décès.

284. Les notaires dresseront procès-verbal détaillé de tout ce qui aura été dit et fait en exécution des articles précédens; la minute en restera au plus âgé des deux notaires, ainsi que les pièces produites, qui demeureront annexées au procès-verbal, dans lequel il sera fait mention de l'avertissement qui sera donné à la femme de se retirer, dans les vingt-quatre heures, dans la maison convenue entre elle et son mari, et d'y résider jusqu'au divorce prononcé.

285. La déclaration ainsi faite sera renouvelée dans la première quinzaine de chacun des quatrième, septième et dixième mois qui suivront, en observant les mêmes formalités. Les parties seront obligées à rapporter chaque fois la preuve, par acte public, que leurs pères, mères, ou autres ascendans vivans, persistent dans leur première détermination; mais elles ne seront tenues à répéter la production d'aucun autre acte.

286. Dans la quinzaine du jour où sera révolue l'année, à compter de la première déclaration, les époux, assistés chacun de deux amis, personnes notables dans l'arrondissement, âgés de cinquante ans au moins, se présenteront ensemble et en personne devant le président du tribunal ou le juge qui en fera les fonctions; ils lui remettront les expéditions en bonne forme des quatre procès-verbaux contenant leur consentement mutuel, et de tous les actes qui y auront été annexés, et requerront du magistrat, chacun séparément, en présence néanmoins l'un de l'autre et des quatre notables, l'admission du divorce.

287. Après que le juge et les assistans auront fait leurs observations aux époux, s'ils persévèrent, il leur sera donné acte de leur réquisition et de la remise par eux faite des pièces à l'appui; le greffier du tribunal dressera procès-verbal, qui sera signé tant par les parties (à moins qu'elles ne déclarent ne savoir ou ne pouvoir signer, auquel cas il en sera fait mention), que par les quatre assistans, le juge et le greffier.

288. Le juge mettra de

suite, au bas de ce procès-verbal, son ordonnance, portant que, dans les trois jours, il sera par lui référé du tout au tribunal en la chambre du conseil, sur les conclusions par écrit du ministère public, auquel les pièces seront, à cet effet, communiquées par le greffier.

289. Si le ministère public trouve dans les pièces la preuve que les deux époux étaient âgés, le mari de vingt-cinq ans, la femme de vingt-un ans, lorsqu'ils ont fait leur première déclaration; qu'à cette époque ils étaient mariés depuis deux ans, que le mariage ne remontait pas à plus de vingt, que la femme avait moins de quarante-cinq ans, que le consentement mutuel a été exprimé quatre fois dans le cours de l'année, après les préalables ci-dessus prescrits et avec toutes les formalités requises par le présent chapitre, notamment avec l'autorisation des pères et mères des époux, ou avec celle de leurs autres ascendans vivans en cas de prédécès des pères et mères, il donnera ses conclusions en ces termes, *La loi permet;* dans le cas contraire, ses conclusions seront en ces termes, *La loi empêche.*

290. Le tribunal, sur le référé, ne pourra faire d'autres vérifications que celles indiquées par l'article précédent. S'il en résulte que, dans l'opinion du tribunal, les parties ont satisfait aux conditions et rempli les formalités déterminées par la loi, il admettra le divorce, et renverra les parties devant l'officier de l'état civil, pour le faire prononcer; dans le cas contraire, le tribunal déclarera qu'il n'y a pas lieu à admettre le divorce, et déduira les motifs de la décision.

291. L'appel du jugement qui aurait déclaré ne pas y avoir lieu à admettre le divorce, ne sera recevable qu'autant qu'il sera interjeté par les deux parties, et néanmoins par actes séparés, dans les dix jours au plus tôt, et au plus tard dans les vingt jours de la date du jugement de première instance.

292. Les actes d'appel seront réciproquement signifiés tant à l'autre époux qu'au ministère public près le tribunal de première instance.

293. Dans les dix jours, à compter de la signification qui lui aura été faite du second acte d'appel, le ministère public près le tribunal de première instance fera passer au procureur-général près la cour royale, l'expédition du jugement, et les pièces sur lesquelles il est intervenu. Le procureur-général près la cour royale donnera ses conclusions par écrit, dans les dix jours qui suivront la réception des pièces: le président, ou le juge qui le suppléera, fera son rapport à la cour royale, en la chambre du conseil, et il sera statué définitivement dans les dix jours qui suivront la remise des conclusions du procureur-général.

294. En vertu de l'arrêt qui admettra le divorce, et dans les vingt jours de sa date, les parties se présenteront ensemble et en personne devant l'officier de l'état civil, pour faire prononcer le divorce. Ce délai passé, le jugement demeurera comme non avenu.

CHAPITRE IV.
DES EFFETS DU DIVORCE.

295. Les époux qui divorceront pour quelque cause que ce soit, ne pourront plus se réunir.

296. Dans le cas de divorce prononcé pour cause déterminée, la femme divorcée ne pourra se remarier que dix mois après le divorce prononcé.

297. Dans le cas de divorce par consentement mutuel, aucun des deux époux ne pourra contracter un nouveau mariage que trois ans après la prononciation du divorce.

298. Dans le cas de divorce admis en justice pour cause d'adultère, l'époux coupable ne pourra jamais se marier avec son complice. La femme adultère sera condamnée par le même jugement, et sur la réquisition du ministère public, à la reclusion dans une maison de correction, pour un temps déterminé, qui ne pourra être moindre de trois mois, ni excéder deux années.

299. Pour quelque cause que le divorce ait lieu, hors le cas du consentement mutuel, l'époux contre lequel le divorce aura été admis, perdra tous les avantages que l'autre époux lui avait faits, soit par leur contrat de mariage, soit depuis le mariage contracté.

300. L'époux qui aura obtenu le divorce, conservera les avantages à lui faits par l'autre époux, encore qu'ils aient été stipulés réciproques et que la réciprocité n'ait pas lieu.

301. Si les époux ne s'étaient fait aucun avantage, ou si ceux stipulés ne paraissaient pas suffisans pour assurer la subsistance de l'époux qui a obtenu le divorce, le tribunal pourra lui accorder, sur les biens de l'autre époux, une pension alimentaire, qui ne pourra excéder le tiers des revenus de cet autre époux. Cette pension sera révocable dans le cas où elle cesserait d'être nécessaire.

302. Les enfans seront confiés à l'époux qui a obtenu le divorce, à moins que le tribunal, sur la demande de la famille, ou du ministère public, n'ordonne, pour le plus grand avantage des enfans, que tous ou quelques-uns d'eux seront confiés aux soins soit de l'autre époux, soit d'une tierce personne.

303. Quelle que soit la personne à laquelle les enfans seront confiés, les père et mère conserveront respectivement le droit de surveiller l'entretien et l'éducation de leurs enfans, et seront tenus d'y contribuer à proportion de leurs facultés.

304. La dissolution du mariage par le divorce admis en justice ne privera les enfans nés de ce mariage, d'aucun des avantages qui leur étaient assurés par les lois, ou par les conventions matrimoniales de leurs père et mère; mais il n'y aura d'ouverture aux droits des enfans que de la même manière et dans les mêmes circonstances où ils se seraient ouverts s'il n'y avait pas eu de divorce.

305. Dans le cas de divorce par consentement mutuel, la propriété de la moitié des biens de chacun des deux époux sera acquise de plein droit, du jour de leur première déclaration, aux enfans nés de leur mariage; les père et mère conserveront néanmoins la jouissance de cette moitié jusqu'à la majorité de leurs enfans, à la charge de pourvoir à leur nourriture, entretien et éducation, conformément à leur fortune et à leur état; le tout sans préjudice des autres avantages qui pourraient avoir été assurés auxdits enfans par les conventions matrimoniales de leurs père et mère.

CHAPITRE V.

DE LA SÉPARATION DE CORPS.

306. Dans le cas où il y a lieu à la demande en divorce pour cause déterminée, il sera libre au x époux de former demande en séparation de corps (a). — C. 229-233, 307 s.

307. Elle sera intentée, instruite et jugée de la même manière que toute autre action civile ; elle ne pourra avoir lieu par le consentement mutuel des époux (1). — C. 215-228, 236-240, 251, 261, 267, 274, 299, 300, 302, 303, 311, 373, 953, 955, 959, 1096, 1445, 1447, 1451, 1518. — Pr. 48, 83, 866-869, 870 s., 875-880. — Co. 65 s.

308. La femme contre laquelle la séparation de corps sera prononcée pour cause d'adultère, sera condamnée par le même jugement, et sur la réquisition du ministère pu-blic, à la reclusion dans une maison de correction pendant un temps déterminé, qui ne pourra être moindre de trois mois, ni excéder deux années. — C. 309, 311. — P. 336 s.

309. Le mari restera le maître d'arrêter l'effet de cette condamnation, en consentant à reprendre sa femme. — P. 337.

310. Lorsque la séparation de corps prononcée pour toute autre cause que l'adultère de la femme aura duré trois ans, l'époux qui était originairement défendeur, pourra demander le divorce au tribunal, qui l'admettra, si le demandeur originaire, présent ou dûment appelé, ne consent pas immédiatement à faire cesser la séparation (2).

311. La séparation de corps emportera toujours séparation de biens. — C. 1445, 1447, 1451, 1518. — Pr. 872, 880. — Co. 66.

TITRE SEPTIÈME.

DE LA PATERNITÉ ET DE LA FILIATION.

Décrété le 3 germ. an XI, promulgué le 12 [23 mars-2 avril 1803].

CHAPITRE 1er.

DE LA FILIATION DES ENFANS LÉGITIMES OU NÉS DANS LE MARIAGE.

312. L'enfant conçu pendant le mariage a pour père le mari. — Néanmoins celui-ci pourra désavouer l'enfant, s'il prouve que, pendant le temps qui a couru depuis le trois-centième jusqu'au cent-quatre-vingtième jour avant la naissance de cet enfant, il était, soit par cause d'éloignement, soit par l'effet de quelque accident, dans l'impossibilité physique de co-habiter avec sa femme. — *Addition.* L. du 6 déc. 1850. — « En cas de séparation de corps

a) Décr. 20-25 *sept.* 1792, § 1er.

ART. 7. À l'avenir aucune sé-paration de corps ne pourra être prononcée, les époux ne pourront être désunis que par le divorce.

(1) ORD. 16-27 *mai* 1835.

ARTICLE UNIQUE. L'article 22 du règlement d'administration publique du 26 mars 1802 est modifié en ce qui touche les ap-pels relatifs aux séparations de corps : ces appels seront, à l'avenir, jugés par nos cours royales en audience ordinaire.

(2) *Abrogé.* Loi du 8 mai 1816.

prononcée, ou même demandée, le mari pourra désavouer l'enfant qui sera né trois cents jours après l'ordonnance du président, rendue aux termes de l'article 878 du Code de procédure civile, et moins de cent quatre-vingts jours depuis le rejet définitif de la demande ou depuis la réconciliation. L'action en désaveu ne sera pas admise s'il y a eu réunion de fait entre les époux. »

313. Le mari ne pourra, en alléguant son impuissance naturelle, désavouer l'enfant : il ne pourra le désavouer même pour cause d'adultère, à moins que la naissance ne lui ait été cachée, auquel cas il sera admis à proposer tous les faits propres à justifier qu'il n'en est pas le père.

314. L'enfant né avant le cent-quatre-vingtième jour du mariage ne pourra être désavoué par le mari, dans les cas suivans : 1º s'il a eu connaissance de la grossesse avant le mariage; 2º s'il a assisté à l'acte de naissance, et si cet acte est signé de lui, ou contient sa déclaration qu'il ne sait signer ; 3º si l'enfant n'est pas déclaré viable.

315. La légitimité de l'enfant né trois cents jours après la dissolution du mariage pourra être contestée. — C. 312 ».

316. Dans les divers cas où le mari est autorisé à réclamer, il devra le faire, dans le mois, s'il se trouve sur les lieux de la naissance de l'enfant ; — Dans les deux mois après son retour, si, à la même époque, il est absent ; — Dans les deux mois après la découverte de la fraude, si on lui avait caché la naissance de l'enfant. — C. 312 ».

317. Si le mari est mort avant d'avoir fait sa réclamation, mais étant encore dans le délai utile pour la faire, les héritiers auront deux mois pour contester la légitimité de l'enfant, à compter de l'époque où cet enfant se serait mis en possession des biens du mari, ou de l'époque où les héritiers seraient troublés par l'enfant dans cette possession.—C. 316.

318. Tout acte extrajudiciaire contenant le désaveu de la part du mari ou de ses héritiers, sera comme non avenu, s'il n'est suivi, dans le délai d'un mois, d'une action en justice, dirigée contre un tuteur ad hoc donné à l'enfant, et en présence de sa mère.—C. 316».

CHAPITRE II.
DES PREUVES DE LA FILIATION DES ENFANS LÉGITIMES.

319. La filiation des enfans légitimes se prouve par les actes de naissance inscrits sur le registre de l'état civil.

320. A défaut de ce titre, la possession constante de l'état d'enfant légitime suffit.

321. La possession d'état s'établit par une réunion suffisante de faits qui indiquent le rapport de filiation et de parenté entre un individu et la famille à laquelle il prétend appartenir. — Les principaux de ces faits sont, — Que l'individu a toujours porté le nom du père auquel il prétend appartenir; — Que le père l'a traité comme son enfant, et a pourvu, en cette qualité, à son éducation, à son entretien et à son établissement;—Qu'il a été reconnu constamment pour tel dans la société; — Qu'il a été reconnu pour tel par la famille.

322. Nul ne peut réclamer

un état contraire à celui que lui donnent son titre de naissance et la possession conforme à ce titre; — Et réciproquement, nul ne peut contester l'état de celui qui a une possession conforme à son titre de naissance. — C. 196, 197, 319, 321.

323. A défaut de titre et de possession constante, ou si l'enfant a été inscrit, soit sous de faux noms, soit comme né de père et mère inconnus, la preuve de filiation peut se faire par témoins. — Néanmoins cette preuve ne peut être admise que lorsqu'il y a commencement de preuve par écrit, ou lorsque les présomptions ou indices résultant de faits dès lors constans sont assez graves pour déterminer l'admission. — C. 46, 324 s., 1347, 1349, 1353. — Pr. 252 s.

324. Le commencement de preuve par écrit résulte des titres de famille, des registres et papiers domestiques du père ou de la mère, des actes publics et même privés émanés d'une partie engagée dans la contestation, ou qui y aurait intérêt si elle était vivante. — C. 46, 323, 341, 1347.

325. La preuve contraire pourra se faire par tous les moyens propres à établir que le réclamant n'est pas l'enfant de la mère qu'il prétend avoir, ou même, la maternité prouvée, qu'il n'est pas l'enfant du mari de la mère. — C. 312, 316, 317, 323. — Pr. 236.

326. Les tribunaux civils seront seuls compétens pour statuer sur les réclamations d'état. — C. 99 s., 198 s., 327 s. — Pr. 83 2º.

327. L'action criminelle contre un délit de suppression d'état, ne pourra commencer qu'a-près le jugement définitif sur la question d'état. — C. 52, 53, 198, 199. — I. Cr. 3, 22. — P. 345.

328. L'action en réclamation d'état est imprescriptible à l'égard de l'enfant. — C. 329 s., 2226.

329. L'action ne peut être intentée par les héritiers de l'enfant qui n'a pas réclamé, qu'autant qu'il est décédé mineur, ou dans les cinq années après sa majorité. — C. 317 s., 328, 330, 388, 724.

330. Les héritiers peuvent suivre cette action lorsqu'elle a été commencée par l'enfant, à moins qu'il ne s'en fût désisté formellement, ou qu'il n'eût laissé passer trois années sans poursuites, à compter du dernier acte de la procédure. — C. 317 s., 328 s., 724. — Pr. 397 s., 399 s., 402.

CHAPITRE III.

DES ENFANS NATURELS.

SECTION Ire.

De la Légitimation des Enfans naturels.

331. Les enfans nés hors mariage, autres que ceux nés d'un commerce incestueux ou adultérin, pourront être légitimés par le mariage subséquent de leurs père et mère, lorsque ceux-ci les auront légalement reconnus avant leur mariage, ou qu'ils les reconnaîtront dans l'acte même de célébration. — C. 62, 201, 202, 314, 334 s., 340, 341.

332. La légitimation peut avoir lieu, même en faveur des enfans décédés qui ont laissé des descendans; et, dans ce cas, elle profite à ces descendans. — C. 331, 333.

333. Les enfans légitimés

par le mariage subséquent auront les mêmes droits que s'ils
étaient nés de ce mariage. —
C. 731 ■., 913 ■., 960 ■.

SECTION II.
De la Reconnaissance des Enfans naturels.

334. La reconnaissance d'un
enfant naturel sera faite par
un acte authentique, lorsqu'elle
ne l'aura pas été dans son acte
de naissance. — C. 57, 62,158
■., 261 ■., 331, 335 ■., 756 *note*,
767 ■., 1317.

335. Cette reconnaissance
ne pourra avoir lieu au profit
des enfans nés d'un commerce
incestueux ou adultérin. — C.
159,331,334,342,762 ■., 908 (1).

336. La reconnaissance du
père, sans l'indication et l'a-
veu de la mère, n'a d'effet qu'à
l'égard du père. — C. 35, 340,
341.

337. La reconnaissance faite
pendant le mariage, par l'un
des époux, au profit d'un enfant
naturel qu'il aurait eu avant son
mariage, d'un autre que de son
époux, ne pourra nuire ni à celui-ci, ni aux enfans nés de ce
mariage. — Néanmoins elle produira son effet après la dissolution de ce mariage, s'il n'en
reste pas d'enfans. — C. 227.

338. L'enfant naturel reconnu ne pourra réclamer les
droits d'enfant légitime. Les
droits des enfans naturels seront réglés au titre *des Successions*. — C. 158, 383, 756-766,
908.

339. Toute reconnaissance
de la part du père ou de la
mère, de même que toute réclamation de la part de l'enfant, pourra être contestée par
tous ceux qui y auront intérêt.

340. La recherche de la paternité est interdite. Dans le
cas d'enlèvement, lorsque l'é-
poque de cet enlèvement se
rapportera à celle de la con-
ception, le ravisseur pourra
être, sur la demande des parties
intéressées, déclaré père de
l'enfant. — C. 342. — I. Cr. 3.
—P. 341-344, 354-357.

341. La recherche de la
maternité est admise. — L'enfant qui réclamera sa mère, sera
tenu de prouver qu'il est identiquement le même que l'enfant
dont elle est accouchée. — Il
ne sera reçu à faire cette preuve
par témoins, que lorsqu'il aura
déjà un commencement de preuve par écrit. — C. 323-330, 335,
342, 1347. — Pr. 252 ■.

342. Un enfant ne sera jamais admis à la recherche soit
de la paternité, soit de la maternité, dans les cas où, suivant
l'article 335, la reconnaissance
n'est pas admise. — C. 340, 762.

---

(1) Décr. 19-29 *flor. an II.*
La Convention nationale ap-
prouve le refus fait par l'officier
public de la commune de Paris, de
recevoir la déclaration faite par
une citoyenne, que l'enfant dont
elle est devenue mère est d'un
autre que de son mari...

TITRE HUITIÈME.

DE L'ADOPTION ET DE LA TUTELLE OFFICIEUSE.

Décrété le 2 germinal an XI, promulgué le 12 germinal
[23 mars-2 avril 1803].

CHAPITRE Ier.
DE L'ADOPTION (a).

SECTION Ire.
De l'Adoption et de ses effets.

343. L'adoption n'est permise qu'aux personnes de l'un ou de l'autre sexe, âgées de plus de cinquante ans, qui n'auront, à l'époque de l'adoption, ni enfans, ni descendans légitimes, et qui auront au moins quinze ans de plus que les individus qu'elles se proposent d'adopter. — C. 344, 345, 355, 366 (1).

344. Nul ne peut être adopté par plusieurs, si ce n'est par deux époux. — Hors le cas de l'article 366, nul époux ne peut adopter qu'avec le consentement de l'autre conjoint. — C. 362.

345. La faculté d'adopter ne pourra être exercée qu'envers l'individu à qui l'on aura, dans sa minorité et pendant six ans au moins, fourni des secours et donné des soins non interrompus, ou envers celui qui aurait sauvé la vie à l'adoptant, soit dans un combat, soit en le retirant des flammes ou des flots. — Il suffira, dans ce deuxième cas, que l'adoptant soit majeur, plus âgé que

l'adopté, sans enfans ni descendans légitimes; et s'il est marié, que son conjoint consente à l'adoption.—C. 344, 366 s., 388.

346. L'adoption ne pourra, en aucun cas, avoir lieu avant la majorité de l'adopté. Si l'adopté, ayant encore ses père et mère, ou l'un des deux, n'a point accompli sa vingt-cinquième année, il sera tenu de rapporter le consentement donné à l'adoption par ses père et mère, ou par le survivant; et s'il est majeur de vingt-cinq ans, de requérir leur conseil. —C. 148 s., 151, 154, 366 s., 388.

347. L'adoption conférera le nom de l'adoptant à l'adopté, en l'ajoutant au nom propre de ce dernier. — C. 348 s.

348. L'adopté restera dans sa famille naturelle, et y conservera tous ses droits : néanmoins le mariage est prohibé. — Entre l'adoptant, l'adopté et ses descendans; — Entre les enfans adoptifs du même individu; — Entre l'adopté et les enfans qui pourraient survenir à l'adoptant; — Entre l'adopté et le conjoint de l'adoptant, et réciproquement entre l'adoptant et le conjoint de l'adopté. — C. 161 s., 184, 350.

_____

(a) DÉCR. du 18 janv. 1792. L'Assemblée nationale décrète que son comité de législation comprendra dans son plan général des lois civiles celles relatives à l'adoption.

(1) La loi du 25 germ. an XI a réglé les effets des adoptions faites avant la publication du titre VIII du Code civil.

349. L'obligation naturelle, qui continuera d'exister entre l'adopté et ses père et mère, de se fournir des alimens dans les cas déterminés par la loi, sera considérée comme commune à l'adoptant et à l'adopté, l'un envers l'autre. — C. 203-205, 208-210.

350. L'adopté n'acquerra aucun droit de successibilité sur les biens des parens de l'adoptant; mais il aura sur la succession de l'adoptant les mêmes droits que ceux qu'y aurait l'enfant né en mariage, même quand il y aurait d'autres enfans de cette dernière qualité nés depuis l'adoption. — C. 351 n., 731 n., 745, 913 n., 960.

351. Si l'adopté meurt sans descendans légitimes, les choses données par l'adoptant ou recueillies dans sa succession, et qui existeront en nature lors du décès de l'adopté, retourneront à l'adoptant ou à ses descendans, à la charge de contribuer aux dettes, et sans préjudice des droits des tiers. — Le surplus des biens de l'adopté appartiendra à ses propres parens; et ceux-ci excluront toujours, pour les objets même spécifiés au présent article, tous héritiers de l'adoptant autres que ses descendans. — C. 352, 747, 766.

352. Si, du vivant de l'adoptant, et après le décès de l'adopté, les enfans ou descendans laissés par celui-ci mouraient eux-mêmes sans postérité, l'adoptant succédera aux choses par lui données, comme il est dit en l'article précédent; mais ce droit sera inhérent à la personne de l'adoptant, et non transmissible à ses héritiers, même en ligne descendante. — C. 351, 747.

SECTION II.
Des Formes de l'Adoption.

353. La personne qui se proposera d'adopter, et celle qui voudra être adoptée, se présenteront devant le juge de paix du domicile de l'adoptant, pour y passer acte de leurs consentemens respectifs. — C. 102, 343 n., 354 n., 363.

354. Une expédition de cet acte sera remise, dans les dix jours suivans, par la partie la plus diligente, au procureur du Roi près le tribunal de première instance dans le ressort duquel se trouvera le domicile de l'adoptant, pour être soumis à l'homologation de ce tribunal. — C. 102, 353, 355 n.

355. Le tribunal réuni en la chambre du conseil, et après s'être procuré les renseignemens convenables, vérifiera, 1° si toutes les conditions de la loi sont remplies; 2° si la personne qui se propose d'adopter, jouit d'une bonne réputation. — C. 343 n., 356.

356. Après avoir entendu le procureur du Roi, et sans aucune autre forme de procédure, le tribunal prononcera, sans énoncer de motifs, en ces termes: *Il y a lieu*, ou *Il n'y a pas lieu à l'adoption.* — Pr. 83.

357. Dans le mois qui suivra le jugement du tribunal de première instance, ce jugement sera, sur les poursuites de la partie la plus diligente, soumis à la cour royale, qui instruira dans les mêmes formes que le tribunal de première instance, et prononcera, sans énoncer de motifs: *Le jugement est confirmé*, ou *Le jugement est réformé; en conséquence, il y a lieu*, ou *il n'y a pas lieu à l'adoption.* — C. 354 n., 358.

358. Tout arrêt de la cour

royale qui admettra une adoption, sera prononcé à l'audience, et affiché en tels lieux et en tel nombre d'exemplaires que le tribunal jugera convenable. — C. 357.

359. Dans les trois mois qui suivront ce jugement, l'adoption sera inscrite, à la requisition de l'une ou de l'autre des parties, sur le registre de l'état civil du lieu où l'adoptant sera domicilié.—Cette inscription n'aura lieu que sur le vu d'une expédition, en forme, du jugement de la cour royale; et l'adoption restera sans effet si elle n'a été inscrite dans ce délai. — C. 40, 102.

360. Si l'adoptant venait à mourir après que l'acte constatant la volonté de former le contrat d'adoption a été reçu par le juge de paix, et porté devant les tribunaux, et avant que ceux-ci eussent définitivement prononcé, l'instruction sera continuée et l'adoption admise, s'il y a lieu. — Les héritiers de l'adoptant pourront, s'ils croient l'adoption inadmissible, remettre au procureur du Roi tous mémoires et observations à ce sujet. — C. 353 s., 366, 724.

CHAPITRE II.

DE LA TUTELLE OFFICIEUSE.

361. Tout individu âgé de plus de cinquante ans, et sans enfans ni descendans légitimes, qui voudra, durant la minorité d'un individu, se l'attacher par un titre légal, pourra devenir son tuteur officieux, en obtenant le consentement des père et mère de l'enfant, ou du survivant d'entre eux, ou, à leur défaut, d'un conseil de famille, ou enfin, si l'enfant n'a point de parens connus, en obtenant le consentement des administrateurs de l'hospice où il aura été recueilli, ou de la municipalité du lieu de sa résidence. — C. 343, 346, 361 s., 389, 405 s.

362. Un époux ne peut devenir tuteur officieux qu'avec le consentement de l'autre conjoint. — C. 344.

363. Le juge de paix du domicile de l'enfant dressera procès-verbal des demandes et consentemens relatifs à la tutelle officieuse. — C. 403 s., 353.

364. Cette tutelle ne pourra avoir lieu qu'au profit d'enfans âgés de moins de quinze ans. — Elle emportera avec soi, sans préjudice de toutes stipulations particulières, l'obligation de nourrir le pupille, de l'élever, de le mettre en état de gagner sa vie. — C. 203, 365, 367, 369, 1135.

365. Si le pupille a quelque bien, et s'il était antérieurement en tutelle, l'administration de ses biens, comme celle de sa personne, passera au tuteur officieux, qui ne pourra néanmoins imputer les dépenses de l'éducation sur les revenus du pupille. — C. 364, 389, 450, 454 s., 469.

366. Si le tuteur officieux, après cinq ans révolus depuis la tutelle, et dans la prévoyance de son décès avant la majorité du pupille, lui confère l'adoption par acte testamentaire, cette disposition sera valable, pourvu que le tuteur officieux ne laisse point d'enfans légitimes. — C. 343, 346, 347-353, 367.

367. Dans le cas où le tuteur officieux mourrait soit avant les cinq ans, soit après ce temps, sans avoir adopté son pupille, il sera fourni à celui-ci, durant sa minorité, des

5

moyens de subsister, dont la quotité et l'espèce, s'il n'y a été antérieurement pourvu par une convention formelle, seront réglées soit amiablement entre les représentans respectifs du tuteur et du pupille, soit judiciairement en cas de contestation. — C. 364, 366, 369, 113.

368. Si, à la majorité du pupille, son tuteur officieux veut l'adopter, et que le premier y consente, il sera procédé à l'adoption selon les formes prescrites au chapitre précédent, et les effets en seront, en tous points, les mêmes. — C. 343-360.

369. Si, dans les trois mois qui suivront la majorité du pupille, les réquisitions par lui faites à son tuteur officieux, à fin d'adoption, sont restées sans effet, et que le pupille ne se trouve point en état de gagner sa vie, le tuteur officieux pourra être condamné à indemniser le pupille de l'incapacité où celui-ci pourrait se trouver de pourvoir à sa subsistance. — Cette indemnité se résoudra en secours propres à lui procurer un métier; le tout sans préjudice des stipulations qui auraient pu avoir lieu dans la prévoyance de ce cas. — C. 364, 367, 113, 1146-1149, 1152.

370. Le tuteur officieux qui aurait eu l'administration de quelques biens pupillaires, en devra rendre compte dans tous les cas. — C. 365, 469 s. — Pr. 527 s.

TITRE NEUVIÈME.

DE LA PUISSANCE PATERNELLE,

Décrété le 3 germinal an XI, promulgué le 13 germinal [24 mars-3 avril 1803].

371. L'enfant, à tout âge, doit honneur et respect à ses père et mère. — C. 148-153, 1388. — Supp. *Contrainte par corps*, L. 17 avril 1832, art. 19.

372. Il reste sous leur autorité jusqu'à sa majorité ou son émancipation (a). — C. 25, 148 s., 267, 302, 340, 373 s., 476, 488, 1384, 1388. — P. 335.

373. Le père seul exerce cette autorité durant le mariage. — C. 141, 507. — P. 335.

374. L'enfant ne peut quitter la maison paternelle sans la permission de son père, si ce n'est pour enrôlement volontaire, après l'âge de dix-huit ans révolus (1). — C. 108, 267, 302.

375. Le père qui aura des sujets de mécontentement très-graves sur la conduite d'un enfant, aura les moyens de correction suivans. — C. 376 s., 468.

376. Si l'enfant est âgé de moins de seize ans commencés, le père pourra le faire détenir pendant un temps qui ne pourra excéder un mois; et, à cet effet, le président du tribunal d'arrondissement devra, sur sa de-

---

(a) DÉCR. 28 *août* 1792.

L'Assemblée nationale décrète que les majeurs ne seront plus soumis à la puissance paternelle, elle

ne s'étendra que sur les personnes des mineurs.

(1) L. 21 *mars* 1832.

ART. 3250. «L'engagé volontaire

mande, délivrer l'ordre d'arrestation (a). — C. 378-382.

377. Depuis l'âge de seize ans commencés jusqu'à la majorité ou l'émancipation, le père pourra seulement requérir la détention de son enfant pendant six mois au plus; il s'adressera au président dudit tribunal, qui, après en avoir conféré avec le procureur du Roi, délivrera l'ordre d'arrestation ou le refusera, et pourra, dans le premier cas, abréger le temps de la détention requis par le père. — C. 378 s., 382, 468.

378. Il n'y aura, dans l'un et l'autre cas, aucune écriture ni formalité judiciaire, si ce n'est l'ordre même d'arrestation, dans lequel les motifs n'en seront pas énoncés. — Le père sera seulement tenu de souscrire une soumission de payer tous les frais, et de fournir les alimens convenables. — C. 203, 376, 377. — Pr. 789-791, 800 4o. — I. Cr. 608-610. — Supp. *Contrainte par corps*, L. 17 avril 1833, art. 28.

379. Le père est toujours maître d'abréger la durée de la détention par lui ordonnée ou requise. Si, après sa sortie, l'enfant tombe dans de nouveaux écarts, la détention pourra être de nouveau ordonnée de la manière prescrite aux articles précédens. — C. 376 s.

380. Si le père est remarié, il sera tenu, pour faire détenir son enfant du premier lit, lors même qu'il serait âgé de moins de seize ans, de se conformer à l'article 377.

381. La mère survivante et non remariée ne pourra faire détenir un enfant qu'avec le concours des deux plus proches parens paternels, et par voie de réquisition, conformément à l'article 377.

382. Lorsque l'enfant aura des biens personnels, ou lorsqu'il exercera un état, sa détention ne pourra, même au-dessous de seize ans, avoir lieu que par voie de réquisition, en la forme prescrite par l'article 377. — L'enfant détenu pourra adresser un mémoire au procureur-général près la cour royale. Celui-ci se fera rendre compte par le procureur du Roi près le tribunal de première instance, et fera son rapport au président de la cour royale, qui, après en avoir donné avis au père, et après avoir recueilli tous les renseignemens, pourra révoquer ou modifier l'ordre délivré par le président du tribunal de première instance.

383. Les articles 376, 377, 378 et 379, seront communs aux pères et mères des enfans naturels légalement reconnus. — C. 334 s., 371 s.

384. Le père, durant le mariage, et, après la dissolution du mariage, le survivant

---

devra, s'il a moins de vingt ans, justifier du consentement de ses père, mère ou tuteur. Ce dernier devra être autorisé par une délibération du conseil de famille... »

(a) Sous l'empire du décret du 16-24 août 1790 (tit. x, art. 15, 16), le père, ou la mère, ou l'aïeul, ou le tuteur qui avait des sujets de mécontentement très-graves sur la conduite d'un enfant ou d'un pupille, portait sa demande au tribunal de famille, composé, au moins, de six parens les plus proches. Si l'enfant avait moins de vingt ans, ce tribunal pouvait au maximum le condamner à être renfermé pendant une année.

des père et mère, auront la jouissance des biens de leurs enfans jusqu'à l'âge de dix-huit ans accomplis, ou jusqu'à l'émancipation qui pourrait avoir lieu avant l'âge de dix-huit ans (*a*).— C. 217, 389, 476 s., 485, 601, 620.

385. Les charges de cette jouissance seront, — 1° Celles auxquelles sont tenus les usufruitiers;— C. 600-616.—2° La nourriture, l'entretien et l'éducation des enfans, selon leur fortune;— C. 203.—3° Le paiement des arrérages ou intérêts des capitaux;— C. 267, 884 *note ;* — 4° Les frais funéraires et ceux de dernière maladie. — C. 2101 2°.

386. Cette jouissance n'aura pas lieu au profit de celui des père et mère contre lequel le *divorce* (1) aurait été prononcé; et elle cessera à l'égard de la mère dans le cas d'un second mariage.—C. 387, 730, 1442. — P. 335.

387. Elle ne s'étendra pas aux biens que les enfans pourront acquérir par un travail et une industrie séparés, ni à ceux qui leur seront donnés ou légués sous la condition expresse que les père et mère n'en jouiront pas. — C. 389, 1135.

TITRE DIXIÈME.

DE LA MINORITÉ, DE LA TUTELLE ET DE L'ÉMANCIPATION.

Décrété le 5 germinal an XI, promulgué le 15 germinal [26 mars-5 avril 1803].

CHAPITRE Ier.

DE LA MINORITÉ.

388. Le mineur est l'individu de l'un et de l'autre sexe qui n'a point encore l'âge de vingt-un ans accomplis.—C. 57, 488 *et la note*, 2260.

CHAPITRE II.

DE LA TUTELLE.

SECTION Ire,

De la Tutelle des Père et Mère.

389. Le père est, durant le mariage, administrateur des

---

(1) L. 8 mai 1816, art. 1er. « Le divorce est aboli. »

(*a*) COUTUME *de Paris*.

ART. 265. Est permis aux père, mère, aïeul ou aïeule noble, demeurant dedans la ville de Paris ou dehors, accepter la garde noble de leurs enfans après le trépas de l'un d'eux.

266. Pareillement est permis aux père et mère bourgeois de Paris, prendre et accepter la garde bourgeoise, et administration de leurs enfans mineurs, après le décès de l'un d'eux.

267. Le gardien noble demeurant hors la ville de Paris, ou dedans la ville et faux-bourgs d'icelle, et pareillement le gardien bourgeois, a l'administration des meubles, et fait les fruits siens durant ladite garde de tous les immeubles, tant héritages que rentes, appartenant aux mineurs, assis en la ville ou dehors; à la charge de payer et acquitter par ledit gardien les dettes et arrérages des rentes que doivent lesdits mineurs; les nourrir, alimenter et entretenir selon leur

biens personnels de ses enfans mineurs. — Il est comptable, quant à la propriété et aux revenus, des biens dont il n'a pas la jouissance; et, quant à la propriété seulement, de ceux des biens dont la loi lui donne l'usufruit. — C. 384-387, 730, 1388, 1442.—Pr. 126, 527 s —P. 335.

390. Après la dissolution du mariage arrivée par la mort naturelle ou civile de l'un des époux, la tutelle des enfans mineurs et non émancipés appartient de plein droit au survivant des père et mère.—C. 23, 25, 141-143, 391-396, 405 s., 421, 476 s.— P. 18, 34 4°, 42 6°, 335.

391. Pourra néanmoins le père nommer à la mère survivante et tutrice un conseil spécial, sans l'avis duquel elle ne pourra faire aucun acte relatif à la tutelle. — Si le père spécifie les actes pour lesquels le conseil sera nommé, la tutrice sera habile à faire les autres sans son assistance.

392. Cette nomination de conseil ne pourra être faite que de l'une des manières suivantes: —1° Par acte de dernière volonté; —2° Par une déclaration faite ou devant le juge de paix, assisté de son greffier, ou devant notaires.—C. 393, 895, 969 s.

393. Si, lors du décès du mari, la femme est enceinte, il sera nommé un curateur au ventre par le conseil de famille.

— A la naissance de l'enfant, la mère en deviendra tutrice, et le curateur en sera de plein droit le subrogé tuteur. — C. 815, 405 s., 420 s.

394. La mère n'est point tenue d'accepter la tutelle; néanmoins, et en cas qu'elle la refuse, elle devra en remplir les devoirs jusqu'à ce qu'elle ait fait nommer un tuteur. — C. 390, 405 s.

395. Si la mère tutrice veut se remarier, elle devra, avant l'acte de mariage, convoquer le conseil de famille, qui décidera si la tutelle doit lui être conservée.—A défaut de cette convocation, elle perdra la tutelle de plein droit; et son nouveau mari sera solidairement responsable de toutes les suites de la tutelle qu'elle aura indûment conservée. — C. 396, 406 s., 1200 s.

396. Lorsque le conseil de famille, dûment convoqué, conservera la tutelle à la mère, il lui donnera nécessairement pour cotuteur le second mari, qui deviendra solidairement responsable, avec sa femme, de la gestion postérieure au mariage.—C. 395, 450 s., 1200 s., 2121.—Pr. 126, 903.

SECTION II.
De la Tutelle déférée par le Père ou la Mère.

397. Le droit individuel de choisir un tuteur parent, ou

état et qualité; payer et acquitter les charges annuelles que doivent lesdits héritages, et iceux héritages entretenir de toutes réparations viagères; et enfin desdites gardes, rendre lesdits héritages en bon état.

268. La garde noble dure aux enfans mâles, jusqu'à vingt ans,

et aux femelles, jusqu'à quinze ans accomplis; la garde bourgeoise dure aux enfans mâles jusqu'à quatorze ans, et aux femelles jusqu'à douze ans finis et accomplis; le tout pourvu que lesdits père et mère, aïeul ou aïeule, ne se remarient point; auquel cas la garde est finie.

même étranger, n'appartient qu'au dernier mourant des père et mère.—C. 398, 399.

398. Ce droit ne peut être exercé que dans les formes prescrites par l'article 392, et sous les exceptions et modifications ci-après. -

399. La mère remariée et non maintenue dans la tutelle des enfans de son premier mariage, ne peut leur choisir un tuteur.—C. 395, 397.

400. Lorsque la mère remariée, et maintenue dans la tutelle, aura fait choix d'un tuteur aux enfans de son premier mariage, ce choix ne sera valable qu'autant qu'il sera confirmé par le conseil de famille. — C. 395, 406 s.

401. Le tuteur élu par le père ou la mère n'est pas tenu d'accepter la tutelle, s'il n'est d'ailleurs dans la classe des personnes qu'à défaut de cette élection spéciale le conseil de famille eût pu en charger. — C. 427 s., 432 s.

SECTION III.
De la Tutelle des Ascendans.

402. Lorsqu'il n'a pas été choisi au mineur un tuteur par le dernier mourant de ses père et mère, la tutelle appartient de droit à son aïeul paternel; à défaut de celui-ci, à son aïeul maternel, et ainsi en remontant, de manière que l'ascendant paternel soit toujours préféré à l'ascendant maternel du même degré.—C. 142, 397, 421, 735 s., 907.

403. Si, à défaut de l'aïeul paternel et de l'aïeul maternel du mineur, la concurrence se trouvait établie entre deux ascendans du degré supérieur qui appartinssent tous deux à la ligne paternelle du mineur, la tutelle passera de droit à celui des

deux qui se trouvera être l'aïeul paternel du père du mineur.—C. 403, 404.

404. Si la même concurrence a lieu entre deux bisaïeuls de la ligne maternelle, la nomination sera faite par le conseil de famille, qui ne pourra néanmoins que choisir l'un de ces deux ascendans. —C. 403, 407 s.

SECTION IV.
De la Tutelle déférée par le Conseil de famille.

405. Lorsqu'un enfant mineur et non émancipé restera sans père ni mère, ni tuteur élu par ses père et mère, ni ascendans mâles, comme aussi lorsque le tuteur de l'une des qualités ci-dessus exprimées se trouvera ou dans le cas des exclusions dont il sera parlé ci-après, ou valablement excusé, il sera pourvu, par un conseil de famille, à la nomination d'un tuteur.—C. 25, 390 s., 394, 397 s., 402 s., 406 s., 427 s., 442 s. — Pr. 882 s. — P. 34, 42, 335.

406. Ce conseil sera convoqué soit sur la réquisition et à la diligence des parens du mineur, de ses créanciers ou d'autres parties intéressées, soit même d'office et à la poursuite du juge de paix du domicile du mineur. Toute personne pourra dénoncer à ce juge de paix le fait qui donnera lieu à la nomination d'un tuteur. — C. 108, 421, 424, 448, 479.— Pr. 882 s.—T. 1er, art. 16 § 1, art. 21 § 9.

407. Le conseil de famille sera composé, non compris le juge de paix, de six parens ou alliés, pris tant dans la commune où la tutelle sera ouverte que dans la distance de deux myriamètres, moitié du côté paternel, moitié du côté maternel, et en suivant l'ordre de proximité dans chaque ligne. — Le parent sera préféré à l'allié du même degré; et, parmi les parens de même degré, le plus âgé à celui qui le sera le moins. — C. 25, 110, 408 s., 427 s., 442 s., 735 s. — P. 34, 42, 335.

408. Les frères germains du mineur et les maris des sœurs germaines sont seuls exceptés de la limitation de nombre posée en l'article précédent. — S'ils sont six, ou au delà, ils seront tous membres du conseil de famille, qu'ils composeront seuls, avec les veuves d'ascendans et les ascendans valablement excusés, s'il y en a. — S'ils sont en nombre inférieur, les autres parens ne seront appelés que pour compléter le conseil. — C. 403, 407.

409. Lorsque les parens ou alliés de l'une ou de l'autre ligne se trouveront en nombre insuffisant sur les lieux, ou dans la distance désignée par l'article 407, le juge de paix appellera, soit des parens ou alliés domiciliés à de plus grandes distances, soit, dans la commune même, des citoyens connus pour avoir eu des relations habituelles d'amitié avec le père ou la mère du mineur. — C. 410.

410. Le juge de paix pourra, lors même qu'il y aurait sur les lieux un nombre suffisant de parens ou alliés, permettre de citer, à quelque distance qu'ils soient domiciliés, des parens ou alliés plus proches en degré ou de même degré que les parens ou alliés présens; de manière toutefois que cela s'opère en retranchant quelques-uns de ces derniers, et sans excéder le nombre réglé par les précédens articles. — C. 407, 408, 411. — Pr. 1.

411. Le délai pour comparaître sera réglé par le juge de paix à jour fixe, mais de manière qu'il y ait toujours, entre la citation notifiée et le jour indiqué pour la réunion du conseil, un intervalle de trois jours au moins, quand toutes les parties citées résideront dans la commune, ou dans la distance de deux myriamètres. — Toutes les fois que, parmi les parties citées, il s'en trouvera de domiciliées au delà de cette distance, le délai sera augmenté d'un jour par trois myriamètres. — Pr. 1033.

412. Les parens, alliés ou amis, ainsi convoqués, seront tenus de se rendre en personne, ou de se faire représenter par un mandataire spécial. — Le fondé de pouvoir ne peut représenter plus d'une personne. — C. 413 s., 1984 s., 1987.

413. Tout parent, allié ou ami, convoqué, et qui, sans excuse légitime, ne comparaîtra point, encourra une amende qui ne pourra excéder cinquante francs, et sera prononcée sans appel par le juge de paix. — C. 411 s., 414.

414. S'il y a excuse suffisante, et qu'il convienne, soit d'attendre le membre absent, soit de le remplacer; en ce cas, comme en tout autre où l'intérêt du mineur semblera l'exiger, le juge de paix pourra ajourner l'assemblée ou la proroger. — C. 413, 415.

415. Cette assemblée se tiendra de plein droit chez le juge de paix, à moins qu'il ne désigne lui-même un autre local. La présence des trois quarts au moins de ses membres convoqués sera nécessaire pour qu'elle délibère. — C. 407, 408, 416.

416. Le conseil de famille sera présidé par le juge de paix, qui y aura voix délibérative, et prépondérante en cas de partage.—Pr.116,117,833-889.

417. Quand le mineur, domicilié en France, possédera des biens dans les colonies, ou réciproquement, l'administration spéciale de ces biens sera donnée à un protuteur.—En ce cas, le tuteur et le protuteur seront indépendans, et non responsables l'un envers l'autre pour leur gestion respective(a). —C. 450 *n.*, 451, 2121.

418. Le tuteur agira et administrera, en cette qualité, du jour de sa nomination, si elle a lieu en sa présence; sinon, du jour qu'elle lui aura été notifiée.—C. 450 *n.*, 2121, 2135 1°, 2193.—Pr. 832.

419. La tutelle est une char-ge personnelle qui ne passe point aux héritiers du tuteur. Ceux-ci seront seulement responsables de la gestion de leur auteur; et, s'ils sont majeurs, ils seront tenus de la continuer jusqu'à la nomination d'un nouveau tuteur.—C. 488,724,2010.

SECTION V.
Du subrogé Tuteur.

420. Dans toute tutelle, il y aura un subrogé tuteur, nommé par le conseil de famille. —Ses fonctions consisteront à agir pour les intérêts du mineur, lorsqu'ils seront en opposition avec ceux du tuteur.— C. 861 *n.*, 390 *n.*, 397 *n.*, 401 *n.*, 403 *n.*, 421 *n.*, 426, 418, 448, 450 *n.*, 470, 505, 1442, 2137 *n.* —Pr. 444, 883.

(a) Déci., 1er *fév.* 1743.

Art. 1er. Lorsque nos sujets auxquels, à cause de leur minorité, il doit être pourvu de tuteurs ou curateurs, n'auront plus ni père ni mère, et qu'ils possèderont des biens situés en France, et d'autres situés dans les colonies françaises, il leur sera nommé des tuteurs ou curateurs dans l'un et dans l'autre pays, laquelle nomination sera faite en France par les juges auxquels la connaissance en appartient, et ce, de l'avis des parens et amis des mineurs qui seront en France, pour avoir par lesdits tuteurs ou curateurs l'administration des biens de France seulement, même des obligations, contrats de rentes et autres droits et actions à exercer sur des personnes domiciliées en France et sur les biens qui y sont situés; ce qui aura lieu pareillement dans les colonies où la nomination du tuteur ou du curateur sera faite par les juges qui y sont établis de l'avis des parens ou amis qu'ils y auront; lesquels tuteurs ou curateurs élus dans les colonies, n'auront pareillement l'administration que des biens qui s'y trouveront appartenant auxdits mineurs, ensemble des obligations, contrats de rentes et autres droits et actions à exercer sur des personnes domiciliées dans les colonies et sur les biens qui y sont situés, et seront lesdits tuteurs et curateurs de France, ou ceux des colonies françaises, indépendans les uns des autres, sans être responsables que de la gestion et administration des biens du pays dans lequel ils auront été élus, de laquelle ils ne seront tenus de rendre compte que devant les juges qui les auront nommés.

Nota. Si le père ou la mère sont encore vivans dans le temps de la dation de tutelle ou de curatelle, il sera permis au juge du lieu de leur domicile, de les nommer tuteurs ou curateurs indéfiniment et sans restriction (art. 2).

421. Lorsque les fonctions du tuteur seront dévolues à une personne de l'une des qualités exprimées aux sections I, II et III du présent chapitre, ce tuteur devra, avant d'entrer en fonctions, faire convoquer, pour la nomination du subrogé tuteur, un conseil de famille composé comme il est dit dans la section IV. — S'il s'est ingéré dans la gestion avant d'avoir rempli cette formalité, le conseil de famille, convoqué, soit sur la réquisition des parens, créanciers ou autres parties intéressées, soit d'office par le juge de paix, pourra, s'il y a eu dol de la part du tuteur, lui retirer la tutelle, sans préjudice des indemnités dues au mineur. — C. 406 n., 444, 445, 1116, 1119.

422. Dans les autres tutelles, la nomination du subrogé tuteur aura lieu immédiatement après celle du tuteur. — C. 403 n., 421.

423. En aucun cas le tuteur ne votera pour la nomination du subrogé tuteur, lequel sera pris, hors le cas de frères germains, dans celle des deux lignes à laquelle le tuteur n'appartiendra point. — C. 426, 432, 735 n.

424. Le subrogé tuteur ne remplacera pas de plein droit le tuteur, lorsque la tutelle deviendra vacante, ou qu'elle sera abandonnée par absence; mais il devra, en ce cas, sous peine des dommages-intérêts qui pour-raient en résulter pour le mineur, provoquer la nomination d'un nouveau tuteur. — C. 112, 446, 1119. — Pr. 883.

425. Les fonctions du subrogé tuteur cesseront à la même époque que la tutelle. — C. 471, 476 n., 488, 812. — P. 29.

426. Les dispositions contenues dans les sections VI et VII du présent chapitre, s'appliqueront aux subrogés tuteurs. — Néanmoins le tuteur ne pourra provoquer la destitution du subrogé tuteur, ni voter dans les conseils de famille qui seront convoqués pour cet objet. — C. 427 n., 442 n.

SECTION VI.
Des causes qui dispensent de la Tutelle.

427. Sont dispensés de la tutelle, — Les personnes désignées dans les titres III, V, VI, VIII, IX, X et XI de l'acte du 18 mai 1804 (1); — Les présidens et conseillers à la cour de cassation, le procureur-général et les avocats-généraux en la même cour (2); — Les préfets; — Tous citoyens exerçant une fonction publique dans un département autre que celui où la tutelle s'établit (3). — C. 428-431, 433 n.

428. Sont également dispensés de la tutelle, — Les militaires en activité de service, et tous autres citoyens qui remplissent, hors du territoire du Royaume, une mission

---

(1) Plusieurs des places et titres auxquels cette dispense s'applique, n'existent plus.

(2) L. 16 sept. 1807.

ART. 7. La cour des comptes prend rang immédiatement après la cour de cassation, et jouit des mêmes prérogatives.

(3) Cette dispense s'applique non-seulement aux ecclésiastiques desservant des cures ou des succursales, mais à toutes personnes agréées par Sa Majesté, et exerçant pour les cultes une des fonctions qui exigent résidence (Av. C. d'Et. 20 nov. 1806).

du Roi. — C. 429-431, 438 s.

420. Si la mission est non authentique, et contestée, la dispense ne sera prononcée qu'après la représentation faite par le réclamant, du certificat du Ministre dans le département duquel se placera la mission articulée comme excuse.—C.428.

430. Les citoyens de la qualité exprimée aux articles précédens, qui ont accepté la tutelle postérieurement aux fonctions, services ou missions qui en dispensent, ne seront plus admis à s'en faire décharger pour cette cause.— C. 427 s., 431.

431. Ceux, au contraire, à qui lesdites fonctions, services ou missions, auront été conférés postérieurement à l'acceptation et gestion d'une tutelle, pourront, s'ils ne veulent la conserver, faire convoquer, dans le mois, un conseil de famille, pour y être procédé à leur remplacement.—Si, à l'expiration de ces fonctions, services ou missions, le nouveau tuteur réclame sa décharge, ou que l'ancien redemande la tutelle, elle pourra lui être rendue par le conseil de famille.—C. 430.

432. Tout citoyen non parent ni allié ne peut être forcé d'accepter la tutelle, que dans le cas où il n'existerait pas, dans la distance de quatre myriamètres, des parens ou alliés en état de gérer la tutelle. — C. 401, 438 s.—Pr. 882 s.

433. Tout individu âgé de soixante-cinq ans accomplis peut refuser d'être tuteur. Celui qui aura été nommé avant cet âge, pourra, à soixan dix ans, se faire décharger de la tutelle.—C. 438 s., 2066.—Pr. 882.

434. Tout individu atteint d'une infirmité grave et dûment justifiée, est dispensé de la tutelle. — Il pourra même s'en faire décharger, si cette infirmité est survenue depuis sa nomination. — C. 438 s. — Pr. 882 s.

435. Deux tutelles sont, pour toutes personnes, une juste dispense d'en accepter une troisième. — Celui qui, époux ou père, sera déjà chargé d'une tutelle, ne pourra être tenu d'en accepter une seconde, excepté celle de ses enfans.—C. 427 s., 506 s.— Pr. 882 s.

436. Ceux qui ont cinq enfans légitimes, sont dispensés de toute tutelle autre que celle desdits enfans. — Les enfans morts en activité de service dans les armées du Roi seront toujours comptés pour opérer cette dispense.—Les autres enfans morts ne seront comptés qu'autant qu'ils auront eux-mêmes laissé des enfans actuellement existans. — C. 437 s., 739 s.—Pr. 882.

437. La survenance d'enfans pendant la tutelle ne pourra autoriser à l'abdiquer.

438. Si le tuteur nommé est présent à la délibération qui lui défère la tutelle, il devra sur-le-champ, et sous peine d'être déclaré non recevable dans toute réclamation ultérieure, proposer ses excuses, sur lesquelles le conseil de famille délibérera. — C. 427 s., 439.

439. Si le tuteur nommé n'a pas assisté à la délibération qui lui a déféré la tutelle, il pourra faire convoquer le conseil de famille pour délibérer sur ses excuses. — Ses diligences à ce sujet devront avoir lieu dans le délai de trois jours, à partir de la notification qui lui aura été faite de sa nomination; lequel délai sera augmenté d'un jour par trois myriamètres de distance du lieu de son domicile à celui de l'ouverture de la tutelle ' passé ce delai, il sera non recevable. — C. 102, 110, 407 s., 438. — Pr. 882 s., 1033.

440. Si ses excuses sont rejetées, il pourra se pourvoir devant les tribunaux pour les faire admettre; mais il sera, pendant le litige, tenu d'administrer provisoirement. — C. 438 s. — Pr. 883-889.

441. S'il parvient à se faire exempter de la tutelle, ceux qui auront rejeté l'excuse, pourront être condamnés aux frais de l'instance.—S'il succombe, il sera condamné lui-même. — Pr. 130, 131.

SECTION VII.
De l'Incapacité, des Exclusions et Destitutions de la Tutelle.

442. Ne peuvent être tuteurs, ni membres des conseils de famille, — 1º Les mineurs, excepté le père ou la mère; — 2º Les interdits; — 3º Les femmes, autres que la mère et les ascendantes;—4ºTousceux qui ont ou dont les père ou mère ont avec le mineur un procès dans lequel l'état de ce mineur, sa fortune, ou une partie notable de ses biens, sont compromis. — C. 388, 396, 403, 443 s., 489, 499, 507, 513. — P. 29.

443. La condamnation à une peine afflictive ou infamante emporte de plein droit l'exclusion de la tutelle. Elle emporte de même la destitution, dans le cas où il s'agirait d'une tutelle antérieurement déférée.— C. 23, 444 s. — P. 7, 8, 28, 31, 42, 335.

444. Sont aussi exclus de la tutelle, et même destituables, s'ils sont en exercice, — 1º Les

gens d'une inconduite notoire; — 2º Ceux dont la gestion attesterait l'incapacité ou l'infidélité.—C. 443, 445, 513.

445. Tout individu qui aura été exclu ou destitué d'une tutelle, ne pourra être membre d'un conseil de famille.—C. 395, 421, 442 s. — P. 9, 42, 43, 335.

446. Toutes les fois qu'il y aura lieu à une destitution de tuteur, elle sera prononcée par le conseil de famille, convoqué à la diligence du subrogé tuteur, ou d'office par le juge de paix. — Celui-ci ne pourra se dispenser de faire cette convocation, quand elle sera formellement requise par un ou plusieurs parens ou alliés du mineur, au degré de cousin germain ou à des degrés plus proches. — C. 406 s., 420 s., 735 s.

447. Toute délibération du conseil de famille qui prononcera l'exclusion ou la destitution du tuteur, sera motivée, et ne pourra être prise qu'après avoir entendu ou appelé le tuteur. — C. 448 s. — Pr. 883 s.

448. Si le tuteur adhère à la délibération, il en sera fait mention, et le nouveau tuteur entrera aussitôt en fonctions. — S'il y a réclamation, le subrogé tuteur poursuivra l'homologation de la délibération devant le tribunal de première instance, qui prononcera sauf l'appel. — Le tuteur exclu ou destitué peut lui-même, en ce cas, assigner le subrogé tuteur pour se faire déclarer maintenu en la tutelle. — C. 420. — Pr. 59, 61, 883, 887-889.

449. Les parens ou alliés qui auront requis la convocation, pourront intervenir dans la cause, qui sera instruite et jugée comme affaire urgente. — Pr. 339 s., 405, 406, 884 s.

SECTION VIII.

De l'Administration du Tuteur.

450. Le tuteur prendra soin de la personne du mineur, et le représentera dans tous les actes civils. — C. 463, *except.* 144, 148 s., 160, 905, 1309, 1393. — Il administrera ses biens en bon père de famille, et répondra des dommages-intérêts qui pourraient résulter d'une mauvaise gestion. — Il ne peut ni acheter les biens du mineur, ni les prendre à ferme, à moins que le conseil de famille n'ait autorisé le subrogé tuteur à lui en passer bail, ni accepter la cession d'aucun droit ou créance contre son pupille. — C. 108, 418, 451 s., 907, 1149, 1249 s., 1596, 1689 s., 1718, 2121, 2135. — Pr. 120, 132, 903.

451. Dans les dix jours qui suivront celui de sa nomination, dûment connue de lui, le tuteur requerra la levée des scellés, s'ils ont été apposés, et fera procéder immédiatement à l'inventaire des biens du mineur, en présence du subrogé tuteur. — S'il lui est dû quelque chose par le mineur, il devra le déclarer dans l'inventaire, à peine de déchéance, et ce, sur la réquisition que l'officier public sera tenu de lui en faire, et dont mention sera faite au pro-cès-verbal. — C. 421, 433 s., 795, 819, 1442. — Pr. 911, 928-944.

452. Dans le mois qui suivra la clôture de l'inventaire, le tuteur fera vendre, en présence du subrogé tuteur, aux enchères reçues par un officier public, et après des affiches ou publications dont le procès-verbal de vente fera mention, tous les meubles autres que ceux que le conseil de famille l'aurait autorisé à conserver en nature (1). — C. 453, 527 s., 533. — Pr. 617-625, 945-951 (a).

453. Les père et mère, tant qu'ils ont la jouissance propre et légale des biens du mineur, sont dispensés de vendre les meubles, s'ils préfèrent de les garder pour les remettre en nature. — Dans ce cas, ils en feront faire, à leurs frais, une estimation à juste valeur, par un expert qui sera nommé par le subrogé tuteur et prêtera serment devant le juge de paix. Ils rendront la valeur estimative de ceux des meubles qu'ils ne pourraient représenter en nature. — C. 384 s., 420, 452, 589. — Pr. 302 s.

454. Lors de l'entrée en exercice de toute tutelle, autre que celle des père et mère, le conseil de famille réglera par aperçu, et selon l'importance

---

(1) Suivant la loi du 24 mars 1806, lorsque les mineurs et interdits n'ont sur l'État qu'une rente de cinquante francs et au-dessous, leurs tuteurs peuvent en faire le transfert sans autorisation spéciale, mais seulement d'après le cours constaté du jour. Dans le même cas, les mineurs émancipés peuvent en opérer le transfert avec la seule assistance de leurs curateurs. — Cette loi est applica-ble aux mineurs ou interdits propriétaires d'une action de la Banque de France ou de portions d'actions n'excédant pas ensemble une action entière (Décr. 23 sept. 1813).

(a) Oad. D'Orléans, *Janv.* 1580.

Art. 102. Les tuteurs et curateurs des mineurs seront tenus si-tost qu'ils auront fait inventaire des biens appartenans à leurs

des biens régis, la somme à laquelle pourra s'élever la dépense annuelle du mineur, ainsi que celle d'administration de ses biens. — Le même acte spécifiera si le tuteur est autorisé à s'aider, dans sa gestion, d'un ou plusieurs administrateurs particuliers, salariés, et gérant sous sa responsabilité. — C. 884 s., 407 s., 1994.

455. Ce conseil déterminera positivement la somme à laquelle commencera, pour le tuteur, l'obligation d'employer l'excédant des revenus sur la dépense: cet emploi devra être fait dans le délai de six mois, passé lequel le tuteur devra les intérêts à défaut d'emploi. — C. 452 *note A*, 456, 1068 s., 1153, 1907.

456. Si le tuteur n'a pas fait déterminer par le conseil de famille la somme à laquelle doit commencer l'emploi, il devra, après le délai exprimé dans l'article précédent, les intérêts de toute somme non employée, quelque modique qu'elle soit. — C. 455, 1153, 1907.

457. Le tuteur, même le père ou la mère, ne peut emprunter pour le mineur, ni aliéner ou hypothéquer ses biens immeubles, sans y être autorisé par un conseil de famille. — Cette autorisation ne devra être accordée que pour cause d'une nécessité absolue, ou d'un avantage évident. — Dans le premier cas, le conseil de famille n'accordera son autorisation qu'après qu'il aura été constaté, par un compte sommaire présenté par le tuteur, que les deniers, effets mobiliers et revenus du mineur sont insuffisans. — Le conseil de famille indiquera, dans tous les cas, les immeubles qui devront être vendus de préférence, et toutes les conditions qu'il jugera utiles (*a*). — C. 458 s., 484, 509, 517 s., 1125, 1304 s., 1814, 2126. — Pr. 83, 882 s., 953 s.

458. Les délibérations du conseil de famille relatives à cet objet, ne seront exécutées qu'après que le tuteur en aura demandé et obtenu l'homologation devant le tribunal de première instance, qui y statuera en la chambre du conseil, et après avoir entendu le procureur du Roi. — C. 457, 460, 509. — Pr. 83, 111, 853 s.

459. La vente se fera publiquement, en présence du subrogé tuteur, aux enchères qui seront reçues par un membre du tribunal de première instance, ou par un notaire à ce commis, et à la suite de trois affiches apposées, par trois dimanches consécutifs, aux lieux accoutumés dans le canton. — Chacune de ces affiches sera visée et certifiée par le maire des communes où elles auront été apposées. — Pr. 956 s., 964 s.

---

pupils, faire vendre par autorité de justice les meubles périssables, et employer en rentes ou héritages, par avis de parens et amis, les deniers qui en proviendront avec ceux qu'ils auront trouvés comptant, à peine de payer en leurs propres noms le profit desdits deniers.

(*a*) Décr. 8 messidor an III.

Art. 9. A l'égard des majeurs interdits, — des mineurs émancipés ou en tutelle, — leurs biens ne peuvent être hypothéqués que sur avis de parens ou conseils de famille, pour les causes et dans les formes établies par les lois.

460. Les formalités exigées, par les articles 457 et 458, pour l'aliénation des biens du mineur, ne s'appliquent point au cas où un jugement aurait ordonné la licitation sur la provocation d'un copropriétaire par indivis.—Seulement, et en ce cas, la licitation ne pourra se faire que dans la forme prescrite par l'article précédent : les étrangers y seront nécessairement admis.—C. 465, 827, 1686 s., 2200, 2207.—Pr. 954, 970 s.

461. Le tuteur ne pourra accepter ni répudier une succession échue au mineur, sans une autorisation préalable du conseil de famille. L'acceptation n'aura lieu que sous bénéfice d'inventaire. — C. 407 s., 776 s., 784 s., 793 s. — Pr. 986 s., 997.

462. Dans le cas où la succession répudiée au nom du mineur n'aurait pas été acceptée par un autre, elle pourra être reprise soit par le tuteur, autorisé à cet effet par une nouvelle délibération du conseil de famille, soit par le mineur devenu majeur, mais dans l'état où elle se trouvera lors de la reprise, et sans pouvoir attaquer les ventes et autres actes qui auraient été légalement faits durant la vacance. — C. 461, 784, 790, 811 s., 2252, 2258.

463. La donation faite au mineur ne pourra être acceptée par le tuteur qu'avec l'autorisation du conseil de famille.—

Elle aura, à l'égard du mineur, le même effet qu'à l'égard du majeur. — C. 407 s., 894, 935 et la note, 940 s.

464. Aucun tuteur ne pourra introduire en justice une action relative aux droits immobiliers du mineur, ni acquiescer à une demande relative aux mêmes droits, sans l'autorisation du conseil de famille.—C. 407 s., 467, 1125, 1304. — Pr. 481, 484. — Co. 63.

465. La même autorisation sera nécessaire au tuteur pour provoquer un partage; mais il pourra, sans cette autorisation, répondre à une demande en partage dirigée contre le mineur (a). — C. 466, 815 s., 838.

466. Pour obtenir à l'égard du mineur tout l'effet qu'il aurait entre majeurs, le partage devra être fait en justice, et précédé d'une estimation faite par experts nommés par le tribunal de première instance du lieu de l'ouverture de la succession.— Les experts, après avoir prêté, devant le président du même tribunal ou autre juge par lui délégué, le serment de bien et fidèlement remplir leur mission, procéderont à la division des héritages et à la formation des lots, qui seront tirés au sort, et en présence soit d'un membre du tribunal, soit d'un notaire par lui commis, lequel fera la délivrance des lots. Tout autre partage ne sera considéré que comme provisionnel. — C. 110, 465, 824 s., 838,

(a) Décr. 17 niv. an II.

Art. 53. Tous les partages qui seront faits en exécution du présent décret seront définitifs : s'il y a un mineur, son tuteur, d'après l'avis d'un conseil de famille composé de quatre parens ou amis non cointéressés au partage, y stipulera pour lui, sans qu'il soit besoin de ratification de sa part. — Il répondra personnellement des fautes qu'il pourrait commettre par dol ou fraude.

840, 1125, 1303, 1314.—**Pr.** 302 **n.**, 968 **n.**, 975, 984.

467. Le tuteur ne pourra transiger au nom du mineur, qu'après y avoir été autorisé par le conseil de famille, et de l'avis de trois jurisconsultes désignés par le procureur du Roi près le tribunal de première instance. — La transaction ne sera valable qu'autant qu'elle aura été homologuée par le tribunal de première instance, après avoir entendu le procureur du Roi. — **C.** 407 **n.**, 464, 472, 2044 **n.**—**Pr.** 83, 885 **n.**, 1004. — **Co.** 63.—**T.** 1er, art. 76 § 205.

468. Le tuteur qui aura des sujets de mécontentement graves sur la conduite du mineur, pourra porter ses plaintes à un conseil de famille, et, s'il y est autorisé par ce conseil, provoquer la réclusion du mineur, conformément à ce qui est statué à ce sujet au titre *de la Puissance paternelle.* — **C.** 375-383, 407 **n.**

SECTION IX.

Des Comptes de la Tutelle.

469. Tout tuteur est comptable de sa gestion lorsqu'elle finit (*a*). — **C.** 471, 475, 480, 509, 2121, 2135 **n.**—**Pr.** 527 **n.**, 903. — **Co.** 612.

470. Tout tuteur, autre que le père et la mère, peut être tenu, même durant la tutelle, de remettre au subrogé tuteur des états de situation de sa gestion, aux époques que le conseil de famille aurait jugé à propos de fixer, sans néanmoins que le tuteur puisse être astreint à en fournir plus d'un chaque année. — Ces états de situation seront rédigés et remis, sans frais, sur papier non timbré, et sans aucune formalité de justice. — **C.** 420.

471. Le compte définitif de tutelle sera rendu aux dépens du mineur, lorsqu'il aura atteint sa majorité ou obtenu son émancipation. Le tuteur en avancera les frais. — On y allouera au tuteur toutes dépenses suffisamment justifiées, et dont l'objet sera utile.— **C.** 476 **n.**, 480, 488.—**Pr.** 130, 527-542.

472. Tout traité qui pourra intervenir entre le tuteur et le mineur devenu majeur, sera nul, s'il n'a été précédé de la reddition d'un compte détaillé, et de la remise des pièces justificatives; le tout constaté par un récépissé de l'oyant-compte, dix jours au moins avant le traité. —. **C.** 907, 2044 **n.** — **Pr.** 536.

473. Si le compte donne lieu à des contestations, elles seront poursuivies et jugées comme les autres contestations en matière civile. — **C.** 475. — **Pr.** 527 **n.**

474. La somme à laquelle s'élèvera le reliquat dû par le tuteur, portera intérêt, sans demande, à compter de la clôture du compte. —Les intérêts de ce qui sera dû au tuteur par le mineur, ne courront que du jour de la sommation de payer

---

(*a*) Ord. *avril 1667*, *tit.* XXIX.

Art. 1er. Les tuteurs, procureurs, curateurs, fermiers judiciaires, séquestres, gardiens et autres qui auront administré les biens d'autrui, seront tenus de rendre compte aussitôt que leur gestion sera finie, et seront toujours réputés comptables encore que le compte soit clos et arrêté, jusqu'à ce qu'ils aient payé le reliquat, s'il en est dû, et remis toutes les pièces justificatives.

qui aura suivi la clôture du compte.— C. 1153, 2121, 2135. — Pr. 126, 542, 903. — Co. 540, 612.

475. Toute action du mineur contre son tuteur, relativement aux faits de la tutelle, se prescrit par dix ans, à compter de la majorité. — C. 472, 488, 1304. — Pr. 541.

CHAPITRE III.
DE L'ÉMANCIPATION.

476. Le mineur est émancipé de plein droit par le mariage. — C. 144, 485 s., 1388, 2203.

477. Le mineur, même non marié, pourra être émancipé par son père, ou, à défaut de père, par sa mère, lorsqu'il aura atteint l'âge de quinze ans révolus. — Cette émancipation s'opérera par la seule déclaration du père ou de la mère, reçue par le juge de paix assisté de son greffier. — C. 488 s.

478. Le mineur resté sans père ni mère pourra aussi, mais seulement à l'âge de dix-huit ans accomplis, être émancipé, si le conseil de famille l'en juge capable. — En ce cas, l'émancipation résultera de la délibération qui l'aura autorisée, et de la déclaration que le juge de paix, comme président du conseil de famille, aura faite dans le même acte, *que le mineur est émancipé.* — C. 407 s., 418, 479, 485. — Pr. 883.

479. Lorsque le tuteur n'aura fait aucune diligence pour l'émancipation du mineur dont il est parlé dans l'article précédent, et qu'un ou plusieurs parens ou alliés de ce mineur, au degré de cousin germain ou à des degrés plus proches, le jugeront capable d'être émancipé, ils pourront requérir le juge de paix de convoquer le conseil de famille pour délibérer à ce sujet.—Le juge de paix devra déférer à cette réquisition. — C. 406 s., 478, 785 s.

480. Le compte de tutelle sera rendu au mineur émancipé, assisté d'un curateur qui lui sera nommé par le conseil de famille. — C. 407 s., 471. — Pr. 527 s.

481. Le mineur émancipé passera les baux dont la durée n'excédera point neuf ans; il recevra ses revenus, en donnera décharge, et fera tous les actes qui ne sont que de pure administration, sans être restituable contre ces actes dans tous les cas où le majeur ne le serait pas lui-même. — C. 108, 372, 384, 390, 403, 471, 480, 1305 s., 1429 s., 1718, 1990. — Pr. 910.

482. Il ne pourra intenter une action immobilière, ni y défendre, même recevoir et donner décharge d'un capital mobilier, sans l'assistance de son curateur, qui, au dernier cas, surveillera l'emploi du capital reçu. — C. 452 *note* 1, 480, 526, 810, 935, 1030. — Pr. 481, 484.

483. Le mineur émancipé ne pourra faire d'emprunts, sous aucun prétexte, sans une délibération du conseil de famille, homologuée par le tribunal de première instance, après avoir entendu le procureur du Roi.— C. 407 s., 487 s. — Pr. 83 6°, 883. — P. 403.

484. Il ne pourra non plus vendre ni aliéner ses immeubles, ni faire aucun acte autre que ceux de pure administration, sans observer les formes prescrites au mineur non émancipé. — A l'égard des obligations qu'il aurait contractées par voie d'achats ou autrement, elles seront réductibles en cas d'excès : les tribunaux prendront, à ce sujet, en considération la fortune du mineur, la bonne ou mauvaise foi des personnes qui auront contracté avec lui, l'utilité ou l'inutilité des dépenses. — C. 452 *note 1,* 457 *s.*, 485 *s.*, 903, 1095, 1305 *s.*, 1314.

485. Tout mineur émancipé dont les engagemens auraient été réduits en vertu de l'article précédent, pourra être privé du bénéfice de l'émancipation, laquelle lui sera retirée en suivant les mêmes formes que celles qui auront eu lieu pour la lui conférer. — C. 477 *s.*, 484, 488.

486. Dès la jour où l'émancipation aura été révoquée, le mineur rentrera en tutelle, et y restera jusqu'à sa majorité accomplie. — C. 476, 485, 488.

487. Le mineur émancipé qui fait un commerce, est réputé majeur pour les faits relatifs à ce commerce. — C. 1308. — Co. 2 *et la note,* 3, 6, 638.

TITRE ONZIÈME.

DE LA MAJORITÉ, DE L'INTERDICTION, ET DU CONSEIL JUDICIAIRE.

Décrété le 8 germinal an XI, promulgué le 18 germinal [29 mars-8 avril 1803].

CHAPITRE Ier.
DE LA MAJORITÉ.

488. La majorité est fixée à vingt-un ans accomplis; à cet âge on est capable de tous les actes de la vie civile, sauf la restriction portée au titre *du Mariage* (a). — C. 148, 151 *s.*, 346, 489, 509, 1313.

CHAPITRE II.
DE L'INTERDICTION.

489. Le majeur qui est dans un état habituel d'imbécillité, de démence ou de fureur, doit être interdit, même lorsque cet état présente des intervalles lucides. — C. 25, 174 2°, 512, 901, 1124 *s.* — Pr. 890 *s.* — P. 29.

— T. Cr. 117 *s.* — Supp. Aliénés, L. 30 juin 1838.

490. Tout parent est recevable à provoquer l'interdiction de son parent. Il en est de même de l'un des époux à l'égard de l'autre. — C. 491. — Pr. 890 *s.*

491. Dans le cas de fureur, si l'interdiction n'est provoquée ni par l'époux ni par les parens, elle doit l'être par le procureur du Roi, qui, dans les cas d'imbécillité ou de démence, peut aussi la provoquer contre un individu qui n'a ni époux, ni épouse, ni parens connus. — Pr. 890 *s.* — P. 64. — T. Cr. 117 *s.*

492. Toute demande en interdiction sera portée devant le

(a) Décr. 20-25 *sept.* 1792, *tit.* IV, *sect.* I.

ART. 2. Toute personne sera majeure à vingt-un ans accomplis.

Nota. La majorité fixée par l'art. 2, tit. IV, sect. I du décret du 20-25 sept. 1792, est parfaite à l'égard de tous les droits civils; mais cet article ne déroge point aux décrets qui fixent l'âge requis pour être admis à exercer des droits ou des fonctions politiques (Décr. 31 janv.-1er fév. 1792).

6

tribunal de première instance. — C. 101, 493 n. — Pr. 59, 61.

493. Les faits d'imbécillité, de démence ou de fureur, seront articulés par écrit. Ceux qui poursuivront l'interdiction, présenteront les témoins et les pièces. — C. 490 n. — Pr. 251 n., 890 n.

494. Le tribunal ordonnera que le conseil de famille, formé selon le mode déterminé à la section IV du chapitre II du titre *de la Minorité, de la Tutelle et de l'Émancipation*, donne son avis sur l'état de la personne dont l'interdiction est demandée. — C. 407 n., 495 n. — Pr. 891 n.

495. Ceux qui auront provoqué l'interdiction, ne pourront faire partie du conseil de famille : cependant l'époux ou l'épouse, et les enfans de la personne dont l'interdiction sera provoquée, pourront y être admis sans y avoir voix délibérative. — C. 407, 442, 507.

496. Après avoir reçu l'avis du conseil de famille, le tribunal interrogera le défendeur à la chambre du conseil : s'il ne peut s'y présenter, il sera interrogé dans sa demeure, par l'un des juges à ce commis, assisté du greffier. Dans tous les cas, le procureur du Roi sera présent à l'interrogatoire. — C. 497. — Pr. 83, 893. — T. Cr. 83 *et la note*, 89.

497. Après le premier interrogatoire, le tribunal commettra, s'il y a lieu, un administrateur provisoire, pour prendre soin de la personne et des biens du défendeur. — C. 496, 505. — Supp. L. 30 juin 1838, art. 31-36.

498. Le jugement sur une demande en interdiction ne pourra être rendu qu'à l'audience publique, les parties

entendues ou appelées. — Pr. 87, 116 n.

499. En rejetant la demande en interdiction, le tribunal pourra néanmoins, si les circonstances l'exigent, ordonner que le défendeur ne pourra désormais plaider, transiger, emprunter, recevoir un capital mobilier, ni en donner décharge, aliéner, ni grever ses biens d'hypothèques, sans l'assistance d'un conseil qui lui sera nommé par le même jugement. — C. 513 n., 2045, 2124, 2126. — Pr. 897.

500. En cas d'appel du jugement rendu en première instance, la cour royale pourra, si elle le juge nécessaire, interroger de nouveau, ou faire interroger par un commissaire, la personne dont l'interdiction est demandée. — Pr. 443 n., 470, 891 n.

501. Tout arrêt ou jugement portant interdiction, ou nomination d'un conseil, sera, à la diligence des demandeurs, levé, signifié à partie, et inscrit, dans les dix jours, sur les tableaux qui doivent être affichés dans la salle de l'auditoire et dans les études des notaires de l'arrondissement. — C. 499, 813. — Pr. 897. — T. 1er, art. 29 § 20, 34, art. 175. — Supp. *Notaire*, L. 25 ventôse an XI, art. 18.

502. L'interdiction ou la nomination d'un conseil aura son effet du jour du jugement. Tous actes passés postérieurement par l'interdit, ou sans l'assistance du conseil, seront nuls de droit. — C. 499, 501, 813, 1124 n., 1304, 1312, 1338, 2003. — Supp. *Aliénés*, L. 30 juin 1838, art. 39.

503. Les actes antérieurs à l'interdiction pourront être annulés, si la cause de l'interdiction existait notoirement à l'époque où ces actes ont été faits. — C. 504.

504. Après la mort d'un individu, les actes par lui faits ne pourront être attaqués pour cause de démence, qu'autant que son interdiction aurait été prononcée ou provoquée avant son décès; à moins que la preuve de la démence ne résulte de l'acte même qui est attaqué.— C. 489, 901, 1109.—Supp. *Aliénés*, L. 30 juin 1833, art. 39.

505. S'il n'y a pas d'appel du jugement d'interdiction rendu en première instance, ou s'il est confirmé sur l'appel, il sera pourvu à la nomination d'un tuteur et d'un subrogé tuteur à l'interdit, suivant les règles prescrites au titre *de la Minorité, de la Tutelle et de l'Émancipation.* L'administrateur provisoire cessera ses fonctions, et rendra compte au tuteur s'il ne l'est pas lui-même.—C. 405 s., 420 s., 471, 497, 506 s.— Pr. 133, 527 s., 895.

506. Le mari est, de droit, le tuteur de sa femme interdite. — C. 213, 505.

507. La femme pourra être nommée tutrice de son mari. En ce cas, le conseil de famille réglera la forme et les conditions de l'administration, sauf le recours devant les tribunaux de la part de la femme qui se croirait lésée par l'arrêté de la famille. — C. 407 s., 442, 450 s., 495, 505. — Pr. 882 s.

508. Nul, à l'exception des époux, des ascendans et descendans, ne sera tenu de conserver la tutelle d'un interdit au delà de dix ans. A l'expiration de ce délai, le tuteur pourra demander et devra obtenir son remplacement. —C. 469.

509. L'interdit est assimilé au mineur, pour sa personne et pour ses biens; les lois sur la tutelle des mineurs s'appliqueront à la tutelle des interdits. — C. 450 s., 469 s., 510.

510. Les revenus d'un interdit doivent être essentiellement employés à adoucir son sort et à accélérer sa guérison. Selon les caractères de sa maladie et l'état de sa fortune, le conseil de famille pourra arrêter qu'il sera traité dans son domicile, ou qu'il sera placé dans une maison de santé, et même dans un hospice. — C. 407 s., 454, 507, 509. — Pr. 882 s.— Supp. *Aliénés*, L. 30 juin 1838, art. 8, 14, 29, 38.

511. Lorsqu'il sera question du mariage de l'enfant d'un interdit, la dot, ou l'avancement d'hoirie, et les autres conventions matrimoniales, seront réglés par un avis du conseil de famille, homologué par le tribunal, sur les conclusions du procureur du Roi.—C. 407 s., 1095, 1387 s., 1398. —Pr. 83, 885.

512. L'interdiction cesse avec les causes qui l'ont déterminée; néanmoins la main-levée ne sera prononcée qu'en observant les formalités prescrites pour parvenir à l'interdiction, et l'interdit ne pourra reprendre l'exercice de ses droits qu'après le jugement de main-levée. — C. 489, 492, 494 s., 513. — Pr. 891 s., 896.

CHAPITRE III.
DU CONSEIL JUDICIAIRE.

513. Il peut être défendu aux prodigues de plaider, de transiger, d'emprunter, de recevoir un capital mobilier et d'en donner décharge, d'aliéner, ni de grever leurs biens d'hypothèques, sans l'assistance d'un conseil qui leur est nommé par le tribunal (*a*). — O. 499, 501, 503, 2045, 2124, 2126. — Pr. 897.

514. La défense de procéder sans l'assistance d'un conseil, peut être provoquée par ceux qui ont droit de demander l'interdiction; leur demande doit être instruite et jugée de la même manière. — Cette défense ne peut être levée qu'en observant les mêmes formalités. — O. 490 *n.*, 512. — Pr. 891 *s.*

515. Aucun jugement, en matière d'interdiction ou de nomination de conseil, ne pourra être rendu, soit en première instance, soit en cause d'appel, que sur les conclusions du ministère public (*b*). — O. 489, 499, 512 *s.* — Pr. 83, 891 *s.*

(*a*) Décr. 2 sept. 1793.

Un membre propose de charger le comité de législation d'examiner la question de savoir si, en anéantissant les interdictions actuellement subsistantes qui n'ont été prononcées que pour cause de prodigalité, il ne serait pas juste de donner effet aux obligations contractées pendant la durée de ces interdictions, par ceux qui en étaient frappés: cette proposition est décrétée.

(*b*) Lettres patentes (Versailles, 25 nov. 1769).

Voulons et nous plaît qu'il ne puisse être à l'avenir statué sur les demandes en interdiction pour démence, fureur ou prodigalité, non plus que sur les demandes en main-levée d'icelles, que sur les conclusions de la partie publique des sièges où lesdites demandes seront pendantes et par délibération desdits sièges, soit que les interdictions et main-levées d'icelles soient consenties ou qu'elles soient contestées. Faisons défense à tous juges de statuer seuls et en leurs maisons sur les interdictions et main-levées d'icelles, à peine de nullité, et de tous dommages-intérêts, même de prise à partie, s'il y échet, dérogeant à tous usages à ce contraires. Pourront néanmoins les juges faire seuls les avis de parents, interrogatoires et autres procédures de pure instruction pour parvenir auxdites interdictions et main-levées d'icelles, soit en leurs maisons, soit ailleurs, suivant l'exigence des cas et les usages des sièges.

LIVRE DEUXIÈME.

DES BIENS, ET DES DIFFÉRENTES MODIFICATIONS
DE LA PROPRIÉTÉ.

TITRE PREMIER.
DE LA DISTINCTION DES BIENS.

Décrété le 3 pluviôse an XII, promulgué le 14 [25 janvier-4 février 1804].

516. Tous les biens sont meubles ou immeubles. — C. 517 s., 527 s.

CHAPITRE Iᵉʳ.
DES IMMEUBLES.

517. Les biens sont immeubles, ou par leur nature, ou par leur destination, ou par l'objet auquel ils s'appliquent. — C. 518 s., 522 s., 526, 2118.

518. Les fonds de terre et les bâtimens sont immeubles par leur nature. — C. 519, 520, 523. — Supp. *Mines*, L. 21 avril 1810, art. 8.

519. Les moulins à vent ou à eau, fixes sur piliers et faisant partie du bâtiment, sont aussi immeubles par leur nature. — C. 531.

520. Les récoltes pendantes par les racines, et les fruits des arbres non encore recueillis, sont pareillement immeubles. — Dès que les grains sont coupés et les fruits détachés, quoique non enlevés, ils sont meubles. — Si une partie seulement de la récolte est coupée, cette partie seule est meuble. — C. 521, 527 s., 548, 2102. — Pr. 626-635, 688, 689, 691.

521. Les coupes ordinaires des bois taillis ou de futaies mises en coupes réglées, ne deviennent meubles qu'au fur et à mesure que les arbres sont abattus. — C. 520, 528, 590 s., 1403.

522. Les animaux que le propriétaire du fonds livre au fermier ou au métayer pour la culture, estimés ou non, sont censés immeubles tant qu'ils demeurent attachés au fonds par l'effet de la convention. — Ceux qu'il donne à cheptel à d'autres qu'au fermier ou métayer, sont meubles. — C. 517, 524, 1064 *et la note*, 1800 s. — Pr. 592, 594.

523. Les tuyaux servant à la conduite des eaux dans une maison ou autre héritage, sont immeubles et font partie du fonds auquel ils sont attachés. — Pr. 592 1°.

524. Les objets que le propriétaire d'un fonds y a placés pour le service et l'exploitation de ce fonds, sont immeubles par destination. — Ainsi, sont immeubles par destination, quand ils ont été placés par le propriétaire pour le service et l'exploitation du fonds, — Les animaux attachés à la culture; — Les ustensiles aratoires; — Les semences données aux fermiers ou colons partiaires; — Les pigeons des colombiers; — Les lapins des garennes; — Les ruches à miel;

— Les poissons des étangs;
— Les pressoirs, chaudières, alambics, cuves et tonnes; — Les ustensiles nécessaires à l'exploitation des forges, papeteries et autres usines; — Les pailles et engrais. — Sont aussi immeubles, par destination, tous effets mobiliers que le propriétaire a attachés au fonds à perpétuelle demeure. —C. 517, 522, 525, 1064.—Pr. 592 1°.—Supp. *Mines*, L. 21 avr. 1810, art. 8?

525. Le propriétaire est censé avoir attaché à son fonds des effets mobiliers à perpétuelle demeure, quand ils y sont scellés en plâtre ou à chaux ou à ciment, ou lorsqu'ils ne peuvent être détachés sans être fracturés et détériorés, ou sans briser ou détériorer la partie du fonds à laquelle ils sont attachés. — Les glaces d'un appartement sont censées mises à perpétuelle demeure, lorsque le parquet sur lequel elles sont attachées fait corps avec la boiserie.—Il en est de même des tableaux et autres ornemens. —Quant aux statues, elles sont immeubles lorsqu'elles sont placées dans une niche pratiquée exprès pour les recevoir, encore qu'elles puissent être enlevées sans fracture ou détérioration. — C. 524, 1349, 1350, 1351.

526. Sont immeubles, par l'objet auquel ils s'appliquent, —L'usufruit des choses immobilières; — Les servitudes ou services fonciers; — Les actions qui tendent à revendiquer un immeuble.— C. 516, 529, 578, 625, 637, 2118.

CHAPITRE II.
DES MEUBLES.

527. Les biens sont meubles par leur nature, ou par la détermination de la loi. — C. 516, 528, 529 s., 2119, 2279.

528. Sont meubles par leur nature, les corps qui peuvent se transporter d'un lieu à un autre, soit qu'ils se meuvent par eux-mêmes, comme les animaux, soit qu'ils ne puissent changer de place que par l'effet d'une force étrangère, comme les choses inanimées.—C. 522 s., 527, 918. — C. 190. — Supp. *Mines*, L. 21 avril 1810, art. 9.

529. Sont meubles par la détermination de la loi, les obligations et actions qui ont pour objet des sommes exigibles ou des effets mobiliers, les actions ou intérêts dans les compagnies de finance, de commerce ou d'industrie, encore que des immeubles dépendans de ces entreprises appartiennent aux compagnies. Ces actions ou intérêts sont réputés meubles à l'égard de chaque associé seulement, tant que dure la société. — Sont aussi meubles par la détermination de la loi, les rentes perpétuelles ou viagères, soit sur l'Etat, soit sur des particuliers (1). — C. 527, 530, 1909 s., 1968 s., 2118 *note* (art. 7).—Co. 20 s., 23 s., 29 s., 34 s., 38. — Supp. *Mines*, L. 21 avril 1810, art. 6, 8, 18.

(1) Décr. 18 *janv.* 1808, *tit. 1er.* Art. 7. Les actionnaires de la banque de France qui voudront donner à leurs actions la qualité d'immeubles, en auront la faculté; et, dans ce cas, ils en feront la déclaration dans la forme prescrite pour les transferts. Cette déclaration une fois inscrite sur le registre, les actions immobilisées reste-

(Art. 530, décrété le 30 vent. an XII,
promulgué le 10 pluviôse
[21-31 mars 1804].

530. Toute rente établie à perpétuité pour le prix de la vente d'un immeuble, ou comme condition de la cession à titre onéreux ou gratuit d'un fonds immobilier, est essentiellement rachetable. — Il est néanmoins permis au créancier de régler les clauses et conditions du rachat. — Il lui est aussi permis de stipuler que la rente ne pourra lui être remboursée qu'après un certain terme, lequel ne peut jamais excéder trente ans : toute stipulation contraire est nulle. — C. 1184, 1654 s., 1911 s., 2103 1°, 2108. — Pr. 636-655. — Supp. *Rentes foncières,* L. 18-29 décembre 1790, tit. III.

531. Les bateaux, bacs, navires, moulins et bains sur bateaux, et généralement toutes usines non fixées par des piliers, et ne faisant point partie de la maison, sont meubles : la saisie de quelques-uns de ces objets peut cependant, à cause de leur importance, être soumise à des formes particulières, ainsi qu'il sera expliqué dans le Code de la procédure civile. — C. 519, 528, 2120. —

Pr. 620. — Co. 190, 197-215.

532. Les matériaux provenant de la démolition d'un édifice, ceux assemblés pour en construire un nouveau, sont meubles jusqu'à ce qu'ils soient employés par l'ouvrier dans une construction. — C. 528.

533. Le mot *meuble,* employé seul dans les dispositions de la loi ou de l'homme, sans autre addition ni désignation, ne comprend pas l'argent comptant, les pierreries, les dettes actives, les livres, les médailles, les instrumens des sciences, des arts et métiers, le linge de corps, les chevaux, équipages, armes, grains, vins, foins et autres denrées ; il ne comprend pas aussi ce qui fait l'objet d'un commerce. — C. 451. — Co. 632.

534. Les mots *meubles meublans* ne comprennent que les meubles destinés à l'usage et à l'ornement des appartemens, comme tapisseries, lits, sièges, glaces, pendules, tables, porcelaines et autres objets de cette nature. — Les tableaux et les statues qui font partie du meuble d'un appartement y sont aussi compris, mais non les collections de tableaux qui peuvent être dans les galeries ou pièces

ront soumises au Code civil et aux lois de privilége et d'hypothèque, comme les propriétés foncières : elles ne pourront être aliénées et les priviléges et hypothèques être purgés qu'en se conformant au Code civil et aux lois relatives aux priviléges et hypothèques sur les propriétés foncières.

Nota. Cet art. s'applique aux actions des canaux d'Orléans et du Loing (Décr. 18 mars 1810, art. 13).

Pour la formation des majorats, le décret du 1er mars 1808, tit. 1er,

art. 2-3, permettait d'immobiliser les rentes sur l'État et les actions de la banque de France, ces dernières en suivant les formalités prescrites par l'art. 7 du décret précité. Si la demande en institution de majorat était rejetée ou retirée, ces rentes et actions reprenaient leur nature primitive d'effets mobiliers, suivant un décret du 21 oct. 1808. Mais aux termes de la loi du 12 mai 1835, toute institution de majorat est interdite à l'avenir (C. 896 *note*).

particulières.—Il en est de même des porcelaines: celles seulement qui font partie de la décoration d'un appartement, sont comprises sous la dénomination de *meubles meublans*.

535. L'expression *biens meubles*, celle de *mobilier* ou d'*effets mobiliers*, comprennent généralement tout ce qui est censé meuble d'après les règles ci-dessus établies.—C. 527 *s*. — La vente ou le don d'une maison meublée ne comprend que les meubles meublans.

536. La vente ou le don d'une maison, avec tout ce qui s'y trouve, ne comprend pas l'argent comptant, ni les dettes actives et autres droits dont les titres peuvent être déposés dans la maison; tous les autres effets mobiliers y sont compris.—C. 535.

CHAPITRE III.

DES BIENS DANS LEUR RAPPORT AVEC CEUX QUI LES POSSÈDENT.

537. Les particuliers ont la libre disposition des biens qui leur appartiennent, sous les modifications établies par les lois.—Ch. 9.—C. 25, 217 *s*., 450 *s*., 480 *s*., 499, 509, 513, 544 *s*., 1421 *s*., 1449, 1538, 1555 *s*., 1576, 1595 *s*.—Co. 5-7, 443 *s*. —Supp. *Aliénés*, *l.* 30 juin 1838, art. 31 *s*.—Les biens qui n'appartiennent pas à des particuliers sont administrés et ne peu-

vent être aliénés que dans les formes et suivant les règles qui leur sont particulières. — C. 1712, 2045, 2227.—Pr. 49, 69, 83, 481, 1032.

538. Les chemins, routes et rues à la charge de l'Etat, les fleuves et rivières navigables ou flottables, les rivages, lais et relais de la mer, les ports, les havres, les rades, et généralement toutes les portions du territoire français qui ne sont pas susceptibles d'une propriété privée, sont considérés comme des dépendances du domaine public (1). — C. 540, 556 *s*., 714, 2226.

539. Tous les biens vacans et sans maître, et ceux des personnes qui décèdent sans héritiers, ou dont les successions sont abandonnées, appartiennent au domaine public (2).— C. 33, 541, 560, 713, 715-717, 723, 768, 2227.

540. Les portes, murs, fossés, remparts des places de guerre et des forteresses, font aussi partie du domaine public.—C. 538, 714, 2226.

541. Il en est de même des terrains, des fortifications et remparts des places qui ne sont plus places de guerre : ils appartiennent à l'Etat, s'ils n'ont été valablement aliénés, ou si la propriété n'en a pas été prescrite contre lui.—C. 539 *et la note*, 560, 2227.

542. Les biens communaux

---

(1) Les lais et relais de la mer peuvent être concédés par le Gouvernement aux conditions qu'il juge convenables. Supp. *Marais*, *l.* 16 sept. 1807, art. 41.

ORD. 1681, *liv.* IV, *tit.* VII.

ART. 1er. Sera réputé bord et rivage de la mer tout ce qu'elle couvre et découvre pendant les

nouvelles et pleines lunes et jusques où le grand flot de mars se peut étendre sur les grèves.

(2) Dans l'édition de 1804, l'art. 539 se terminait par ces mots : *appartiennent à la nation* ; l'édition du 3 sept. 1807 y a substitué à tort ceux-ci : *appartiennent au domaine public*.

sont ceux à la propriété ou au produit desquels les habitans d'une ou plusieurs communes ont un droit acquis.—C. 537, 910, 1712, 2227.

543. On peut avoir sur les biens, ou un droit de propriété, ou un simple droit de jouissance, ou seulement des services fonciers à prétendre.—C. 544 n., 578 n., 525 n., 637 n., 2071 n., 2094 n.

TITRE DEUXIÈME.

DE LA PROPRIÉTÉ.

Décrété le 6 pluviôse an XII, promulgué le 16 [27 janvier-6 février 1804].

544. La propriété est le droit de jouir et disposer des choses de la manière la plus absolue, pourvu qu'on n'en fasse pas un usage prohibé par les lois ou par les règlemens. —C. 537, 543, 545 n., 636, 643, 644 n., 649, 651 n., 686 n., 913 n. —P. 63, 119, 124, 133, 157, 219.

545. Nul ne peut être contraint de céder sa propriété, si ce n'est pour cause d'utilité publique, et moyennant une juste et préalable indemnité (1). — Cons. 1. — C. 544, 645, 660, 661, 682.

546. La propriété d'une chose, soit mobilière, soit immobilière, donne droit sur tout ce qu'elle produit, et sur ce qui s'y unit accessoirement, soit naturellement, soit artificiellement. — Ce droit s'appelle *droit d'accession.*—C. 547-577, 712, 1018 s., 1614 s., 2118, 2133, 2204.

CHAPITRE Ier.

DU DROIT D'ACCESSION SUR CE QUI EST PRODUIT PAR LA CHOSE.

547. Les fruits naturels ou industriels de la terre, — Les fruits civils,—Le croît des ani-maux,—Appartiennent au propriétaire par droit d'accession. —C. 546, 548, 583 n.

548. Les fruits produits par la chose n'appartiennent au propriétaire qu'à la charge de rembourser les frais des labours, travaux et semences faits par des tiers.—C. 555, 2102 1°.

549. Le simple possesseur ne fait les fruits siens que dans le cas où il possède de bonne foi; dans le cas contraire, il est tenu de rendre les produits avec la chose au propriétaire qui la revendique.—C. 138, 550, 555, 1378 s., 2228 s., 2268 s., 2279. —Pr. 129, 526 s.

550. Le possesseur est de bonne foi quand il possède comme propriétaire, en vertu d'un titre translatif de propriété dont il ignore les vices. — Il cesse d'être de bonne foi du moment où ces vices lui sont connus.— C. 549, 555, 2265 s., 2268 s.

CHAPITRE II.

DU DROIT D'ACCESSION SUR CE QUI S'UNIT ET S'INCORPORE A LA CHOSE.

551. Tout ce qui s'unit et s'incorpore à la chose appar-

(1) Supp. *Expropriation pour cause d'utilité publique,* L. 3 mai 1841.—Supp. *Chemins vicinaux,* L. 21 mai 1836, art. 15-18. — Supp. *Pêche fluviale,* L. 15 avr. 1829, art. 3.

tient au propriétaire, suivant les règles qui seront ci-après établies.—C. 546, 552-577.

SECTION PREMIÈRE.

Du Droit d'accession relativement aux choses immobilières.

552. La propriété du sol emporte la propriété du dessus et du dessous.—Le propriétaire peut faire au-dessus toutes les plantations et constructions qu'il juge à propos, sauf les exceptions établies au titre *des Servitudes ou Services fonciers.* —Il peut faire au-dessous toutes les constructions et fouilles qu'il jugera à propos, et tirer de ces fouilles tous les produits qu'elles peuvent fournir, sauf les modifications résultant des lois et règlemens relatifs aux mines, et des lois et règlemens de police. —C. 641, 671, 674, 678, 679, 686.—Supp. *Mines*, L. 21 avril 1810.

553. Toutes constructions, plantations et ouvrages sur un terrain ou dans l'intérieur, sont présumés faits par le propriétaire à ses frais et lui appartenir, si le contraire n'est prouvé; sans préjudice de la propriété qu'un tiers pourrait avoir acquise ou pourrait acquérir par prescription, soit d'un souterrain sous le bâtiment d'autrui, soit de toute autre partie du bâtiment.—C. 552, 555, 664, 690, 691, 1350, 1352, 2228 s., 2262, 2265 s.

554. Le propriétaire du sol qui a fait des constructions, plantations et ouvrages avec des matériaux qui ne lui appartenaient pas, doit en payer la valeur; il peut aussi être condamné à des dommages et intérêts, s'il y a lieu : mais le propriétaire des matériaux n'a pas le droit de les enlever. — C.

1149. — Pr. 126, 128, 523 s.

555. Lorsque les plantations, constructions et ouvrages ont été faits par un tiers et avec ses matériaux, le propriétaire du fonds a droit ou de les retenir, ou d'obliger ce tiers à les enlever.—Si le propriétaire du fonds demande la suppression des plantations et constructions, elle est aux frais de celui qui les a faites, sans aucune indemnité pour lui; il peut même être condamné à des dommages et intérêts, s'il y a lieu, pour le préjudice que peut avoir éprouvé le propriétaire du fonds. — Si le propriétaire préfère conserver ces plantations et constructions, il doit le remboursement de la valeur des matériaux et du prix de la main - d'œuvre, sans égard à la plus ou moins grande augmentation de la valeur que le fonds a pu recevoir. Néanmoins, si les plantations, constructions et ouvrages ont été faits par un tiers évincé, qui n'aurait pas été condamné à la restitution des fruits, attendu sa bonne foi, le propriétaire ne pourra demander la suppression desdits ouvrages, plantations et constructions; mais il aura le choix, ou de rembourser la valeur des matériaux et du prix de la main-d'œuvre, ou de rembourser une somme égale à celle dont le fonds a augmenté de valeur. — C. 549 s., 599, 867, 1149, 1673, 1948. —Pr. 126, 128, 523 s.

556. Les atterrissemens et accroissemens qui se forment successivement et imperceptiblement aux fonds riverains d'un fleuve ou d'une rivière, s'appellent *alluvion.* — L'alluvion profite au propriétaire riverain, soit qu'il s'agisse d'un fleuve ou d'une rivière navigable, flottable ou non; à la charge, dans le premier cas, de laisser le marchepied ou chemin de halage, conformément aux règlemens (1).—C. 557 s., 598, 650.

557. Il en est de même des relais que forme l'eau courante qui se retire insensiblement de l'une de ses rives en se portant sur l'autre : le propriétaire de la rive découverte profite de l'alluvion, sans que le riverain du côté opposé y puisse venir réclamer le terrain qu'il a perdu.—Ce droit n'a pas lieu à l'égard des relais de la mer. —C. 538, 556, 560, 563.

558. L'alluvion n'a pas lieu à l'égard des lacs et étangs, dont

le propriétaire conserve toujours le terrain que l'eau couvre quand elle est à la hauteur de la décharge de l'étang, encore que le volume de l'eau vienne à diminuer.— Réciproquement le propriétaire de l'étang n'acquiert aucun droit sur les terres riveraines que son eau vient à couvrir dans des crues extraordinaires.—C. 556. —P. 457.

559. Si un fleuve ou une rivière, navigable ou non, enlève par une force subite une partie considérable et reconnaissable d'un champ riverain, et la porte vers un champ inférieur ou sur la rive opposée, le propriétaire de la par-

---

(1) Édit d'août 1669, tit. XVIII.

Art. 7. Les propriétaires des héritages aboutissans aux rivières navigables, laisseront le long des bords vingt-quatre pieds au moins de place en largeur pour chemin royal et trait des chevaux, sans qu'ils puissent planter arbres, ni tenir clôture ou haies plus près que trente pieds du côté que les bateaux se tirent et dix pieds de l'autre bord, à peine de cinq cents livres d'amende, confiscation des arbres, et d'être les contrevenans contraints à réparer et remettre les chemins en état à leurs frais. Édit du 23 déc. 1672, ch. XVII.

Art. 7. Afin que le flottage des bois puisse être plus commodément fait, seront tenus les propriétaires des héritages étant des deux côtés des ruisseaux, de laisser un chemin de quatre pieds, pour le passage des ouvriers préposés par les marchands, pour pousser aval l'eau desdits bois.

Décr. 22 janv. 1808.

Art. 1er. Les dispositions de l'art. 7 du tit. XXVIII de l'ordon-

nance de 1669, sont applicables à toutes les rivières navigables de l'Empire, soit que la navigation y fût établie à cette époque, soit que le Gouvernement se soit déterminé depuis, ou se détermine aujourd'hui et à l'avenir, à les rendre navigables.

2. En conséquence, les propriétaires riverains, en quelque temps que la navigation ait été ou soit établie, sont tenus de laisser le passage pour le chemin de halage.

3. Il sera payé aux riverains des fleuves ou rivières où la navigation n'existait pas et où elle s'établira, une indemnité proportionnée au dommage qu'ils éprouveront; et cette indemnité sera évaluée conformément aux dispositions de la loi du 16 septembre dernier.

4. L'administration pourra, lorsque le service n'en souffrira pas, restreindre la largeur des chemins de halage, notamment quand il y aura antérieurement des clôtures en haies vives, murailles ou travaux d'art, ou des maisons à détruire.

tie enlevée peut réclamer sa propriété; mais il est tenu de former sa demande dans l'année : après ce délai, il n'y sera plus recevable. A moins que le propriétaire du champ auquel la partie enlevée a été unie, n'eût pas encore pris possession de celle-ci.—C. 2227, 2265.

560. Les îles, îlots, attérissemens, qui se forment dans le lit des fleuves ou des rivières navigables ou flottables, appartiennent à l'Etat, s'il n'y a titre ou prescription contraire.—C. 538, 561 s., 2227.

561. Les îles et attérissemens qui se forment dans les rivières non navigables et non flottables, appartiennent aux propriétaires riverains du côté où l'île s'est formée : si l'île n'est pas formée d'un seul côté, elle appartient aux propriétaires riverains des deux côtés, à partir de la ligne qu'on suppose tracée au milieu de la rivière. —C. 538, 557, 560, 563, 641-644.

562. Si une rivière ou un fleuve, en se formant un bras nouveau, coupe et embrasse le champ d'un propriétaire riverain, et en fait une île, ce propriétaire conserve la propriété de son champ, encore que l'île se soit formée dans un fleuve ou dans une rivière navigable ou flottable. — C. 538, 560 s.

563. Si un fleuve ou une rivière navigable, flottable ou non, se forme un nouveau cours en abandonnant son ancien lit, les propriétaires des fonds nouvellement occupés prennent, à titre d'indemnité, l'ancien lit abandonné, chacun dans la proportion du terrain qui lui a été enlevé.

564. Les pigeons, lapins, poissons, qui passent dans un autre colombier, garenne ou étang, appartiennent au pro-

priétaire de ces objets, pourvu qu'ils n'y aient point été attirés par fraude et artifice.—C. 534, 1382, 2268. — P. 388, 452 s

SECTION II.
Du Droit d'accession relativement aux choses mobilières.

565. Le droit d'accession, quand il a pour objet deux choses mobilières appartenant à deux maîtres différens, est entièrement subordonné aux principes de l'équité naturelle. —Les règles suivantes serviront d'exemple au juge pour se déterminer, dans les cas non prévus, suivant les circonstances particulières.—C. 528 s., 546, 551, 566 s., 712.

566. Lorsque deux choses appartenant à différens maîtres, qui ont été unies de manière à former un tout, sont néanmoins séparables, en sorte que l'une puisse subsister sans l'autre, le tout appartient au maître de la chose qui forme la partie principale, à la charge de payer à l'autre la valeur de la chose qui a été unie.—C. 565, 567 s., 576.

567. Est réputée partie principale celle à laquelle l'autre n'a été unie que pour l'usage, l'ornement ou le complément de la première. — C. 566, 568.

568. Néanmoins, quand la chose unie est beaucoup plus précieuse que la chose principale, et quand elle a été employée à l'insu du propriétaire, celui-ci peut demander que la chose unie soit séparée pour lui être rendue, même quand il pourrait en résulter quelque dégradation de la chose à laquelle elle a été jointe. — C. 566 s., 815.

569. Si de deux choses unies pour former un seul tout,

l'une ne peut point être regardée comme l'accessoire de l'autre, celle-là est réputée principale qui est la plus considérable en valeur, ou en volume, si les valeurs sont à peu près égales. — C. 566 s., 573.

570. Si un artisan ou une personne quelconque a employé une matière qui ne lui appartenait pas, à former une chose d'une nouvelle espèce, soit que la matière puisse ou non reprendre sa première forme, celui qui en était le propriétaire a le droit de réclamer la chose qui en a été formée en remboursant le prix de la main-d'œuvre. — C. 571 s., 576, 1787.

571. Si cependant la main-d'œuvre était tellement importante qu'elle surpassât de beaucoup la valeur de la matière employée, l'industrie serait alors réputée la partie principale, et l'ouvrier aurait le droit de retenir la chose travaillée, en remboursant le prix de la matière au propriétaire. — C. 570.

572. Lorsqu'une personne a employé en partie la matière qui lui appartenait, et en partie celle qui ne lui appartenait pas, à former une chose d'une espèce nouvelle, sans que ni l'une ni l'autre des deux matières soit entièrement détruite, mais de manière qu'elles ne puissent pas se séparer sans inconvénient, la chose est commune aux deux propriétaires, en raison, quant à l'un, de la matière qui lui appartenait; quant à l'autre, en raison à la fois et de la matière qui lui appartenait, et du prix de sa main-d'œuvre. — C. 573 s., 815 s., 1686 s.

573. Lorsqu'une chose a été formée par le mélange de plusieurs matières appartenant à différens propriétaires, mais dont aucune ne peut être regardée comme la matière principale, si les matières peuvent être séparées, celui à l'insu duquel les matières ont été mélangées, peut en demander la division. — Si les matières ne peuvent plus être séparées sans inconvénient, ils en acquièrent en commun la propriété dans la proportion de la quantité, de la qualité et de la valeur des matières appartenant à chacun d'eux. — C. 574 s., 815 s., 1686 s.

574. Si la matière appartenant à l'un des propriétaires était de beaucoup supérieure à l'autre par la quantité et le prix, en ce cas le propriétaire de la matière supérieure en valeur pourrait réclamer la chose provenue du mélange, en remboursant à l'autre la valeur de sa matière. — C. 567 s., 573.

575. Lorsque la chose reste en commun entre les propriétaires des matières dont elle a été formée, elle doit être licitée au profit commun. — C. 572, 573, 1686 s.

576. Dans tous les cas où le propriétaire dont la matière a été employée, à son insu, à former une chose d'une autre espèce, peut réclamer la propriété de cette chose, il a le choix de demander la restitution de sa matière en même nature, quantité, poids, mesure et bonté, ou sa valeur. — C. 566, 570.

577. Ceux qui auront employé des matières appartenant à d'autres, et à leur insu, pourront aussi être condamnés à des dommages et intérêts, s'il y a lieu, sans préjudice des poursuites par voie extraordinaire, si le cas y échet. — C. 1149. — Pr. 126, 128, 523 s., P. 379 s.

TITRE TROISIÈME.

DE L'USUFRUIT, DE L'USAGE ET DE L'HABITATION.

Décrété le 9 pluviôse an XII, promulgué le 19 [30 janvier-9 février 1804].

CHAPITRE Ier.
DE L'USUFRUIT.

578. L'usufruit est le droit de jouir des choses dont un autre a la propriété, comme le propriétaire lui-même, mais à la charge d'en conserver la substance.—C. 543, 544, 579 s., comp. 1709, 2073, 2081, 2083.

579. L'usufruit est établi par la loi, ou par la volonté de l'homme. — C. 384, 754, 893, 899, 949, 1401 2°, 1530, 1533, 1549, 1562, 2123, 2262, 2265.

580. L'usufruit peut être établi, ou purement, ou à certain jour, ou à condition.—C. 900, 1168 s., 1181, 1183, 1185 s.

581. Il peut être établi sur toute espèce de biens meubles ou immeubles.—C. 517 s., 526, 527 s., 587 s.

SECTION PREMIÈRE.
Des Droits de l'Usufruitier.

582. L'usufruitier a le droit de jouir de toute espèce de fruits, soit naturels, soit industriels, soit civils, que peut produire l'objet dont il a l'usufruit. — C. 583 s.

583. Les fruits naturels sont ceux qui sont le produit spontané de la terre. Le produit et le croît des animaux sont aussi des fruits naturels.—Les fruits industriels d'un fonds sont ceux qu'on obtient par la culture.— C. 547 s., 583, 590-594, 598, 1403.

584. Les fruits civils sont les loyers des maisons, les intérêts des sommes exigibles, les arrérages des rentes.—Les prix des baux à ferme sont aussi rangés dans la classe des fruits civils.—C. 586, 588, 1153, 1709, 1905, 1909, 1980, 2277. — Pr. 404.

585. Les fruits naturels et industriels, pendans par branches ou par racines au moment où l'usufruit est ouvert, appartiennent à l'usufruitier.—Ceux qui sont dans le même état au moment où finit l'usufruit, appartiennent au propriétaire, sans récompense de part ni d'autre des labours et des semences, mais aussi sans préjudice de la portion des fruits qui pourrait être acquise au colon partiaire, s'il en existait un au commencement ou à la cessation de l'usufruit. — C. 548, 583, 595, 1403, 1571, 1743.

586. Les fruits civils sont réputés s'acquérir jour par jour, et appartiennent à l'usufruitier, à proportion de la durée de son usufruit. Cette règle s'applique aux prix des baux à ferme, comme aux loyers des maisons et aux autres fruits civils.—C. 584, 588, 1153, 1709, 1905, 1909, 1980.

587. Si l'usufruit comprend des choses dont on ne peut faire usage sans les consommer, comme l'argent, les grains, les liqueurs, l'usufruitier a le droit de s'en servir, mais à la charge d'en rendre de pareille quantité, qualité et valeur, ou leur estimation, à la fin de l'usufruit.—C. 582, 617 s., 1533, 1892, 1902, 1903.

588. L'usufruit d'une rente viagère donne aussi à l'usufruitier, pendant la durée de son usufruit, le droit d'en percevoir les arrérages, sans être tenu à aucune restitution.—C. 582, 584, 1568 s., 1963 s.

589. Si l'usufruit comprend des choses qui, sans se consommer de suite, se détériorent peu à peu par l'usage, comme du linge, des meubles meublans, l'usufruitier a le droit de s'en servir pour l'usage auquel elles sont destinées, et n'est obligé de les rendre, à la fin de l'usufruit, que dans l'état où elles se trouvent, non détériorées par son dol ou par sa faute.—C. 453, 595, 631, 950, 1382, 1568.

590. Si l'usufruit comprend des bois taillis, l'usufruitier est tenu d'observer l'ordre et la quotité des coupes, conformément à l'aménagement ou à l'usage constant des propriétaires; sans indemnité toutefois en faveur de l'usufruitier ou de ses héritiers, pour les coupes ordinaires, soit de taillis, soit de baliveaux, soit de futaie, qu'il n'aurait pas faites pendant sa jouissance. — Les arbres qu'on peut tirer d'une pépinière sans la dégrader, ne font aussi partie de l'usufruit qu'à la charge par l'usufruitier de se conformer aux usages des lieux pour le remplacement.—C. 591-594, 1403, 1571.

591. L'usufruitier profite encore, toujours en se conformant aux époques et à l'usage des anciens propriétaires, des parties de bois de haute futaie qui ont été mises en coupes réglées, soit que ces coupes se fassent périodiquement sur une certaine étendue de terrain, soit qu'elles se fassent d'une certaine quantité d'arbres pris indistinctement sur toute la surface du domaine.—C. 590, 592 s.

592. Dans tous les autres cas, l'usufruitier ne peut toucher aux arbres de haute futaie : il peut seulement employer, pour faire les réparations dont il est tenu, les arbres arrachés ou brisés par accident; il peut même, pour cet objet, en faire abattre s'il est nécessaire, mais à la charge d'en faire constater la nécessité avec le propriétaire. —C. 590 s., 594.

593. Il peut prendre, dans les bois, des échalas pour les vignes; il peut aussi prendre, sur les arbres, des produits annuels ou périodiques; le tout suivant l'usage du pays ou la coutume des propriétaires. — C. 590.

594. Les arbres fruitiers qui meurent, ceux même qui sont arrachés ou brisés par accident, appartiennent à l'usufruitier, à la charge de les remplacer par d'autres. — C. 592, 601.

595. L'usufruitier peut jouir par lui-même, donner à ferme à un autre, ou même vendre ou céder son droit à titre gratuit. S'il donne à ferme, il doit se conformer, pour les époques où les baux doivent être renouvelés, et pour leur durée, aux règles établies pour le mari à l'égard des biens de la femme, au titre *du Contrat de mariage et des Droits respectifs des époux.* — C. 584, 634, 1429, 1430, 1711.

596. L'usufruitier jouit de l'augmentation survenue par alluvion à l'objet dont il a l'usufruit.—C. 556 s., 563.

597. Il jouit des droits de servitude, de passage, et généralement de tous les droits dont le propriétaire peut jouir, et il en jouit comme le propriétaire lui-même. — C. 578, 598, 614, 637 s., 706.

598. Il jouit aussi, de la même manière que le propriétaire, des mines et carrières qui sont en exploitation à l'ouverture de l'usufruit ; et néanmoins, s'il s'agit d'une exploitation qui ne puisse être faite sans une concession, l'usufruitier ne pourra en jouir qu'après en avoir obtenu la permission du Roi. — Supp. *Mines*, L. 21 avril 1810, art. 7. — Il n'a aucun droit aux mines et carrières non encore ouvertes, ni aux tourbières dont l'exploitation n'est point encore commencée, ni au trésor qui pourrait être découvert pendant la durée de l'usufruit. —C. 599, 716, 1403.

599. Le propriétaire ne peut, par son fait, ni de quelque manière que ce soit, nuire aux droits de l'usufruitier.—De son côté, l'usufruitier ne peut, à la cessation de l'usufruit, réclamer aucune indemnité pour les améliorations qu'il prétendrait avoir faites, encore que la valeur de la chose en fût augmentée. — Il peut cependant, ou ses héritiers, enlever les glaces, tableaux et autres ornemens qu'il aurait fait placer, mais à la charge de rétablir les lieux dans leur premier état. — C. 555, 600, 607, 701 s., 1383, 2236.

SECTION II.
Des Obligations de l'Usufruitier.

600. L'usufruitier prend les choses dans l'état où elles sont ; mais il ne peut entrer en jouissance qu'après avoir fait dresser, en présence du propriétaire, ou lui dûment appelé, un inventaire des meubles et un état des immeubles sujets à l'usufruit. — C. 626, 1415, 1442, 1504, 1720, 1731. —Pr. 942 s.

601. Il donne caution de jouir en bon père de famille, s'il n'en est dispensé par l'acte constitutif de l'usufruit ; cependant, les père et mère ayant l'usufruit légal du bien de leurs enfans, le vendeur ou le donateur, sous réserve d'usufruit, ne sont pas tenus de donner caution. — C. 384, 601 s., 626, 949, 1550, 2018 s., 2040 s.—Pr. 517 s.

602. Si l'usufruitier ne trouve pas de caution, les immeubles sont donnés à ferme ou mis en séquestre ; — Les sommes comprises dans l'usufruit sont placées ; — Les denrées sont vendues, et le prix en provenant est pareillement placé ; — Les intérêts de ces sommes et les prix des fermes appartiennent, dans ce cas, à l'usufruitier. — C. 585, 586, 1709, 1903 s., 1955 s., 2041. — Pr. 517 s., 945 s.

603. A défaut d'une caution de la part de l'usufruitier, le propriétaire peut exiger que les meubles qui dépérissent par l'usage soient vendus, pour le prix en être placé comme celui des denrées ; et alors l'usufruitier jouit de l'intérêt pendant son usufruit : cependant l'usufruitier pourra demander, et les juges pourront ordonner, suivant les circonstances, qu'une partie des meubles nécessaires pour son usage lui soit délaissée, sous sa simple caution juratoire, et à la charge de les représenter à l'extinction de l'usufruit. — C. 602.

604. Le retard de donner caution ne prive pas l'usufruitier des fruits auxquels il peut avoir droit ; ils lui sont dus du moment où l'usufruit a été ouvert.— C. 1014.

605. L'usufruitier n'est tenu qu'aux réparations d'entretien. — Les grosses réparations demeurent à la charge du propriétaire, à moins qu'elles n'aient été occasionnées par le défaut de réparations d'entretien, depuis l'ouverture de l'usufruit; auquel cas l'usufruitier en est aussi tenu.— C. 606, 607 s., 618, 635, 1409 4o, 1754 s.

606. Les grosses réparations sont celles des gros murs et des voûtes, le rétablissement des poutres et des couvertures entières; — Celui des digues et des murs de soutenement et de clôture aussi en entier.— Toutes les autres réparations sont d'entretien.— C. 605.

607. Ni le propriétaire, ni l'usufruitier, ne sont tenus de rebâtir ce qui est tombé de vétusté, ou ce qui a été détruit par cas fortuit. — C. 599, 600, 617, 633 s., 1302 s., 1733, 1735.

608. L'usufruitier est tenu, pendant sa jouissance, de toutes les charges annuelles de l'héritage, telles que les contributions et autres qui dans l'usage sont censées charges des fruits.— C. 633.

609. A l'égard des charges qui peuvent être imposées sur la propriété pendant la durée de l'usufruit, l'usufruitier et le propriétaire y contribuent ainsi qu'il suit : — Le propriétaire est obligé de les payer, et l'usufruitier doit lui tenir compte des intérêts. — Si elles sont avancées par l'usufruitier, il a la répétition du capital à la fin de l'usufruit.— C. 612.

610. Le legs fait par un testateur, d'une rente viagère ou pension alimentaire, doit être acquitté par le légataire universel de l'usufruit dans son intégrité, et par le légataire à titre universel de l'usufruit dans la proportion de sa jouissance, sans aucune répétition de leur part.— C. 608, 871, 917 s., 1003, 1009, 1010, 1012 s., 1015, 1017 s.

611. L'usufruitier à titre particulier n'est pas tenu des dettes auxquelles le fonds est hypothéqué : s'il est forcé de les payer, il a son recours contre le propriétaire, sauf ce qui est dit à l'article 1020, au titre *des Donations entre-vifs et des Testaments*.— C. 871, 874, 1014 s., 1024, 2178, 2166 s., 2251 3o.

612. L'usufruitier, ou universel, ou à titre universel, doit contribuer avec le propriétaire au paiement des dettes, ainsi qu'il suit : — On estime la valeur du fonds sujet à usufruit; on fixe ensuite la contribution aux dettes à raison de cette valeur. — Si l'usufruitier veut avancer la somme pour laquelle le fonds doit contribuer, le capital lui en est restitué à la fin de l'usufruit, sans aucun intérêt. — Si l'usufruitier ne veut pas faire cette avance, le propriétaire a le choix, ou de payer cette somme, et, dans ce cas, l'usufruitier lui tient compte des intérêts pendant la durée de l'usufruit, ou de faire vendre jusqu'à due concurrence une portion des biens soumis à l'usufruit.— C. 609 s., 871, 1009, 1012, 1017.

613. L'usufruitier n'est tenu que des frais des procès qui concernent la jouissance, et des autres condamnations auxquelles ces procès pourraient donner lieu.— C. 609.— Pr. 130.

614. Si, pendant la durée de l'usufruit, un tiers commet quelque usurpation sur le fonds, ou attente autrement aux droits

7

du propriétaire, l'usufruitier est tenu de le dénoncer à celui-ci; faute de ce, il est responsable de tout le dommage qui peut en résulter pour le propriétaire, comme il le serait de dégradations commises par lui-même. — C. 1149, 1382 s., 1726, 1768. — Pr. 23 v.

615. Si l'usufruit n'est établi que sur un animal qui vient à périr sans la faute de l'usufruitier, celui-ci n'est pas tenu d'en rendre un autre, ni d'en payer l'estimation. — C. 607, 616, 617, 623 s., 1810, 1837.

616. Si le troupeau sur lequel un usufruit a été établi, périt entièrement par accident ou par maladie, et sans la faute de l'usufruitier, celui-ci n'est tenu envers le propriétaire que de lui rendre compte des cuirs ou de leur valeur. — Si le troupeau ne périt pas entièrement, l'usufruitier est tenu de remplacer, jusqu'à concurrence du croît, les têtes des animaux qui ont péri. — C. 615, 617, 623 s., 1809 s., 1822, 1825, 1827.

SECTION III
Comment l'Usufruit prend fin.

617. L'usufruit s'éteint, — Par la mort naturelle et par la mort civile de l'usufruitier; — Par l'expiration du temps pour lequel il a été accordé; — Par la consolidation ou la réunion sur la même tête, des deux qualités d'usufruitier et de propriétaire; — Par le non-usage du droit pendant trente ans; — Par la perte totale de la chose sur laquelle l'usufruit est établi. — C. 23, 25, 618 s., 703 s., 1300 s., 1302 s., 2177, 2219, 2262, 2265. — P. 18.

618. L'usufruit peut aussi cesser par l'abus que l'usufruitier fait de sa jouissance, soit en commettant des dégradations sur le fonds, soit en le laissant dépérir faute d'entretien. — Les créanciers de l'usufruitier peuvent intervenir dans les contestations, pour la conservation de leurs droits; ils peuvent offrir la réparation des dégradations commises, et des garanties pour l'avenir. — Les juges peuvent, suivant la gravité des circonstances, ou prononcer l'extinction absolue de l'usufruit, ou n'ordonner la rentrée du propriétaire dans la jouissance de l'objet qui en est grevé, que sous la charge de payer annuellement à l'usufruitier, ou à ses ayant-cause, une somme déterminée jusqu'à l'instant où l'usufruit aurait dû cesser. — C. 601-603, 614, 617, 622, 1167. — Pr. 339 s.

619. L'usufruit qui n'est pas accordé à des particuliers, ne dure que trente ans. — C. 617, 620.

620. L'usufruit accordé jusqu'à ce qu'un tiers ait atteint un âge fixe, dure jusqu'à cette époque, encore que le tiers soit mort avant l'âge fixé.

621. La vente de la chose sujette à usufruit ne fait aucun changement dans le droit de l'usufruitier; il continue de jouir de son usufruit s'il n'y a pas formellement renoncé. — C. 622, 1583 s., 2125.

622. Les créanciers de l'usufruitier peuvent faire annuler la renonciation qu'il aurait faite à leur préjudice. — C. 618, 788, 1053, 1167, 1464, 2125.

623. Si une partie seulement de la chose soumise à l'usufruit est détruite, l'usufruit se conserve sur ce qui reste. — C. 615 s., 624.

624. Si l'usufruit n'est établi que sur un bâtiment, et que ce bâtiment soit détruit par un incendie ou autre accident, ou qu'il s'écroule de vétusté, l'usu-fruitier n'aura le droit de jouir ni du sol ni des matériaux. — Si l'usufruit était établi sur un domaine dont le bâtiment fai-sait partie, l'usufruitier joui-rait du sol et des matériaux.— C. 607, 617, 623, 704, 1302 s.

CHAPITRE II.
DE L'USAGE ET DE L'HABITATION.

625. Les droits d'usage et d'habitation s'établissent et se perdent de la même manière que l'usufruit.—C. 579 s., 617 s., 1127, 1465.

626. On ne peut en jouir, comme dans le cas de l'usufruit, sans donner préalablement cau-tion, et sans faire des états et inventaires. — C. 600 s., 2011, 2018, 2040 s.—Pr. 517 s., 943 s.

627. L'usager, et celui qui a un droit d'habitation, doivent jouir en bons pères de famille. — C. 601, 1137.

628. Les droits d'usage et d'habitation se règlent par le titre qui les a établis, et re-çoivent, d'après ses disposi-tions, plus ou moins d'étendue. — C. 629 s., 1134.

629. Si le titre ne s'expli-que pas sur l'étendue de ces droits, ils sont réglés ainsi qu'il suit. — C. 628, 630 s.

630. Celui qui a l'usage des fruits d'un fonds, ne peut en exiger qu'autant qu'il lui en faut pour ses besoins et ceux de sa famille.—Il peut en exi-ger pour les besoins même des enfans qui lui sont survenus depuis la concession de l'usa-ge.—C. 548, 583 s.

631. L'usager ne peut cé-der ni louer son droit à un autre.—C. 595, 634, 1709.

632. Celui qui a un droit d'habitation dans une maison, peut y demeurer avec sa fa-mille, quand même il n'aurait pas été marié à l'époque où ce droit lui a été donné.—C. 630, 633.

633. Le droit d'habitation se restreint à ce qui est né-cessaire pour l'habitation de celui à qui ce droit est concédé, et de sa famille. —C. 632.

634. Le droit d'habitation ne peut être ni cédé ni loué.— C. 595, 631, 1709.

635. Si l'usager absorbe tous les fruits du fonds, ou s'il occupe la totalité de la maison, il est assujetti aux frais de cul-ture, aux réparations d'entre-tien, et au paiement des contri-butions, comme l'usufruitier. — S'il ne prend qu'une partie des fruits, ou s'il n'occupe qu'une partie de la maison, il contribue au prorata de ce dont il jouit.—C. 605, 606, 608 s.

636 L'usage des bois et fo-rêts est réglé par des lois par-ticulières. — F. 58-85, 88, 89, 111-113, 118-121.

TITRE QUATRIÈME.

DES SERVITUDES OU SERVICES FONCIERS.

Décrété le 10 pluviôse an XII, promulgué le 20 [31 janvier- 10 février 1804].

637. Une servitude est une charge imposée sur un héritage pour l'usage et l'utilité d'un hé-ritage appartenant à un autre propriétaire.—C. 526, 639, 686.

638. La servitude n'établit aucune prééminence d'un hé-ritage sur l'autre.

639. Elle dérive ou de la situation naturelle des lieux, ou des obligations imposées par la loi, ou des conventions entre les propriétaires. — C. 640 s., 649 s., 651, 686 s., 1370. — Pr. 59.

CHAPITRE Iᵉʳ.

DES SERVITUDES QUI DÉRIVENT DE LA SITUATION DES LIEUX.

640. Les fonds inférieurs sont assujettis envers ceux qui sont plus élevés, à recevoir les eaux qui en découlent naturellement sans que la main de l'homme y ait contribué. — Le propriétaire inférieur ne peut point élever de digue qui empêche cet écoulement. - Le propriétaire supérieur ne peut rien faire qui aggrave la servitude du fonds inférieur.— C. 641 s., 681, 701, 702.

641. Celui qui a une source dans son fonds, peut en user à sa volonté, sauf le droit que le propriétaire du fonds inférieur pourrait avoir acquis par titre ou par prescription. — C. 552, 642 s., 644 et la note, 690, 2262, 2264.

642. La prescription, dans ce cas, ne peut s'acquérir que par une jouissance non inter-rompue pendant l'espace de trente années, à compter du moment où le propriétaire du fonds inférieur a fait et terminé des ouvrages apparens destinés à faciliter la chute et le cours de l'eau dans sa propriété. — C. 641, 690, 2228 s., 2262, 2264.

643. Le propriétaire de la source ne peut en changer le cours, lorsqu'il fournit aux habitans d'une commune, village ou hameau, l'eau qui leur est nécessaire; mais si les habitans n'en ont pas acquis ou prescrit l'usage, le propriétaire peut réclamer une indemnité, laquelle est réglée par experts. — C. 643, 641, 2262. — Pr. 302 s., 1035.

644. Celui dont la propriété borde une eau courante, autre que celle qui est déclarée dépendance du domaine public par l'article 538 au titre *de la Distinction des biens*, peut s'en servir à son passage pour l'irrigation de ses propriétés. — Celui dont cette eau traverse l'héritage, peut même en user dans l'intervalle qu'elle y parcourt, mais à la charge de la rendre, à la sortie de ses fonds, à son cours ordinaire (1). — C. 645.

645. S'il s'élève une contes-

---

(1) L. 29 *avril-1ᵉʳ mai* 1843. ART. 1ᵉʳ. Tout propriétaire qui voudra se servir, pour l'irrigation de ses propriétés, des eaux naturelles ou artificielles dont il a le droit de disposer, pourra obtenir le passage de ces eaux sur les fonds intermédiaires, à la charge d'une juste et préalable indemnité.

Sont exceptés de cette servitude les maisons, cours, jardins, parcs et enclos attenant aux habitations.

2. Les propriétaires des fonds inférieurs devront recevoir les eaux qui s'écouleront des terrains ainsi arrosés, sauf l'indemnité qui pourra leur être due. —Seront également exceptés de cette servitude les maisons, cours, jardins, parcs et enclos attenant aux habitations.

3. La même faculté de passage sur les fonds intermédiaires pourra être accordée au propriétaire d'un terrain submergé en tout ou en partie, à l'effet de procurer aux eaux nuisibles leur écoulement.

tation entre les propriétaires auxquels ces eaux peuvent être utiles, les tribunaux, en prononçant, doivent concilier l'intérêt de l'agriculture avec le respect dû à la propriété; et, dans tous les cas, les réglemens particuliers et locaux sur le cours et l'usage des eaux doivent être observés. — C. 644 *et la note.*—Supp. *Compétence*, L. 25 mai 1838, art. 5 1°, 6 1°.

646. Tout propriétaire peut obliger son voisin au bornage de leurs propriétés contiguës. Le bornage se fait à frais communs. — Pr. 3, 38. — P. 389, 456. — Supp. *Compétence*, L. 25 mai 1838, art. 6 2°.

647. Tout propriétaire peut clore son héritage, sauf l'exception portée en l'article 682. — C. 544, 648, 663, 666 s. — P. 456.

648. Le propriétaire qui veut se clore, perd son droit au parcours et vaine pâture, en proportion du terrain qu'il y soustrait. — C. 647. — Supp. *Usages ruraux,* Décr. 28 sept.-6 oct. 1791, tit. 1er, sect. 4, art. 4, 7, 11, 13, 16.

CHAPITRE II.

DES SERVITUDES ÉTABLIES PAR LA LOI.

649. Les servitudes établies par la loi ont pour objet l'uti-lité publique ou communale, ou l'utilité des particuliers. — C. 639, 651, 1370. — Pr. 59.

650. Celles établies pour l'utilité publique ou communale ont pour objet le marche-pied le long des rivières navigables ou flottables, la construction ou réparation des chemins et autres ouvrages publics ou communaux; — Tout ce qui concerne cette espèce de servitude est déterminé par des lois ou des réglemens particuliers (1). — C. 538, 556 *et la note.* — P. 145.

651. La loi assujettit les propriétaires à différentes obligations l'un à l'égard de l'autre, indépendamment de toute convention.—C. 639, 652, 1370. — Pr. 59.

652. Partie de ces obligations est réglée par les lois sur la police rurale; — Les autres sont relatives au mur et au fossé mitoyens, au cas où il y a lieu à contre-mur, aux vues sur la propriété du voisin, à l'égout des toits, au droit de passage. — C. 653-685.

SECTION Ire.

Du Mur et du Fossé mitoyens.

653. Dans les villes et les campagnes, tout mur servant de séparation entre bâtimens jusqu'à l'héberge, ou entre

---

4. Les contestations auxquelles pourront donner lieu l'établissement de la servitude, la fixation des parcours de la conduite d'eau, de ses dimensions et de sa forme, et les indemnités dues, soit au propriétaire du fonds traversé, soit à celui du fonds qui recevra l'écoulement des eaux, seront portées devant les tribunaux, qui, en prononçant, devront concilier l'intérêt de l'opération avec le respect dû à la propriété. — Il sera procédé devant les tribunaux comme en matière sommaire, et, s'il y a lieu à expertise, il pourra n'être nommé qu'un seul expert.

5. Il n'est aucunement dérogé par les présentes dispositions aux lois qui règlent la police des eaux.

(1) Pour la construction, réparation et plantation des che-

cours et jardins, et même entre enclos dans les champs, est présumé mitoyen, s'il n'y a titre ou marque du contraire. — C. 654 s.. 675, 1350, 1352.

654. Il y a marque de non-mitoyenneté lorsque la sommité du mur est droite et à plomb de son parement d'un côté, et présente de l'autre un plan incliné; — Lors encore qu'il n'y a que d'un côté ou un chaperon ou des filets et corbeaux de pierre qui y auraient été mis en bâtissant le mur; — Dans ces cas, le mur est censé appartenir exclusivement au propriétaire du côté duquel sont l'égout ou les corbeaux et filets de pierre. — C. 653, 676 s., 681, 1350, 1352.

655. La réparation et la reconstruction du mur mitoyen sont à la charge de tous ceux qui y ont droit, et proportionnellement au droit de chacun. — C. 656 s., 663, 669.

656. Cependant tout copropriétaire d'un mur mitoyen peut se dispenser de contribuer aux réparations et reconstructions en abandonnant le droit de mitoyenneté, pourvu que le mur mitoyen ne soutienne pas un bâtiment qui lui appartienne. — C. 655, 699.

657. Tout copropriétaire peut faire bâtir contre un mur mitoyen, et y faire placer des poutres ou solives dans toute l'épaisseur du mur, à cinquante-quatre millimètres (deux pou-

ces) près, sans préjudice du droit qu'a le voisin de faire réduire à l'ébauchoir la poutre jusqu'à la moitié du mur, dans le cas où il voudrait lui-même asseoir des poutres dans le même lieu, ou y adosser une cheminée. — C. 658, 662, 674, 675.

658. Tout copropriétaire peut faire exhausser le mur mitoyen; mais il doit payer seul la dépense de l'exhaussement, les réparations d'entretien au-dessus de la hauteur de la clôture commune, et en outre l'indemnité de la charge en raison de l'exhaussement et suivant la valeur (a). — C. 659, 660, 662.

659. Si le mur mitoyen n'est pas en état de supporter l'exhaussement, celui qui veut l'exhausser doit le faire reconstruire en entier à ses frais, et l'excédant d'épaisseur doit se prendre de son côté. — C. 658, 660, 662.

660. Le voisin qui n'a pas contribué à l'exhaussement, peut en acquérir la mitoyenneté en payant la moitié de la dépense qu'il a coûté, et la valeur de la moitié du sol fourni pour l'excédant d'épaisseur, s'il y en a. — C. 659, 661.

661. Tout propriétaire joignant un mur, a de même la faculté de le rendre mitoyen en tout ou en partie, en remboursant au maître du mur la moitié de sa valeur, ou la moitié de la valeur de la portion qu'il veut rendre mitoyenne, et moitié du

mins, — Supp. *Routes*, L. 9 vent. an XIII; Décr. 16 déc. 1811; L. 12 mai 1825. — Supp. *Chemins vicinaux*, L. 21 mai 1836. — Supp. *Usages ruraux*, L. 28 sept. - 6 oct. 1791, sect. 6, art. 1. — Supp. *Marais*, L. 16 sept. 1807, art. 29 s., 55.

(a) Coutume de Paris.

Art. 197. Les charges sont de payer et de rembourser par celui qui se loge et héberge sur et contre le mur mitoyen de six toises l'une, de ce qui sera bâti au-dessus de dix pieds.

la valeur du sol sur lequel le mur est bâti.— C. 660, 676.

662. L'un des voisins ne peut pratiquer dans le corps d'un mur mitoyen aucun enfoncement, ni y appliquer ou appuyer aucun ouvrage sans le consentement de l'autre, ou sans avoir, à son refus, fait régler par experts les moyens nécessaires pour que le nouvel ouvrage ne soit pas nuisible aux droits de l'autre.— C. 657 s.— Pr. 302 s.

663. Chacun peut contraindre son voisin, dans les villes et faubourgs, à contribuer aux constructions et réparations de la clôture faisant séparation de leurs maisons, cours et jardins assis ès dites villes et faubourgs: la hauteur de la clôture sera fixée suivant les réglemens particuliers ou les usages constans et reconnus; et, à défaut d'usages et de réglemens, tout mur de séparation entre voisins, qui sera construit ou rétabli à l'avenir, doit avoir au moins tre de deux décimètres (dix pieds) de hauteur, compris le chaperon, dans les villes de cinquante mille âmes et au-dessus, et vingt-six décimètres (huit pieds) dans les autres.—C. 655, 656 s. —Supp. *Usages locaux*, C. 663.

664. Lorsque les différens étages d'une maison appartiennent à divers propriétaires, si les titres de propriété ne règlent pas le mode de réparations et reconstructions, elles doivent être faites ainsi qu'il suit:—Les gros murs et le toit sont à la charge de tous les propriétaires, chacun en proportion de la valeur de l'étage qui lui appartient. — Le propriétaire de chaque étage fait le plancher sur lequel il marche. — Le propriétaire du premier étage fait l'escalier qui y con-

duit; le propriétaire du second étage fait, à partir du premier, l'escalier qui conduit chez lui, et ainsi de suite.—C. 655, 813.

665. Lorsqu'on reconstruit un mur mitoyen ou une maison, les servitudes actives et passives se continuent à l'égard du nouveau mur ou de la nouvelle maison, sans toutefois qu'elles puissent être aggravées, et pourvu que la reconstruction se fasse avant que la prescription soit acquise.—C. 703, 704, 707, 2262, 2265.

666. Tous fossés entre deux héritages sont présumés mitoyens s'il n'y a titre ou marque du contraire.— C. 653, 667 s., 1350, 1352. — P. 456.

667. Il y a marque de non-mitoyenneté lorsque la levée ou le rejet de la terre se trouve d'un côté seulement du fossé. — C. 666, 668, 1350, 1352.

668. Le fossé est censé appartenir exclusivement à celui du côté duquel le rejet se trouve. — C. 667, 1350, 1352.

669. Le fossé mitoyen doit être entretenu à frais communs. — C. 655.

670. Toute haie qui sépare des héritages est réputée mitoyenne, à moins qu'il n'y ait qu'un seul des héritages en état de clôture, ou s'il n'y a titre ou possession suffisante au contraire.—C. 653 s., 666 s., 673, 1350, 1352, 2228, 2262, 2265.— Pr. 3, 23 s. — P. 456.

671. Il n'est permis de planter des arbres de haute tige qu'à la distance prescrite par les réglemens particuliers actuellement existans, ou par les usages constans et reconnus; et, à défaut de réglemens et usages, qu'à la distance de deux mètres de la ligne séparative des deux héritages pour les arbres à haute tige, et à la distance d'un demi-mètre pour les autres arbres et haies vives. — C. 544, 552 s., 671 s. — Supp. *Usages locaux*, C. 671.

672. Le voisin peut exiger que les arbres et haies plantés à une moindre distance soient arrachés. — Supp. *Compétence*, L. 25 mai 1838, art. 6 2°. — Celui sur la propriété duquel avancent les branches des arbres du voisin, peut contraindre celui-ci à couper ces branches. — Si ce sont les racines qui avancent sur son héritage, il a droit de les y couper lui-même. — C. 552, 671, 690. — F. 150.

673. Les arbres qui se trouvent dans la haie mitoyenne, sont mitoyens comme la haie ; et chacun des deux propriétaires a droit de requérir qu'ils soient abattus. — C. 670.

SECTION II.
De la Distance et des Ouvrages Intermédiaires requis pour certaines Constructions.

674. Celui qui fait creuser un puits ou une fosse d'aisance près d'un mur mitoyen ou non ; — Celui qui veut y construire cheminée ou âtre, forge, four ou fourneau, — Y adosser une étable, — Ou établir contre ce mur un magasin de sel ou amas de matières corrosives, — Est obligé à laisser la distance prescrite par les réglemens et usages particuliers sur ces objets, ou à faire les ouvrages prescrits par les mêmes réglemens et usages, pour éviter de nuire au voisin (1). — C. 553, 662, 1382. — Supp. *Compétence*, L. 25 mai 1838, art. 6 3°.

---

(1) Pour les réglemens et usages sur ces objets, *voyez* Supp.

SECTION III.
Des Vues sur la Propriété de son voisin.

675. L'un des voisins ne peut, sans le consentement de l'autre, pratiquer dans le mur mitoyen aucune fenêtre ou ouverture, en quelque manière que ce soit, même à verre dormant. — C. 657, 662, 690.

676. Le propriétaire d'un mur non mitoyen, joignant immédiatement l'héritage d'autrui, peut pratiquer dans ce mur des jours ou fenêtres à fer maillé et verre dormant. — Ces fenêtres doivent être garnies d'un treillis de fer, dont les mailles auront un décimètre (environ trois pouces huit lignes) d'ouverture au plus, et d'un châssis à verre dormant. — C. 654, 677.

677. Ces fenêtres ou jours ne peuvent être établis qu'à vingt-six décimètres (huit pieds) au-dessus du plancher ou sol de la chambre qu'on veut éclairer, si c'est à rez-de-chaussée, et à dix-neuf décimètres (six pieds) au-dessus du plancher pour les étages supérieurs. — C. 676.

678. On ne peut avoir des vues droites ou fenêtres d'aspect, ni balcons ou autres semblables saillies sur l'héritage clos ou non clos de son voisin, s'il n'y a dix-neuf décimètres (six pieds) de distance entre le mur où on les pratique et ledit héritage. — C. 552, 665, 680, 690, 701, 704, 706, 707.

679. On ne peut avoir des vues par côté ou obliques sur le même héritage, s'il n'y a six décimètres (deux pieds) de dis-

---

Usages locaux, Code civil, article 674.

lance.— C. 552, 665, 680, 690, 701, 704, 706, 707.

680. La distance dont il est parlé dans les deux articles précédens, se compte depuis le parement extérieur du mur où l'ouverture se fait, et, s'il y a balcons ou autres semblables saillies, depuis leur ligne extérieure jusqu'à la ligne de séparation des deux propriétés.

SECTION IV.
De l'Égout des toits.

681. Tout propriétaire doit établir des toits de manière que les eaux pluviales s'écoulent sur son terrain ou sur la voie publique; il ne peut les faire verser sur le fonds de son voisin. — C. 640, 652, 688, 691.

SECTION V.
Du Droit de passage.

682. Le propriétaire dont les fonds sont enclavés, et qui n'a aucune issue sur la voie publique, peut réclamer un passage sur les fonds de ses voisins pour l'exploitation de son héritage, à la charge d'une indemnité proportionnée au dommage qu'il peut occasionner. — C. 545, 643, 647, 652, 685, 688, 691, 700 s.

683. Le passage doit régulièrement être pris du côté où le trajet est le plus court du fonds enclavé à la voie publique.— C. 684, 701 s.

684. Néanmoins il doit être fixé dans l'endroit le moins dommageable à celui sur le fonds duquel il est accordé.— C. 683.

685. L'action en indemnité, dans le cas prévu par l'article 682, est prescriptible; et le passage doit être continué, quoique l'action en indemnité ne soit plus recevable. — C. 643, 2262.

CHAPITRE III.
DES SERVITUDES ÉTABLIES PAR LE FAIT DE L'HOMME.

SECTION Ire.
Des diverses espèces de Servitudes qui peuvent être établies sur les Biens.

686. Il est permis aux propriétaires d'établir sur leurs propriétés, ou en faveur de leurs propriétés, telles servitudes que bon leur semble, pourvu néanmoins que les services établis ne soient imposés ni à la personne, ni en faveur de la personne, mais seulement à un fonds et pour un fonds, et pourvu que ces services n'aient d'ailleurs rien de contraire à l'ordre public.— C. 6, 544, 628, 637, 690 s., 900, 1142, 1172, 1710, 1780.—L'usage et l'étendue des servitudes ainsi établies se règlent par le titre qui les constitue; à défaut de titre, par les règles ci-après. — C. 1135, 1156-1164.

687. Les servitudes sont établies ou pour l'usage des bâtimens, ou pour celui des fonds de terre. — Celles de la première espèce s'appellent *urbaines,* soit que les bâtimens auxquels elles sont dues, soient situés à la ville ou à la campagne. — Celles de la seconde espèce se nomment *rurales.*

688. Les servitudes sont ou continues, ou discontinues. — Les servitudes continues sont celles dont l'usage est ou peut être continuel sans avoir besoin du fait actuel de l'homme: tels sont les conduites d'eau, les égouts, les vues et autres de cette espèce. — Les servitudes discontinues sont celles qui ont besoin du fait actuel de l'homme pour être exercées · tels sont les droits de passage, pui-

sage, pacage et autres semblables. — C. 690-692, 703 s., 707.

689. Les servitudes sont apparentes, ou non apparentes.—
Les servitudes apparentes sont
celles qui s'annoncent par des
ouvrages extérieurs, tels qu'une
porte, une fenêtre, un aqueduc.
—Les servitudes non apparentes sont celles qui n'ont pas de
signe extérieur de leur existence, comme, par exemple, la prohibition de bâtir sur un fonds,
ou de ne bâtir qu'à une hauteur déterminée.—C. 690-692,
694, 703 s., 707.

SECTION II.
Comment s'établissent les
Servitudes.

690. Les servitudes continues et apparentes s'acquièrent par titre, ou par la possession de trente ans.—C. 644 s.,
688, 689, 2228 s., 2231 s., 2262,
2264, 2265 s., 2281.

691. Les servitudes continues non apparentes, et les
servitudes discontinues apparentes ou non apparentes, ne
peuvent s'établir que par titres.
—La possession même immé-
moriale ne suffit pas pour les
établir; sans cependant qu'on
puisse attaquer aujourd'hui les
servitudes de cette nature déjà
acquises par la possession, dans
les pays où elles pouvaient s'acquérir de cette manière. — C.
2, 688, 689, 2232.

692. La destination du père
de famille vaut titre à l'égard
des servitudes continues et apparentes. — C. 688, 689, 690,
693, 694.

693. Il n'y a destination du
père de famille que lorsqu'il
est prouvé que les deux fonds
actuellement divisés ont appar-
tenu au même propriétaire, et
que c'est par lui que les choses
ont été mises dans l'état duquel

résulte la servitude.— C. 692,
694, 703.

694. Si le propriétaire de
deux héritages entre lesquels
il existe un signe apparent de
servitude, dispose de l'un des
héritages sans que le contrat
contienne aucune convention
relative à la servitude, elle continue d'exister activement ou
passivement en faveur du fonds
aliéné ou sur le fonds aliéné.
— C. 689, 692, 693, 700, 1638.

695. Le titre constitutif de
la servitude, à l'égard de celles
qui ne peuvent s'acquérir par la
prescription, ne peut être remplacé que par un titre récogni-
tif de la servitude, et émane du
propriétaire du fonds asservi.
—C. 691, 1337 s., 1350 4°, 1355.

696. Quand on établit une
servitude, on est censé accorder tout ce qui est nécessaire
pour en user. — Ainsi la servitude de puiser de l'eau à la fon-
taine d'autrui, emporte nécessairement le droit de passage.
—C. 697 s.

SECTION III.
Des Droits du Propriétaire du fonds
auquel la Servitude est due.

697. Celui auquel est due
une servitude, a droit de faire
tous les ouvrages nécessaires
pour en user et pour la conserver. — C. 696, 698 s.

698. Ces ouvrages sont à
ses frais, et non à ceux du propriétaire du fonds assujetti : à
moins que le titre d'établissement de la servitude ne dise le
contraire. — C. 697, 699.

699. Dans le cas même où
le propriétaire du fonds assujetti est chargé par le titre de
faire à ses frais les ouvrages
nécessaires pour l'usage ou la
conservation de la servitude,
il peut toujours s'affranchir de
la charge, en abandonnant le

fonds assujetti au propriétaire du fonds auquel la servitude est due. — C. 656, 698.

700. Si l'héritage pour lequel la servitude a été établie vient à être divisé, la servitude reste due pour chaque portion, sans néanmoins que la condition du fonds assujetti soit aggravée. — Ainsi, par exemple, s'il s'agit d'un droit de passage, tous les copropriétaires seront obligés de l'exercer par le même endroit. — C. 683 s., 694, 702, 1222 s.

701. Le propriétaire du fonds débiteur de la servitude ne peut rien faire qui tende à en diminuer l'usage ou à le rendre plus incommode. — Ainsi, il ne peut changer l'état des lieux, ni transporter l'exercice de la servitude dans un endroit différent de celui où elle a été primitivement assignée. — Mais cependant, si cette assignation primitive était devenue plus onéreuse au propriétaire du fonds assujetti, ou si elle l'empêchait d'y faire des réparations avantageuses, il pourrait offrir au propriétaire de l'autre fonds un endroit aussi commode pour l'exercice de ses droits, et celui-ci ne pourrait pas le refuser. — C. 640, 683, 684.

702. De son côté, celui qui a un droit de servitude, ne peut en user que suivant son titre, sans pouvoir faire, ni dans le fonds qui doit la servitude, ni dans le fonds à qui elle est due, de changement qui aggrave la condition du premier. — C. 640, 1134.

SECTION IV.

Comment les Servitudes s'éteignent.

703. Les servitudes cessent lorsque les choses se trouvent en tel état qu'on ne peut plus en user. — C. 617, 665, 704, 1302, 1303.

704. Elles revivent si les choses sont rétablies de manière qu'on puisse en user; à moins qu'il ne se soit déjà écoulé un espace de temps suffisant pour faire présumer l'extinction de la servitude, ainsi qu'il est dit à l'article 707. — C. 665, 708, 2177, 2262, s cus 624.

705. Toute servitude est éteinte lorsque le fonds à qui elle est due, et celui qui la doit, sont réunis dans la même main. — C. 617, 693, 694, 1300, 2177.

706. La servitude est éteinte par le non-usage pendant trente ans. — C. 707 s., 2180, 2262, 2264, 2265.

707. Les trente ans commencent à courir, selon les diverses espèces de servitudes, ou du jour où l'on a cessé d'en jouir, lorsqu'il s'agit de servitudes discontinues, ou du jour où il a été fait un acte contraire à la servitude, lorsqu'il s'agit de servitudes continues. — C. 665, 688, 703, 704.

708. Le mode de la servitude peut se prescrire comme la servitude même, et de la même manière. — C. 706, 707.

709. Si l'héritage en faveur duquel la servitude est établie, appartient à plusieurs par indivis, la jouissance de l'un empêche la prescription à l'égard de tous. — C. 710, 1217, 1218, 2249.

710. Si parmi les copropriétaires il s'en trouve un contre lequel la prescription n'ait pu courir, comme un mineur, il aura conservé le droit de tous les autres. — C. 2252.

LIVRE TROISIÈME.

DES DIFFÉRENTES MANIÈRES DONT ON ACQUIERT LA PROPRIÉTÉ.

DISPOSITIONS GÉNÉRALES.

Décrétées le 29 germinal an XI, promulguées le 9 floréal [19-29 avril 1803].

711. La propriété des biens s'acquiert et se transmet par succession, par donation entre-vifs ou testamentaire, et par l'effet des obligations.—C. 544, 712, 718 s., 724, 893 s., 938, 1101 s., 1138, 1583.

712. La propriété s'acquiert aussi par accession ou incorporation, et par prescription.— C. 546 s., 2219 s.

713. Les biens qui n'ont pas de maître, appartiennent à l'État.—C. 539, 714-717, 723, 768, 2227.

714. Il est des choses qui n'appartiennent à personne et dont l'usage est commun à tous. —Des lois de police règlent la manière d'en jouir.

715. La faculté de chasser ou de pêcher est également réglée par des lois particulières (1).

716. La propriété d'un trésor appartient à celui qui le trouve dans son propre fonds : si le trésor est trouvé dans le fonds d'autrui, il appartient pour moitié à celui qui l'a découvert, et pour l'autre moitié au propriétaire du fonds. — Le trésor est toute chose cachée ou enfouie sur laquelle personne ne peut justifier sa propriété, et qui est découverte par le pur effet du hasard. — C. 552.

717. Les droits sur les effets jetés à la mer, sur les objets que la mer rejette, de quelque nature qu'ils puissent être, sur les plantes et herbages qui croissent sur les rivages de la mer, sont aussi réglés par des lois particulières (2).—Co. 410-419.—Il en est de même des choses perdues dont le maître ne se représente pas (3).—C. 2279, 2280.—Co. 108 note. Décr. 13 août 1810.

---

(1) Supp. *Chasse*, L. 3 mai 1844.—Supp. *Pêche fluviale*, L. 15 avril 1829, Ord. 15 nov. 1830 et 28 fév. 1842.—La pêche maritime est réglée par plusieurs ordonnances déclarations, arrêts du conseil cités dans l'édition in-8o.

(2) *Voyez* au Supp. les mots *Épaves et Herbes de mer.*

(3) Les effets laissés dans les greffes à l'occasion des procès civils ou criminels, et non réclamés sont vendus six mois après le jugement définitif, le prix en provenant est déposé à la caisse des dépôts et consignations, et après trente ans sans réclamation, il est acquis à l'État (Ord. 22 fév. 1829 et 9 juin 1831).

Les sommes versées aux caisses

TITRE PREMIER.

DES SUCCESSIONS.

Décrété le 29 germinal an XI, promulgué le 9 floréal [19-29 avril 1801].

CHAPITRE Iᵉʳ.

DE L'OUVERTURE DES SUCCESSIONS, ET DE LA SAISINE DES HÉRITIERS.

718. Les successions s'ouvrent par la mort naturelle et par la mort civile. — C. 23 s., 719 s. — P. 18.

719. La succession est ouverte par la mort civile, du moment où cette mort est encourue, conformément au: dispositions de la section II du chapitre II du titre *de la Jouissance et de la Privation des Droits civils.* — C. 26 s.

720. Si plusieurs personnes respectivement appelées à la succession l'une de l'autre, périssent dans un même événement, sans qu'on puisse reconnaître laquelle est décédée la première, la présomption de survie est déterminée par les circonstances du fait, et, à leur défaut, par la force de l'âge ou du sexe (1). — C. 721 s., 1350, 1352.

721. Si ceux qui ont péri ensemble, avaient moins de quinze ans, le plus âgé sera présumé avoir survécu. — S'ils étaient tous au-dessus de soixante ans, le moins âgé sera

---

des agens des postes, pour être remises à destination, sont acquises à l'État, quand le remboursement n'en est pas réclamé dans les huit ans à partir du versement (L. 31 janv. 1833, art. 1).

DÉCISION *du Ministre des finances du 3 août 1825.*

Le Ministre des finances, considérant qu'en l'absence de dispositions spéciales sur la matière, l'on ne peut se déterminer que par des considérations morales; — Considérant qu'il importe de laisser à l'inventeur l'espoir de profiter un jour de ce qu'il a trouvé; puisque cet espoir peut le décider à en faire le dépôt, et que cette mesure, par la publicité qu'elle occasionne et les délais qu'elle entraîne, a pour but de mieux assurer les droits du propriétaire; — Considérant d'ail-

leurs qu'il est de principe qu'en fait de meubles la possession vaut titre; décide ce qui suit: L'arrêté de M. le préfet du département de Seine-et-Oise, du 8 mars dernier, est approuvé. La somme de 72 francs 5 centimes, perçue par le domaine pour le prix de la vente faite d'une montre d'or, trouvée au mois d'oct. 1821 par la dame veuve Laucesseur, sera en conséquence remise à celle-ci, sous la déduction toutefois des frais de régie.

(1) L. 20 *prair an IV.*

Lorsque des ascendans, des descendans et autres personnes qui se succèdent de droit, auront été condamnés au dernier supplice, et que, mis à mort dans la même exécution, il devient impossible de constater leur prédécès, le plus jeune des condamnés sera présumé avoir survécu.

présumé avoir survécu.—Si les uns avaient moins de quinze ans, et les autres plus de soixante, les premiers seront présumés avoir survécu. — C. 720, 722, 1350, 1352.

722. Si ceux qui ont péri ensemble, avaient quinze ans accomplis et moins de soixante, le mâle est toujours présumé avoir survécu, lorsqu'il y a égalité d'âge, ou si la différence qui existe n'excède pas une année. — S'ils étaient du même sexe, la présomption de survie, qui donne ouverture à la succession dans l'ordre de la nature, doit être admise: ainsi le plus jeune est présumé avoir survécu au plus âgé. — C. 720 s., 1350, 1352.

723. La loi règle l'ordre de succéder entre les héritiers légitimes : à leur défaut, les biens passent aux enfans naturels, ensuite à l'époux survivant; et s'il n'y en a pas, à l'État. — C. 539, 713, 731 s., 756 s., 767 s.

724. Les héritiers légitimes sont saisis de plein droit des biens, droits et actions du défunt, sous l'obligation d'acquitter toutes les charges de la succession : les enfans naturels, l'époux survivant et l'État, doivent se faire envoyer en possession par justice dans les formes qui seront détermi-

nées (a). — C. 731 s., 769 s., 803 s., 1006.

CHAPITRE II.
DES QUALITÉS REQUISES POUR SUCCÉDER.

725. Pour succéder, il faut nécessairement exister à l'instant de l'ouverture de la succession. —Ainsi, sont incapables de succéder, — 1º Celui qui n'est pas encore conçu;— C. 312 s.—2º L'enfant qui n'est pas né viable; — 3º Celui qui est mort civilement.—C. 23 s., 133 s., 718 s., 1039. — P. 18.

726. Un étranger n'est admis à succéder aux biens que son parent, étranger ou Français, possède dans le territoire du Royaume, que dans les cas et de la manière dont un Français succède à son parent possédant des biens dans le pays de cet étranger, conformément aux dispositions de l'article 11, au titre *de la Jouissance et de la Privation des Droits civils* (Abrogé. L. 14 juillet 1819 [1]).

727. Sont indignes de succéder, et, comme tels, exclus des successions,—1º Celui qui serait condamné pour avoir donné ou tenté de donner la mort au défunt;— 2º Celui qui a porté contre le défunt une accusation capitale jugée ca-

---

(a) COUTUME DE PARIS.

ART. 18. Le mort saisit le vif, son hoir plus proche et habile à lui succéder.

(1) L. 14 Juillet 1819.

ART. 1er. Les articles 726 et 912 du Code civil sont abrogés : en conséquence, les étrangers auront le droit de succéder, de disposer et de recevoir de la même manière

que les Français, dans toute l'étendue du Royaume.

2. Dans le cas de partage d'une même succession entre des cohéritiers étrangers et français, ceux-ci prélèveront sur les biens situés en France une portion égale à la valeur des biens situés en pays étranger dont ils seraient exclus, à quelque titre que ce soit, en vertu des lois et coutumes locales.

lomnieuse;—3° L'héritier majeur qui, instruit du meurtre du défunt, ne l'aura pas dénoncé à la justice. — C. 728 s. — I. Cr. 30 s., 358. — P. 59 s., 295 s., 319, 321 s.

728. Le défaut de dénonciation ne peut être opposé aux ascendans et descendans du meurtrier, ni à ses alliés au même degré, ni à son époux ou à son épouse, ni à ses frères ou sœurs, ni à ses oncles et tantes, ni à ses neveux et nièces. — C. 727 3°, 735 s.

729. L'héritier exclu de la succession pour cause d'indignité, est tenu de rendre tous les fruits et les revenus dont il a eu la jouissance depuis l'ouverture de la succession. — C. 549. — Pr. 129, 526 s.

730. Les enfans de l'indigne, venant à la succession de leur chef, et sans le secours de la représentation, ne sont pas exclus pour la faute de leur père; mais celui-ci ne peut, en aucun cas, réclamer, sur les biens de cette succession, l'usufruit que la loi accorde aux pères et mères sur les biens de leurs enfans. — C. 384 s., 739 s., 744.

CHAPITRE III.
DES DIVERS ORDRES DE SUCCESSION.
SECTION Ire
Dispositions générales.

731. Les successions sont déférées aux enfans et descendans du défunt, à ses ascendans et à ses parens collatéraux, dans l'ordre et suivant les règles ci-après déterminés (a). — C. 733 s., 745, 746 s., 750 s.

732. La loi ne considère ni la nature ni l'origine des biens pour en régler la succession (b). — C. except. 351 s., 747, 766.

733. Toute succession échue à des ascendans ou à des collatéraux, se divise en deux parts égales; l'une pour les parens de la ligne paternelle, l'autre pour les parens de la ligne maternelle.— Les parens utérins ou consanguins ne sont pas exclus par les germains; mais ils ne prennent part que dans leur ligne, sauf ce qui sera dit à l'article 752. Les germains prennent part dans les deux lignes. — Il ne se fait aucune dévolution d'une ligne à l'autre, que lorsqu'il ne se trouve aucun ascendant ni collatéral de l'une des deux lignes (c).—C. 733 s., 748, 750.

734. Cette première division opérée entre les lignes paternelle et maternelle, il ne se fait plus de division entre les diverses branches; mais la moitié dévolue à chaque ligne appartient à l'héritier ou aux héritiers les plus proches en degrés, sauf le cas de la représentation, ainsi qu'il sera dit

---

ci-après (*a*). — C. 733, 733 s., 739 s.

735. La proximité de parenté s'établit par le nombre de générations; chaque génération s'appelle un *degré*. — C. 737 s.

736. La suite des degrés forme la ligne: on appelle *ligne directe* la suite des degrés entre personnes qui descendent l'une de l'autre; *ligne collatérale*, la suite des degrés entre personnes qui ne descendent pas les unes des autres, mais qui descendent d'un auteur commun. — On distingue la ligne directe, en ligne directe descendante et ligne directe ascendante. — La première est celle qui lie le chef avec ceux qui descendent de lui: la deuxième est celle qui lie une personne avec ceux dont elle descend. — C. 735.

737. En ligne directe, on compte autant de degrés qu'il y a de générations entre les personnes: ainsi le fils est, à l'égard du père, au premier degré; le petit-fils, au second; et réciproquement du père et de l'aïeul à l'égard des fils et petits-fils. — C. 735.

738. En ligne collatérale, les degrés se comptent par les générations, depuis l'un des parens jusques et non compris l'auteur commun, et depuis celui-ci jusqu'à l'autre parent. — Ainsi, deux frères sont au deuxième degré; l'oncle et le neveu sont au troisième degré; les cousins germains au quatrième; ainsi de suite (*b*). — C. 735, 737.

SECTION II.
De la Représentation.

739. La représentation est une fiction de la loi, dont l'effet est de faire entrer les représentans dans la place, dans le degré et dans les droits du représenté (*c*). — C. 730, 740 s.

740. La représentation a

---

si des parens collatéraux descendent tout à la fois des auteurs de plusieurs branches appelés à la succession, ils recueilleront cumulativement la portion à laquelle ils seront appelés dans chaque branche.

90. A défaut de parens de l'une des lignes paternelle ou maternelle, les parens de l'autre ligne succéderont pour le tout.

(*a*) Décr. 17 niv. an II.

Art. 88. Les règles de représentation seront suivies dans la subdivision de chaque branche. On partagera d'abord la portion qui est attribuée à chacune, en autant de parties égales que le chef de cette branche aura laissé d'enfans, pour attribuer chacune de ces parties à tous les héritiers qui descendent de l'un de ses en-

fans, sauf à la subdiviser encore entre eux dans les degrés ultérieurs, proportionnellement aux droits de ceux qu'ils représentent.

(*b*) Le droit canon compte les degrés de parenté en ligne collatérale d'une manière différente qu'en droit civil. Le système du droit canon est renfermé dans les deux propositions suivantes: « In linea collaterali æquali, « quoto gradu unaquæque cognatorum persona distat a communi « stipite, tot gradibus distant « cognati inter se. « In linea collaterali inæquali, « quoto gradu remotior persona « distat a communi stipite, tot gradibus distant cognati inter se. »

(*c*) Décr. 17 niv. an II.

Art. 82. Par l'effet de la représentation, les représentans

lieu à l'infini dans la ligne directe descendante. — Elle est admise dans tous les cas, soit que les enfans du défunt concourent avec les descendans d'un enfant prédécédé, soit que tous les enfans du défunt étant morts avant lui, les descendans desdits enfans se trouvent entre eux en degrés égaux ou inégaux(*a*). — C. 733 *n.*, 743 *n.*, 1051.

741. La représentation n'a pas lieu en faveur des ascendans; le plus proche, dans chacune des deux lignes, exclut toujours le plus éloigné (*b*). — C. 733 *n.*, 739, 748.

742. En ligne collatérale, la représentation est admise en faveur des enfans et descendans de frères ou sœurs du défunt, soit qu'ils viennent à sa succession concurremment avec des oncles ou tantes, soit que tous les frères et sœurs du défunt étant prédécédés, la succession se trouve dévolue à leurs descendans en degrés égaux ou inégaux (*c*). — C. 733 *n.*, 739, 743 *n.*, 750.

743. Dans tous les cas où la représentation est admise, le partage s'opère par souche : si une même souche a produit plusieurs branches, la subdivision se fait aussi par souche dans chaque branche, et les membres de la même branche partagent entre eux par tête. — C. 739 *note*, 740, 742, 1051.

744. On ne représente pas les personnes vivantes, mais seulement celles qui sont mortes naturellement ou civilement. — On peut représenter celui à la succession duquel on a renoncé. — C. 23 *n.*, 730, 787.

SECTION III.
Des Successions déférées aux Descendans.

745. Les enfans ou leurs descendans succèdent à leurs père et mère, aïeuls, aïeules, ou autres ascendans, sans distinction de sexe ni de primogéniture, et encore qu'ils soient issus de différens mariages. — Ils succèdent par égales portions et par tête, quand ils sont tous au premier degré et appelés de leur chef : ils succèdent par souche, lorsqu'ils viennent tous ou en partie par représentation (*d*). — C. 833, 850, 730, 735 *n.*, 739 *n.*

---

entrent dans la place, dans le degré et dans tous les droits du représenté. La succession se divise en autant de parties qu'il y a de branches appelées à la recueillir, et la subdivision se fait de la même manière entre ceux qui en font partie.

(*a*) Décr. 17 *niv. an II.*

Art. 68. Lorsqu'il y a des petits-enfans ou des descendans des degrés ultérieurs, la représentation a lieu.

(*b*) Décr. 17 *niv. an II.*

Art. 71. A défaut d'aïeuls ou aïeules, les ascendans supérieurs sont appelés à la succession, suivant la proximité du degré, s'il ne reste pas de descendans de ce même degré.

(*c*) Décr. 17 *niv. an II.*

Art. 77. La représentation a lieu jusqu'à l'infini en ligne collatérale. Ceux qui descendent des ascendans les plus proches du défunt, excluent ceux qui descendent des ascendans plus éloignés de la même ligne.

(*d*) Décr. 17 *niv. an II.*

Art. 61. Si le défunt laisse des enfans, ils lui succéderont également.

8

SECTION IV.
Des Successions déférées aux Ascendans.

746. Si le défunt n'a laissé ni postérité, ni frère, ni sœur, ni descendans d'eux, la succession se divise par moitié entre les ascendans de la ligne paternelle et les ascendans de la ligne maternelle. — L'ascendant qui se trouve au degré le plus proche, recueille la moitié affectéa à sa ligne, à l'exclusion de tous autres. — Les ascendans au même degré succèdent par tête (*a*). — C. 733 s., 751 *et la note*, 748, 749, 751.

747. Les ascendans succèdent, à l'exclusion de tous autres, aux choses par eux données à leurs enfans ou descendans décédés sans postérité, lorsque les objets donnés se retrouvent en nature dans la succession. — Si les objets ont été aliénés, les ascendans recueillent le prix qui peut en être dû. Ils succèdent aussi à l'action en reprise que pouvait

avoir le donataire (*b*). — C. 3 , 332, 766, 931 s.

748. Lorsque les père et mère d'une personne morte sans postérité lui ont survécu, si elle a laissé des frères, sœurs, ou des descendans d'eux, la succession se divise en deux portions égales, dont moitié seulement est déférée au père et à la mère, qui la partagent entre eux également. — L'autre moitié appartient aux frères, sœurs, ou descendans d'eux, ainsi qu'il sera expliqué dans la section V du présent chapitre (*c*). — C. 733, 749, 751, 752.

749. Dans le cas où la personne morte sans postérité laisse des frères, sœurs, ou des descendans d'eux, si le père ou la mère est prédécédé, la portion qui lui aurait été dévolue conformément au précédent article, se réunit à la moitié déférée aux frères, sœurs ou à leurs représentans, ainsi qu'il sera expliqué à la section V du présent chapitre. — C. 751, 752.

---

65. A défaut d'enfans, les petits-enfans succèdent à leur aïeul ou aïeule.

66. A défaut de petits-enfans, les arrière-petits-enfans succèdent à leur bisaïeul ou bisaïeule.

67. A défaut de ceux-ci, les autres descendans succèdent dans l'ordre de leur degré. — *Voyez* C. 740 *note*, art. 68.

(*a*) Décr. 17 niv. an II.

Art. 69. Si le défunt n'a laissé ni descendans, ni frères ou sœurs, ni descendans de frères ou de sœurs, ses père et mère ou le survivant d'entre eux lui succèdent.

70. A défaut de pères et mères, les aïeuls et aïeules ou les survi-

vans d'entre eux succèdent, s'il n'y a pas de descendans de quelqu'un d'entre eux.

73. Les ascendans succèdent toujours par tête.

(*b*) Coutume de Paris.

Art. 313. Toutefois (les ascendans) succèdent ès choses par eux données à leurs enfans, décédans sans enfans, et descendans d'eux.

(*c*) Décr. 17 niv. an II.

Art. 72. Dans tous les cas, les ascendans sont toujours exclus par les héritiers collatéraux qui descendent d'eux ou d'autres ascendans au même degré. — *Voyez* C. 740 *note*, art. 69.

SECTION V.
Des Successions collatérales.

750. En cas de prédécès des père et mère d'une personne morte sans postérité, ses frères, sœurs ou leurs descendans sont appelés à la succession, à l'exclusion des ascendans et des autres collatéraux. — Ils succèdent, ou de leur chef, ou par représentation, ainsi qu'il a été réglé dans la section II du présent chapitre (a). — C. 733 s., 739, 742 s.

751. Si les père et mère de la personne morte sans postérité lui ont survécu, ses frères, sœurs ou leurs représentans ne sont appelés qu'à la moitié de la succession. Si le père ou la mère seulement a survécu, ils sont appelés à recueillir les trois quarts.—C. 748, 749, 752.

752. Le partage de la moitié ou des trois quarts dévolus aux frères ou sœurs, aux termes de l'article précédent, s'opère entre eux par égales portions, s'ils sont tous du même lit; s'ils sont de lits différens, la division se fait par moitié entre les deux lignes paternelle et maternelle du défunt; les germains prennent part dans les deux lignes, et les utérins ou consanguins chacun dans leur ligne seulement: s'il n'y a de frères ou sœurs que d'un côté, ils succèdent à la totalité, à l'exclusion de tous autres parens de l'autre ligne. — C. 733 s., 742.

753. A défaut de frères ou sœurs ou de descendans d'eux, et à défaut d'ascendans dans l'une ou l'autre ligne, la succession est déférée pour moitié aux ascendans survivans; et pour l'autre moitié, aux parens les plus proches de l'autre ligne. — S'il y a concours de parens collatéraux au même degré, ils partagent par tête. — C. 733 s., 751.

754. Dans le cas de l'article précédent, le père ou la mère survivant a l'usufruit du tiers des biens auxquels il ne succède pas en propriété. — C. 578 s., 753.

755. Les parens au-delà du douzième degré ne succèdent pas. — A défaut de parens au degré successible dans une ligne, les parens de l'autre ligne succèdent pour le tout. — C. 733, 735 s.

CHAPITRE IV.
DES SUCCESSIONS IRRÉGULIÈRES.

SECTION Ire.
Des Droits des Enfans naturels sur les biens de leur père ou mère, et de la succession aux Enfans naturels décédés sans postérité.

756. Les enfans naturels ne sont point héritiers; la loi ne leur accorde de droit sur les biens de leur père ou mère décédés, que lorsqu'ils ont été légalement reconnus. Elle ne leur accorde aucun droit sur les biens des parens de leur père ou mère (b). — C. 331 s., 340 s., 723.

(a) Décr. 17 niv. an II.

Art. 75. Les parens collatéraux succèdent lorsque le défunt n'a pas laissé de parens en ligne directe.

76. Ils succèdent même au préjudice de ses ascendans, lorsqu'ils descendent d'eux, ou d'autres ascendans au même degré.

(b) Décr. 12 brum. an II.

Art. 1er. Les enfans actuel-

757. Le droit de l'enfant naturel sur les biens de ses père ou mère décédés, est réglé ainsi qu'il suit : — Si le père ou la mère a laissé des descendans légitimes, ce droit est d'un tiers de la portion héréditaire que l'enfant naturel aurait eue s'il eût été légitime ; il est de la moitié lorsque les père ou mère ne laissent pas de descendans, mais bien des ascendans ou des frères ou sœurs ; il est des trois quarts lorsque les père ou mère ne laissent ni descendans ni ascendans, ni frères ni sœurs (a). — C. 756, 758 *., 908.

758. L'enfant naturel a droit à la totalité des biens, lorsque ses père ou mère ne laissent pas de parens au degré successible.— C. 723, 755, 759 *., 773.

759. En cas de prédécès de l'enfant naturel, ses enfans ou descendans peuvent réclamer les droits fixés par les articles précédens (b). — C. 739 *., 757 *.

760. L'enfant naturel ou ses descendans sont tenus d'imputer sur ce qu'ils ont droit de prétendre, tout ce qu'ils ont reçu du père ou de la mère dont la succession est ouverte, et qui serait sujet à rapport, d'après les règles établies à la section II du chapitre VI du présent titre.— C. 843 *., 852-854.

761. Toute réclamation leur est interdite, lorsqu'ils ont reçu, du vivant de leur père ou de

---

lement existans, nés hors du mariage, seront admis aux successions de leurs père et mère, ouvertes depuis le 14 juillet 1789. Ils le seront également à celles qui s'ouvriront à l'avenir, sous la réserve portée par l'article 10 ci-après.

Nota. (L'effet rétroactif de cet article a été rapporté par une loi du 3 vend. an IV, art. 13).

ART. 8. Pour être admis à l'exercice de leurs droits, dans la succession de leur père décédé, les enfans nés hors du mariage seront tenus de prouver leur possession d'état. Cette preuve ne pourra résulter que de la représentation d'écrits publics ou privés du père ; ou de la suite des soins donnés, à titre de paternité et sans interruption, tant à leur entretien qu'à leur éducation.—La même disposition aura lieu pour la succession de la mère.

9. Les enfans nés hors du mariage, dont la filiation sera prouvée de la manière qui vient d'être déterminée, ne pourront prétendre aucun droit dans les successions de leurs parens collatéraux, ouvertes depuis le 14 juillet 1789. — Mais, à compter de ce jour, il y aura successibilité réciproque entre eux et leurs parens collatéraux, à défaut d'héritiers directs.

10. A l'égard des enfans nés hors du mariage, dont le père et la mère seront encore existans lors de la promulgation du Code civil, leur état et leurs droits seront en tout point réglés par les dispositions du Code.

(a) DÉCR. 12 *brum. an II.*

ART. 2. Leurs droits de successibilité sont les mêmes que ceux des autres enfans.

(b) DÉCR. 12 *brum. an II.*

ART. 16. Les enfans et descendans d'enfans nés hors du mariage, représenteront leurs père et mère dans l'exercice des droits que la présente loi leur attribue.

leur mère, la moitié de ce qui leur est attribué par les articles précédens, avec déclaration expresse, de la part de leur père ou mère, que leur intention est de réduire l'enfant naturel à la portion qu'ils lui ont assignée.—Dans le cas où cette portion serait inférieure à la moitié de ce qui devrait revenir à l'enfant naturel, il ne pourra réclamer que le supplément nécessaire pour parfaire cette moitié.—C. 757 s., 791, 932, 1130.

762. Les dispositions des articles 757 et 758 ne sont pas applicables aux enfans adultérins ou incestueux.—La loi ne leur accorde que des alimens (a). — C. 331, 335, 342, 763 s.

763. Ces alimens sont réglés, eu égard aux facultés du père ou de la mère, au nombre et à la qualité des héritiers légitimes. — C. 208 s., 762, 764.

764. Lorsque le père ou la mère de l'enfant adultérin ou incestueux lui auront fait apprendre un art mécanique, ou lorsque l'un d'eux lui aura assuré des alimens de son vivant, l'enfant ne pourra élever aucune réclamation contre leur succession.— C. 762 s.

765. La succession de l'enfant naturel décédé sans postérité est dévolue au père ou à la mère qui l'a reconnu; ou par moitié à tous les deux, s'il a été reconnu par l'un et par l'autre. — C. 331 s., 746.

766. En cas de prédécès des père et mère de l'enfant naturel, les biens qu'il en avait reçus, passent aux frères ou sœurs légitimes, s'ils se retrouvent en nature dans la succession : les actions en reprise, s'il en existe, ou le prix de ces biens aliénés, s'il est encore dû, retournent également aux frères et sœurs légitimes. Tous les autres biens passent aux frères et sœurs naturels, ou à leurs descendans.— C. 351 s., 747, 750 s.

SECTION II.

Des Droits du Conjoint survivant et de l'État.

767. Lorsque le défunt ne laisse ni parens au degré successible, ni enfans naturels, les biens de sa succession appartiennent au conjoint non *divorcé* (1) qui lui survit. — C. 201 s., 306, 337, 723 s., 755, 769 s.

768. A défaut de conjoint survivant, la succession est acquise à l'État (2). — C. 539, 718, 723 s., 769 s.

769. Le conjoint survivant et l'administration des domaines qui prétendent droit à la succession, sont tenus de faire apposer les scellés, et de faire faire inventaire dans les formes prescrites pour l'acceptation des successions sous bénéfice d'inventaire.— C. 794 s. — Pr. 907 s., 943 s.

770. Ils doivent demande.

(a) DÉCR. 12 *brum.* an II.

ART. 13. Sont exceptés ceux de ces enfans dont le père ou la mère était, lors de leur naissance, engagé dans les liens du mariage. — Il leur sera seulement accordé, à titre d'alimens, le tiers en propriété de la portion à laquelle ils auraient droit s'ils étaient nés dans le mariage.

(1). L. 8 mai 1816, art. 1er. « Le divorce est aboli. »

(2) Outre les successions irrégulières, établies par le Code civil, il

l'envoi en possession au tribunal de première instance dans le ressort duquel la succession est ouverte. Le tribunal ne peut statuer sur la demande qu'après trois publications et affiches dans les formes usitées, et après avoir entendu le procureur du Roi.— C. 110, 111.— Pr. 59, 83.

771. L'époux survivant est encore tenu de faire emploi du mobilier, ou de donner caution suffisante pour en assurer la restitution, au cas où il se présenterait des héritiers du défunt, dans l'intervalle de trois ans : après ce délai, la caution est déchargée. — C. 789, 2040 s., 2262. — Pr. 513 s., 945 s.

772. L'époux survivant ou l'administration des domaines qui n'auraient pas rempli les formalités qui leur sont respectivement prescrites, pourront être condamnés aux dommages et intérêts envers les héritiers, s'il s'en représente. — C. 1149.

773. Les dispositions des articles 769, 770, 771 et 772, sont communes aux enfans naturels appelés à défaut de parens. — C. 758.

CHAPITRE V.
DE L'ACCEPTATION ET DE LA RÉPUDIATION DES SUCCESSIONS.

SECTION Ire.
De l'Acceptation.

774. Une succession peut être acceptée purement et simplement, ou sous bénéfice d'inventaire. — C. 777 s., 789 s., 793 s.

775. Nul n'est tenu d'accepter une succession qui lui est échue (a). — C. 785 s.

776. Les femmes mariées ne peuvent pas valablement accepter une succession sans l'autorisation de leur mari ou de justice, conformément aux dispositions du chapitre VI du titre du *Mariage*. — Les successions échues aux mineurs et aux interdits ne pourront être valablement acceptées que conformément aux dispositions du titre *de la Minorité, de la Tutelle et de l'Émancipation*. —C. 217, 219, 461 s., 454, 509.

777. L'effet de l'acceptation remonte au jour de l'ouverture de la succession. — C. 723, 785, 790.

778. L'acceptation peut être expresse ou tacite : elle est expresse, quand on prend le titre ou la qualité d'héritier dans un acte authentique ou privé; elle est tacite, quand l'héritier fait un acte qui suppose nécessairement son intention d'accepter, et qu'il n'aurait droit de faire qu'en sa qualité d'héritier. — C. 779 s., 793, 1317, 1454.

779. Les actes purement conservatoires, de surveillance et d'administration provisoire, ne sont pas des actes d'adition d'hérédité, si l'on n'y a pas pris le titre ou la qualité d'héritier. — C. 778, 790.

780. La donation, vente ou transport que fait de ses droits successifs un des cohéritiers, soit à un étranger, soit à tous ses cohéritiers, soit à quelques-uns d'eux, emporte de sa part acceptation de la succes-

---

existe encore celle des hospices. —Supp. *Hospices*, l. 15 pluv. an XIII, et Av. C. D'Ét. 3 nov. 1809.

(a) COUTUME DE PARIS. ART. 316. Il ne se porte héritier qui ne veut.

sion.—Il en est de même, 1° de la renonciation, même gratuite, que fait un des héritiers au profit d'un ou de plusieurs de ses cohéritiers; — 2° De la renonciation qu'il fait même au profit de tous ses cohéritiers indistinctement, lorsqu'il reçoit le prix de sa rénonciation. — C. 778, 784, 894, 1696 s.

781. Lorsque celu à qui une succession est échue, est décédé sans l'avoir répudiée ou sans l'avoir acceptée expressément ou tacitement, ses héritiers peuvent l'accepter ou la répudier de son chef. — C. 724, 778, 782, 784.

782. Si ces héritiers ne sont pas d'accord pour accepter ou pour répudier la succession, elle doit être acceptée sous bénéfice d'inventaire.—C. 781, 793 s., 843, 845.

783. Le majeur ne peut attaquer l'acceptation expresse ou tacite qu'il a faite d'une succession, que dans le cas où cette acceptation aurait été la suite d'un dol pratiqué envers lui : il ne peut jamais réclamer sous prétexte de lésion, excepté seulement dans le cas où la succession se trouverait absorbée ou diminuée de plus de moitié, par la découverte d'un testament inconnu au moment de l'acceptation. — C. 488, 1024, 1109, 1116, 1118, 1313.

SECTION II.
De la Renonciation aux Successions.

784. La renonciation à une succession ne se présume pas : elle ne peut plus être faite qu'au greffe du tribunal de première instance dans l'arrondissement duquel la succession s'est ouverte, sur un registre particulier tenu à cet effet. —C. 110, 217, 219, 461 s., 484, 785, 789 s.—Pr. 997.

785. L'héritier qui renonce, est censé n'avoir jamais été héritier. — C. 777, 788, 790.

786. La part du renonçant accroît à ses cohéritiers; s'il est seul, elle est dévolue au degré subséquent. — C. 1044 s.

787. On ne vient jamais par représentation d'un héritier qui a renoncé : si le renonçant est seul héritier de son degré, ou si tous ses cohéritiers renoncent, les enfans viennent de leur chef et succèdent par tête. — C. 739, 744.

788. Les créanciers de celui qui renonce au préjudice de leurs droits, peuvent se faire autoriser en justice à accepter la succession du chef de leur débiteur, en son lieu et place. — Dans ce cas, la renonciation n'est annulée qu'en faveur des créanciers, et jusqu'à concurrence seulement de leurs créances : elle ne l'est pas au profit de l'héritier qui a renoncé.—C. 622, 1053, 1166, 1167, 1565, 2225.

789. La faculté d'accepter ou de répudier une succession se prescrit par le laps de temps requis pour la prescription la plus longue des droits immobiliers. — C. 790, 2262.

790. Tant que la prescription du droit d'accepter n'est pas acquise contre les héritiers qui ont renoncé, ils ont la faculté d'accepter encore la succession, si elle n'a pas été déjà acceptée par d'autres héritiers; sans préjudice néanmoins des droits qui peuvent être acquis à des tiers sur les biens de la succession, soit par prescription, soit par actes valablement faits avec le curateur à la succession vacante. — C. 462, 777, 789, 811 s., 2252, 2258.

791. On ne peut, même par contrat de mariage, renoncer

à la succession d'un homme vivant, ni aliéner les droits éventuels qu'on peut avoir à cette succession. — C. 1130, 1389, *except.* 761, 918, 1082, 1084, 1093.

792. Les héritiers qui auraient diverti ou recélé des effets d'une succession, sont déchus de la faculté d'y renoncer : ils demeurent héritiers purs et simples, nonobstant leur renonciation, sans pouvoir prétendre aucune part dans les objets divertis ou recélés. — C. 461, 778, 801, 1310, 1460, 1477. — P. 380.

SECTION III.

Du Bénéfice d'inventaire, de ses Effets, et des Obligations de l'Héritier bénéficiaire.

793. La déclaration d'un héritier, qu'il entend ne prendre cette qualité que sous bénéfice d'inventaire, doit être faite au greffe du tribunal de première instance dans l'arrondissement duquel la succession s'est ouverte : elle doit être inscrite sur le registre destiné à recevoir les actes de renonciation. — C. 110, 774, 795 s. — Pr. 997. — T. 1er, art. 91 § 18, 20.

794. Cette déclaration n'a d'effet qu'autant qu'elle est précédée ou suivie d'un inventaire fidèle et exact des biens de la succession, dans les formes réglées par les lois sur la procédure, et dans les délais qui seront ci-après déterminés. — C. 793, 795, 798 s., 801, 810. — Pr. 941 s. — T. 1er, art. 91 § 18, 20.

795. L'héritier a trois mois pour faire inventaire, à compter du jour de l'ouverture de la succession. — Il a de plus, pour délibérer sur son accep-

tation ou sur sa renonciation, un délai de quarante jours, qui commencent à courir du jour de l'expiration des trois mois donnés pour l'inventaire, ou du jour de la clôture de l'inventaire s'il a été terminé avant les trois mois. — C. 797 s., 1458 s. — Pr. 174.

796. Si cependant il existe dans la succession des objets susceptibles de dépérir ou dispendieux à conserver, l'héritier peut, en sa qualité d'habile à succéder, et sans qu'on puisse en induire de sa part une acceptation, se faire autoriser par justice à procéder à la vente de ces effets. — Cette vente doit être faite par officier public, après les affiches et publications réglées par les lois sur la procédure. — C. 779, 805. — Pr. 617 s., 986.

797. Pendant la durée des délais pour faire inventaire et pour délibérer, l'héritier ne peut être contraint à prendre qualité, et il ne peut être obtenu contre lui de condamnation : s'il renonce lorsque les délais sont expirés ou avant, les frais par lui faits légitimement jusqu'à cette époque sont à la charge de la succession.— C. 798 s. — Pr. 130, 174.

798. Après l'expiration des délais ci-dessus, l'héritier, en cas de poursuite dirigée contre lui, peut demander un nouveau délai, que le tribunal saisi de la contestation accorde ou refuse suivant les circonstances. — C. 795, 799 s., 1458.— Pr. 174.

799. Les frais de poursuite, dans le cas de l'article précédent, sont à la charge de la succession, si l'héritier justifie, ou qu'il n'avait pas eu connaissance du décès, ou que les délais ont été insuffisans, soit à raison de la situation des biens, soit à raison des contestations survenues: s'il n'en justifie pas, les frais restent à sa charge personnelle. — C. 798. — Pr. 130.

800. L'héritier conserve néanmoins, après l'expiration des délais accordés par l'article 795, même de ceux donnés par le juge, conformément à l'article 798, la faculté de faire encore inventaire et de se porter héritier bénéficiaire, s'il n'a pas fait d'ailleurs acte d'héritier, ou s'il n'existe pas contre lui de jugement passé en force de chose jugée, qui le condamne en qualité d'héritier pur et simple. — C. 778, 1351. — Pr. 174.

801. L'héritier qui s'est rendu coupable de recélé, ou qui a omis, sciemment et de mauvaise foi, de comprendre dans l'inventaire des effets de la succession, est déchu du bénéfice d'inventaire. — C. 792, 1460, 1477, 2268. — P. 380.

802. L'effet du bénéfice d'inventaire est de donner à l'héritier l'avantage, — 1º De n'être tenu du paiement des dettes de la succession que jusqu'à concurrence de la valeur des biens qu'il a recueillis, même de pouvoir se décharger du paiement des dettes en abandonnant tous les biens de la succession aux créanciers et aux légataires; — 2º De ne pas confondre ses biens personnels avec ceux de la succession, et de conserver contre elle le droit de réclamer le paiement de ses créances. — C. 803 s., 875, 1251 4º, 2168, 2172, 2258. — Pr. 996.

803. L'héritier bénéficiaire est chargé d'administrer les biens de la succession, et doit rendre compte de son administration aux créanciers et aux légataires. — Il ne peut être contraint sur ses biens personnels qu'après avoir été mis en demeure de présenter son compte, et faute d'avoir satisfait à cette obligation. — Après l'apurement du compte, il ne peut être contraint sur ses biens personnels que jusqu'à concurrence seulement des sommes dont il se trouve reliquataire. — C. 1139. — Pr. 527 s., 995.

804. Il n'est tenu que des fautes graves dans l'administration dont il est chargé. — C. 803, 1137.

805. Il ne peut vendre les meubles de la succession que par le ministère d'un officier public, aux enchères, et après les affiches et publications accoutumées. — S'il les représente en nature, il n'est tenu que de la dépréciation ou de la détérioration causée par sa négligence (1). — C. 796, 807. — Pr. 617 s., 986, 989 s.

806. Il ne peut vendre les immeubles que dans les formes prescrites par les lois sur la procédure; il est tenu d'en déléguer le prix aux créanciers hypothécaires qui se sont fait connaître. — C. 807, 2094, 2166, 2218. — Pr. 749 s., 953 s., 987 s., 991. — Co. 552-556.

807. Il est tenu, si les créanciers ou autres personnes intéressées l'exigent, de donner caution bonne et solvable de la valeur du mobilier compris dans l'inventaire, et de la por-

---

(1) Av. C. d'Ét. 11 janv. 1808. Le Conseil d'État... Est d'avis que l'héritier bénéficiaire ne peut pas faire le transfert des rentes au-dessus de cinquante francs sans être préalablement autorisé.

dant convenir de suspendre le partage pendant un temps limité : cette convention ne peut être obligatoire au-delà de cinq ans ; mais elle peut être renouvelée. — C. 6, 900, 1133, 1172, 1220, 1476, 1872. — Pr. 966 s.

816. Le partage peut être demandé, même quand l'un des cohéritiers aurait joui séparément de partie des biens de la succession, s'il n'y a eu un acte de partage, ou possession suffisante pour acquérir la prescription. — C. 2219, 2228 s., 2262.

817. L'action en partage, à l'égard des cohéritiers mineurs ou interdits, peut être exercée par leurs tuteurs, spécialement autorisés par un conseil de famille. — A l'égard des cohéritiers absens, l'action appartient aux parens envoyés en possession. — C. 113, 134, 136, 465 s., 482, 509, 838.

818. Le mari peut, sans le concours de sa femme, provoquer le partage des objets meubles ou immeubles à elle échus qui tombent dans la communauté : à l'égard des objets qui ne tombent pas en communauté, le mari ne peut en provoquer le partage sans le concours de sa femme ; il peut seulement, s'il a le droit de jouir de ses biens, demander un partage provisionnel. — Les cohéritiers de la femme ne peuvent provoquer le partage définitif qu'en mettant en cause le mari et la femme. — C. 215, 217 s., 1401, 1421, 1428, 1449, 1531, 1549, 1555, 1558, 1576.

819. Si tous les héritiers sont présens et majeurs, l'apposition de scellés sur les effets de la succession n'est pas nécessaire, et le partage peut être fait dans la forme et par tel acte que les parties intéressées jugent convenables. — Si tous les héritiers ne sont pas présens, s'il y a parmi eux des mineurs ou des interdits, le scellé doit être apposé dans le plus bref délai, soit à la requête des héritiers, soit à la diligence du procureur du Roi près le tribunal de première instance, soit d'office par le juge de paix dans l'arrondissement duquel la succession est ouverte. — C. 110, 114, 838 s., 1031. — Pr. 907 s., 911, 985 s.

820. Les créanciers peuvent aussi requérir l'apposition des scellés, en vertu d'un titre exécutoire ou d'une permission du juge. — C. 1166. — Pr. 909.

821. Lorsque le scellé a été apposé, tous créanciers peuvent y former opposition, encore qu'ils n'aient ni titre exécutoire ni permission du juge. — Les formalités pour la levée des scellés et la confection de l'inventaire, sont réglées par les lois sur la procédure. — C. 830. — Pr. 926 s., 928 s., 941 s.

822. L'action en partage, et les contestations qui s'élèvent dans le cours des opérations, sont soumises au tribunal du lieu de l'ouverture de la succession. — C'est devant ce tribunal qu'il est procédé aux licitations, et que doivent être portées les demandes relatives à la garantie des lots entre copartageans, et celles en rescision du partage. — C. 110, 1688 s. — Pr. 50 3°, 59.

823. Si l'un des cohéritiers refuse de consentir au partage, ou s'il s'élève des contestations soit sur le mode d'y procéder, soit sur la manière de le terminer, le tribunal prononce comme en matière sommaire, ou commet, s'il y a lieu, pour les opérations du partage, un des juges, sur le rapport duquel il décide les contestations. — Pr. 404 s., 969.

824. L'estimation des immeubles est faite par experts choisis par les parties intéressées, ou, à leur refus, nommés d'office. — Le procès-verbal des experts doit présenter les bases de l'estimation; il doit indiquer si l'objet estimé peut être commodément partagé; de quelle manière; fixer enfin, des cas de division, chacune en parts qu'on peut en former, et leur valeur. — C. 466. — Pr. 301 s., 970 s., 1034 s.

825. L'estimation des meubles, s'il n'y a pas eu de prisée faite dans un inventaire régulier, doit être faite par gens à ce connaissant, à juste prix et sans crue (a). — C. 863. — Pr. 935, 943 3°.

826. Chacun des cohéritiers peut demander sa part en nature des meubles et immeubles de la succession : néanmoins, s'il y a des créanciers saisissans ou opposans, ou si la majorité des cohéritiers juge la vente nécessaire pour l'acquit des dettes et charges de la succession, les meubles sont vendus publiquement en la forme ordinaire. — Pr. 945-952.

827. Si les immeubles ne peuvent pas se partager commodément, il doit être procédé à la vente par licitation devant le tribunal. — Cependant les parties, si elles sont toutes majeures, peuvent consentir que la licitation soit faite devant un notaire, sur le choix duquel elles s'accordent. — C. 457 s., 819, 832, 1686 s. — Pr. 953 s., 970 s.

828. Après que les meubles et immeubles ont été estimés et vendus, s'il y a lieu, le juge-commissaire renvoie les parties devant un notaire dont elles conviennent, ou nommé d'office, si les parties ne s'accordent pas sur le choix. — On procède, devant cet officier, aux comptes que les copartageans peuvent se devoir, à la formation de la masse générale, à la composition des lots, et aux fournissemens à faire à chacun des copartageans. — C. 466, 871. — Pr. 975 s.

829. Chaque cohéritier fait rapport à la masse, suivant les règles qui seront ci-après établies, des dons qui lui ont été

(a) Édit de Henri II, fév. 1556, créant des offices de priseurs vendeurs de meubles.

Art. 3. Seront tenus et subjets les notaires ou greffiers qui feront les inventaires des biens meubles, faire article séparé et à part, de chacune espèce de meubles. Et semblablement les priseurs, vendeurs, en faire la prisée et estimation séparément et à part, quand la pièce excédera la valeur de trente sols tournois. Et aussi arrester à la fin dudit inventaire, la somme totale, à laquelle montera ladite prisée, qui sera signée par ledit priseur, vendeur, avec lesdits notaires ou greffier, afin que s'il plaist aux parties, ou propriétaires d'iceux meubles, lesdits vendeurs, priseurs, soyent tenus et subjets prendre iceux meubles particulièrement pour l'excessive prisée qu'ils en auroyent faite, sous prétexte de plus grand salaire, ou voulans gratifier à l'une ou l'autre des parties : après toutesfois qu'iceux meubles auront esté exposés publiquement en vente, et qu'ils n'auroyent été vendus, ains demeures pour ladite prisée.

tion du prix des immeubles non déléguée aux créanciers hypothécaires. — Faute par lui de fournir cette caution, les meubles sont vendus, et leur prix est déposé, ainsi que la portion non déléguée du prix des immeubles, pour être employé à l'acquit des charges de la succession. — C. 806, 2040 s. — Pr. 517 s., 617 s., 993 s.

808. S'il y a des créanciers opposans, l'héritier bénéficiaire ne peut payer que dans l'ordre et de la manière réglés par le juge. — S'il n'y a pas de créanciers opposans, il paie les créanciers et les légataires à mesure qu'ils se présentent.— C. 809, 2093 s. — Pr. 656 s., 990. — Co. 552-556.

809. Les créanciers non opposans qui ne se présentent qu'après l'apurement du compte et le paiement du reliquat, n'ont de recours à exercer que contre les légataires. — Dans l'un et l'autre cas, le recours se prescrit par le laps de trois ans, à compter du jour de l'apurement du compte et du paiement du reliquat. — C. 803, 808, 2219.

810. Les frais de scellés, s'il en a été apposé, d'inventaire et de compte, sont à la charge de la succession. — C. 797 s., 2101 1°.

SECTION IV.
Des Successions vacantes.

811. Lorsqu'après l'expiration des délais pour faire inventaire et pour délibérer, il ne se présente personne qui réclame une succession, qu'il n'y a pas d'héritier connu, ou que les héritiers connus y ont renoncé, cette succession est réputée vacante. — C. 784,

795, 811 s., 2258.-- Pr. 998 s.

812. Le tribunal de première instance dans l'arrondissement duquel elle est ouverte, nomme un curateur sur la demande des personnes intéressées, ou sur la réquisition du procureur du Roi.—C. 110. — Pr. 998 s.

813. Le curateur à une succession vacante est tenu, avant tout, d'en faire constater l'état par un inventaire : il en exerce et poursuit les droits; il répond aux demandes formées contre elle; il administre, sous la charge de faire verser le numéraire qui se trouve dans la succession, ainsi que les deniers provenant du prix des meubles ou immeubles vendus, dans la caisse du receveur de la régie royale, pour la conservation des droits, et à la charge de rendre compte à qui il appartiendra. — C. 814. — Pr. 1000 s. — Supp. *Caisse des dépôts et consignations*, ORD. 3 juill. 1816, art. 2 13°.

814. Les dispositions de la section III du présent chapitre, sur les formes de l'inventaire, sur le mode d'administration et sur les comptes à rendre de la part de l'héritier bénéficiaire, sont, au surplus, communes aux curateurs à successions vacantes. — C. 794, 803 s. — Pr. 126, 1002.

CHAPITRE VI.
DU PARTAGE ET DES RAPPORTS.

SECTION Ire.
De l'Action en partage, et de sa forme.

815. Nul ne peut être contraint à demeurer dans l'indivision; et le partage peut être toujours provoqué, nonobstant prohibitions et conventions contraires. — On peut cepen-

faits, et des sommes dont il est débiteur. — C. 830, 843 s. — Pr. 978.

830. Si le rapport n'est pas fait en nature, les cohéritiers à qui il est dû, prélèvent une portion égale sur la masse de la succession. — Les prélèvemens se font, autant que possible, en objets de même nature, qualité et bonté que les objets non rapportés en nature. — C. 859, 860.

831. Après ces prélèvemens, il est procédé, sur ce qui reste dans la masse, à la composition d'autant de lots égaux qu'il y a d'héritiers copartageans, ou de souches copartageantes. — C. 828, 832. — Pr. 978 s.

832. Dans la formation et composition des lots, on doit éviter, autant que possible, de morceler les héritages et de diviser les exploitations; et il convient de faire entrer dans chaque lot, s'il se peut, la même quantité de meubles, d'immeubles, de droits ou de créances de même nature et valeur. — C. 826, 833, 1220.

833. L'inégalité des lots en nature se compense par un retour, soit en rente, soit en argent. — C. 832, 2103 3°, 2109.

834. Les lots sont faits par l'un des cohéritiers, s'ils peuvent convenir entre eux sur le choix, et si celui qu'ils avaient choisi accepte la commission : dans le cas contraire, les lots sont faits par un expert que le juge-commissaire désigne. — Ils sont ensuite tirés au sort. — C. 835. — Pr. 973 s.

835. Avant de procéder an tirage des lots, chaque copartageant est admis à proposer ses réclamations contre leur formation. — C. 834.

836. Les règles établies pour la division des masses à partager, sont également observées dans la subdivision à faire entre les souches copartageantes. — C. 826 s.

837. Si, dans les opérations renvoyées devant un notaire, il s'élève des contestations, le notaire dressera procès-verbal des difficultés et des dires respectifs des parties, les renverra devant le commissaire nommé pour le partage; et, au surplus, il sera procédé suivant les formes prescrites par les lois sur la procédure. — C. 822, 828. — Pr. 977.

838. Si tous les cohéritiers ne sont pas présens, ou s'il y a parmi eux des interdits, ou des mineurs, même émancipés, le partage doit être fait en justice, conformément aux règles prescrites par les articles 819 et suivans, jusques et compris l'article précédent. S'il y a plusieurs mineurs qui aient des intérêts opposés dans le partage, il doit leur être donné à chacun un tuteur spécial et particulier. — C. 113, 465 s., 481, 484, 509. — Pr. 975, 984.

839. S'il y a lieu à licitation, dans le cas du précédent article, elle ne peut être faite qu'en justice avec les formalités prescrites pour l'aliénation des biens des mineurs. Les étrangers y sont toujours admis. — C. 457 s., 460, 827, 1687. — Pr. 954 s.

840. Les partages faits conformément aux règles ci-dessus prescrites, soit par les tuteurs, avec l'autorisation d'un conseil de famille, soit par les mineurs émancipés, assistés de leurs curateurs, soit au nom des absens ou non-présens, sont définitifs : ils ne sont que provisionnels, si les règles prescrites n'ont pas été observées. — C. 113, 134, 463, 466, 481, 484, 509, 1125, 1314.

841. Toute personne, même parente du défunt, qui n'est pas son successible, et à laquelle un cohéritier aurait cédé son droit à la succession, peut être écartée du partage, soit par tous les cohéritiers, soit par un seul, en lui remboursant le prix de la cession. — C. 1699-1701.

842. Après le partage, remise doit être faite à chacun des copartageans, des titres particuliers aux objets qui lui seront échus.—Les titres d'une propriété divisée restent à celui qui a la plus grande part, à la charge d'en aider ceux de ses copartageans qui y auront intérêt, quand il en sera requis. — Les titres communs à toute l'hérédité sont remis à celui que tous les héritiers ont choisi pour en être le dépositaire, à la charge d'en aider les copartageans, à toute réquisition. — S'il y a difficulté sur ce choix, il est réglé par le juge.

SECTION II.

Des Rapports.

843. Tout héritier, même bénéficiaire, venant à une succession, doit rapporter à ses cohéritiers tout ce qu'il a reçu du défunt, par donation entre-vifs, directement ou indirectement : il ne peut retenir les dons ni réclamer les legs à lui faits par le défunt, à moins que les dons et legs ne lui aient été faits expressément par préciput et hors part, ou avec dispense du rapport. — C. 760, 829, 830, 844 s., 918 s., 1573.

844. Dans le cas même où les dons et legs auraient été faits par préciput ou avec dispense du rapport, l'héritier ve-

nant à partage ne peut les retenir que jusqu'à concurrence de la quotité disponible : l'excédant est sujet à rapport. — C. 866, 913 s., 919, 920 s.

845. L'héritier qui renonce à la succession, peut cependant retenir le don entre-vifs, ou réclamer le legs à lui fait, jusqu'à concurrence de la portion disponible.—C.785, 913 s., 924.

846. Le donataire qui n'était pas héritier présomptif lors de la donation, mais qui se trouve successible au jour de l'ouverture de la succession, doit également le rapport, à moins que le donateur ne l'en ait dispensé. — C. 919.

847. Les dons et legs faits au fils de celui qui se trouve successible à l'époque de l'ouverture de la succession, sont toujours réputés faits avec dispense du rapport. — Le père venant à la succession du donateur, n'est pas tenu de les rapporter. — C. 843, 1350, 1352.

848. Pareillement, le fils venant de son chef à la succession du donateur, n'est pas tenu de rapporter le don fait à son père, même quand il aurait accepté la succession de celui-ci : mais si le fils ne vient que par représentation, il doit rapporter ce qui avait été donné à son père, même dans le cas où il aurait répudié sa succession.— C. 739 s., 843, 847.

849. Les dons et legs faits au conjoint d'un époux successible, sont réputés faits avec dispense du rapport. — Si les dons et legs sont faits conjointement à deux époux, dont l'un seulement est successible, celui-ci en rapporte la moitié; si les dons sont faits à l'époux successible, il les rapporte en entier. — C. 1350, 1352, 1573.

850. Le rapport ne se fait qu'à la succession du donateur. — C. 843, 1438, 1439.

851. Le rapport est dû de ce qui a été employé pour l'établissement d'un des cohéritiers, ou pour le paiement de ses dettes. — C. 204, 843, 1573.

852. Les frais de nourriture, d'entretien, d'éducation, d'apprentissage, les frais ordinaires d'équipement, ceux de noces et présens d'usage, ne doivent pas être rapportés. — C. 203, 853 s., 1409 5°.

853. Il en est de même des profits que l'héritier a pu retirer de conventions passées avec le défunt, si ces conventions ne présentaient aucun avantage indirect, lorsqu'elles ont été faites. — C. 852, 918, 1525.

854. Pareillement, il n'est pas dû de rapport pour les associations faites sans fraude entre le défunt et l'un de ses héritiers, lorsque les conditions en ont été réglées par un acte authentique. — C. 853 s., 1317, 1840. — Co. 18 s.

855. L'immeuble qui a péri par cas fortuit et sans la faute du donataire, n'est pas sujet à rapport. — C. 860, 1179, 1183, 1302 s., 1573.

856. Les fruits et les intérêts des choses sujettes à rapport ne sont dus qu'à compter du jour de l'ouverture de la succession. — C. 583 s., 718, 852 s., 928.

857. Le rapport n'est dû que par le cohéritier à son cohéritier; il n'est pas dû aux légataires ni aux créanciers de la succession. — C. 843, 922, 1166.

858. Le rapport se fait en nature ou en moins prenant. — C. 830, 859 s., 868 s.

859. Il peut être exigé en nature, à l'égard des immeubles, toutes les fois que l'immeuble donné n'a pas été aliéné par le donataire, et qu'il n'y a pas, dans la succession, d'immeubles de même nature, valeur et bonté, dont on puisse former des lots à peu près égaux pour les autres cohéritiers. — C. 826, 833, 858, 865.

860. Le rapport n'a lieu qu'en moins prenant, quand le donataire a aliéné l'immeuble avant l'ouverture de la succession; il est dû de la valeur de l'immeuble à l'époque de l'ouverture. — C. 858, 861 s., 1245.

861. Dans tous les cas, il doit être tenu compte au donataire, des impenses qui ont amélioré la chose, eu égard à ce dont sa valeur se trouve augmentée au temps du partage. — C. 555, 859, 860, 862 s., 867.

862. Il doit être pareillement tenu compte au donataire, des impenses nécessaires qu'il a faites pour la conservation de la chose, encore qu'elles n'aient point amélioré le fonds. — C. 861, 864, 867.

863. Le donataire, de son côté, doit tenir compte des dégradations et détériorations qui ont diminué la valeur de l'immeuble, par son fait ou par sa faute et négligence. — C. 1382 s.

864. Dans le cas où l'immeuble a été aliéné par le donataire, les améliorations ou dégradations faites par l'acquéreur doivent être imputées conformément aux trois articles précédens. — C. 861 s.

865. Lorsque le rapport se fait en nature, les biens se réunissent à la masse de la succession, francs et quittes de toutes charges créées par le donataire; mais les créanciers ayant hypothèque peuvent intervenir au partage, pour s'opposer à ce que le rapport se fasse en fraude de leurs droits. — C. 859, 882, 1166, 1179, 1183, 2125.

866. Lorsque le don d'un immeuble fait à un successible avec dispense du rapport excède la portion disponible, le rapport de l'excédant se fait en nature, si le retranchement de cet excédant peut s'opérer commodément. — Dans le cas contraire, si l'excédant est de plus de moitié de la valeur de l'immeuble, le donataire doit rapporter l'immeuble en totalité, sauf à prélever sur la masse la valeur de la portion disponible : si cette portion excède la moitié de la valeur de l'immeuble, le donataire peut retenir l'immeuble en totalité, sauf à moins prendre, et à récompenser ses cohéritiers en argent ou autrement.—C.844, 859, 913 s., 924.

867. Le cohéritier qui fait le rapport en nature d'un immeuble, peut en retenir la possession jusqu'au remboursement effectif des sommes qui lui sont dues pour impenses ou améliorations. — C. 861, 862.

868. Le rapport du mobilier ne se fait qu'en moins prenant. Il se fait sur le pied de la valeur du mobilier lors de la donation, d'après l'état estimatif annexé à l'acte ; et, à défaut de cet état, d'après une estimation par experts, à juste prix et sans crue. — C. 825 et la note, 830, 858, 868, 948, 1573. — Pr. 303 s.

869. Le rapport de l'argent donné se fait en moins prenant dans le numéraire de la succession. — En cas d'insuffisance, le donataire peut se dispenser de rapporter du numéraire, en abandonnant, jusqu'à due concurrence, du mobilier, et à défaut de mobilier, des immeubles de la succession. — C. 858, 868.

SECTION III.
Du Paiement des Dettes.

870. Les cohéritiers contribuent entre eux au paiement des dettes et charges de la succession, chacun dans la proportion de ce qu'il y prend. — C. 724, 871 s., 1220, 1221.

871. Le légataire à titre universel contribue avec les héritiers, au prorata de son émolument ; mais le légataire particulier n'est pas tenu des dettes et charges, sauf toutefois l'action hypothécaire sur l'immeuble légué. — C. 611 s., 873 s., 1009, 1012, 1024, 2114.

872. Lorsque des immeubles d'une succession sont grevés de rentes par hypothèque spéciale, chacun des cohéritiers peut exiger que les rentes soient remboursées et les immeubles rendus libres avant qu'il soit procédé à la formation des lots. Si les cohéritiers partagent la succession dans l'état où elle se trouve, l'immeuble grevé doit être estimé au même taux que les autres immeubles ; il est fait déduction du capital de la rente sur le prix total ; l'héritier dans le lot duquel tombe cet immeuble, demeure seul chargé du service de la rente, et il doit en garantir ses cohéritiers. — C. 530, 1221, 1911, 1979.

873. Les héritiers sont tenus des dettes et charges de la succession, personnellement pour leur part et portion virile, et hypothécairement pour le tout ; sauf leur recours, soit contre leurs cohéritiers, soit contre les légataires universels, à raison de la part pour laquelle ils doivent y contribuer. — C. 351, 352, 747, 766, 870 s., 1017,

1220 s., 1222 s., 1475, 2111, 2168 s.

874. Le légataire particulier qui a acquitté la dette dont l'immeuble légué était grevé, demeure subrogé aux droits du créancier contre les héritiers et successeurs à titre universel. — C. 871, 1024, 1251.

875. Le cohéritier ou successeur à titre universel, qui, par l'effet de l'hypothèque, a payé au-delà de sa part de la dette commune, n'a de recours contre les autres cohéritiers ou successeurs à titre universel, que pour la part que chacun d'eux doit personnellement en supporter, même dans le cas où le cohéritier qui a payé la dette se serait fait subroger aux droits des créanciers; sans préjudice néanmoins des droits d'un cohéritier qui, par l'effet du bénéfice d'inventaire, aurait conservé la faculté de réclamer le paiement de sa créance personnelle, comme tout autre créancier. — C. 802 2°, 870 s., 873, 1214, 1250 1°, 1251 4°.

876. En cas d'insolvabilité d'un des cohéritiers ou successeurs à titre universel, sa part dans la dette hypothécaire est répartie sur tous les autres, au marc le franc. — C. 885, 1214 s.

877. Les titres exécutoires contre le défunt sont pareillement exécutoires contre l'héritier personnellement; et néanmoins les créanciers ne pourront en poursuivre l'exécution que huit jours après la signification de ces titres à la personne ou au domicile de l'héritier. — C. 724. — Pr. 545.

878. Ils peuvent demander, dans tous les cas, et contre tout créancier, la séparation du patrimoine du défunt d'avec le patrimoine de l'héritier. — C. 879 s., 2111.

879. Ce droit ne peut cependant plus être exercé, lorsqu'il y a novation dans la créance contre le défunt, par l'acceptation de l'héritier pour débiteur. — C. 878, 1271 s.

880. Il se prescrit, relativement aux meubles, par le laps de trois ans. — A l'égard des immeubles, l'action peut être exercée tant qu'ils existent dans la main de l'héritier. — C. 2111, 2113, 2219, 2279. — Pr. 834.

881. Les créanciers de l'héritier ne sont point admis à demander la séparation des patrimoines contre les créanciers de la succession. — C. 878.

882. Les créanciers d'un copartageant, pour éviter que le partage ne soit fait en fraude de leurs droits, peuvent s'opposer à ce qu'il y soit procédé hors de leur présence: ils ont le droit d'y intervenir à leurs frais; mais ils ne peuvent attaquer un partage consommé, à moins toutefois qu'il n'y ait été procédé sans eux et au préjudice d'une opposition qu'ils auraient formée. — C. 865, 1166, 1167, 2205.

SECTION IV.
Des effets du Partage, et de la garantie des Lots.

883. Chaque cohéritier est censé avoir succédé seul et immédiatement à tous les effets compris dans son lot, ou à lui échus sur licitation, et n'avoir jamais eu la propriété des autres effets de la succession. — C. 1220, 1408, 1872.

884. Les cohéritiers demeurent respectivement garans, les uns envers les autres, des troubles et évictions seulement qui procèdent d'une cause antérieure au partage. — La garantie n'a pas lieu, si l'espèce d'éviction soufferte a été exceptée par une clause particulière et expresse de l'acte de partage; elle cesse, si c'est par sa faute que le cohéritier souffre l'éviction. — C. 822, 885, 1626 s., 1640, 2100 3°, 2109.

885. Chacun des cohéritiers est personnellement obligé, en proportion de sa part héréditaire, d'indemniser son cohéritier de la perte que lui a causée l'éviction. — Si l'un des cohéritiers se trouve insolvable, la portion dont il est tenu doit être également répartie entre le garanti et tous les cohéritiers solvables. — C. 876, 886, 2193 3°, 2109.

886. La garantie de la solvabilité du débiteur d'une rente ne peut être exercée que dans les cinq ans qui suivent le partage. Il n'y a pas lieu à garantie à raison de l'insolvabilité du débiteur, quand elle n'est survenue que depuis le partage consommé. — C. 885, 1693 s.

SECTION V.
De la Rescision en matière de partage.

887. Les partages peuvent être rescindés pour cause de violence ou de dol. — Il peut aussi y avoir lieu à rescision, lorsqu'un des cohéritiers établit, à son préjudice, une lésion de plus du quart. La simple omission d'un objet de la succession ne donne pas ouverture à l'action en rescision, mais seulement à un supplément à l'acte de partage. — C. 890, 892, 1077, 1079 s., 1109, 1111 s.

1116, 1118, 1313 s., 1674 s.

888. L'action en rescision est admise contre tout acte qui a pour objet de faire cesser l'indivision entre cohéritiers, encore qu'il fût qualifié de vente, d'échange et de transaction, ou de toute autre manière. — Mais après le partage, ou l'acte qui en tient lieu, l'action en rescision n'est plus admissible contre la transaction faite sur les difficultés réelles que présentait le premier acte, même quand il n'y aurait pas eu à ce sujet de procès commencé. — C. 889, 2044 s., 2052 s.

889. L'action n'est pas admise contre une vente de droit successif faite sans fraude à l'un des cohéritiers, à ses risques et périls, par ses autres cohéritiers ou par l'un d'eux. — C. 888.

890. Pour juger s'il y a eu lésion, on estime les objets suivant leur valeur à l'époque du partage. — C. 887, 1675.

891. Le défendeur à la demande en rescision peut en arrêter le cours et empêcher un nouveau partage, en offrant et en fournissant au demandeur le supplément de sa portion héréditaire, soit en numéraire, soit en nature. — C. 1681 s.

892. Le cohéritier qui a aliéné son lot en tout ou partie, n'est plus recevable à intenter l'action en rescision pour dol ou violence, si l'aliénation qu'il a faite est postérieure à la découverte du dol, ou à la cessation de la violence. — C. 1115, 1304, 1338.

TITRE DEUXIÈME.

DES DONATIONS ENTRE-VIFS ET DES TESTAMENS.

Décrété le 13 floréal an XI, promulgué le 23 floréal [3-13 mai 1803].

CHAPITRE 1er.

DISPOSITIONS GÉNÉRALES.

893. On ne pourra disposer de ses biens, à titre gratuit, que par donation entre-vifs ou par testament, dans les formes ci-après établies (*a*). — C. 711, 894 *s.*, 911, 931 *s.*, 967 *s.*, 1121, 1282-1288, 1973.

894. La donation entre-vifs est un acte par lequel le donateur se dépouille actuellement et irrévocablement de la chose donnée, en faveur du donataire qui l'accepte. — C. 931 *s.*, 938, 953 *s.*, 1082 *s.*, 1096.

895. Le testament est un acte par lequel le testateur dispose, pour le temps où il n'existera plus, de tout ou partie de ses biens, et qu'il peut révoquer. — C. 967 *s.*

896. Les substitutions sont prohibées (*b*). — Toute disposition par laquelle le donataire, l'héritier institué, ou le légataire, sera chargé de conserver et de rendre à un tiers, sera nulle, même à l'égard du donataire, de l'héritier institué, ou du légataire. — C. 897 *s.*, 900, 1048 *et la note, comp.* 1040. — Néanmoins les biens libres formant la dotation d'un titre héréditaire que le Roi aurait érigé en faveur d'un prince ou d'un chef de famille, pourront être transmis héréditairement, ainsi qu'il est réglé par l'acte du 30 mars 1806 et par celui du 14 août suivant (1).

897. Sont exceptées des deux premiers paragraphes de l'article précédent les dispositions permises aux pères et mères et aux frères et sœurs, au chapitre VI du présent titre. — C. 896, 1048 *et la note.*

898. La disposition par laquelle un tiers serait appelé

(*a*) ORD. *fév.* 1731.

ART. 3. Toutes donations à cause de mort, à l'exception de celles qui se feront par contrat de mariage, ne pourront dorénavant avoir aucun effet, dans les pays mêmes où elles sont expressément autorisées par les lois ou par les coutumes, que lorsqu'elles auront été faites dans la même forme que les testamens ou les codicilles ; en sorte qu'il n'y ait à l'avenir dans nos États que deux formes de disposer de ses biens à titre gratuit, dont l'une sera celle des donations entre-vifs, et l'autre celle des testamens ou codicilles.

(*b*) DÉCR. 14 *nov.* 1792.

ART. 1er. Toutes substitutions sont interdites et prohibées à l'avenir.

(1) Cette dernière disposition ne se trouvait pas dans la première édition du Code, elle fut ajoutée dans l'édition de 1807. Elle est aujourd'hui abrogée par la loi du 12 mai 1835, ainsi conçue :

ART. 1er. Toute institution de majorats est interdite à l'avenir.

à recueillir le don, l'hérédité ou le legs, dans le cas où le donataire, l'héritier institué ou le légataire, ne le recueillerait pas, ne sera pas regardée comme une substitution, et sera valable. — C. 896, 899, 1039 s.

899. Il en sera de même de la disposition entre-vifs ou testamentaire par laquelle l'usufruit sera donné à l'un, et la nue propriété à l'autre. — C. 578 s., 896, 949.

900. Dans toute disposition entre-vifs ou testamentaire, les conditions impossibles, celles qui seront contraires aux lois ou aux mœurs, seront réputées non écrites (a). — C. 6, 1387 s., *secus* 896 2°, comp. 1172.

CHAPITRE II.
DE LA CAPACITÉ DE DISPOSER OU DE RECEVOIR PAR DONATION ENTRE-VIFS OU PAR TESTAMENT.

901. Pour faire une donation entre-vifs ou un testament, il faut être sain d'esprit. — C. 489, 503 s., 504, 1109 s.

902. Toutes personnes peuvent disposer et recevoir, soit par donation entre-vifs, soit par testament, excepté celles que la loi en déclare incapables. — C. 25, 28, 499, 503 s., 513, 997, 1421, 1555 s.

903. Le mineur âgé de moins de seize ans ne pourra aucunement disposer, sauf ce qui est réglé au chapitre IX du présent titre. — C. 904, 1095, 1398.

904. Le mineur parvenu à l'âge de seize ans ne pourra disposer que par testament, et jusqu'à concurrence seulement de la moitié des biens dont la loi permet au majeur de disposer. — C. 484, 903, 907, 913 s.

905. La femme mariée ne pourra donner entre-vifs sans l'assistance ou le consentement spécial de son mari, ou sans y être autorisée par la justice, conformément à ce qui est prescrit par les articles 217 et 219, au titre *du Mariage.* — Elle n'aura besoin ni de consentement du mari, ni d'autorisation de la justice, pour disposer par testament. — C. 226, 1096.

---

2. Les majorats fondés jusqu'à ce jour avec des biens particuliers ne pourront s'étendre au-delà de deux degrés, l'institution non comprise.

3. Le fondateur d'un majorat pourra le révoquer en tout ou en partie, ou en modifier les conditions. — Néanmoins, il ne pourra exercer cette faculté, s'il existe un appelé qui ait contracté, antérieurement à la présente loi, un mariage non dissous ou dont il soit resté des enfans. En ce cas, le majorat aura son effet restreint à deux degrés, ainsi qu'il est dit dans l'article précédent.

4. Les dotations ou portions de dotations consistant en biens soumis au droit de retour en faveur de l'État, continueront à être possédées et transmises conformément aux actes d'investiture, et sans préjudice des droits d'expectative ouverts par la loi du 5 décembre 1814.

(a) Décr. 17 niv. an II. ART. 12. Est réputé non écrite toute clause prohibitive ou prohibitive insérée dans les actes passés même avant le décret du 5 sept. 1791, lorsqu'elle est contraire aux lois ou aux mœurs,

906. Pour être capable de recevoir entre-vifs, il suffit d'être conçu au moment de la donation. — Pour être capable de recevoir par testament, il suffit d'être conçu à l'époque du décès du testateur. — Néanmoins la donation ou le testament n'auront leur effet qu'autant que l'enfant sera né viable (a). — C. 25, 135, 312 s., 725, 791 s., 932, 1040, 1043.

907. Le mineur, quoique parvenu à l'âge de seize ans, ne pourra, même par testament, disposer au profit de son tuteur. — Le mineur, devenu majeur, ne pourra disposer, soit par donation entre-vifs, soit par testament, au profit de celui qui aura été son tuteur, si le compte définitif de la tu-

telle n'a été préalablement rendu et apuré. — Sont exceptés, dans les deux cas ci-dessus, les ascendants des mineurs, qui sont ou qui ont été leurs tuteurs (b). — C. 473, 475, 905. — Pr. 527 s.

908. Les enfans naturels ne pourront, par donation entre-vifs ou par testament, rien recevoir au-delà de ce qui leur est accordé au titre *des Successions*. — C. 334 s., 757 s., 902.

909. Les docteurs en médecine ou en chirurgie, les officiers de santé et les pharmaciens qui auront traité une personne pendant la maladie dont elle meurt, ne pourront profiter des dispositions entre-vifs ou testamentaires qu'elle aurait faites en leur faveur pen-

---

lorsqu'elle porte atteinte à la liberté religieuse du donataire, de l'héritier ou du légataire, lorsqu'elle gêne la liberté qu'il a, soit de se marier ou de se remarier même avec des personnes désignées, soit d'embrasser tel état, emploi ou profession, ou lorsqu'elle tend à le détourner de remplir les devoirs imposés et d'exercer les fonctions déférées par les lois aux citoyens.

Nota. Cette disposition est semblable à celle du décret du 5 sept. 1791.

(a) Ord. *août* 1735.

Art. 49. L'institution d'héritier faite par testament ne pourra valoir en aucun cas, si celui ou ceux au profit de qui elle aura été faite, n'étaient ni nés, ni conçus lors du décès du testateur.

(b) Ord. *août* 1539.

Art. 131. Nous déclarons toutes dispositions d'entre-vifs ou testamentaires qui seront ci-

après faites par les donateurs ou testateurs, au profit et utilité de leurs tuteurs, curateurs, gardiens, baillistres, et autres leurs administrateurs, être nulles et de nul effet et valeur.

Édit de *fév.* 1549.

Voulons et ordonnons, en interprétant l'article 131 de l'Ord. d'août 1539, que toutes donations entre-vifs et testamentaires qui seront faites par les donateurs ou testateurs au profit de leurs tuteurs, curateurs, gardiens, baillistres et autres administrateurs, pendant leur administration, soient nulles et de nul effet et valeur et telles les avons déclarées et déclarons par ces présentes, ensemble celles qui frauduleusement seront faites durant le temps de ladite administration, à personnes interposées venant directement ou indirectement au profit des dessusdits tuteurs, curateurs, gardiens, baillistres et administrateurs.

dant le cours de cette maladie. — Sont exceptées, 1° les dispositions rémunératoires faites à titre particulier, eu égard aux facultés du disposant, et aux services rendus; — 2° Les dispositions universelles, dans le cas de parenté jusqu'au quatrième degré inclusivement, pourvu toutefois que le décédé n'ait pas d'héritiers en ligne directe; à moins que celui au profit de qui la disposition a été faite, ne soit lui-même du nombre de ces héritiers. — Les mêmes règles seront observées à l'égard du ministre du culte. — C. 735 a.; 911, 1002, 1003, 1010, 1014.

910. Les dispositions entre-vifs ou par testament, au profit des hospices, des pauvres d'une commune, ou d'établissemens d'utilité publique, n'auront leur effet qu'autant qu'elles seront autorisées par une ordonnance royale (1). — C. 937, 940.

911. Toute disposition au profit d'un incapable sera nulle, soit qu'on la déguise sous la forme d'un contrat onéreux, soit qu'on la fasse sous le nom de personnes interposées. —

seront réputés personnes interposées, les père et mère, les enfans et descendans, et l'époux de la personne incapable. — C. 1099 a.; 1350, 1352.

912. On ne pourra disposer au profit d'un étranger, que dans le cas où cet étranger pourrait disposer au profit d'un Français. (Abrogé, L. 14 juillet 1819, C. 726 note.)

TITRE III.

DE LA PORTION DE BIENS DISPONIBLE, ET DE LA RÉDUCTION.

SECTION Ire.
De la Portion de biens disponible.

913. Les libéralités, soit par actes entre-vifs, soit par testament, ne pourront excéder la moitié des biens du disposant, s'il ne laisse à son décès qu'un enfant légitime; le tiers, s'il laisse deux enfans; le quart, s'il en laisse trois ou un plus grand nombre (a). — C. 333, 350, 757 a., 914 a., 920 a., 1094, 1098.

914. Sont compris dans l'article précédent, sous le nom d'enfans, les descendans en

---

(1). Supp. Etablissemens ecclésiastiques, L. 2 janv. 1817, 24 mai 1825, et Ord. 2 avril 1817 et 14 janv. 1831.

(a) Décr. 17 niv. an II.

Art. 16. Les dispositions générales du présent décret ne font point obstacle pour l'avenir à la faculté de disposer du dixième de son bien, si l'on a des héritiers en ligne directe, ou du sixième, si l'on n'a que des héritiers collatéraux, au profit d'autres que des personnes appelées par la loi au partage des successions.

L. 4 germ. an VIII.
Art. 1er. A compter de la publication de la présente loi, toutes libéralités qui seront faites, soit par actes entre-vifs, soit par actes de dernière volonté, dans les formes légales, seront valables lorsqu'elles n'excéderont pas le quart des biens du disposant, s'il laisse (à son décès) moins de quatre enfans; le cinquième, s'il laisse quatre enfans; le sixième, s'il en laisse cinq; et ainsi de suite, en comptant toujours pour déterminer la portion disponible le nombre des enfans plus un.

quelque degré que ce soit; néanmoins ils ne sont comptés que pour l'enfant qu'ils représentent dans la succession du disposant (a). — C. 739, 740.

915. Les libéralités, par actes entre-vifs ou par testament, ne pourront excéder la moitié des biens, si, à défaut d'enfant, le défunt laisse un ou plusieurs ascendans dans chacune des lignes paternelle et maternelle; et les trois quarts, s'il ne laisse d'ascendans que dans une ligne. — Les biens ainsi réservés au profit des ascendans, seront par eux recueillis dans l'ordre où la loi les appelle à succéder; ils auront seuls droit à cette réserve, dans tous les cas où un partage en concurrence avec des collatéraux ne leur donnerait pas la quotité de biens à laquelle elle est fixée (b). — C. 736 s., 746 s., 751, 755, 1094.

916. A défaut d'ascendans et de descendans, les libéralités par actes entre-vifs ou testamentaires pourront épuiser la totalité des biens (c). — C. 913 s.

917. Si la disposition par acte entre-vifs ou par testament est d'un usufruit ou d'une rente viagère dont la valeur excède la quotité disponible, les héritiers au profit desquels la loi fait une réserve, auront l'option, ou d'exécuter cette disposition, ou de faire l'abandon de la propriété de la quotité disponible. — C. 619 s., 913 s., 1094, 1098, 1970.

918. La valeur en pleine propriété des biens aliénés, soit à charge de rente viagère, soit à fonds perdu, ou avec réserve d'usufruit, à l'un des successibles en ligne directe, sera imputée sur la portion disponible; et l'excédant, s'il y en a, sera rapporté à la masse. Cette imputation et ce rapport ne pourront être demandés par ceux des autres successibles en ligne directe qui auraient consenti à ces aliénations, ni, dans aucun cas, par les successibles en ligne collatérale (d). — C. 843, 949.

(a) L. 4 germ. an *VIII*.

Art. 2. Sont compris dans l'article précédent, sous le nom d'enfans, les descendans en quelque degré que ce soit; néanmoins, ils ne seront comptés que pour l'enfant qu'ils représentent dans la succession du disposant.

(b) L. 4 germ. an *VIII*.

Art. 3. Vaudront pareillement les libéralités qui seront faites dans les formes légales, soit par actes entre-vifs, soit par actes de dernière volonté, lorsqu'elles n'excéderont pas, — La moitié des biens du disposant, s'il laisse, soit des ascendans, soit des frères ou sœurs, soit des enfans ou petits-enfans des frères ou des sœurs; — Les trois quarts, lorsqu'il laisse, soit des oncles ou grands-oncles, tantes ou grand'tantes, soit des cousins germains ou cousines germaines, soit des enfans desdits cousins ou cousines.

(c) L. 4 germ. an *VIII*.

Art. 4. A défaut de parens dans les degrés ci-dessus exprimés, les dispositions à titre gratuit pourront épuiser la totalité des biens du disposant.

(d) Déca. 17 niv. an *II*.

Art. 26. Toutes donations à charge de rentes viagères ou ventes à fonds perdus, en ligne di-

919. La quotité disponible pourra être donnée en tout ou en partie, soit par acte entre-vifs, soit par testament, aux enfans ou autres successibles du donateur, sans être sujette au rapport par le donataire ou le légataire venant à la succession, pourvu que la disposition ait été faite expressément à titre de préciput ou hors part. — La déclaration que le don ou le legs est à titre de préciput ou hors part, pourra être faite, soit par l'acte qui contiendra la disposition, soit postérieurement dans la forme des dispositions entre-vifs ou testamentaires (a). — C. 843 *., 846, 913 *., 931 *., 969 *.

SECTION II.

De la Réduction des Donations et Legs.

920. Les dispositions soit entre-vifs, soit à cause de mort, qui excéderont la quotité disponible, seront réductibles à cette quotité lors de l'ouverture de la succession. — C. 718 *., 913 *., 931 *., 1094, 1098, 1496, 1527.

921. La réduction des dispositions entre-vifs ne pourra être demandée que par ceux au profit desquels la loi fait la réserve, par leurs héritiers ou ayant-cause : les donataires, les légataires, ni les créanciers du défunt, ne pourront demander cette réduction, ni en profiter. — C. 756, 802, 878, 913 *., 1166.

922. La réduction se détermine en formant une masse de tous les biens existans au décès du donateur ou testateur. On y réunit fictivement ceux dont il a été disposé par donations entre-vifs, d'après leur état à l'époque des donations et leur valeur au temps du décès du donateur. On calcule sur tous ces biens, après en avoir déduit les dettes, quelle est, eu égard à la qualité des héritiers qu'il laisse, la quotité dont il a pu disposer. — C. 841 *., 868, 931.

923. Il n'y aura jamais lieu à réduire les donations entre-vifs, qu'après avoir épuisé la valeur de tous les biens compris dans les dispositions testamentaires; et lorsqu'il y aura lieu à cette réduction, elle se fera en commençant par la dernière donation, et ainsi de suite en remontant des dernières aux plus anciennes (b). — C. 894, 925, 1083 *.

---

recte ou collatérale; à l'un des héritiers présomptifs ou à ses descendans, sont interdites, à moins que les parens du degré de l'acquéreur et de degré plus prochain n'y interviennent et n'y consentent. — Toutes celles faites sans ce concours, depuis et compris le 14 juillet 1789, aux personnes de la qualité ci-dessus désignée, sont annulées, sauf à l'acquéreur à se faire rapporter par son donateur ou vendeur, ou par ses héritiers, tout ce qu'il justifiera

avoir payé au-delà du juste revenu de la chose aliénée; le tout sans préjudice des coutumes ou usages qui auraient invalidé de tels actes passés même avant le 14 juillet 1789.

(a) Arr. 16 Déc. 17 niv. an 11 (C. 913 *note*).

(b) Ord. fév. 1731.

Arr. 31. Si les biens que le donateur aura laissés en mourant, sans en avoir disposé, ou sans l'avoir fait autrement que par des

924. Si la donation entre-vifs réductible a été faite à l'un des successibles, il pourra retenir, sur les biens donnés, la valeur de la portion qui lui appartiendrait, comme héritier, dans les biens non disponibles, s'ils sont de la même nature — C. 845, 859, 866, 919, 923 *note.*

925. Lorsque la valeur des donations entre-vifs excédera ou égalera la quotité disponible, toutes les dispositions testamentaires seront caduques. — C. 923.

926. Lorsque les dispositions testamentaires excéderont, soit la quotité disponible, soit la portion de cette quotité qui resterait après avoir déduit la valeur des donations entre-vifs, la réduction sera faite au marc le franc, sans aucune distinction entre les legs universels et les legs particuliers. — C. 917, 1003, 1009, 1010, 1013, 1017, 1024.

927. Néanmoins, dans tous les cas où le testateur aura expressément déclaré qu'il entend que tel legs soit acquitté de préférence aux autres, cette préférence aura lieu; et le legs qui en sera l'objet, ne sera réduit qu'autant que la valeur des autres ne remplirait pas la réserve légale. — C. 926, 1009.

928. Le donataire restituera les fruits de ce qui excédera la portion disponible, à compter du jour du décès du donateur, si la demande en réduction a été faite dans l'année; sinon, du jour de la demande. — C. 549 n., 718, 856, 1005.

929. Les immeubles à recouvrer par l'effet de la réduction, le seront sans charge de dettes ou hypothèques créées par le donataire. — C. 865, 930, 2125.

930. L'action en réduction ou revendication pourra être exercée par les héritiers contre les tiers détenteurs des immeubles faisant partie des donations et aliénés par les donataires, de la même manière et dans le même ordre que contre les donataires eux-mêmes, et discussion préalablement faite de leurs biens. Cette action devra être exercée suivant l'ordre des dates des aliénations, en commençant par la plus récente. — C. 860, 923, 919, 2261, 2265.

CHAPITRE IV.
DES DONATIONS ENTRE-VIFS.

SECTION Ire.
De la Forme des Donations entre-vifs.

931. Tous actes portant donation entre-vifs seront pas-

---

dispositions de dernière volonté, ne suffisent pas pour fournir la légitime des enfans, eu égard à la totalité des biens compris dans les donations entre-vifs par lui faites, et de ceux qui n'y sont pas renfermés; ladite légitime sera prise premièrement sur la dernière donation, et subsidiairement sur les autres, en remontant des dernières aux premières.

et en cas qu'un ou plusieurs des donataires soient du nombre des enfans du donateur, qui auraient eu droit de demander leur légitime sans la donation qui leur a été faite, ils retiendront les biens à eux donnés, jusqu'à concurrence de la valeur de leur légitime, et ils ne seront tenus de la légitime des autres que pour l'excédant.

sés devant notaires, dans la forme ordinaire des contrats; et il en restera minute, sous peine de nullité (a). — C. 893 s., 1339, 1340. — Supp. *Notaire*, L. 25 vent. an XI, art. 8 s., 78, et L. 21 juin 1843, art. 2.

932. La donation entre-vifs n'engagera le donateur, et ne produira aucun effet, que du jour qu'elle aura été acceptée en termes exprès. — L'acceptation pourra être faite du vivant du donateur, par un acte postérieur et authentique, dont il restera minute; mais alors la donation n'aura d'effet, à l'égard du donateur, que du jour où l'acte qui constatera cette acceptation lui aura été notifié (b). — C. 894, 933 s., 943, 1317, *except.* 1087.

933. Si le donataire est majeur, l'acceptation doit être faite par lui, ou, en son nom, par la personne fondée de sa procuration, portant pouvoir d'accepter la donation faite, ou un pouvoir général d'accepter les donations qui auraient été ou qui pourraient être faites. — Cette procuration devra être passée devant notaires; et une expédition devra en être annexée à la minute de la donation, ou à la minute de l'acceptation qui serait faite par acte séparé. — C. 488, 932 *note*, 1985, 1987. — Supp. *Notaire*, L. 21 juin 1843, art. 2.

934. La femme mariée ne pourra accepter une donation sans le consentement de son mari, ou, en cas de refus du mari, sans autorisation de la justice, conformément à ce qui est prescrit par les articles 217

(a) Ord. *fév.* 1731.

Art. 1er. Tous actes portant donations entre-vifs, seront passés par-devant notaires, et il en restera minute, à peine de nullité.

2. Les donations entre-vifs seront faites dans la forme ordinaire des contrats et actes passés par-devant notaires, et en y observant les autres formalités qui y ont eu lieu jusqu'à présent, suivant les différentes lois, coutumes et usages des pays soumis à notre domination.

(b) Ord. *fév.* 1731.

Art. 3. Les donations entre-vifs, même celles qui seraient faites en faveur de l'Église ou pour causes pies, ne pourront engager le donateur, ni produire aucun autre effet, que du jour qu'elles auront été acceptées par le donataire ou par son procureur général ou spécial, dont la procu-ration demeurera annexée à la minute de la donation; et, en cas qu'elle eût été acceptée par une personne qui aurait déclaré se porter fort pour le donataire absent, ladite donation n'aura effet que du jour de la ratification expresse que ledit donataire en aura faite par acte passé par-devant notaire, duquel acte il restera minute. Défendons à tous notaires et tabellions d'accepter les donations comme stipulant pour les donataires absens, à peine de nullité desdites stipulations.

6. L'acceptation de la donation sera expresse, sans que les juges puissent avoir aucun égard aux circonstances dont on prétendrait induire une acceptation tacite ou présumée, et ce, quand même le donataire aurait été présent à l'acte de donation et qu'il l'aurait signé, ou quand il serait entré en possession des choses données.

et 2'9, au titre du *Mariage* (*a*). — C. 222, 224, 225, 942, 1087, 1125. — Pr. 861 *s*.

935. La donation faite à un mineur non émancipé ou à un interdit, devra être acceptée par son tuteur, conformément à l'article 463, au titre de la *Minorité, de la Tutelle et de l'Émancipation*. — Le mineur émancipé pourra accepter avec l'assistance de son curateur. — Néanmoins les père et mère du mineur émancipé ou non émancipé, ou les autres ascendans, même du vivant des père et mère, quoiqu'ils ne soient ni tuteurs ni curateurs du mineur, pourront accepter pour lui (*b*). — C. 463, 481, 509, 942, 1125, 1305, 1314.

936. Le sourd-muet qui saura écrire, pourra accepter lui-même ou par un fondé de pouvoir. — S'il ne sait pas écrire, l'acceptation doit être faite par un curateur nommé à cet effet, suivant les règles établies au titre de la *Minorité, de la Tutelle et de l'Émancipation*. — C. 480, 931, 933, 970.

937. Les donations faites au profit d'hospices, des pauvres d'une commune, ou d'établissemens d'utilité publique, seront acceptées par les administrateurs de ces communes ou établissemens, après y avoir été dûment autorisés (1). — C. 910, 940 *s*. (*c*).

938. La donation dûment acceptée sera parfaite par le seul consentement des parties; et la propriété des objets donnés sera transférée au donataire, sans qu'il soit besoin d'autre tradition. — C. 711, 931, 939 *s*., 1138, 1141.

939. Lorsqu'il y aura donation de biens susceptibles d'hypothèques, la transcription des actes contenant la dona-

---

(*a*) Ord. *fév.* 1731.

Art. 8. Les femmes mariées, même celles qui ne seront communes en biens, ou qui auront été séparées par sentence ou par arrêt, ne pourront accepter aucunes donations entre-vifs sans être autorisées par leur mari, ou par justice à son refus. N'entendons néanmoins rien innover sur ce point, à l'égard des donations qui seraient faites à la femme, pour lui tenir lieu de bien paraphernal, dans les pays où les femmes mariées peuvent avoir des biens de cette qualité.

(*b*) Ord. *fév.* 1731.

Art. 7. Si le donataire est mineur de vingt-cinq ans, ou interdit par autorité de justice, l'acceptation pourra être faite pour lui, soit par son tuteur ou son cura- teur, soit par ses père et mère ou autres ascendans, même du vivant du père et de la mère, sans qu'il soit besoin d'aucun avis de parens pour rendre ladite accepta- tion valable.

(1) Supp. *Établissemens ec- clésiastiques*, Ord. 2 avril 1817 et 14 janv. 1831.

(*c*) Ord. *fév.* 1731.

Art. 8. L'acceptation pourra aussi être faite par les administra- teurs des hôpitaux, hôtels-Dieu, ou autres semblables établisse- mens de charité, autorisés par nos lettres patentes registrées en nos cours; et par les curés et marguil- liers lorsqu'il s'agira de donations entre-vifs faites pour le service di- vin, pour fondations particuliè- res, ou pour la subsistance et le soulagement des pauvres de leur paroisse.

tion et l'acceptation, ainsi que la notification de l'acceptation qui aurait eu lieu par acte séparé, devra être faite aux bureaux des hypothèques dans l'arrondissement desquels les biens sont situés (a). — C. 932, 931 et la note, 1069 s., 1081, 1084, 1086, 2118, 2181, 2183 et la note. — Pr. 834.

940. Cette transcription sera faite à la diligence du mari, lorsque les biens auront été donnés à sa femme; et si le mari ne remplit pas cette formalité, la femme pourra y faire procéder sans autorisation. —

Lorsque la donation sera faite à des mineurs, à des interdits, ou à des établissemens publics, la transcription sera faite à la diligence des tuteurs, curateurs ou administrateurs. — C. 450, 480, 497, 509, 910, 941, 942, 1428, 1531, 1536, 1549.

941. Le défaut de transcription pourra être opposé par toutes personnes ayant intérêt, excepté toutefois celles qui sont chargées de faire faire la transcription, ou leurs ayant-cause, et le donateur (b). — C. 933, 938, 940, 1070-1072.

942. Les mineurs, les in-

(a) ORD. fév. 1731.

ART. 19. Les donations faites dans les contrats de mariage en ligne directe, ne seront pas sujettes à la formalité de l'insinuation.

20. Toutes les autres donations, même les donations rémunératoires ou mutuelles, quand même elles seraient entièrement égales, ou celles qui seraient faites à la charge de services et de fondations, seront insinuées suivant les dispositions des ordonnances à peine de nullité.

Nota. N'étaient pas nuls pour défaut d'insinuation les dons mobiliers, augmens, contre-augmens, engagemens, droit de rétention, agencemens, gains de noce et de survie (dans les pays où ces dispositions étaient en usage) (art. 21). Le défaut d'insinuation n'annulait pas les donations de choses mobilières, lorsqu'il y avait eu tradition réelle, ou lorsqu'elles n'excédaient pas la somme de mille livres (art. 22).

L'insinuation consistait dans la copie de l'acte de donation sur un registre particulier tenu au greffe de chaque bailliage ou sénéchaussée royale (art. 24). On devait donner communication de ce registre à toute personne (art. 25).

Pour les donations d'immeubles réels, ou de ceux qui sans être réels avaient une assiette, l'insinuation se faisait au greffe des bailliages ou sénéchaussées royales tant du domicile du donateur que du lieu dans lequel les biens étaient situés ou avaient leur assiette. Pour les autres donations l'insinuation se faisait seulement au greffe du bailliage ou sénéchaussée royale, du domicile du donateur (art. 23).

(b) ORD. fév. 1731.

ART. 27. Le défaut d'insinuation des donations qui y sont sujettes à peine de nullité, pourra être opposé, tant par les tiers acquéreurs et créanciers du donateur, que par ses héritiers, donataires postérieurs ou légataires, et généralement par tous ceux qui y auront intérêt, autres néanmoins que le donateur; et la disposition du présent article aura lieu encore que le donateur se fût chargé expressément de faire insinuer les donations, à peine de tous dépens, dommages et intérêts, laquelle clause sera regardée comme nulle et de nul effet.

Nota. Le défaut d'insinuation ne peut être opposé, — 1° Par le mari,

terdits, les femmes mariées, ne seront point restitués contre le défaut d'acceptation ou de transcription des donations; sauf leur recours contre leurs tuteurs ou maris, s'il y échet, et sans que la restitution puisse avoir lieu, dans le cas même où lesdits tuteurs et maris se trouveraient insolvables (a). — C. 469, 509, 1070, 1076, 1428, 1531, 1538, 1549, 1576 ».

943. La donation entre-vifs ne pourra comprendre que les biens présens du donateur ; si elle comprend des biens à venir, elle sera nulle à cet égard (b). — C. 894, 947, 1076, 1082 »., 1093 »., 1130, 1340.

944. Toute donation entre-vifs faite sous des conditions dont l'exécution dépend de la seule volonté du donateur, sera nulle. — C. 945 et la note, 947, 1088, 1174, 1340.

945. Elle sera pareillement nulle, si elle a été faite sous la condition d'acquitter d'autres dettes ou charges que celles qui existaient à l'époque de la donation, ou qui seraient exprimées, soit dans l'acte de donation, soit dans l'état qui devrait y être annexé (c). — C. 947, 1084, 1086.

946. En cas que le donateur se soit réservé la liberté de disposer d'un effet compris

ni par ses héritiers ou ayant-cause, à la femme ou à ses héritiers ou ayant-cause, si ce n'est que la donation eût été faite pour tenir lieu à la femme de bien paraphernal et qu'elle en ait eu la libre jouissance et administration (art. 30) ; — 2° Par les tuteurs, curateurs, administrateurs...., aux mineurs ou autres étant sous leur autorité, ni à leurs héritiers ou ayant-cause (art. 31).

(a) Sous l'empire de l'Ord. de février 1731 (art. 14, 28, 29, 32), les mineurs, les interdits, l'Église, les hôpitaux, communautés ou autres qui jouissaient du privilège des mineurs, n'étaient pas restituables contre le défaut d'acceptation ou d'insinuation des donations entre-vifs.

(b) Ord. fév. 1731.

Art. 15. Aucune donation entre-vifs ne pourra comprendre d'autres biens que ceux qui appartiendront au donateur dans le temps de la donation; et si elle renferme des meubles, ou effets mobiliers, dont la donation ne contienne pas une tradition réelle,

il en sera fait un état signé des parties, qui demeurera annexé à la minute de ladite donation; faute de quoi, le donataire ne pourra prétendre aucun desdits meubles ou effets mobiliers, même contre le donateur ou ses héritiers. Défendons de faire dorénavant aucunes donations des biens présens et à venir (si ce n'est dans le cas ci-après marqué), à peine de nullité desdites donations, même pour les biens présens, et ce encore que le donataire eût été mis en possession, du vivant du donateur, desdits biens présens, en tout ou en partie.

(c) Ord. fév. 1731.

Art. 16. Les donations qui ne comprendraient que les biens présens seront pareillement déclarées nulles lorsqu'elles seront faites à condition de payer les dettes et charges de la succession du donateur, en tout ou en partie, ou autres dettes et charges que celles qui existaient lors de la donation, même de payer les légitimes des enfans du donateur au-delà de ce dont ledit donataire

dans la donation, ou d'une somme fixe sur les biens donnés; s'il meurt sans en avoir disposé, ledit effet ou ladite somme appartiendra aux héritiers du donateur, nonobstant toutes clauses et stipulations à ce contraires. — C. 945 *note*, 947, 1086.

947. Les quatre articles précédens ne s'appliquent point aux donations dont est mention aux chapitres VIII et IX du présent titre. — C. 1082, 1084, 1086, 1091, 1093.

948. Tout acte de donation d'effets mobiliers ne sera valable que pour les effets dont un état estimatif, signé du donateur, et du donataire, ou de ceux qui acceptent pour lui, aura été annexé à la minute de la donation. — C. 833, 868, 933 s., 943 *note*, 1084, 1339, 1340, 2279.

949. Il est permis au donateur de faire la réserve à son profit, ou de disposer au profit d'un autre, de la jouissance ou de l'usufruit des biens meubles ou immeubles donnés. — C. 578, 899, 950.

950. Lorsque la donation d'effets mobiliers aura été faite avec réserve d'usufruit, le donataire sera tenu, à l'expiration de l'usufruit, de prendre les effets donnés qui se trouveront en nature, dans l'état où ils seront; et il aura action contre le donateur ou ses héritiers, pour raison des objets non existans, jusqu'à concurrence de la valeur qui leur aura été donnée dans l'état estimatif. — C. 587 s., 589, 600, 613 s., 948 s.

951. Le donateur pourra stipuler le droit de retour des objets donnés, soit pour le cas du prédécès du donataire seul, soit pour le cas du prédécès du donataire et de ses descendans. — Ce droit ne pourra être stipulé qu'au profit du donateur seul. — C. 331, 747, 766, 896, 900, 952.

952. L'effet du droit de retour sera de résoudre toutes les aliénations des biens donnés, et de faire revenir ces biens au donateur, francs et quittes de toutes charges et hypothèques, sauf néanmoins l'hypothèque de la dot et des conventions matrimoniales, si les autres biens de l'époux donataire ne suffisent pas, et dans le cas seulement où la donation lui aura été faite par le même contrat de mariage duquel résultent ces droits et hypothèques. — C. 747, 2121 s., 2125.

SECTION II.
Des Exceptions à la règle de l'irrévocabilité des Donations entre-vifs.

953. La donation entre-vifs ne pourra être révoquée que pour cause d'inexécution des conditions sous lesquelles elle

peut en être tenu de droit, ainsi qu'il sera réglé ci-après; laquelle disposition sera observée généralement à l'égard de toutes les donations faites sous des conditions dont l'exécution dépend de la seule volonté du donateur; et, en cas qu'il se soit réservé la liberté de disposer d'un effet compris dans la donation, ou d'une somme fixe à prendre sur les biens donnés, voulons que ledit effet ou ladite somme ne puissent être censés compris dans la donation, quand même le donateur serait mort sans en avoir disposé, auquel cas, ledit effet ou ladite somme appartiendront aux héritiers du donateur, nonobstant toutes clauses ou stipulations à ce contraires.

aura été faite, pour cause d'in-gratitude, et pour cause de sur-venance d'enfans. — C. 894, 959, 1096, 1184.

954. Dans le cas de la ré-vocation pour cause d'inexé-cution des conditions, les biens rentreront dans les mains du donateur, libres de toutes char-ges et hypothèques du chef du donataire; et le donateur aura, contre les tiers détenteurs des immeubles donnés, tous les droits qu'il aurait contre le do-nataire lui-même. — C. 953, 958, 1046, 2125.

955. La donation entre-vifs ne pourra être révoquée pour cause d'ingratitude que dans les cas suivans: — 1º Si le do-nataire a attenté à la vie du donateur; — 2º S'il s'est rendu coupable envers lui de sévices, délits ou injures graves; — 3º S'il lui refuse des alimens. — C. 299, 956 n., 1046 n., comp. 727.

956. La révocation pour cause d'inexécution des condi-tions, ou pour cause d'ingrati-tude, n'aura jamais lieu de plein droit — C. 463, 935, 957 n., 1052, 1184, 1656, 2262.

957. La demande en révo-cation pour cause d'ingratitude devra être formée dans l'année, à compter du jour du délit im-puté par le donateur au dona-taire, ou du jour que le délit aura pu être connu par le do-nateur. — Cette révocation ne pourra être demandée par le donateur contre les héritiers du donataire, ni par les héri-tiers du donateur contre le do-nataire, à moins que, dans ce dernier cas, l'action n'ait été intentée par le donateur, ou

qu'il ne soit décédé dans l'an-née du délit. — C. 958, 1047.

958. La révocation pour cause d'ingratitude ne préju-diciera ni aux aliénations faites par le donataire, ni aux hypo-thèques et autres charges réel-les qu'il aura pu imposer sur l'objet de la donation, pourvu que le tout soit antérieur à l'in-scription qui aurait été faite de l'extrait de la demande en révo-cation, en marge de la transcrip-tion prescrite par l'article 939. — Dans le cas de révocation, le donataire sera condamné à restituer la valeur des objets aliénés, eu égard au temps de la demande, et les fruits, à compter du jour de cette de-mande. — C. 549 n., 2125.

959. Les donations en fa-veur de mariage ne seront pas révocables pour cause d'ingra-titude. — C. 299, 300, 1081 n., 1091 n., 1518.

960. Toutes donations en-tre-vifs faites par personnes qui n'avaient point d'enfans ou de descendans actuellement vi-vans dans le temps de la dona-tion, de quelque valeur que ces donations puissent être, et à quelque titre qu'elles aient été faites, et encore qu'elles fussent mutuelles ou rémuné-ratoires, même celles qui au-raient été faites en faveur du mariage par autres que par les ascendans aux conjoints, ou par les conjoints l'un à l'autre, de-meureront révoquées de plein droit par la survenance d'un enfant légitime du donateur, même d'un posthume, ou par la légitimation d'un enfant na-turel par mariage subséquent, s'il est né depuis la donation (a).

(a) Ord. fév. 1731. Art. 39. Toutes donations en-tre-vifs, faites par personnes qui n'avaient point d'enfant, ou de

— C. 331, 333, 961 s., 1096.

961. Cette révocation aura lieu, encore que l'enfant du donateur ou de la donatrice fût conçu au temps de la donation (a). — C. 960.

962. La donation demeurera pareillement révoquée, lors même que le donataire serait entré en possession des biens donnés, et qu'il y aurait été laissé par le donateur depuis la survenance de l'enfant ; sans néanmoins que le donataire soit tenu de restituer les fruits par lui perçus, de quelque nature qu'ils soient, si ce n'est du jour que la naissance de l'enfant ou sa légitimation par mariage subséquent lui aura été notifiée par exploit ou autre acte en bonne forme ; et ce, quand même la demande pour rentrer dans les biens donnés

n'aurait été formée que postérieurement à cette notification (b). — C. 549 s., 960.

963. Les biens compris dans la donation révoquée de plein droit, rentreront dans le patrimoine du donateur, libres de toutes charges et hypothèques du chef du donataire, sans qu'ils puissent demeurer affectés, même subsidiairement, à la restitution de la dot de la femme de ce donataire, de ses reprises ou autres conventions matrimoniales ; ce qui aura lieu quand même la donation aurait été faite en faveur du mariage du donataire et insérée dans le contrat, et que le donateur se serait obligé comme caution, par la donation, à l'exécution du contrat de mariage (c). — C. 954, 2125.

964. Les donations ainsi ré-

---

descendans, actuellement vivans dans le temps de la donation, de quelque valeur que lesdites donations puissent être, et à quelque titre qu'elles aient été faites, encore qu'elles fussent mutuelles ou rémunératoires, même celles qui auraient été faites en faveur de mariage, par autres que par les conjoints ou les ascendans, demeureront révoquées de plein droit par la survenance d'un enfant légitime du donateur, même d'un posthume, ou par la légitimation d'un enfant naturel par mariage subséquent, et non par aucune autre sorte de légitimation.

(a) ORD. fév. 1731.

ART. 10. Ladite révocation aura lieu, encore que l'enfant du donateur ou de la donatrice fût conçu au temps de la donation.

(b) ORD. fév. 1731.

ART. 11. La donation demeu-

rera pareillement révoquée, quand même le donataire serait entré en possession des biens donnés, et qu'il y aurait été laissé par le donateur depuis la survenance de l'enfant ; sans néanmoins que ledit donataire soit tenu de restituer les fruits par lui perçus, de quelque nature qu'ils soient, si ce n'est du jour que la naissance de l'enfant, ou sa légitimation par mariage subséquent, lui aura été notifiée par exploit ou autre acte en bonne forme ; et ce, quand même la demande pour rentrer dans les biens donnés, n'aurait été formée que postérieurement à ladite notification.

(c) ORD. fév. 1731.

ART. 12. Les biens compris dans la donation révoquée de plein droit, rentreront dans le patrimoine du donateur, libres de toutes charges et hypothèques du chef du donataire, sans qu'ils puissent

roquées ne pourront revivre, ou avoir de nouveau leur effet, ni par la mort de l'enfant du donateur, ni par aucun acte confirmatif; et si le donateur veut donner les mêmes biens au même donataire, soit avant ou après la mort de l'enfant par la naissance duquel la donation avait été révoquée, il ne le pourra faire que par une nouvelle disposition (a). — C. 931 a., 1339.

905. Toute clause ou convention par laquelle le donateur aurait renoncé à la révocation de la donation pour survenance d'enfant, sera regardée comme nulle, et ne pourra produire aucun effet (b). — C. 6, 900, 1133.

906. Le donataire, ses héritiers ou ayant-cause, ou autres détenteurs des choses données, ne pourront opposer la prescription pour faire valoir la donation révoquée par la survenance d'enfant, qu'après une possession de trente années, qui ne pourront commencer à courir que du jour de la naissance du dernier enfant du donateur, même posthume; et ce, sans préjudice des interruptions, telles que de droit (c). — C. 2242 a., 2251 a., 2262, 2264, 2265.

CHAPITRE V.

DES DISPOSITIONS TESTAMENTAIRES.

SECTION PREMIÈRE.

Des Règles générales sur la Forme des Testamens.

967. Toute personne pourra disposer par testament, soit sous le titre d'institution d'héritier, soit sous le titre de legs, soit sous toute autre dénomination propre à manifester sa

---

demeurer affectés, même subsidiairement, à la restitution de la dot de la femme dudit donataire, reprises, douaire, ou autres conventions matrimoniales; ce qui aura lieu, quand même la donation aurait été faite en faveur du mariage du donataire, et insérée dans le contrat, et que le donateur se serait obligé comme caution, par ladite donation, à l'exécution du contrat de mariage.

(a) Ord. fév. 1731.
Art. 43. Les donations ainsi révoquées ne pourront revivre, ou avoir de nouveau leur effet, ni par la mort de l'enfant du donateur, ni par aucun acte confirmatif; et si le donateur veut donner les mêmes biens au même donataire, soit avant ou après la mort de l'enfant, par la naissance duquel la donation avait été révoquée, il ne le pourra faire que par une nouvelle disposition.

(b) Ord. fév. 1731.
Art. 44. Toute clause ou convention par laquelle le donateur aurait renoncé à la révocation de la donation, pour survenance d'enfans, sera regardée comme nulle, et ne pourra produire aucun effet.

(c) Ord. fév. 1731.
Art. 45. Le donataire, ses héritiers ou ayant-cause, ou autres détenteurs des choses données, ne pourront opposer la prescription pour faire valoir la donation révoquée par la survenance d'enfant, qu'après une possession de trente années, qui ne pourront commencer à courir que du jour de la naissance du dernier enfant du donateur, même posthume; et ce, sans préjudice des interruptions telles que de droit.

volonté. — C. 895, 901 m., 968 m., 1002.

968. Un testament ne pourra être fait dans le même acte par deux ou plusieurs personnes, soit au profit d'un tiers, soit à titre de disposition réciproque et mutuelle (a). — C. 895, 1001, 1076, 1097.

969. Un testament pourra être olographe, ou fait par acte public ou dans la forme mystique (b). — C. 970 m.

970. Le testament olographe ne sera point valable, s'il n'est écrit en entier, daté et signé de la main du testateur; il n'est assujetti à aucune autre forme (c). — C. 999, 1001, 1007, 1008, 1323 m., 1328. — Pr. 916 m.

971. Le testament par acte public est celui qui est reçu par deux notaires, en présence de deux témoins, ou par un notaire, en présence de quatre témoins (d). — C. 972-975, 980,

---

(a) ORD. août 1735.

ART. 17. Abrogeons l'usage des testamens ou codicilles mutuels, ou faits conjointement, soit par mari et femme ou par d'autres personnes. Voulons qu'à l'avenir ils soient regardés comme nuls et de nul effet dans tous les pays de notre domination, sans préjudice néanmoins de l'exécution des actes de partage entre enfans et descendans, suivant ce qui a été réglé ci-dessus, et pareillement sans rien innover en ce qui concerne les donations mutuelles à cause de mort, jusqu'à ce qu'il y ait été par nous pourvu, suivant la réserve portée par l'article 46 de notre ordonnance du mois de février 1731.

(b) ORD. août 1735.

ART. 22. Dans tous les pays où les formalités établies par le droit écrit pour les dispositions de dernière volonté ne sont pas autorisées par les lois, statuts ou coutumes, il n'y aura à l'avenir que deux formes qui puissent avoir lieu pour lesdites dispositions, savoir : celle des testamens, codicilles ou autres dispositions olographes, suivant ce qui est porté à cet égard par les articles précédens, et celle des testamens, codicilles ou autres dispositions reçues par personnes publiques, selon ce qui sera pres-

crit ci-après : abrogeons toutes autres formes de disposer à cause de mort dans lesdits pays.

4. L'usage des testamens nuncupatifs écr... et des testamens mystiques ou secrets, continuera d'avoir lieu dans les pays de droit écrit et autres, où lesdites formes de tester sont autorisées par les coutumes ou statuts.

(c) ORD. août 1735.

ART. 20. Les testamens, codicilles et dispositions mentionnés dans l'article 19, seront étroitement écrits, datés et signés de la main de celui ou celle qui les aura faits.

3. Voulons que les dispositions qui seraient faites par lettres missives, soient regardées comme nulles et de nul effet.

(d) ORD. août 1735.

ART. 23. Les testamens, codicilles et autres dispositions de dernière volonté, qui se feront devant une personne publique, seront reçus par deux notaires ou tabellions, ou par un notaire ou tabellion, en présence de deux témoins, lesquels notaires ou tabellions, ou l'un d'eux, écriront les dernières volontés du testateur, telles qu'il les dictera, et lui en feront ensuite la lecture, de laquelle il sera fait une mention expresse, sans néanmoins qu'il soit nécessaire de se

1001. — Supp. *Notaire*, L. 25 vent. an XI, art. 8 sq. et L. 21 juin 1843, art. 4.

972. Si le testament est reçu par deux notaires, il leur est dicté par le testateur, et il doit être écrit par l'un de ces notaires, tel qu'il est dicté. — S'il n'y a qu'un notaire, il doit également être dicté par le testateur, et écrit par ce notaire. — Dans l'un et l'autre cas, il doit en être donné lecture au testateur, en présence des témoins. — Il est fait du tout mention expresse (1). — C. 971 *et la note*, 1001.

973. Ce testament doit être signé par le testateur : s'il déclare qu'il ne sait ou ne peut signer, il sera fait dans l'acte mention expresse de sa déclaration, ainsi que de la cause qui l'empêche de signer (a). — C. 971 *et la note*, 1001.

974. Le testament devra être signé par les témoins ; et néanmoins, dans les campagnes, il suffira qu'un des deux témoins signe, si le testament est reçu par deux notaires, et que deux des quatre témoins signent, s'il est reçu par un notaire (2). — C. 975, 1001. — Supp. *No-*

servir précisément de ces termes : *dicté, nommé, lu et relu sans suggestion*, ou autres requis par les coutumes ou statuts : après quoi ledit testament, codicille ou autre disposition de dernière volonté, sera signé par le testateur, ensemble par les deux notaires ou tabellions, ou par le notaire ou tabellion, et les deux témoins, et en cas que le testateur déclare qu'il ne sait ou ne peut signer, il en sera fait mention.

(1) Les notaires sont tenus, même pour les départemens où la langue française est peu usitée, d'écrire leurs actes en français ; seulement ils peuvent écrire à mi-marge de la minute fra. se la traduction en idiome du pays, lorsqu'ils en sont requis par les parties (Arr. 24 prair. an XI).

(a) Ord. *de Blois, mai* 1579.

Art. 165. Tous notaires ou tabellions, tant royaux qu'autres, soit en pays coutumier ou de droit écrit, seront tenus faire signer aux parties et aux témoins instrumentaires, s'ils savent signer, tous contrats et actes, soient testamens ou autres qu'ils recevront, dont

ils feront mention, tant en la minute que grosse qu'ils en délivreront, à peine de nullité desdits contrats, testamens ou actes, et d'amende arbitraire : et encore que les parties ou témoins ne sauront signer, lesdits notaires et tabellions feront mention de la réquisition par eux faite auxdites parties et témoins de signer, et de leur réponse : le tout nonobstant toutes lettres de déclaration que lesdits notaires pourraient avoir obtenues au contraire, lesquelles nous avons cassées et révoquées, encore qu'elles aient été vérifiées en nos cours de parlement.

L'article 84 de l'Ord. d'Orléans (janv. 1560) contenait une disposition semblable.

(2) Av. C. d'Ét. 20 *juin* 1810.

Le conseil d'État est d'avis ; — Que la peine de nullité prononcée par l'article 68 de la loi du 25 ventôse an XI ne doit être appliquée qu'au défaut de mention de la signature soit des parties, soit des témoins, et ne doit pas être appliquée au défaut de la mention de la signature des notaires qui ont reçu l'acte.

taire; L. 25 vent. an XI, art. 14, 68 (*a*).

975. Ne pourront être pris pour témoins du testament par acte public, ni les légataires, à quelque titre qu'ils soient, ni leurs parens ou alliés jusqu'au quatrième degré inclusivement, ni les clercs des notaires par lesquels les actes seront reçus (*b*). — C. 735 *s.*, 980, 1001. — Supp. *Notaire*, L. 25 vent. an XI, art. 8, 10.

976. Lorsque le testateur voudra faire un testament mystique ou secret, il sera tenu de signer ses dispositions, soit qu'il les ait écrites lui-même, ou qu'il les ait fait écrire par un autre. Sera le papier qui contiendra ses dispositions, ou le papier qui servira d'enveloppe, s'il y en a une, clos et scellé. Le testateur le présentera ainsi clos et scellé au notaire, et à six té-

moins au moins, ou il le fera clore et sceller en leur présence; et il déclarera que le contenu en ce papier est son testament écrit et signé de lui, ou écrit par un autre et signé de lui; le notaire en dressera l'acte de suscription, qui sera écrit sur ce papier ou sur la feuille qui servira d'enveloppe; cet acte sera signé tant par le testateur que par le notaire, ensemble par les témoins. Tout ce que dessus sera fait de suite et sans divertir à autres actes; et en cas que le testateur, par un empêchement survenu depuis la signature du testament, ne puisse signer l'acte de suscription, il sera fait mention de la déclaration qu'il en aura faite, sans qu'il soit besoin, en ce cas, d'augmenter le nombre des témoins (*c*). — C. 969, 977-980, 1001, 1007 *s.*

(*a*) ORD. *août* 1735.

ART. 13. Dans les cas et dans les pays où le nombre de deux témoins n'est pas suffisant, il ne pourra pareillement être admis que des témoins qui sachent et puissent signer lorsque les testamens, codicilles ou autres dispositions à cause de mort se feront dans les villes ou bourgs fermés. Voulons que dans les autres lieux il y ait au moins deux témoins qui sachent et puissent signer; et à l'égard de ceux qui ne sauront ou ne pourront le faire, il sera fait mention qu'ils ont été présens, et ont déclaré ne savoir ou ne pouvoir signer.

(*b*) ORD. *août* 1735.

ART. 12. Ne pourront être pris pour témoins les clercs, serviteurs ou domestiques du notaire ou tabellion, ou autre personne publique, qui recevra le testament,

codicille ou autre dernière disposition, ou l'acte de suscription.

13. Les héritiers institués ou substitués ne pourront être témoins en aucun cas; et, à l'égard des légataires universels ou particuliers, ils ne pourront l'être que pour l'acte de suscription du testament mystique dans les pays où cette forme de tester est reçue.

(*c*) ORD. *août* 1735.

ART. 9. Lorsque le testateur voudra faire un testament mystique ou secret, il sera tenu de signer ses dispositions, soit qu'il les ait écrites lui-même, ou qu'il les ait fait écrire par un autre; et sera le papier qui contiendra lesdites dispositions, ensemble le papier qui servira d'enveloppe, s'il y en a une, clos et scellé avec les précautions en tel cas requises et accoutumées; le testateur présentera ledit papier, ainsi clos et

977. Si le testateur ne sait signer, ou s'il n'a pu le faire lorsqu'il a fait écrire ses dispositions, il sera appelé à l'acte de suscription un témoin, outre le nombre porté par l'article précédent, lequel signera l'acte avec les autres témoins; et il y sera fait mention de la cause pour laquelle ce témoin aura été appelé (a). — C. 976, 980, 1001.

978. Ceux qui ne savent ou ne peuvent lire, ne pourront faire de dispositions dans la forme du testament mystique (b). — C. 1001.

979. En cas que le testateur ne puisse parler, mais qu'il puisse écrire, il pourra faire un testament mystique, à la charge que le testament sera entièrement écrit, daté et signé de sa main; qu'il le présentera au notaire et aux témoins, et qu'au haut de l'acte de suscription, il écrira, en leur présence, que le papier qu'il présente est son testament; après quoi le notaire écrira l'acte de suscription, dans lequel il sera fait mention que le testateur a écrit ces mots en présence du notaire et des témoins; et sera, au surplus, observé tout ce qui est prescrit par l'article 976 (c). — C. 936, 1001.

980. Les témoins appelés

scellé, à sept témoins au moins, y compris le notaire ou tabellion, ou il le fera clore et sceller en leur présence, et il déclarera que le contenu audit papier est son testament écrit et signé de lui, ou écrit par un autre, et signé de lui; ledit notaire ou tabellion en *dressera* l'acte de suscription, qui sera écrit sur ledit papier ou sur la feuille qui servira d'enveloppe, et sera ledit acte signé, tant par le testateur, que par le notaire ou tabellion, ensemble par les autres témoins, sans qu'il soit nécessaire d'y apposer le sceau de chacun desdits témoins. Tout ce que dessus sera fait de suite, et sans divertir à autres actes; et en cas que le testateur, par un empêchement survenu depuis la signature du testament, ne puisse signer l'acte de suscription, il sera fait mention de la déclaration qu'il en aura faite, sans qu'il soit besoin dans ce cas d'augmenter le nombre des témoins.

NOTA. Des lettres patentes (6 mars 1751) ont décidé que par le mot *dresser* il fallait entendre *écrire*.

(a) ORD. août 1735.

ART. 10. Si le testateur ne sait signer, ou s'il n'a pu le faire lorsqu'il a fait écrire ses dispositions, il sera appelé à l'acte de suscription un témoin, outre le nombre porté par l'article précédent, lequel signera ledit acte avec les autres témoins, et il y sera fait mention de la cause pour laquelle ledit témoin aura été appelé.

(b) ORD. août 1735.

ART. 11. Ceux qui ne savent ou ne peuvent lire, ne pourront faire de dispositions dans la forme du testament mystique.

(c) ORD. août 1735.

ART. 12. En cas que le testateur ne puisse parler, mais qu'il puisse écrire, il pourra faire un testament mystique, à la charge que ledit testament sera entièrement écrit, daté et signé de sa main; qu'il le présentera au notaire ou tabellion, et aux autres témoins; et qu'au haut de l'acte de suscription, il écrira en leur présence que le papier qu'il présente est son testament, après quoi

pour être présens aux testamens devront être mâles, majeurs, sujets du Roi, jouissant
des droits civils (a). — C. 7 s.,
13, 25, 28, 488, 975, 1001. — I.
Cr. 693. — P. 28, 34 3°, 42 7°.
— Supp. *Notaire*, L. 25 vent.
an XI, art. 9, 68.

SECTION II.

Des Règles particulières sur la Forme de certains Testamens.

981. Les testamens des militaires et des individus employés dans les armées pourront, en quelque pays que ce
soit, être reçus par un chef de
bataillon ou d'escadron, ou par
tout autre officier d'un grade
supérieur, en présence de deux
témoins, ou par deux commissaires des guerres, ou par un
de ces commissaires en pré-

sence de deux témoins (1). —
C. 980, 982 s., 998, 1001 (b).

982. Ils pourront encore,
si le testateur est malade ou
blessé, être reçus par l'officier
de santé en chef, assisté du commandant militaire chargé de la
police de l'hospice. — C. 981 et
la note, 983 s., 998, 1001.

983. Les dispositions des articles ci-dessus n'auront lieu
qu'en faveur de ceux qui seront
en expédition militaire, ou en
quartier, ou en garnison hors
du territoire français, ou prisonniers chez l'ennemi; sans
que ceux qui seront en quartier
ou en garnison dans l'intérieur
puissent en profiter, à moins
qu'ils ne se trouvent dans une
place assiégée ou dans une citadelle et autres lieux dont les
portes soient fermées et les
communications interrompues

---

ledit notaire ou tabellion écrira
l'acte de suscription, dans lequel
il sera fait mention que le testateur a écrit ces mots en présence
dudit notaire ou tabellion et des
témoins, et sera au surplus observé tout ce qui est prescrit par
l'article 9.

(a) ORD. *août* 1735.

ART. 39. Dans tous les actes à
cause de mort, où la présence des
témoins est nécessaire, l'âge desdits témoins demeurera fixé à celui de vingt ans accomplis, à l'exception des pays de droit écrit, où
il suffira que lesdits témoins aient
l'âge où il est permis de tester dans
lesdits pays.

40. Les témoins seront mâles,
regnicoles et capables des effets
civils, à l'exception seulement du
testament militaire dans lequel les
étrangers, non notés d'infamie,
pourront servir de témoins.

(1) « Les sous-intendans ont

remplacé les commissaires des guerres. » ORD. 29 juil. 1817.

(b) ORD. *août* 1735.

ART. 27. Les testamens, codicilles et autres dispositions à cause
de mort de ceux qui servent dans
nos armées, en quelque pays que
ce soit, pourront être faits en présence de deux notaires ou tabellions, ou d'un notaire ou tabellion et de deux témoins, ou en présence de deux des officiers ci-après
nommés, savoir : les majors et les
officiers d'un rang supérieur, les
prévôts des camps et armées, leurs
lieutenans ou greffiers et les commissaires des guerres, ou de l'un
desdits officiers avec deux témoins ;
et, en cas que le testateur soit malade ou blessé, il pourra aussi faire
ses dernières dispositions, en présence d'un des aumôniers de nos
troupes ou des hôpitaux avec deux
témoins, et ce, encore que lesdits
aumôniers fussent réguliers.

à cause de la guerre (a). — C. 981 s., 1001.

984. Le testament fait dans la forme ci-dessus établie sera nul six mois après que le testateur sera revenu dans un lieu où il aura la liberté d'employer les formes ordinaires (b). — C. 981 s.

985. Les testamens faits dans un lieu avec lequel toute communication sera interceptée à cause de la peste ou autre maladie contagieuse, pourront être faits devant le juge de paix, ou devant l'un des officiers municipaux de la commune, en présence de deux témoins. (c) — C. 35 note 1, 980, 988 s., 998, 1001.

986. Cette disposition aura lieu, tant à l'égard de ceux qui seraient attaqués de ces maladies, que de ceux qui seraient dans les lieux qui en sont infectés, encore qu'ils ne fussent pas actuellement malades (d). — C. 985, 987.

987. Les testamens mentionnés aux deux précédens articles deviendront nuls six mois après que les communications auront été rétablies dans le lieu où le testateur se trouve, ou six mois après qu'il aura passé dans un lieu où elles ne seront point interrompues (e).

988. Les testamens faits sur mer, dans le cours d'un voyage,

(a) Ord. août 1735.

Art. 30. La disposition des articles 27, 28 et 29, n'aura lieu qu'en faveur de ceux qui seront actuellement en expédition militaire, ou qui seront en quartier, ou en garnison hors le Royaume, ou prisonniers chez les ennemis, sans que ceux qui seront en quartier ou en garnison dans le Royaume, puissent profiter de la disposition desdits articles, si ce n'est qu'ils fussent dans une place assiégée ou dans une citadelle ou autre lieu, dont les portes fussent fermées et la communication interrompue à cause de la guerre.

(b) Ord. août 1735.

Art. 32. Les testamens, codicilles et autres dispositions à cause de mort mentionnés dans l'article 31, demeureront nuls, six mois après que celui qui les aura faits, sera revenu dans un lieu où il puisse avoir la liberté de tester en la forme ordinaire, si ce n'est qu'ils fussent faits dans les formes qui sont requises de droit commun, dans le lieu où ils auront été faits.

(c) Ord. août 1735.

Art. 33. En temps de peste, les testamens, codicilles ou autres dispositions à cause de mort, pourront être faits, en quelque pays que ce soit, en présence de deux notaires ou tabellions ou de deux des officiers de justice royale, seigneuriale ou municipale, jusqu'aux greffiers inclusivement, ou par-devant un notaire ou tabellion avec deux témoins, ou par-devant un des officiers ci-dessus nommés, aussi avec deux témoins, ou en présence du curé ou desservant, ou vicaire ou autre prêtre chargé d'administrer les sacremens aux malades, quand même il serait régulier, et de deux témoins.

(d) Ord. août 1735.

Art. 36. La disposition des articles 33, 34 et 35, aura lieu, tant à l'égard de ceux qui seraient attaqués de la peste, que pour ceux qui seraient dans les lieux infectés de ladite maladie, encore qu'ils ne fussent pas actuellement malades.

(e) Ord. août 1735.

Art. 37. Les testamens, codicilles et autres dispositions à cause

pourront être reçus, savoir : — A bord des vaisseaux et autres bâtimens du Roi, par l'officier commandant le bâtiment, ou, à son défaut, par celui qui le supplée dans l'ordre du service, l'un ou l'autre conjointement avec l'officier d'administration ou avec celui qui en remplit les fonctions ; — Et à bord des bâtimens de commerce, par l'écrivain du navire ou celui qui en fait les fonctions, l'un ou l'autre conjointement avec le capitaine, le maître ou le patron, ou, à leur défaut, par ceux qui les remplacent. — Dans tous les cas, ces testamens devront être reçus en présence de deux témoins (a). — C. 980, 989-993, 1001.

989. Sur les bâtimens du Roi, le testament du capitaine ou celui de l'officier d'administration, et, sur les bâtimens de commerce, celui du capitaine, du maître ou patron, ou celui de l'écrivain, pourront être reçus par ceux qui viennent après eux dans l'ordre du service, en se conformant pour le surplus aux dispositions de l'article précédent. — C. 990 s., 1001.

990. Dans tous les cas, il sera fait un double original des testamens mentionnés aux deux articles précédens.

991. Si le bâtiment aborde dans un port étranger dans lequel se trouve un consul de France, ceux qui auront reçu le testament, seront tenus de déposer l'un des originaux, clos ou cacheté, entre les mains de ce consul, qui le fera parvenir au ministre de la marine ; et celui-ci en fera faire le dépôt au greffe de la justice de paix du lieu du domicile du testateur. — C. 102, 993 s.

992. Au retour du bâtiment en France, soit dans le port de l'armement, soit dans un port autre que celui de l'armement, les deux originaux du testament, également clos et cachetés, ou l'original qui resterait, si, conformément à l'article précédent, l'autre avait été déposé pendant le cours du voyage, seront remis au bureau du préposé de l'inscription maritime ; ce préposé les fera passer sans délai au ministre de la marine, qui en ordonnera le dépôt, ainsi qu'il est dit au même article. — C. 993.

993. Il sera fait mention sur le rôle du bâtiment, à la marge,

---

de mort, mentionnés dans les articles 33, 34, 35 et 36, demeureront aussi six mois après que le commerce aura été rétabli dans le lieu où le testateur se trouvera, ou qu'il aura passé dans un lieu où le commerce n'est point interdit, si ce n'est qu'on eût observé, dans lesdits actes, les formes requises de droit commun dans le lieu où ils auront été faits.

(a) Ord. août 1681, liv. III, tit. XI.

ART. 1er. Les testamens faits sur mer par ceux qui décéderont dans les voyages, seront réputés valables, s'ils sont écrits et signés de la main du testateur, ou reçus par l'écrivain du vaisseau en présence de trois témoins qui signeront avec le testateur ; et si le testateur ne peut ou ne sait signer, il sera fait mention de la cause pour laquelle il n'aura pas signé.

2. Aucun ne pourra, par testament reçu par l'écrivain, disposer que des effets qu'il aura dans le vaisseau, et des gages qui lui seront dus.

du nom du testateur, de la remise qui aura été faite des originaux du testament, soit entre les mains d'un consul, soit au bureau d'un préposé de l'inscription maritime. — C. 991 s.

994. Le testament ne sera point réputé fait en mer, quoiqu'il l'ait été dans le cours du voyage, si, au temps où il a été fait, le navire avait abordé une terre, soit étrangère, soit de la domination française, où il y aurait un officier public français; auquel cas, il ne sera valable qu'autant qu'il aura été dressé suivant les formes prescrites en France, ou suivant celles usitées dans les pays où il aura été fait. — C. 969 s., 999, 1001.

995. Les dispositions ci-dessus seront communes aux testamens faits par les simples passagers qui ne feront point partie de l'équipage. — C. 988 s.

996. Le testament fait sur mer, en la forme prescrite par l'article 988, ne sera valable qu'autant que le testateur mourra en mer, ou dans les trois mois après qu'il sera descendu à terre, et dans un lieu où il aura pu le refaire dans les formes ordinaires. — C. 969 s., 909, 1001.

997. Le testament fait sur mer ne pourra contenir aucune disposition au profit des officiers du vaisseau, s'ils ne sont parens du testateur (a). — C. 988 s., 1001.

998. Les testamens compris dans les articles ci-dessus de la présente section, seront signés par les testateurs et par ceux qui les auront reçus. — Si le testateur déclare qu'il ne sait ou ne peut signer, il sera fait mention de sa déclaration, ainsi que de la cause qui l'empêche de signer. — Dans les cas où la présence de deux témoins est requise, le testament sera signé au moins par l'un d'eux, et il sera fait mention de la cause pour laquelle l'autre n'aura pas signé (b). — C. 973, 974, 981 s., 988 note, 1001.

999. Un Français qui se trouvera en pays étranger, pourra faire ses dispositions testamentaires par acte sous signature privée, ainsi qu'il est prescrit en l'article 970, ou par acte authentique, avec les for-

---

(a) Ord. sur la marine, août 1681, liv. III, tit. XI.

Art. 3. Ne pourront les mêmes dispositions valoir au profit des officiers du vaisseau, s'ils ne sont parens du testateur.

(b) Ord. août 1735.

Art. 24. Le testateur signera les testamens, codicilles ou autres dernières dispositions mentionnées dans l'article 27, s'il sait ou peut signer, et en cas qu'il déclare ne savoir ou ne pouvoir le faire, il en sera fait mention. Seront lesdits actes pareillement signés par celui ou ceux qui les recevront, ensemble par les témoins, sans néanmoins qu'il soit nécessaire d'appeler des témoins qui sachent et puissent signer, si ce n'est lorsque le testateur ne saura ou ne pourra le faire; et à la réserve de ce cas, lorsque les témoins, ou l'un d'eux, déclareront qu'ils ne savent ou ne peuvent signer, il suffira d'en faire mention.

34. Ce qui a été réglé par l'article 24 pour les testamens militaires, sur la signature, tant du testateur que de celui ou ceux qui recevront le testament et des témoins, sera aussi observé par rapport aux testamens, codicilles ou autres dispositions faites en temps de peste.

mes usitées dans le lieu où cet acte sera passé (1). — C. 995, 1000, 1317.

1000. Les testamens faits en pays étranger ne pourront être exécutés sur les biens situés en France, qu'après avoir été enregistrés au bureau du domicile du testateur, s'il en a conservé un, sinon au bureau de son dernier domicile connu en France; et dans le cas où le testament contiendrait des dispositions d'immeubles qui y seraient situés, il devra être, en outre, enregistré au bureau de la situation de ces immeubles, sans qu'il puisse être exigé un double droit. — C. 103, 999.

1001. Les formalités auxquelles les divers testamens sont assujettis par les dispositions de la présente section et de la précédente, doivent être observées à peine de nullité(a).

SECTION III.

Des Institutions d'héritier, et des Legs en général.

1002. Les dispositions testamentaires sont ou universelles, ou à titre universel, ou à titre particulier. — Chacune de ces dispositions, soit qu'elle ait été faite sous la dénomination d'institution d'héritier, soit qu'elle ait été faite sous la dénomination de legs, produira son effet suivant les règles ci-après établies pour les legs universels, pour les legs à titre universel, et pour les legs particuliers. — C. 893, 967, 1003 ., 1010 ., 1014 .

SECTION IV.

Du Legs universel.

1003. Le legs universel est la disposition testamentaire par laquelle le testateur donne à une ou plusieurs personnes l'universalité des biens qu'il laissera à son décès.

1004. Lorsqu'au décès du testateur il y a des héritiers auxquels une quotité de ses biens est réservée par la loi, ces héritiers sont saisis de plein droit, par sa mort, de tous les biens de la succession; et le légataire universel est tenu de leur demander la délivrance des biens compris dans le testament. — C. 724, 913 ., 1005.

---

(1) ORD. sur la marine, août 1681, liv. I, tit. IX.

ART. 21. Les testamens reçus par le chancelier dans l'étendue du consulat en présence du consul et de deux témoins et signés d'eux, seront réputés solennels.

Nota. Une circulaire du ministre des affaires étrangères, du 22 mars 1834, décide que nos lois nouvelles n'ont porté aucune atteinte au droit accordé aux chanceliers de consulat par cet article 21, qui dès lors est encore en vigueur. La même circulaire décide que les chanceliers assistés des consuls, peuvent recevoir des testamens mystiques et en dresser l'acte de suscription en se conformant aux articles 976, 977, 978 et 979 du Code civil.

(a) ORD. août 1735.

ART. 47. Toutes les dispositions de la présente ordonnance qui concernent la date et la forme des testamens, codicilles ou autres actes de dernière volonté, et les qualités des témoins, seront exécutées à peine de nullité, sans préjudice des autres moyens tirés des dispositions des lois ou des coutumes,

1005. Néanmoins, dans les mêmes cas, le légataire universel aura la jouissance des biens compris dans le testament, à compter du jour du décès, si la demande en délivrance a été faite dans l'année, depuis cette époque; sinon, cette jouissance ne commencera que du jour de la demande formée en justice, ou du jour que la délivrance aurait été volontairement consentie. — C. 138, 549 s., 928, 1004. — Pr. 57.

1006. Lorsqu'au décès du testateur il n'y aura pas d'héritiers auxquels une quotité de ses biens soit réservée par la loi, le légataire universel sera saisi de plein droit par la mort du testateur, sans être tenu de demander la délivrance. — C. 724, 916, except. 1008, 1026 s.

1007. Tout testament olographe sera, avant d'être mis à exécution, présenté au président du tribunal de première instance de l'arrondissement dans lequel la succession est ouverte. Ce testament sera ouvert, s'il est cacheté. Le président dressera procès-verbal de la présentation, de l'ouverture et de l'état du testament, dont il ordonnera le dépôt entre les mains du notaire par lui commis. — Si le testament est dans la forme mystique, sa présentation, son ouverture, sa description et son dépôt, seront faits de la même manière; mais l'ouverture ne pourra se faire qu'en présence de ceux des notaires et des témoins, signataires de l'acte de subscription, qui se trouveront sur les lieux, ou eux appelés. — C. 110, 970, 976 s., 1006. — Pr. 916 s.

1008. Dans le cas de l'article 1006, si le testament est olographe ou mystique, le légataire universel sera tenu de se faire envoyer en possession, par une ordonnance du président, mise au bas d'une requête à laquelle sera joint l'acte de dépôt. — C. 970, 976 s. — T. 1er, art. 78 § 12, 19.

1009. Le légataire universel qui sera en concours avec un héritier auquel la loi réserve une quotité des biens, sera tenu des dettes et charges de la succession du testateur, personnellement pour sa part et portion, et hypothécairement pour le tout; et il sera tenu d'acquitter tous les legs, sauf le cas de réduction, ainsi qu'il est expliqué aux articles 926 et 927. — C. 610 s., 871, 913 s., 1012, 2111.

SECTION V.
Du Legs à titre universel.

1010. Le legs à titre universel est celui par lequel le testateur lègue une quote-part des biens dont la loi lui permet de disposer, telle qu'une moitié, un tiers, ou tous ses immeubles, ou tout son mobilier, ou une quotité fixe de tous ses immeubles ou de tout son mobilier. — Tout autre legs ne forme qu'une disposition à titre particulier. — C. 610, 612, 1003, 1014 s.

1011. Les légataires à titre universel seront tenus de demander la délivrance aux hé-

ou de la suggestion et captation desdits actes, lesquelles pourront être alléguées, sans qu'il soit né-

cessaire de s'inscrire en faux à cet effet, pour y avoir par nos juges tel égard qu'il appartiendra.

ritiers auxquels une quotité des biens est réservée par la loi; à leur défaut, aux légataires universels; et à défaut de ceux-ci, aux héritiers appelés dans l'ordre établi au titre *des Successions.* — C. 724, 731 s., 913 s., 1003, 1014.

1012. Le légataire à titre universel sera tenu, comme le légataire universel, des dettes et charges de la succession du testateur, personnellement pour sa part et portion, et hypothécairement pour le tout. — C. 610, 612, 871, 1009, 1013, 2111, 2114.

1013. Lorsque le testateur n'aura disposé que d'une quotité de la portion disponible, et qu'il l'aura fait à titre universel, ce légataire sera tenu d'acquitter les legs particuliers par contribution avec les héritiers naturels. — C. 871 s., 913 s., 1009, 1017.

SECTION VI.

Des Legs particuliers.

1014. Tout legs pur et simple donnera au légataire, du jour du décès du testateur, un droit à la chose léguée, droit transmissible à ses héritiers ou ayant-cause. — Néanmoins le légataire particulier ne pourra se mettre en possession de la chose léguée, ni en prétendre les fruits ou intérêts, qu'à compter du jour de sa demande en délivrance, formée suivant l'ordre établi par l'article 1011, ou du jour auquel cette délivrance lui aurait été volontairement consentie. — C. 549 s., 583 s., 604, 1003, 1015 s. — Pr. 57.

1015. Les intérêts ou fruits de la chose léguée courront au profit du légataire, dès le jour du décès, et sans qu'il ait formé sa demande en justice, — 1° Lorsque le testateur aura expressément déclaré sa volonté, à cet égard, dans le testament; — 2° Lorsqu'une rente viagère ou une pension aura été léguée à titre d'alimens. — C. 1014, 1969.

1016. Les frais de la demande en délivrance seront à la charge de la succession, sans néanmoins qu'il puisse en résulter de réduction de la réserve légale. — Les droits d'enregistrement seront dus par le légataire. — Le tout, s'il n'en a été autrement ordonné par le testament. — Chaque legs pourra être enregistré séparément, sans que cet enregistrement puisse profiter à aucun autre qu'au légataire ou à ses ayant-cause. — C. 913 s., 1011, 1248.

1017. Les héritiers du testateur, ou autres débiteurs d'un legs, seront personnellement tenus de l'acquitter, chacun au prorata de la part et portion dont ils profiteront dans la succession. — Ils en seront tenus hypothécairement pour le tout, jusqu'à concurrence de la valeur des immeubles de la succession dont ils seront détenteurs. — C. 610, 612, 724, 870 s., 1009, 1012 s., 2111, 2114.

1018. La chose léguée sera délivrée avec les accessoires nécessaires, et dans l'état où elle se trouvera au jour du décès du donateur. — C. 523 s., 546 s., 1019 s., 1038, 1043, 1064, 1245.

1019. Lorsque celui qui a légué la propriété d'un immeuble, l'a ensuite augmentée par des acquisitions, ces acquisitions, fussent-elles contiguës, ne seront pas censées, sans une nouvelle disposition, faire partie du legs. — Il en sera autrement des embellissemens, ou des constructions nouvelles faites sur le fonds légué, ou d'un enclos dont le testateur aurait augmenté l'enceinte.—C. 1018.

1020. Si, avant le testament ou depuis, la chose léguée a été hypothéquée pour une dette de la succession, ou même pour la dette d'un tiers, ou si elle est grevée d'un usufruit, celui qui doit acquitter le legs n'est point tenu de la dégager, à moins qu'il n'ait été chargé de le faire par une disposition expresse du testateur. — C. 611, 871, 874, 1038, 2168, 2178.

1021. Lorsque le testateur aura légué la chose d'autrui, le legs sera nul, soit que le testateur ait connu ou non qu'elle ne lui appartenait pas. — C. 1423, 1599.

1022. Lorsque le legs sera d'une chose indéterminée, l'héritier ne sera pas obligé de la donner de la meilleure qualité, et il ne pourra l'offrir de la plus mauvaise. — C. 1021, 1246.

1023. Le legs fait au créancier ne sera pas censé en compensation de sa créance, ni le legs fait au domestique en compensation de ses gages.— C. 1289 s., 1350, 1352.

1024. Le légataire à titre particulier ne sera point tenu des dettes de la succession, sauf la réduction du legs ainsi qu'il est dit ci-dessus, et sauf l'action hypothécaire des créanciers. — C. 611, 871, 874, 925-927, 1251 5o.

SECTION VII.

Des Exécuteurs testamentaires.

1025. Le testateur pourra nommer un ou plusieurs exécuteurs testamentaires.

1026. Il pourra leur donner la saisine du tout, ou seulement d'une partie de son mobilier; mais elle ne pourra durer au-delà de l'an et jour à compter de son décès. — S'il ne la leur a pas donnée, ils ne pourront l'exiger. — C. 535, 724, 1006, 1027.

1027. L'héritier pourra faire cesser la saisine, en offrant de remettre aux exécuteurs testamentaires somme suffisante pour le paiement des legs mobiliers, ou en justifiant de ce paiement. — C. 1026.

1028. Celui qui ne peut s'obliger, ne peut pas être exécuteur testamentaire. — C. 1029, 10.0, 1124 et la note; 1990.

1029. La femme mariée ne pourra accepter l'exécution testamentaire qu'avec le consentement de son mari. — Si elle est séparée de biens, soit par contrat de mariage, soit par jugement, elle le pourra avec le consentement de son mari, ou, à son refus, autorisée par la justice, conformément à ce qui est prescrit par les articles 217 et 219, au titre du Mariage. — C. 1028, 1124, 1990.

1030. Le mineur ne pourra être exécuteur testamentaire, même avec l'autorisation de son tuteur ou curateur. — C. 388, 480 s., 1028, 1124, 1990.

1031. Les exécuteurs testamentaires feront apposer les scellés, s'il y a des héritiers mineurs, interdits ou absens. — Ils feront faire, en présence de l'héritier présomptif, ou lui dûment appelé, l'inventaire des biens de la succession. — Ils provoqueront la vente du mobilier, à défaut de deniers suffisans pour acquitter les legs. — Ils veilleront à ce que le testament soit exécuté; et ils pourront, en cas de contestation sur son exécution, intervenir pour en soutenir la validité. — Ils devront, à l'expiration de l'année du décès du testateur, rendre compte de leur gestion. — C. 819, 1034. — Pr. 126, 132, 339 s., 527 s., 911, 941 s., 945 s.

1032. Les pouvoirs de l'exécuteur testamentaire ne passeront point à ses héritiers.— C. 2003, 2010.

1033. S'il y a plusieurs exécuteurs testamentaires qui aient accepté, un seul pourra agir au défaut des autres; et ils seront solidairement responsables du compte du mobilier qui leur a été confié, à moins que le testateur n'ait divisé leurs fonctions, et que chacun d'eux ne se soit renfermé dans celle qui lui était attribuée. — C. 1200 s., 1995. — Pr. 126, 132.

1034. Les frais faits par l'exécuteur testamentaire pour l'apposition des scellés, l'inventaire, le compte et les autres frais relatifs à ses fonctions, seront à la charge de la succession. — C. 1031, 2101 1º.

SECTION VIII.

De la Révocation des Testamens, et de leur Caducité.

1035. Les testamens ne pourront être révoqués, en tout ou en partie, que par un testament postérieur, ou par un acte devant notaires, portant déclaration du changement de volonté (a) — C. 893, 969 s.,

981 s., 1038. —Supp. *Notaire*, L. 21 juin 1843, art. 2.

1036. Les testamens postérieurs qui ne révoqueront pas d'une manière expresse les précédens, n'annulleront, dans ceux-ci, que celles des dispositions y contenues qui se trouveront incompatibles avec les nouvelles, ou qui seront contraires. — C. 895.

1037. La révocation faite dans un testament postérieur aura tout son effet, quoique ce nouvel acte reste sans exécution par l'incapacité de l'héritier institué ou du légataire, ou par leur refus de recueillir. — C. 906 s., 1035, 1039 s.

1038. Toute aliénation, celle même par vente avec faculté de rachat ou par échange, que fera le testateur de tout ou de partie de la chose léguée, emportera la révocation du legs pour tout ce qui a été aliéné, encore que l'aliénation postérieure soit nulle, et que l'objet soit rentré dans la main du testateur. — C. 1020, 1658 s., 1703 s.

1039. Toute disposition testamentaire sera caduque, si celui en faveur de qui elle est faite, n'a pas survécu au testateur. — C. 25, 135, 720 s., 925, 1040, 1088, 1089.

1040. Toute disposition testamentaire faite sous une condition dépendante d'un événement incertain, et telle, que, dans l'intention du testateur, cette disposition ne doive être exécutée qu'autant que l'événement arrivera ou n'arrivera pas, sera caduque, si l'héritier

---

(a) Ord. *août* 1735. Art. 76. Abrogeons l'usage des clauses dérogatoires dans tous testamens, codicilles ou dispositions à cause de mort; voulons qu'à l'avenir elles soient regardées comme nulles et de nul effet, en quelques termes qu'elles soient conçues.

institué ou le légataire décède avant l'accomplissement de la condition. — C. 1168 »., 1179.

1041. La condition qui, dans l'intention du testateur, ne fait que suspendre l'exécution de la disposition, n'empêchera pas l'héritier institué, ou le légataire, d'avoir un droit acquis et transmissible à ses héritiers. — C. 1014, 1168, 1181 »., 1185 ».

1042. Le legs sera caduc, si la chose léguée a totalement péri pendant la vie du testateur. — Il en sera de même, si elle a péri depuis sa mort, sans le fait et la faute de l'héritier, quoique celui-ci ait été mis en retard de la délivrer, lorsqu'elle eût également dû périr entre les mains du légataire. — C. 1138, 1139, 1302 ».

1043. La disposition testamentaire sera caduque, lorsque l'héritier institué ou le légataire la répudiera, ou se trouvera incapable de la recueillir. — C. 785, 906 »., 1046.

1044. Il y aura lieu à accroissement au profit des légataires, dans le cas où le legs sera fait à plusieurs conjointement. — Le legs sera réputé fait conjointement, lorsqu'il le sera par une seule et même disposition, et que le testateur n'aura pas assigné la part de chacun des colégataires dans la chose léguée. — C. 786, 1045, 1350, 1352.

1045. Il sera encore réputé fait conjointement, quand une chose qui n'est pas susceptible d'être divisée sans détérioration, aura été donnée par le même acte à plusieurs personnes, même séparément. — C. 1044, 1217 »., 1350, 1352.

1046. Les mêmes causes qui, suivant l'article 954 et les deux premières dispositions de l'article 955, autoriseront la demande en révocation de la donation entre-vifs, seront admises pour la demande en révocation des dispositions testamentaires. — C. 956-958, 1047.

1047. Si cette demande est fondée sur une injure grave faite à la mémoire du testateur, elle doit être intentée dans l'année, à compter du jour du délit. — C. 957, 1046.

CHAPITRE VI.

DES DISPOSITIONS PERMISES EN FAVEUR DES PETITS-ENFANS DU DONATEUR OU TESTATEUR, OU DES ENFANS DE SES FRÈRES ET SŒURS.

1048. Les biens dont les pères et mères ont la faculté de disposer, pourront être par eux donnés, en tout ou en partie, à un ou plusieurs de leurs enfans, par actes entre-vifs ou testamentaires, avec la charge de rendre ces biens aux enfans nés et à naître, au premier degré seulement, desdits donataires (a). —

(a) L. sur les substitutions, 17 mai 1826.

ART. UNIQUE. Les biens dont il est permis de disposer, aux termes des articles 913, 915 et 916 du Code civil, pourront être donnés en tout ou en partie, par acte entre-vifs ou testamentaire, avec la charge de les rendre à un ou plusieurs enfans du donataire, nés ou à naître, jusqu'au deuxième degré inclusivement. — Seront observés, pour l'exécution de cette disposition, les articles 1051 et

— C. 896 n., 913 n. (1).

1049. Sera valable, en cas de mort sans enfans, la disposition que le défunt aura faite par acte entre-vifs ou testamentaire, au profit d'un ou plusieurs de ses frères ou sœurs, de tout ou partie des biens qui ne sont point réservés par la loi dans sa succession, avec la charge de rendre ces biens aux enfans nés et à naître, au premier degré seulement, desdits frères ou sœurs donataires. — C. 1048, *note* 1.

1050. Les dispositions permises par les deux articles précédens ne seront valables qu'autant que la charge de restitution sera au profit de tous les enfans nés et à naître du grevé, sans exception ni pré-

férence d'âge ou de sexe. — C. 1048, *note* 1.

1051. Si, dans les cas ci-dessus, le grevé de restitution au profit de ses enfans, meurt, laissant des enfans au premier degré et des descendans d'un enfant prédécédé, ces derniers recueilleront, par représentation, la portion de l'enfant prédécédé (a). — C 739 n., 745.

1052. Si l'enfant, le frère ou la sœur auxquels des biens auraient été donnés par acte entre-vifs, sans charge de restitution, acceptent une nouvelle libéralité faite par acte entre vifs ou testamentaire, sous la condition que les biens précédemment donnés demeureront grevés de cette charge, il ne leur est plus permis de

---

suivans du Code civil jusques et y compris l'article 1074.

Ord. *août* 1747, *tit.* I

Art. 30. L'article 59 de l'ordonnance d'Orléans sera exécuté, et en conséquence toutes les substitutions faites, soit par contrat de mariage ou autre acte entre-vifs, soit par dispositions à cause de mort, en quelques termes qu'elles soient conçues, ne pourront s'étendre au-delà de deux degrés de substitués outre le donataire, l'héritier institué ou légataire, ou autre qui aura recueilli le premier les biens du donateur ou du testateur. N'entendons déroger par la présente disposition à l'article 57 de l'ordonnance de Moulins, par rapport aux substitutions, qui seraient antérieures à ladite ordonnance.

(1) Loi 7-11 *mai* 1849. *sur les majorats et les substitutions.*

Art. 8. La loi du 17 mai 1826, sur les substitutions, est abrogée.

9. Les substitutions déjà établies sont maintenues au profit

de tous les appelés nés ou conçus lors de la promulgation de la présente loi. — Lorsqu'une substitution sera recueillie par un ou plusieurs des appelés dont il vient d'être parlé, elle profitera à tous les autres appelés du même degré, ou à leurs représentans quelle que soit l'époque où leur existence aura commencé.

(a) Ord. *août* 1747, *tit.* I.

Art. 21. La représentation n'aura point lieu dans les substitutions, soit en directe ou en collatérale, et soit que ceux en faveur de qui la substitution aura été faite y aient été appelés collectivement, ou qu'ils aient été désignés en particulier, et nommés suivant l'ordre de la parenté qu'ils avaient avec l'auteur de la substitution; le tout, à moins qu'il n'ait ordonné par une disposition expresse que la représentation y aurait lieu, ou que la substitution serait déférée suivant l'ordre des successions légitimes.

diviser les deux dispositions faites à leur profit, et de renoncer à la seconde pour s'en tenir à la première, quand même ils offriraient de rendre les biens compris dans la seconde disposition (a). — C. 1119, 1121.

1052. Les droits des appelés seront ouverts à l'époque où, par quelque cause que ce soit, la jouissance de l'enfant,

du frère ou de la sœur, grevés de restitution, cessera : l'abandon anticipé de la jouissance au profit des appelés, ne pourra préjudicier aux créanciers du grevé antérieurs à l'abandon (b). — C. 618, 633, 783, 1057, 1167, 1465, 2125.

1054. Les femmes des grevés ne pourront avoir, sur les biens à rendre, de recours

---

(a) ORD. août 1747, tit. I.

ART. 13. Les biens qui auront été donnés par un contrat de mariage ou par une donation entre-vifs, sans aucune charge de substitution, ne pourront en être grevés par une donation ou disposition postérieure, encore qu'il s'agisse d'une donation faite par un père à ses enfans, que la substitution comprenne expressément les biens donnés, et qu'elle soit faite en faveur des enfans ou descendans du donateur ou du donataire.

11. Les substitutions faites par un contrat de mariage ou par une donation entre-vifs, bien et dûment acceptées, ne pourront être révoquées, ni les clauses d'icelles changées, augmentées ou diminuées par aucune convention ou disposition postérieure, même du consentement du donataire ; et en cas qu'il renonce à la donation faite en sa faveur, la substitution sera ouverte au profit de ceux qui y auront été appelés.

12. La disposition de l'article précédent aura lieu pareillement par rapport aux institutions contractuelles. Voulons que lesdites institutions, comme aussi les substitutions qui y seront appelées, soient irrévocables, soit entre nobles ou entre roturiers, dans tous les pays où elles sont en usage.

28. Celui qui sera appelé à une substitution fidéicommissai-

re pourra y renoncer, soit après qu'elle aura été ouverte à son profit, soit avant que le droit lui en soit échu ; mais, dans ce dernier cas, la renonciation ne sera valable que lorsqu'elle sera faite par un acte passé par-devant notaires avec celui qui se trouvera chargé de la substitution, ou avec le substitué qui sera appelé après celui qui renoncera, duquel acte il restera minute, à peine de nullité.

(b) ORD. août 1747, tit. I.

ART. 42. La restitution du fidéicommis faite avant le temps de son échéance par quelque acte que ce soit, ne pourra empêcher que les créanciers du grevé de substitution qui seront antérieurs à ladite remise, ne puissent exercer sur les biens substitués les mêmes droits et actions, que s'il n'y avait point eu de restitution anticipée, et ce, jusqu'au temps où le fidéicommis devait être restitué, ce qui aura lieu, même à l'égard des créanciers chirographaires, pourvu que leurs créances aient une date certaine avant ladite remise.

43. Ne pourra pareillement ladite restitution anticipée nuire à ceux qui auraient acquis des biens substitués de celui qui aura fait ladite restitution, et ils ne pourront être évincés par celui à qui elle aura été faite qu'après le temps où le fidéicommis aurait dû lui être restitué.

11

subsidiaire, en cas d'insuffisance des biens libres. que
pour le capital des de. ar. dotaux, et dans le cas seulement
où le testateur l'aurait expressément ordonné (a). — C. 1540,
1564, 1573, 2121, 2125, 2135.

1055. Celui qui fera les
dispositions autorisées par les
articles précédens, pourra, par
le même acte, ou par un acte
postérieur, en forme authentique, nommer un tuteur chargé
de l'exécution de ces dispositions : ce tuteur ne pourra être
dispensé que pour une des causes exprimées à la section VI
du chapitre II du titre *de la
Minorité, de la Tutelle et de*

l'*Émancipation* (b). — C. 427 s.,
1073, 1180, 1317.

1056. À défaut de ce tuteur,
il en sera nommé un à la diligence du grevé, ou de son tuteur s'il est mineur, dans le
délai d'un mois, à compter du
jour du décès du donateur ou
testateur, ou du jour que, depuis cette mort, l'acte contenant la disposition aura été
connu. — C. 405 s., 1055 *et la
note*, 1057 s., 1074. — Pr. 882 s.

1057. Le grevé qui n'aura
pas satisfait à l'article précédent, sera déchu du bénéfice
de la disposition ; et dans ce
cas, le droit pourra être déclaré ouvert au profit des ap-

(a) Ord. août 1747, *tit.* I.

Art. 44. L'hypothèque ou le recours subsidiaire accordé aux femmes sur les biens substitués, en
cas d'insuffisance des biens libres,
aura lieu, tant pour le fonds ou
le capital de la dot, que pour les
fruits ou intérêts qui en seront
dus.

L'article 45 accordait à la femme et à ses enfans le recours subsidiaire sur les biens substitués,
tant pour le fonds que pour les arrérages du douaire, soit coutumier
ou préfix. — L'article 46 accordait aussi ce recours subsidiaire
pour l'augment de dot. — L'article 49 refusait à la femme tout
recours subsidiaire, sur les biens
substitués, pour le préciput, la donation de bagues et joyaux, et pour
toutes autres libéralités et stipulations non comprises dans les articles 44, 45 et 46. — L'article 49 lui refusait également tout
recours pour la récompense de ses
propres, aliénés de son consentement, pendant le mariage.

Tit. II, art. 31. Toutes les
aliénations faites par le grevé ou

par un des substitués, au préjudice de la substitution, à compter du jour qu'elle doit avoir son
effet contre les créanciers et les
tiers acquéreurs, ne pourront nuire aux substitués ; et en cas qu'ils
revendiquent les biens aliénés,
les acquéreurs seront tenus de
les délaisser, sauf leur recours
sur les biens libres du vendeur ;
ce qui sera observé encore que le
substitué se trouve en même temps
héritier pur et simple du vendeur,
sans néanmoins qu'en ce cas, il
puisse déposséder l'acquéreur,
qu'après l'avoir remboursé entièrement du prix de l'aliénation,
frais et loyaux coûts.

(b) Ord. août 1747, *tit.* II.

Art. 5. En cas que le premier
substitué soit sous la puissance
paternelle dans les pays où elle a
lieu, et que le père soit chargé
de substitution envers lui, il lui
sera nommé un tuteur ou curateur à l'effet dudit inventaire ; et
si le premier substitué n'est pas
encore né, il sera nommé un curateur à la substitution, qui as-
sistera audit inventaire.

pelés, à la diligence, soit des appelés s'ils sont majeurs, soit de leur tuteur ou curateur s'ils sont mineurs ou interdits, soit de tout parent des appelés majeurs, mineurs ou interdits, ou même d'office, à la diligence du procureur du Roi près le tribunal de première instance du lieu où la succession est ouverte. — C. 110, 450, 509, 1053.

1058. Après le décès de celui qui aura disposé à la charge de restitution, il sera procédé, dans les formes ordinaires, à l'inventaire de tous les biens et effets qui composeront sa succession, excepté néanmoins le cas où il ne s'agirait que d'un legs particulier. Cet inventaire contiendra la prisée à juste prix des meubles et effets mobiliers (a). — C. 825 et la note, 1059 s. — Pr. 942 s.

1059. Il sera fait à la requête du grevé de restitution, et dans le délai fixé au titre *des Successions*, en présence du tuteur nommé pour l'exécu-

tion. Les frais seront pris sur les biens compris dans la disposition. — C. 795, 1058 *et la note*, 1060 s.

1060. Si l'inventaire n'a pas été fait à la requête du grevé dans le délai ci-dessus, il y sera procédé dans le mois suivant, à la diligence du tuteur nommé pour l'exécution, en présence du grevé ou de son tuteur (b). — C. 1058 s.; 1061.

1061. S'il n'a point été satisfait aux deux articles précédens, il sera procédé au même inventaire, à la diligence des personnes désignées en l'article 1057, en y appelant le grevé ou son tuteur, et le tuteur nommé pour l'exécution (c). — C. 1055 s.

1062. Le grevé de restitution sera tenu de faire procéder à la vente, par affiches et enchères, de tous les meubles et effets compris dans la disposition, à l'exception néanmoins de ceux dont il est mention dans les deux articles sui-

---

(a) Ord. *août* 1747, *tit.* II.

ART. 1er. Après le décès de celui qui aura fait une substitution, soit universelle ou particulière, il sera procédé dans les formes ordinaires à l'inventaire de tous les biens et effets qui composent la succession, à la requête de l'héritier institué ou légitime, ou du légataire universel, et ce, dans le temps porté par les ordonnances.

(b) Ord. *août* 1747, *tit.* II.

ART. 2. Faute par ledit héritier institué ou légitime, ou par ledit légataire universel, de satisfaire à l'article précédent dans le cas où la substitution ne serait pas faite en sa faveur, celui qui devra recueillir les biens substitués sera tenu, dans un mois après l'expiration du délai marqué par ledit article, de faire procéder audit inventaire en y appelant, outre les personnes mentionnées ci-après, ledit héritier ou ledit légataire universel, qui seront tenus de lui en rembourser les frais.

(c) Ord. *août* 1747, *tit.* II.

ART. 3. En cas de négligence de ceux qui sont dénommés dans les deux articles précédens, voulons qu'il soit procédé audit inventaire, à la requête de notre procureur au siége de la qualité marquée à l'article 6, et aux frais dudit héritier ou dudit légataire universel, s'il est ainsi ordonné.

vans (a). — Pr. 617 s., 945 s.

1063. Les meubles meublans et autres choses mobilières qui auraient été compris dans la disposition, à la condition expresse de les conserver en nature, seront rendus dans l'état où ils se trouveront lors de la restitution (b). — C. 534, 535, 589.

1064. Les bestiaux et ustensiles servant à faire valoir les terres, seront censés compris dans les donations entrevifs ou testamentaires desdites terres; et le grevé sera seulement tenu de les faire priser et estimer, pour en rendre une égale valeur lors de la restitution (c). — C. 523, 524, 1018, 1350, 1352.

1065. Il sera fait par le grevé, dans le délai de six mois, à compter du jour de la clô-

---

(a) Ord. août 1747, tit. II.

Art. 8. Le grevé de substitution sera tenu de faire procéder à la vente, par affiches et enchères, de tous les meubles et effets compris dans la substitution, à l'exception néanmoins de ceux qu'il pourrait être chargé de conserver en nature suivant la disposition des articles 6 et 7 du titre 1er de la présente ordonnance.

Tit. 1er, art. 4. Les deniers comptans, meubles, droits et effets mobiliers, seront censés compris dans la substitution, lorsqu'elle sera apposée à une disposition universelle ou faite par forme de quotité, à moins qu'il n'en ait été autrement ordonné par l'auteur de la substitution; et il en sera fait emploi, ainsi qu'il sera réglé par le titre second, à l'exception de ceux qui seront ci-après marqués.

5. Les biens mentionnés dans l'article précédent ne pourront être chargés d'aucune substitution particulière, qu'en cas qu'il ait été ordonné expressément par l'auteur de la substitution, qu'il sera fait emploi des deniers comptans, ou de ceux qui proviendront de la vente, ou du recouvrement desdits meubles, droits ou effets mobiliers.

(b) Ord. août 1747, tit. I.

Art. 7. Les meubles meublans, et autres choses mobilières qui servent à l'usage ou à l'ornement des châteaux ou maisons, pourront être chargés des mêmes substitutions que les châteaux ou maisons où ils seront, pour être conservés en nature, pourvu néanmoins que l'auteur de la substitution l'ait ainsi ordonné expressément; soit qu'il s'agisse d'une substitution universelle, ou qu'elle soit particulière; et en ce cas, le grevé de substitution sera tenu de les rendre en nature, tels qu'ils seront lors de la restitution du fidéicommis, à peine de tous dépens, dommages et intérêts.

(c) Ord. août 1747, tit. I.

Art. 6. N'entendons comprendre dans la disposition des deux articles précédens, les bestiaux et ustensiles servant à faire valoir les terres, lesquels seront censés compris dans les substitutions desdites terres, sans distinction entre les dispositions universelles et particulières, et le grevé de substitution ne sera point tenu de les vendre, et d'en faire emploi; mais il sera obligé de les faire priser et estimer, ainsi qu'il sera réglé par le titre second, pour en rendre d'une égale valeur, lors de la restitution du fidéicommis, à peine de tous dépens, dommages et intérêts.

luré de l'inventaire, un emploi des deniers complans, de ceux provenant du prix des meubles et effets qui auront été vendus, et de ce qui aura été reçu des effets actifs. — Ce délai pourra être prolongé, s'il y a lieu (a). — C. 455 s., 1067, 1068.

1066. Le grevé sera pareillement tenu de faire emploi des deniers provenant des effets actifs qui seront re-couvrés, et des remboursemens de rentes; et ce, dans trois mois au plus tard après qu'il aura reçu ces deniers (b). — C. 530, 1065, 1067 s., 1911.

1067. Cet emploi sera fait conformément à ce qui aura été ordonné par l'auteur de la disposition, s'il a désigné la nature des effets dans lesquels l'emploi doit être fait; sinon, il ne pourra l'être qu'en immeubles, ou avec privilège sur

---

(a) Ord. août 1747, tit. 11.

Art. 10. Il sera fait emploi des deniers provenant du prix des meubles et effets qui auront été vendus, ensemble de l'argent comptant et de ce qui aura été reçu des effets actifs, et ce, conformément à ce qui aura été ordonné par l'auteur de la substitution, s'il a désigné la nature des effets dans lesquels ledit emploi doit être fait.

11. En cas que l'auteur de la substitution n'ait pas expliqué ses intentions sur ledit emploi, lesdits deniers seront employés d'abord au paiement des dettes et remboursement des rentes ou autres charges dont les biens substitués seraient tenus, si ce n'est qu'il fût plus avantageux à la substitution de continuer de payer les arrérages desdites rentes et charges, que d'en rembourser les capitaux, ce que nous laissons à la prudence des juges; et le surplus ou le total, s'il n'y a pas de dettes, rentes ou charges que l'on puisse acquitter, ne pourra être employé qu'en acquisition de fonds de terre, ou maisons, ou rentes foncières ou constituées.

12. Pour assurer ledit emploi, voulons que par la même ordonnance qui autorisera le grevé de substitution, ou celui au profit duquel elle sera ouverte, à entrer en possession des biens substitués suivant la disposition des articles 35 et 36 du titre 11, il lui soit enjoint de faire ledit emploi dans un délai qui sera fixé par ladite ordonnance, et ledit emploi sera fait en présence des personnes mentionnées aux articles 4 et 5 du titre 11.

(b) Ord. août 1747, tit. 11.

Art. 13. Le grevé de substitution sera pareillement tenu de faire emploi des deniers qu'il pourra recevoir, soit du recouvrement des effets actifs, soit de la vente des offices, ou en conséquence de la liquidation qui en aura été faite en cas de suppression ou de réunion, suivant ce qui est porté par l'article 3 de notre titre 1er, soit du remboursement des rentes comprises dans la substitution, et ce, dans trois mois au plus tard après qu'il aura reçu lesdits deniers, lequel emploi sera fait ainsi qu'il a été ci-dessus réglé, et en présence des personnes mentionnées auxdits articles 4 et 5, lesquelles pourront faire à cet effet toutes les diligences nécessaires.

14. La disposition de l'article précédent sera pareillement observée, en cas que l'emploi ait été fait en rentes rachetables, et qu'elles soient remboursées.

des immeubles. — C. 1065 s., 2095, 2103.

1068. L'emploi ordonné par les articles précédens sera fait en présence et à la diligence du tuteur nommé pour l'exécution. — C. 1055 s.

1069. Les dispositions par actes entre-vifs ou testamentaires, à charge de restitution, seront, à la diligence, soit du grevé, soit du tuteur nommé pour l'exécution, rendues publiques; savoir, quant aux immeubles, par la transcription des actes sur les registres du bureau des hypothèques du lieu de la situation; et quant aux sommes colloquées avec

privilége sur des immeubles, par l'inscription sur les biens affectés au privilége (a). — C. 939 s., 1055 s., 1070 s., 2106, 2158.

1070. Le défaut de transcription de l'acte contenant la disposition, pourra être opposé par les créanciers et tiers acquéreurs, même aux mineurs ou interdits, sauf le recours contre le grevé et contre le tuteur à l'exécution, et sans que les mineurs ou interdits puissent être restitués contre ce défaut de transcription, quand même le grevé et le tuteur se trouveraient insolvables (b). — C. 911 s., 1071, 1074.

(a) ORD. août 1747, tit. II.

ART. 8. Toutes les substitutions fidéicommissaires faites, soit par des actes entre-vifs ou par des dispositions à cause de mort, seront publiées, en jugement, l'audience tenante, et enregistrées au greffe du siège où la publication sera faite; le tout à la diligence des donataires, héritiers institués, légataires universels ou particuliers qui seront grevés de substitution, même des héritiers légitimes, lorsque la charge du fidéicommis tombera sur eux dans les cas de droit.

Nota. Suivant l'art. 19, la publication et l'enregistrement devaient être faits au bailliage, sénéchaussée ou autre siège royal ressortissant ès cours de parlement ou conseils supérieurs dans le ressort duquel était le lieu du domicile de l'auteur de la substitution; et pour les maisons, terres, rentes foncières et autres droits réels dans les sièges de la même qualité dans le ressort desquels ces biens étaient situés.

ART. 21. Dans chacun des siè-

ges ci-dessus marqués, il sera tenu un registre particulier, qui sera coté et paraphé à chaque feuillet, clos et arrêté à la fin par le premier officier du siège, ou, en son absence, par celui qui le suit dans l'ordre du tableau; dans lequel registre seront transcrits en entier les contrats, donations, testamens, ou codicilles qui contiendront des substitutions; à l'effet de quoi la grosse, ou expédition desdits actes, sera représentée, sans qu'il soit besoin d'en rapporter la minute.

(b) ORD. août 1747, tit. II.

ART. 32. Les créanciers et tiers acquéreurs pourront opposer le défaut de publication et d'enregistrement de la substitution, même aux pupilles, mineurs ou interdits, et à l'église, hôpitaux, communautés, ou autres qui jouissent du privilége des mineurs, sauf le recours desdits pupilles, mineurs et autres ci-dessus nommés, contre leurs tuteurs, curateurs, syndics, ou autres administrateurs, et sans qu'ils puissent être restitués contre ledit dé-

1071. Le défaut de transcription ne pourra être suppléé ni regardé comme couvert par la connaissance que les créanciers ou les tiers acquéreurs pourraient avoir eue de la disposition par d'autres voies que celle de la transcription(a). — C. 1070.

1072. Les donataires, les légataires, ni même les héritiers légitimes de celui qui aura fait la disposition, ni pareillement leurs donataires, légataires ou héritiers, ne pourront, en aucun cas, opposer aux appelés le défaut de transcription ou inscription (b). — C. 941, 1069.

1073. Le tuteur nommé pour l'exécution sera personnellement responsable, s'il ne s'est pas, en tout point, conformé aux règles ci-dessus établies pour constater les biens, pour la vente du mobilier, pour l'emploi des deniers, pour la transcription et l'inscription, et, en général, s'il n'a pas fait toutes les diligences nécessaires pour que la charge de restitution soit bien et fidèlement exécutée.—C. 1055 a., 1074. — Pr. 126, 132.

1074. Si le grevé est mineur, il ne pourra, dans le cas même de l'insolvabilité de son tuteur, être restitué contre l'inexécution des règles qui lui sont prescrites par les articles du présent chapitre. — C. 942, 1055 a., 1057 a.

CHAPITRE VII.

DES PARTAGES FAITS PAR PÈRE, MÈRE, OU AUTRES ASCENDANS, ENTRE LEURS DESCENDANS.

1075. Les père et mère et autres ascendans pourront faire, entre leurs enfans et descendans, la distribution et le partage de leurs biens. — C. 1076 a.

1076. Ces partages pourront être faits par actes entre-vifs ou testamentaires, avec les formalités, conditions et règles prescrites pour les donations entre-vifs et testamens. — Les partages faits par actes entre-vifs ne pourront avoir pour objet que les biens présens. — C. 893 a., 931 a., 943, 968 a., 1130.

1077. Si tous les biens que l'ascendant laissera au jour de

---

faut, quand même lesdits tuteurs, curateurs, syndics ou autres administrateurs se trouveraient insolvables.

(a) Ord. août 1747, tit. 11.

Art. 33. Le défaut de publication et d'enregistrement ne pourra être suppléé, ni regardé comme couvert par la connaissance que les créanciers ou les tiers acquéreurs pourraient avoir eue de la substitution, par d'autres voies que celles de la publication et de l'enregistrement : voulons que le présent article soit observé, à peine de nullité.

(b) Ord. août 1747, tit. 11.

Art. 34. Les donataires, héritiers institués, légataires universels, ou particuliers, même les héritiers légitimes de celui qui aura fait la substitution, ni pareillement leurs donataires, héritiers institués ou légitimes, et légataires universels ou particuliers, ne pourront, en aucun cas, opposer aux substitués le défaut de publication et d'enregistrement de la substitution.

Voyez à la note de l'art. 941 du Code civil, les art. 27, 30 et 31 de l'ordonnance de 1731.

son décès n'ont pas été compris dans le partage, ceux de ces biens qui n'y auront pas été compris, seront partagés conformément à la loi. — C. 887.

1078. Si le partage n'est pas fait entre tous les enfans qui existeront à l'époque du décès et les descendans de ceux prédécédés, le partage sera nul pour le tout. Il en pourra être provoqué un nouveau dans la forme légale, soit par les enfans ou descendans qui n'y auront reçu aucune part, soit même par ceux entre qui le partage aurait été fait. — C. 848, 1081, 1095.

1079. Le partage fait par l'ascendant pourra être attaqué pour cause de lésion de plus du quart : il pourra l'être aussi dans le cas où il résulterait du partage et des dispositions faites par préciput, que l'un des copartagés aurait un avantage plus grand que la loi ne le permet. — C. 887 s., 891, 913 s., 919, 1080, 1304 s., 1674, 1677 s.

1080. L'enfant qui, pour une des causes exprimées en l'article précédent, attaquera le partage fait par l'ascendant, devra faire l'avance des frais de l'estimation; et il les supportera en définitif, ainsi que les dépens de la contestation, si la réclamation n'est pas fondée. — C. 1677 s. — Pr. 130, 131.

CHAPITRE VIII.

DES DONATIONS FAITES PAR CONTRAT DE MARIAGE AUX ÉPOUX, ET AUX ENFANS A NAITRE DU MARIAGE.

1081. Toute donation entre-vifs de biens présens, quoique faite par contrat de ma-riage aux époux, ou à l'un d'eux, sera soumise aux règles générales prescrites pour les donations faites à ce titre. — Elle ne pourra avoir lieu au profit des enfans à naitre, si ce n'est dans les cas énoncés au chapitre VI du présent titre. — C. 898, 900, 901-906, 913 s., 939 s., 943 s., 948, 959, 960, 1048 et la note 1, 1087, 1088, 1090.

1082. Les pères et mères, les autres ascendans, les parens collatéraux des époux, et même les étrangers, pourront, par contrat de mariage, disposer de tout ou partie des biens qu'ils laisseront au jour de leur décès, tant au profit desdits époux, qu'au profit des enfans à naitre de leur mariage, dans le cas où le donateur survivrait à l'époux donataire. — Pareille donation, quoique faite au profit seulement des époux ou de l'un d'eux, sera toujours, dans ledit cas de survie du donateur, présumée faite au profit des enfans et descendans à naitre du mariage. — C. 898, 947, 939, 960, 1033, 1087-1090, 1093, 1330, 1352.

1083. La donation, dans la forme portée au précédent article, sera irrévocable, en ce sens seulement que le donateur ne pourra plus disposer, à titre gratuit, des objets compris dans la donation, si ce n'est pour sommes modiques, à titre de récompense ou autrement. — C. 1082, 1093.

1084. La donation par contrat de mariage pourra être faite cumulativement des biens présens et à venir, en tout ou en partie, à la charge qu'il sera annexé à l'acte un état des dettes et charges du donateur existantes au jour de la donation; auquel cas, il sera libre au donataire, lors du décès du donateur, de s'en tenir aux biens présens, en renonçant au surplus des biens du donateur (a). — C. 943, 947, 959, 960, 1082, 1085, 1087-1090, 1093.

1085. Si l'état dont est mention au précédent article n'a point été annexé à l'acte contenant donation des biens présens et à venir, le donataire sera obligé d'accepter ou de répudier cette donation pour le tout. En cas d'acceptation, il ne pourra réclamer que les biens qui se trouveront existans au jour du décès du donateur, et il sera soumis au paiement de toutes les dettes et charges de la succession. — C. 939-942, 948, 1081, 1082, 1083, 1084 *et la note,* 1089, 1093.

1086. La donation par contrat de mariage en faveur

des époux et des enfans à naître de leur mariage, pourra encore être faite, à condition de payer indistinctement toutes les dettes et charges de la succession du donateur, ou sous d'autres conditions dont l'exécution dépendrait de sa volonté, par quelque personne que la donation soit faite : le donataire sera tenu d'accomplir ces conditions, s'il n'aime mieux renoncer à la donation; et en cas que le donateur, par contrat de mariage, se soit réservé la liberté de disposer d'un effet compris dans la donation de ses biens présens, ou d'une somme fixe à prendre sur ces mêmes biens, l'effet ou la somme, s'il meurt sans en avoir disposé, seront censés compris dans la donation, et appartiendront au donataire ou à ses héritiers (b). — C. 944 s.,

---

(a) Ord. *fév.* 1731.

Art. 17. Voulons néanmoins que les donations faites par contrat de mariage, en faveur des conjoints ou de leurs descendans, même par des collatéraux ou par des étrangers, soient exceptées de la disposition de l'article 15, et que lesdites donations faites par contrat de mariage puissent comprendre tant les biens à venir que les biens présens, en tout ou en partie; auquel cas il sera au choix du donataire de prendre les biens tels qu'ils se trouveront au jour du décès du donateur, en payant toutes les dettes et charges, même celles qui seraient postérieures à la donation, ou de s'en tenir aux biens qui existaient dans le temps qu'elle aura été faite, en payant seulement les dettes et charges existantes audit temps.

(b) Ord. *fév.* 1731.

Art. 18. Entendons pareille

ment que les donations des biens présens, faites à condition de payer, indistinctement, toutes les dettes et charges de la succession du donateur, même les légitimes indéfiniment, ou sous d'autres conditions dont l'exécution dépendrait de la volonté du donateur, puissent avoir lieu dans les contrats de mariage en faveur des conjoints ou de leurs descendans, par quelques personnes que lesdites donations soient faites, et que le donataire soit tenu d'accomplir lesdites conditions, s'il n'aime mieux renoncer à ladite donation; et en cas que ledit donateur, par contrat de mariage, se soit réservé la liberté de disposer d'un effet compris dans la donation de ses biens présens, ou d'une somme fixe à prendre sur lesdits biens, voulons que s'il meurt sans en avoir disposé, ledit effet ou ladite somme appartiennent au do-

947, 959, 960, 1087 s., 1093, 1174, 1350, 1352.

1087. Les donations faites par contrat de mariage ne pourront être attaquées, ni déclarées nulles, sous prétexte de défaut d'acceptation (a). — C. 932 s., 1081, 1082, 1084, 1086.

1088. Toute donation faite en faveur du mariage sera caduque, si le mariage ne s'ensuit pas. — C. 1081, 1082, 1084, 1086, 1181.

1089. Les donations faites à l'un des époux, dans les termes des articles 1082, 1084 et 1086 ci-dessus, deviendront caduques, si le donateur survit à l'époux donataire et à sa postérité. — C. 1093.

1090. Toutes donations faites aux époux par leur contrat de mariage, seront, lors de l'ouverture de la succession du donateur, réductibles à la portion dont la loi lui permettait de disposer. — C. 913 s., 920 s., 923, 1094, 1098, 1181, 1182, 1186, 2184.

CHAPITRE IX.

DES DISPOSITIONS ENTRE ÉPOUX, SOIT PAR CONTRAT DE MA-RIAGE, SOIT PENDANT LE MARIAGE.

1091. Les époux pourront, par contrat de mariage, se faire réciproquement, ou l'un des deux à l'autre, telle dona-

tion qu'ils jugeront à propos, sous les modifications ci-après exprimées. — C. 960, 1092 s., 1387, 1480, 1518, 1525, 1527.

1092. Toute donation entre-vifs de biens présens, faite entre époux par contrat de mariage, ne sera point censée faite sous la condition de survie du donataire, si cette condition n'est formellement exprimée; et elle sera soumise à toutes les règles et formes ci-dessus prescrites pour ces sortes de donations. — C. 894, 1081, 1087, 1093, 1309, 1398.

1093. La donation de biens à venir, ou de biens présens et à venir, faite entre époux par contrat de mariage, soit simple, soit réciproque, sera soumise aux règles établies par le chapitre précédent, à l'égard des donations pareilles qui leur seront faites par un tiers, sauf qu'elle ne sera point transmissible aux enfans issus du mariage, en cas de décès de l'époux donataire avant l'époux donateur. — C. 299, 959, 960, 1082 s., 1084 s., 1086-1088, 1518.

1094. L'époux pourra, soit par contrat de mariage, soit pendant le mariage, pour le cas où il ne laisserait point d'enfans ni descendans, disposer en faveur de l'autre époux, en propriété, de tout ce dont il pourrait disposer en faveur d'un étranger, et, en

nature ou à ses héritiers, et soient censés compris dans ladite donation.

(a) Ord. *fév.* 1731.

ART. 10. N'entendons comprendre dans la disposition des articles 5, 6, 7, 8 et 9, sur la nécessité et la forme de l'acceptation dans les donations entre-vifs,

celles qui seraient faites par contrat de mariage aux conjoints ou à leurs enfans à naître, soit par les conjoints mêmes, ou par les ascendans ou parens collatéraux, même par des étrangers; lesquelles donations ne pourront être attaquées ni déclarées nulles, sous prétexte de défaut d'acceptation.

outre, de l'usufruit de la totalité de la portion dont la loi prohibe la disposition au préjudice des héritiers. — Et pour le cas où l'époux donateur laisserait des enfans ou descendans, il pourra donner à l'autre époux, ou un quart en propriété et un autre quart en usufruit, ou la moitié de tous ses biens en usufruit seulement (a). — C. 878 s., 913 s., 917, 1093 s.

1095. Le mineur ne pourra, par contrat de mariage, donner à l'autre époux, soit par donation simple, soit par donation réciproque, qu'avec le consentement et l'assistance de ceux dont le consentement est requis pour la validité de son mariage; et, avec ce consentement, il pourra donner tout ce que la loi permet à l'époux majeur de donner à l'autre conjoint. — C. 144, 148 s., 160, 903 s., 1309, 1398.

1096. Toutes donations faites entre époux pendant le mariage, quoique qualifiées entre-vifs, seront toujours révocables. — La révocation pourra être faite par la femme, sans y être autorisée par le mari ni par justice. — Ces donations ne seront point révoquées par la survenance d'enfans. — C. 894, 923, 947, 953, 960.

1097. Les époux ne pourront, pendant le mariage, se faire, ni par acte entre-vifs, ni par testament, aucune donation mutuelle et réciproque par un seul et même acte. — C. 968.

1098. L'homme ou la femme qui, ayant des enfans d'un autre lit, contractera un second ou subséquent mariage, ne pourra donner à son nouvel époux qu'une part d'enfant légitime le moins prenant, et sans que, dans aucun cas, ces donations puissent excéder le quart des biens (b). — C. 857, 920, 1099 s., 1496, 1527.

1099. Les époux ne pourront se donner indirectement au-delà de ce qui leur est per-

---

(a) DÉCRET 17 niv. an II. ART. 14. Les avantages légalement stipulés entre époux dont l'un est décédé avant le 14 juillet 1789, seront maintenus au profit du survivant. A l'égard de tous autres avantages échus et recueillis postérieurement, ou qui pourront avoir lieu à l'avenir, soit qu'ils résultent des dispositions matrimoniales, soit qu'ils proviennent d'institutions, dons entre-vifs ou legs faits par un mari à sa femme ou par une femme à son mari, ils obtiendront également leur effet, sauf néanmoins leur conversion ou réduction en usufruit de moitié, dans le cas où il y aurait des enfans conformément à l'article 13.

(b) ÉDIT de juillet 1560, sur les secondes noces et sur les donations y relatives. Ordonnons, que femmes veuves ayant enfans, ou enfans de leurs enfans, si elles passent à nouvelles noces, ne peuvent et ne pourront, en quelque façon que ce soit, donner de leurs biens, meubles, acquêts, ou acquis par elles, d'ailleurs que de leur premier mari, ni moins leurs propres, à leurs nouveaux maris, père, mère ou enfans desdits maris, ou autres personnes qu'on puisse présumer être par dol ou fraude interposées, plus qu'à l'un de leurs enfans, ou enfans de leurs enfans; et s'il se trouve division inégale de leurs biens, faite entre leurs

mis par les dispositions ci-dessus. — Toute donation, ou déguisée, ou faite à personnes interposées, sera nulle. — C. 911, 1094, 1096, 1098 *et la note*, 1100, 1490, 1518, 1525, 1595, 1597.

1100. Seront réputées faites à personnes interposées, les donations de l'un des époux aux enfans ou à l'un des enfans de l'autre époux issus d'un autre mariage, et celles faites par le donateur aux parens dont l'autre époux sera héritier présomptif au jour de la donation, encore que ce dernier n'ait point survécu à son parent donataire. — C. 911, 1099, 1133, 1350, 1352.

TITRE TROISIÈME.

DES CONTRATS OU DES OBLIGATIONS CONVENTIONNELLES EN GÉNÉRAL.

Décrété le 17 pluviôse an XII, promulgué le 27 pluviôse [7-17 février 1804].

CHAPITRE Ier.

DISPOSITIONS PRÉLIMINAIRES.

1101. Le contrat est une convention par laquelle une ou plusieurs personnes s'obligent, envers une ou plusieurs autres, à donner, à faire ou à ne pas faire quelque chose. — C. 711, 1135 s., 1315 s., 1370 s.

1102. Le contrat est *synallagmatique* ou *bilatéral* lorsque les contractans s'obligent réciproquement les uns envers les autres. — C. 1184, 1325, *exem.* 1582, 1702, 1708.

1103. Il est *unilatéral* lorsqu'une ou plusieurs personnes sont obligées envers une ou plusieurs autres, sans que de la part de ces dernières il y ait d'engagement. — C. 1326, 1327, *exem.* 1892, 1905.

1104. Il est *commutatif* lorsque chacune des parties s'engage à donner ou à faire une chose qui est regardée

---

enfans, ou enfans de leurs enfans, les donations par elles faites à leurs nouveaux maris, seront réduites et mesurées à la raison de celui des enfans qui en aura le moins.

Et au regard des biens à icelles veuves acquis par dons et libéralités de leurs défunts maris, elles ne peuvent et ne pourront faire aucune part à leurs nouveaux maris ; mais elles seront tenues les réserver aux enfans communs d'entre elles et leurs maris, de la libéralité desquels iceux biens leur seront advenus. Le semblable voulons être gardé ès biens qui sont venus aux maris par dons et libéralités de leurs défuntes femmes, tellement qu'ils n'en pourront faire don à leurs secondes femmes, mais seront tenus les réserver aux enfans qu'ils ont eus de leurs premières. Toutefois, n'entendons par ce présent notre édit bailler auxdites femmes plus de pouvoir et liberté de donner et disposer de leurs biens, qu'il ne leur est loisible par les coutumes des pays, auxquelles par ces présentes n'est dérogé, en tant qu'elles restreignent plus ou autant la libéralité desdites femmes.

comme l'équivalent de ce qu'on lui donne, ou de ce qu'on fait pour elle. — C. *exem.* 1582, 1702, 1709, 1710, 1832. — Lorsque l'équivalent consiste dans la chance de gain ou de perte pour chacune des parties, d'après un événement incertain, le contrat est *aléatoire*. — C. 1964, *exem.* 1965, 1968.

1105. Le contrat *de bienfaisance* est celui dans lequel l'une des parties procure à l'autre un avantage purement gratuit. — C. *exem.* 1875, 1918, 1984.

1106. Le contrat *à titre onéreux* est celui qui assujettit chacune des parties à donner ou à faire quelque chose. — C. *exem.* 1582, 1702, 1708, 1905.

1107. Les contrats, soit qu'ils aient une dénomination propre, soit qu'ils n'en aient pas, sont soumis à des règles générales, qui sont l'objet du présent titre. — Les règles particulières à certains contrats sont établies sous les titres relatifs à chacun d'eux; et les règles particulières aux transactions commerciales sont établies par les lois relatives au commerce.

CHAPITRE II.

DES CONDITIONS ESSENTIELLES POUR LA VALIDITÉ DES CONVENTIONS.

1108. Quatre conditions sont essentielles pour la validité d'une convention : — Le consentement de la partie qui s'oblige; — C. 1198 *s.* — Sa capacité de contracter; — C. 1123 *s.* — Un objet certain qui forme la matière de l'engagement; — C. 1126 *s.* — Une cause licite dans l'obligation. — C. 1131 *s.*

SECTION PREMIÈRE.

Du Consentement.

1109. Il n'y a point de consentement valable, si le consentement n'a été donné que par erreur, ou s'il a été extorqué par violence ou surpris par dol. — C. 180, 887, 1110, 1111 *s.*, 1117, 1304, 1641 *s.*, 2053.

1110. L'erreur n'est une cause de nullité de la convention que lorsqu'elle tombe sur la substance même de la chose qui en est l'objet. — C. 1641 *s.* — Elle n'est point une cause de nullité, lorsqu'elle ne tombe que sur la personne avec laquelle on a intention de contracter, à moins que la considération de cette personne ne soit la cause principale de la convention. — C. 180 *s.*, 894, 1117, 1304, 1356, 1376, 1875, 1918, 2053.

1111. La violence exercée contre celui qui a contracté l'obligation, est une cause de nullité, encore qu'elle ait été exercée par un tiers autre que celui au profit duquel la convention a été faite. — C. 180, 887, 1109, 1304, 2053. — P. 400.

1112. Il y a violence lorsqu'elle est de nature à faire impression sur une personne raisonnable, et qu'elle peut lui inspirer la crainte d'exposer sa personne ou sa fortune à un mal considérable et présent. — On a égard, en cette matière, à l'âge, au sexe et à la condition des personnes. — C. 1113 *s.*, 1353.

1113. La violence est une cause de nullité du contrat, non-seulement lorsqu'elle a été exercée sur la partie contractante, mais encore lorsqu'elle l'a été sur son époux ou sur son épouse, sur ses descendans ou ses ascendans. — C. 1352, 1353.

1114. La seule crainte révérentielle envers le père, la mère, ou autre ascendant, sans qu'il y ait eu de violence exercée, ne suffit point pour annuler le contrat.

1115. Un contrat ne peut plus être attaqué pour cause de violence, si, depuis que la violence a cessé, ce contrat a été approuvé, soit expressément, soit tacitement, soit en laissant passer le temps de la restitution fixé par la loi.—C. 892, 1117, 1305, 1338.

1116. Le dol est une cause de nullité de la convention lorsque les manœuvres pratiquées par l'une des parties sont telles, qu'il est évident que, sans ces manœuvres, l'autre partie n'aurait pas contracté. — Il ne se présume pas, et doit être prouvé.— C. 1109, 1117, 2125, 2183 2°, 2268. — Pr. 480 1°. — P. 405, 423.

1117. La convention contractée par erreur, violence ou dol, n'est point nulle de plein droit; elle donne seulement lieu à une action en nullité ou en rescision, dans les cas et de la manière expliqués à la section VII du chapitre V du présent titre. — C. 1115, 1305 s., 1338.

1118. La lésion ne vicie les conventions que dans certains contrats ou à l'égard de certaines personnes, ainsi qu'il sera expliqué en la même section. — C. 783, 887, 1079, 1305 s., 1313, 1674, 2052.

1119. On ne peut, en général, s'engager, ni stipuler en son propre nom que pour soi-même.— C. 1120, 1121, 1165, 1236, 1375, 2014, 2077, 2090.

1120. Néanmoins on peut se porter fort pour un tiers, en promettant le fait de celui-ci; sauf l'indemnité contre celui qui s'est porté fort ou qui a promis de faire ratifier, si le tiers refuse de tenir l'engagement. — C. 1119, 1121, 1142, 1146 s.; 1165, 1226 s., 1338, 1375, 1998.

1121. On peut pareillement stipuler au profit d'un tiers, lorsque telle est la condition d'une stipulation que l'on fait pour soi-même ou d'une donation que l'on fait à un autre. Celui qui a fait cette stipulation ne peut plus la révoquer, si le tiers a déclaré vouloir en profiter.— C. 894, 1973.

1122. On est censé avoir stipulé pour soi et pour ses héritiers et ayant-cause, à moins que le contraire ne soit exprimé ou ne résulte de la nature de la convention. — C. 724, 1009, 1012, 1082, 1166, 1221 4°, 1330, 1332, 1879, 2017, 2235, 2237.

SECTION II.
De la Capacité des Parties contractantes.

1123. Toute personne peut contracter, si elle n'en est pas déclarée incapable par la loi.— C. 1101, 1108, 1124 s.

1124. Les incapables de contracter sont,—Les mineurs, — C. 388, 450, 481-484, 487, 1305, 1314. — Les interdits (1), — C. 489, 499, 502-504, 509, 513. — Les femmes mariées, dans les cas exprimés par la loi, — C. 215, 217, 1421, 1427, 1449, 1530, 1556, 1538, 1576. — Et généralement tous ceux à qui la loi interdit certains contrats. — C. 25, 450, 472,

(1) Supp. *Aliénés*, L. 30 juin 1838, art. 39. Cet article crée une quatrième classe d'incapables.

1595-1597, 1840, 2045, 2124.

1125. Le mineur, l'interdit et la femme mariée ne peuvent attaquer, pour cause d'incapacité, leurs engagemens, que dans les cas prévus par la loi. — Les personnes capables de s'engager ne peuvent opposer l'incapacité du mineur, de l'interdit ou de la femme mariée, avec qui elles ont contracté. — C. 225, 1117, 1118, 1304-1314, 1338.

SECTION III.
De l'Objet et de la Matière de Contrats.

1126. Tout contrat a pour objet une chose qu'une partie s'oblige à donner, ou qu'une partie s'oblige à faire ou à ne pas faire. — C. 1108, 1127 s.

1127. Le simple usage ou la simple possession d'une chose peut être, comme la chose même, l'objet du contrat. — C. 578, 625, 1709 s., 1875, 1915, 2071, 2228.

1128. Il n'y a que les choses qui sont dans le commerce qui puissent être l'objet des conventions. — C. 535, 540, 1130, 1303, 1598, 2226.

1129. Il faut que l'obligation ait pour objet une chose au moins déterminée quant à son espèce. — La quotité de la chose peut être incertaine, pourvu qu'elle puisse être déterminée. — C. 1022, 1108, 1246, 1601.

1130. Les choses futures peuvent être l'objet d'une obligation. — C. 1599. — On ne peut cependant renoncer à une succession non ouverte, ni faire aucune stipulation sur une pareille succession, même avec le consentement de celui de la succession duquel il s'agit. — C. 6, 791, 1389, 1600, excep. 761, 918, 1082, 1084, 1093.

SECTION IV.
De la Cause.

1131. L'obligation sans cause, ou sur une fausse cause, ou sur une cause illicite, ne peut avoir aucun effet. — C. 1108, 1133, 1235, 1377 s.

1132. La convention n'est pas moins valable, quoique la cause n'en soit pas exprimée. — C. 1315. — Secus Co. 110, 188.

1133. La cause est illicite, quand elle est prohibée par la loi, quand elle est contraire aux bonnes mœurs ou à l'ordre public. — C. 6, 686, 815, 900, 965, 1172, 1174, 1387-1390.

CHAPITRE III.
DE L'EFFET DES OBLIGATIONS.

SECTION PREMIÈRE.
Dispositions générales.

1134. Les conventions légalement formées tiennent lieu de loi à ceux qui les ont faites. — Elles ne peuvent être révoquées que de leur consentement mutuel, ou pour les causes que la loi autorise. — C. 1865 8°, 2007. — Elles doivent être exécutées de bonne foi. — C. 1135, 1147 s., 2268.

1135. Les conventions obligent non-seulement à ce qui y est exprimé, mais encore à toutes les suites que l'équité, l'usage ou la loi donnent à l'obligation d'après sa nature. — C. 1134, 1156 s.

SECTION II.
De l'Obligation de donner.

1136. L'obligation de donner emporte celle de livrer la chose et de la conserver jusqu'à la livraison, à peine de dommages et intérêts envers le créancier. — C. 1127, 1137 s.,

1146 n., 1302, 1303, 1604 n., 1689.

1137. L'obligation de veiller à la conservation de la chose, soit que la convention n'ait pour objet que l'utilité de l'une des parties, soit qu'elle ait pour objet leur utilité commune, soumet celui qui en est chargé à y apporter tous les soins d'un bon père de famille. Cette obligation est plus ou moins étendue relativement à certains contrats, dont les effets, à cet égard, sont expliqués sous les titres qui les concernent. — C. 1881, 1927, 1928, 1991, 2080, 2102 3°.

1138. L'obligation de livrer la chose est parfaite par le seul consentement des parties contractantes. — Elle rend le créancier propriétaire et met la chose à ses risques dès l'instant où elle a dû être livrée; encore que la tradition n'en ait point été faite, à moins que le débiteur ne soit en demeure de la livrer; auquel cas la chose reste aux risques de ce dernier. — C. 711, 938, 1139 n., 1146 n., 1185, 1302, 1583.

1139. Le débiteur est constitué en demeure, soit par une sommation ou par un autre acte équivalent, soit par l'effet de la convention, lorsqu'elle porte que, sans qu'il soit besoin d'acte et par la seule échéance du terme, le débiteur sera en demeure. — C. 1138, 1145, 1146, 1656.

1140. Les effets de l'obligation de donner ou de livrer un immeuble sont réglés au titre *de la Vente* et au titre *des Privilèges et Hypothèques.* — C. 938, 941, 1583, 1604 n., 2182 *et la note.*

1141. Si la chose qu'on s'est obligé de donner ou de livrer à deux personnes successivement, est purement mobilière, celle des deux qui en a été mise en possession réelle est préférée et en demeure propriétaire, encore que son titre soit postérieur en date, pourvu toutefois que la possession soit de bonne foi. — C. 527 n., 1606 n., 1689, 1690, 2268, 2279.

SECTION III.

De l'Obligation de faire ou de ne pas faire.

1142. Toute obligation de faire ou de ne pas faire se résout en dommages et intérêts, en cas d'inexécution de la part du débiteur. — C. 1143 n., 1146 n., 1236, 1237, 1382 n. — Pr. 126 1°.

1143. Néanmoins le créancier a le droit de demander que ce qui aurait été fait par contravention à l'engagement, soit détruit; et il peut se faire autoriser à le détruire aux dépens du débiteur, sans préjudice des dommages et intérêts, s'il y a lieu. — C. 1146 n. — Pr. 126 1°, 128.

1144. Le créancier peut aussi, en cas d'inexécution, être autorisé à faire exécuter lui-même l'obligation aux dépens du débiteur. — C. 1142 n.

1145. Si l'obligation est de ne pas faire, celui qui y contrevient doit les dommages et intérêts par le seul fait de la contravention. — C. 1139, 1146.

SECTION IV.

Des Dommages et Intérêts résultant de l'inexécution de l'Obligation.

1146. Les dommages et intérêts ne sont dus que lorsque le débiteur est en demeure de remplir son obligation, excepté néanmoins lorsque la chose que le débiteur s'était obligé de donner ou de faire ne pouvait être donnée ou faite que dans un certain temps qu'il a laissé passer. — C. 1138, 1139, 1142 n., 1145,

1230. — Pr. 126, 128, 523 s.

1147. Le débiteur est condamné, s'il y a lieu, au paiement de dommages et intérêts, soit à raison de l'inexécution de l'obligation, soit à raison du retard dans l'exécution, toutes les fois qu'il ne justifie pas que l'inexécution provient d'une cause étrangère qui ne peut lui être imputée, encore qu'il n'y ait aucune mauvaise foi de sa part. — C. 1229, 1315, 1382, 1807, 1808.

1148. Il n'y a lieu à aucuns dommages et intérêts lorsque, par suite d'une force majeure ou d'un cas fortuit, le débiteur a été empêché de donner ou de faire ce à quoi il était obligé, ou a fait ce qui lui était interdit. — C. 1302 s., 1631, 1647, 1722, 1730, 1733.

1149. Les dommages et intérêts dus au créancier sont, en général, de la perte qu'il a faite et du gain dont il a été privé, sauf les exceptions et modifications ci-après.

1150. Le débiteur n'est tenu que des dommages et intérêts qui ont été prévus ou qu'on a pu prévoir lors du contrat, lorsque ce n'est point par son dol que l'obligation n'est point exécutée. — C. 1116, 1151, 1633-1635.

1151. Dans le cas même où l'inexécution de la convention résulte du dol du débiteur, les dommages et intérêts ne doivent comprendre, à l'égard de la perte éprouvée par le créancier et du gain dont il a été privé, que ce qui est une suite immédiate et directe de l'inexécution de la convention. — C. 1150.

1152. Lorsque la convention porte que celui qui manquera de l'exécuter paiera une certaine somme à titre de dommages-intérêts, il ne peut être alloué à l'autre partie une somme plus forte ni moindre. — C. 1226 s., 1229, 1231.

1153. Dans les obligations qui se bornent au paiement d'une certaine somme, les dommages et intérêts résultant du retard dans l'exécution ne consistent jamais que dans la condamnation aux intérêts fixés par la loi; sauf les règles particulières au commerce et au cautionnement. — C. 1153, 1846 3°, 1907 et la note, 2028. — Co. 178, 179. — Ces dommages et intérêts sont dus sans que le créancier soit tenu de justifier d'aucune perte. — Ils ne sont dus que du jour de la demande, excepté dans le cas où la loi les fait courir de plein droit. — C. 455, 456, 474, 1139, 1145, 1146, 1440, 1548, 1652, 1846, 1996, 2001, 2028. — Pr. 57. — Co. 184.

1154. Les intérêts échus des capitaux peuvent produire des intérêts, ou par une demande judiciaire, ou par une convention spéciale, pourvu que, soit dans la demande, soit dans la convention, il s'agisse d'intérêts dus au moins pour une année entière.

1155. Néanmoins les revenus échus, tels que fermages, loyers, arrérages de rentes perpétuelles ou viagères, produisent intérêt du jour de la demande ou de la convention. — La même règle s'applique aux restitutions de fruits, et aux intérêts payés par un tiers au créancier en acquit du débiteur. — C. 1154. — Pr. 129, 526.

SECTION V.
De l'Interprétation des Conventions.

1156. On doit dans les conventions rechercher quelle a été la commune intention des parties contractantes, plutôt que de s'arrêter au sens littéral des termes. — C. 1134, 1135.

1157. Lorsqu'une clause est susceptible de deux sens, on doit plutôt l'entendre dans celui avec lequel elle peut avoir quelque effet, que dans le sens avec lequel elle n'en pourrait produire aucun.

1158. Les termes susceptibles de deux sens doivent être pris dans le sens qui convient le plus à la matière du contrat.

1159. Ce qui est ambigu s'interprète par ce qui est d'usage dans le pays où le contrat est passé. — C. 1162.

1160. On doit suppléer dans le contrat les clauses qui y sont d'usage, quoiqu'elles n'y soient pas exprimées. — C. 1135.

1161. Toutes les clauses des conventions s'interprètent les unes par les autres, en donnant à chacune le sens qui résulte de l'acte entier.

1162. Dans le doute, la convention s'interprète contre celui qui a stipulé, et en faveur de celui qui a contracté l'obligation. — C. 1159, 1602.

1163. Quelque généraux que soient les termes dans lesquels une convention est conçue, elle ne comprend que les choses sur lesquelles il paraît que les parties se sont proposé de contracter. — C. 2048, 2049.

1164. Lorsque, dans un contrat, on a exprimé un cas pour l'explication de l'obligation, on n'est pas censé avoir voulu par là restreindre l'étendue que l'engagement reçoit de droit aux cas non exprimés.

SECTION VI.
De l'Effet des Conventions à l'égard des Tiers.

1165. Les conventions n'ont d'effet qu'entre les parties contractantes; elles ne nuisent point au tiers, et elles ne lui profitent que dans le cas prévu par l'article 1121. — C. 1119, 1122, 1166 s., 1208, 1210, 1285, 1287, 1321, 2036.—Co. 507, 516.

1166. Néanmoins les créanciers peuvent exercer tous les droits et actions de leur débiteur, à l'exception de ceux qui sont exclusivement attachés à la personne. — C. 618, 631, 634, 841, 865, 883, 957, 1446, 2092, 2093. — Pr. 581 s.; 778.

1167. Ils peuvent aussi, en leur nom personnel, attaquer les actes faits par leur débiteur en fraude de leurs droits. — Ils doivent néanmoins, quant à leurs droits énoncés au titre *des Successions* et au titre du *Contrat de mariage et des Droits respectifs des époux*, se conformer aux règles qui y sont prescrites.—C. 622, 788, 882, 1053, 1447, 1464, 2225. — Pr. 474, 873. —Co. 446-449.

CHAPITRE IV.
DES DIVERSES ESPÈCES D'OBLIGATIONS.

SECTION PREMIÈRE.
Des Obligations conditionnelles.

§ Ier.
De la Condition en général, et de ses diverses espèces.

1168. L'obligation est conditionnelle lorsqu'on la fait dépendre d'un événement futur et incertain, soit en la suspendant jusqu'à ce que l'événement arrive, soit en la résiliant, selon que l'événement arrivera ou n'arrivera pas. — C. 1040 s., 1181, 1183.

1169. La condition *casuelle* est celle qui dépend du hasard, et qui n'est nullement au pouvoir du créancier ni du débiteur.

1170. La condition *potestative* est celle qui fait dépendre l'exécution de la convention, d'un événement qu'il est au pouvoir de l'une ou de l'autre des parties contractantes de faire arriver ou d'empêcher. — C. 944, 1086, 1174.

1171. La condition *mixte* est celle qui dépend tout à la fois de la volonté d'une des parties contractantes, et de la volonté d'un tiers.

1172. Toute condition d'une chose impossible, ou contraire aux bonnes mœurs, ou prohibée par la loi, est nulle, et rend nulle la convention qui en dépend. — C. 6, 900, 1173, 1174.

1173. La condition de ne pas faire une chose impossible ne rend pas nulle l'obligation contractée sous cette condition. — C. 1172.

1174. Toute obligation est nulle lorsqu'elle a été contractée sous une condition potestative de la part de celui qui s'oblige. — C. 944, 1806, 1170, 1178, 1659.

1175. Toute condition doit être accomplie de la manière que les parties ont vraisemblablement voulu et entendu qu'elle le fût. — C. 1156, 1176 s.

1176. Lorsqu'une obligation est contractée sous la condition qu'un événement arrivera dans un temps fixe, cette condition est censée défaillie lorsque le temps est expiré sans que l'événement soit arrivé. S'il n'y a point de temps fixe, la condition peut toujours être accomplie; et elle n'est censée défaillie que lorsqu'il est devenu certain que l'événement n'arrivera pas. — C. 1040 s., 1177, 1350, 1352.

1177. Lorsqu'une obligation est contractée sous la condition qu'un événement n'arri-vera pas dans un temps fixe, cette condition est accomplie lorsque ce temps est expiré sans que l'événement soit arrivé: elle l'est également, si avant le terme il est certain que l'événement n'arrivera pas; et s'il n'y a pas de temps déterminé, elle n'est accomplie que lorsqu'il est certain que l'événement n'arrivera pas. — C. 1176.

1178. La condition est réputée accomplie lorsque c'est le débiteur, obligé sous cette condition, qui en a empêché l'accomplissement. — C. 1174, 1350, 1352.

1179. La condition accomplie a un effet rétroactif au jour auquel l'engagement a été contracté. Si le créancier est mort avant l'accomplissement de la condition, ses droits passent à son héritier. — C. 1122, *secus* 1040.

1180. Le créancier peut, avant que la condition soit accomplie, exercer tous les actes conservatoires de son droit. — C. 406, 421, 820 s., 1324, 1907 *note*, 2134, 2257. — Pr. 193.

§ II.

De la Condition suspensive.

1181. L'obligation contractée sous une condition suspensive est celle qui dépend ou d'un événement futur et incertain, ou d'un événement actuellement arrivé, mais encore inconnu des parties. — Dans le premier cas, l'obligation ne peut être exécutée qu'après l'événement. — Dans le second cas, l'obligation a son effet du jour où elle a été contractée. — C. 1168, 1176 s., 1182, 1185, s., 2125, 2257.

1182. Lorsque l'obligation a été contractée sous une condition suspensive, la chose qui fait la matière de la convention demeure aux risques du débiteur qui ne s'est obligé de la livrer que dans le cas de l'événement de la condition. — Si la chose est entièrement périe sans la faute du débiteur, l'obligation est éteinte. — Si la chose s'est détériorée sans la faute du débiteur, le créancier a le choix ou de résoudre l'obligation, ou d'exiger la chose dans l'état où elle se trouve, sans diminution du prix. — Si la chose s'est détériorée par la faute du débiteur, le créancier a le droit ou de résoudre l'obligation, ou d'exiger la chose dans l'état où elle se trouve, avec des dommages et intérêts. — C. 1146 s., 1179, 1184, 1302 s., 1644 s. — Pr. 126 1°, 128.

§ III.
De la Condition résolutoire.

1183. La condition résolutoire est celle qui, lorsqu'elle s'accomplit, opère la révocation de l'obligation, et qui remet les choses au même état que si l'obligation n'avait pas existé. — Elle ne suspend point l'exécution de l'obligation ; elle oblige seulement le créancier à restituer ce qu'il a reçu, dans le cas où l'événement prévu par la condition arrive. — C. 1176 s., 1179, 1182, 1234, 1659, 2125.

1184. La condition résolutoire est toujours sous-entendue dans les contrats synallagmatiques, pour le cas où l'une des deux parties ne satisfera point à son engagement. — Dans ce cas, le contrat n'est point résolu de plein droit. La partie envers laquelle l'engagement n'a point été exécuté, a le choix ou de forcer l'autre à l'exécution de la convention lorsqu'elle est possible, ou d'en demander la résolution avec dommages et intérêts. — La résolution doit être demandée en justice, et il peut être accordé au défendeur un délai selon les circonstances. — C. 958, 1102, 1139, 1146, s., 1244, 1610, 1654-1657. — Pr. 122 s.

SECTION II.
Des Obligations à terme.

1185. Le terme diffère de la condition, en ce qu'il ne suspend point l'engagement, dont il retarde seulement l'exécution. — C. 1181, 1244, 1292, 2257. — Pr. 122 s.

1186. Ce qui n'est dû qu'à terme, ne peut être exigé avant l'échéance du terme ; mais ce qui a été payé d'avance, ne peut être répété. — C. 1167, 1180, 1235, 1324, 1753, 1944. — Pr. 193 et les notes, 820. — Co. 446.

1187. Le terme est toujours présumé stipulé en faveur du débiteur, à moins qu'il ne résulte de la stipulation ou des circonstances, qu'il a été aussi convenu en faveur du créancier. — C. 1258 4°, 1944. — Co. 146, 187.

1188. Le débiteur ne peut plus réclamer le bénéfice du terme lorsqu'il a fait faillite, ou lorsque par son fait il a diminué les sûretés qu'il avait données par le contrat à son créancier. — C. 1613, 1913, 2020, 2032, 2114, 2131, 2166, 2160 3°, 2186. — Pr. 134. — Co. 444

SECTION III.
Des Obligations alternatives.

1189. Le débiteur d'une obligation alternative est libéré par la délivrance de l'une des deux choses qui étaient comprises dans l'obligation. — C. 1190 s.

1190. Le choix appartient

au débiteur, s'il n'a pas été expressément accordé au créancier. — C. 1162, 1602.

1191. Le débiteur peut se libérer en délivrant l'une des deux choses promises ; mais il ne peut pas forcer le créancier à recevoir une partie de l'une et une partie de l'autre. — C. 1220, 1221 3°, 1243, 1244.

1192. L'obligation est pure et simple, quoique contractée d'une manière alternative, si l'une des deux choses promises ne pouvait être le sujet de l'obligation. — C. 1123.

1193. L'obligation alternative devient pure et simple, si l'une des choses promises périt et ne peut plus être livrée, même par la faute du débiteur. Le prix de cette chose ne peut pas être offert à sa place. — Si toutes deux sont péries, et que le débiteur soit en faute à l'égard de l'une d'elles, il doit payer le prix de celle qui a péri la dernière. — C. 1192, 1302 s., 1601.

1194. Lorsque, dans les cas prévus par l'article précédent, le choix avait été déféré par la convention au créancier, — Ou l'une des choses seulement est périe ; et alors, si c'est sans la faute du débiteur, le créancier doit avoir celle qui reste ; si le débiteur est en faute, le créancier peut demander la chose qui reste, ou le prix de celle qui est périe ; ou les deux choses sont péries ; et alors, si le débiteur est en faute à l'égard des deux, ou même à l'égard de l'une d'elles seulement, le créancier peut demander le prix de l'une ou de l'autre à son choix. — C. 1193, 1302 s.

1195. Si les deux choses sont péries sans la faute du débiteur, et avant qu'il soit en demeure, l'obligation est éteinte,

conformément à l'article 1302. — C. 1138, 1139, 1303.

1196. Les mêmes principes s'appliquent au cas où il y a plus de deux choses comprises dans l'obligation alternative.

SECTION IV.

Des Obligations solidaires.

§ Ier.

De la Solidarité entre les Créanciers.

1197. L'obligation est solidaire entre plusieurs créanciers lorsque le titre donne expressément à chacun d'eux le droit de demander le paiement du total de la créance, et que le paiement fait à l'un d'eux libère le débiteur, encore que le bénéfice de l'obligation soit partageable et divisible entre les divers créanciers. — C. 1198 s., comp. 1224, 1225.

1198. Il est au choix du débiteur de payer à l'un ou à l'autre des créanciers solidaires, tant qu'il n'a pas été prévenu par les poursuites de l'un d'eux. — Néanmoins la remise qui n'est faite que par l'un des créanciers solidaires, ne libère le débiteur que pour la part de ce créancier. — C. 1224, 1284, 1285, 1365.

1199. Tout acte qui interrompt la prescription à l'égard de l'un des créanciers solidaires, profite aux autres créanciers. — C. 1206, 2249, 2251.

§ II.

De la Solidarité de la part des Débiteurs.

1200. Il y a solidarité de la part des débiteurs, lorsqu'ils sont obligés à une même chose, de manière que chacun puisse être contraint pour la totalité, et que le paiement fait par un seul libère les autres envers le créancier. — C. 1197, 1219, 1221, 1222.

1201. L'obligation peut être solidaire quoique l'un des débiteurs soit obligé différemment de l'autre au paiement de la même chose; par exemple, si l'un n'est obligé que conditionnellement, tandis que l'engagement de l'autre est pur et simple, ou si l'un a pris un terme qui n'est point accordé à l'autre. — C. 1168, 1185.

1202. La solidarité ne se présume point; il faut qu'elle soit expressément stipulée. — Cette règle ne cesse que dans le cas où la solidarité a lieu de plein droit, en vertu d'une disposition de la loi. — C. 395, 396, 1033, 1442, 1734, 1995, 2002. — Co. 22, 140, 187. — P. 55.

1203. Le créancier d'une obligation contractée solidairement peut s'adresser à celui des débiteurs qu'il veut choisir, sans que celui-ci puisse lui opposer le bénéfice de division. — C. 1225, 2025, 2026.

1204. Les poursuites faites contre l'un des débiteurs n'empêchent pas le créancier d'en exercer de pareilles contre les autres. — C. 1199, 1200.

1205. Si la chose due a péri par la faute ou pendant la demeure de l'un ou de plusieurs des débiteurs solidaires, les autres codébiteurs ne sont point déchargés de l'obligation de payer le prix de la chose; mais ceux-ci ne sont point tenus des dommages et intérêts. — Le créancier peut seulement répéter les dommages et intérêts tant contre les débiteurs par la faute desquels la chose a péri, que contre ceux qui étaient en demeure. — C. 1139, 1146 s., 1302 s. — Pr. 126, 128.

1206. Les poursuites faites contre l'un des débiteurs solidaires interrompent la prescription à l'égard de tous. — C. 1199, 2249.

1207. La demande d'intérêts formée contre l'un des débiteurs solidaires fait courir les intérêts à l'égard de tous. — C. 1153, 1201, 1208.

1208. Le codébiteur solidaire poursuivi par le créancier peut opposer toutes les exceptions qui résultent de la nature de l'obligation, et toutes celles qui lui sont personnelles, ainsi que celles qui sont communes à tous les codébiteurs. — Il ne peut opposer les exceptions qui sont purement personnelles à quelques-uns des autres codébiteurs. — C. 1109, 1131 s., 1225, 1234, 1268, 1281, 1284 s., 1294, 1301, 1365, 2012, 2036. — Co. 545.

1209. Lorsque l'un des débiteurs devient héritier unique du créancier, ou lorsque le créancier devient l'unique héritier de l'un des débiteurs, la confusion n'éteint la créance solidaire que pour la part et portion du débiteur ou du créancier. — C. 1294, 1300, 1301, 2035.

1210. Le créancier qui consent à la division de la dette à l'égard de l'un des codébiteurs, conserve son action solidaire contre les autres, mais sous la déduction de la part du débiteur qu'il a déchargé de la solidarité. — C. 1208, 1211, 1214, 1285, 1363, 2025 s.

1211. Le créancier qui reçoit divisément la part de l'un des débiteurs, sans réserver dans la quittance la solidarité ou ses droits en général, ne renonce à la solidarité qu'à l'égard de ce débiteur. — Le créancier n'est pas censé remettre la solidarité au débiteur lorsqu'il reçoit de lui une somme égale à la portion dont il est tenu, si la quittance ne porte pas que c'est *pour sa part.*

— Il en est de même de la simple demande formée contre l'un des codébiteurs *pour sa part,* si celui-ci n'a pas acquiescé à la demande, ou s'il n'est pas intervenu un jugement de condamnation. — C. 1210, 1350, 1352.

1212. Le créancier qui reçoit divisément et sans réserve la portion de l'un des codébiteurs dans les arrérages ou intérêts de la dette, ne perd la solidarité que pour les arrérages ou intérêts échus, et non pour ceux à échoir, ni pour le capital, à moins que le payement divisé n'ait été continué pendant dix ans consécutifs. — C. 1211, 1350, 1352.

1213. L'obligation contractée solidairement envers le créancier se divise de plein droit entre les débiteurs, qui n'en sont tenus entre eux que chacun pour sa part et portion. — C. 875 s., 1220 s., 1251 3°, 2001, 2149.

1214. Le codébiteur d'une dette solidaire, qui l'a payée en entier, ne peut répéter contre les autres que les part et portion de chacun d'eux. — Si l'un d'eux se trouve insolvable, la perte qu'occasionne son insolvabilité, se répartit, par contribution, entre tous les autres codébiteurs solvables et celui qui a fait le payement. — C. 875, 876, 1213, 1215 s., 2026.

1215. Dans le cas où le créancier a renoncé à l'action solidaire envers l'un des débiteurs, si l'un ou plusieurs des autres codébiteurs deviennent insolvables, la portion des insolvables sera contributoirement répartie entre tous les débiteurs, même entre ceux précédemment déchargés de la solidarité par le créancier. — C. 1210, 1214, 2027.

1216. Si l'affaire pour laquelle la dette a été contractée solidairement ne concernait que l'un des cooblgés solidaires, celui-ci serait tenu de toute la dette vis-à-vis des autres codébiteurs, qui ne seraient considérés par rapport à lui que comme ses cautions. — C. 1431, 1432, 2028 s., 2033.

SECTION V.

Des Obligations divisibles et indivisibles.

1217. L'obligation est divisible ou indivisible selon qu'elle a pour objet ou une chose qui dans sa livraison, ou un fait qui dans l'exécution, est ou n'est pas susceptible de division, soit matérielle, soit intellectuelle. — C. 1218, 1220, 1221, 1222 s.

1218. L'obligation est indivisible, quoique la chose ou le fait qui en est l'objet soit divisible par sa nature, si le rapport sous lequel elle est considérée dans l'obligation ne la rend pas susceptible d'exécution partielle. — C. 1217, 1221 3°.

1219. La solidarité stipulée ne donne point à l'obligation le caractère d'indivisibilité. — C. 1202, 1220, 1222, 1249.

§ Ier.

Des Effets de l'Obligation divisible.

1220. L'obligation qui est susceptible de division, doit être exécutée entre le créancier et le débiteur comme si elle était indivisible. La divisibilité n'a d'application qu'à l'égard de leurs héritiers, qui ne peuvent demander la dette ou qui ne sont tenus de la payer que pour les parts dont ils sont saisis ou dont ils sont tenus comme représentant le créancier ou le débiteur. — C. 724, 870 s., 873, 1009, 1012, 1233, 1244, 1669 s., 1939.

1221. Le principe établi dans l'article précédent reçoit exception à l'égard des héritiers du débiteur, — 1° Dans le cas où la dette est hypothécaire; — C. 873, 2083, 2114. — 2° Lorsqu'elle est d'un corps certain; — C. 1245. — 3° Lorsqu'il s'agit de la dette alternative de choses au choix du créancier, dont l'une est indivisible; — C. 1191 s. — 4° Lorsque l'un des héritiers est chargé seul, par le titre, de l'exécution de l'obligation; — 5° Lorsqu'il résulte, soit de la nature de l'engagement, soit de la chose qui en fait l'objet, soit de la fin qu'on s'est proposée dans le contrat, que l'intention des contractans a été que la dette ne pût s'acquitter partiellement. — C. 1218, 1233. — Dans les trois premiers cas, l'héritier qui possède la chose due ou le fonds hypothéqué à la dette, peut être poursuivi pour le tout sur la chose due ou sur le fonds hypothéqué, sauf le recours contre ses cohéritiers. Dans le quatrième cas, l'héritier seul chargé de la dette, et dans le cinquième cas, chaque héritier, peut aussi être poursuivi pour le tout; sauf son recours contre ses cohéritiers. — C. 875, 876, 1221-1225.

§ II.

Des Effets de l'Obligation indivisible.

1222. Chacun de ceux qui ont contracté conjointement une dette indivisible, en est tenu pour le total, encore que l'obligation n'ait pas été contractée solidairement. — C. 709, 710, 1200 s., 1217-1219, 1223 s., 2249.

1223. Il en est de même à l'égard des héritiers de celui qui a contracté une pareille obligation. — C. 1219, 1221.

1224. Chaque héritier du créancier peut exiger en totalité l'exécution de l'obligation indivisible. — Il ne peut seul faire la remise de la totalité de la dette; il ne peut recevoir seul le prix au lieu de la chose. Si l'un des héritiers a seul remis la dette ou reçu le prix de la chose, son cohéritier ne peut demander la chose indivisible qu'en tenant compte de la portion du cohéritier qui a fait la remise ou qui a reçu le prix. — C. 1210, 1211, 1670, 1939.

1225. L'héritier du débiteur, assigné pour la totalité de l'obligation, peut demander un délai pour mettre en cause ses cohéritiers, à moins que la dette ne soit de nature à ne pouvoir être acquittée que par l'héritier assigné, qui peut alors être condamné seul, sauf son recours en indemnité contre ses cohéritiers. — C. 1203, 1221, 1223, 1233. — Pr. 186.

SECTION VI.

Des Obligations avec clauses pénales.

1226. La clause pénale est celle par laquelle une personne, pour assurer l'exécution d'une convention, s'engage à quelque chose en cas d'inexécution. — C. 1152, 1228 s., 2037.

1227. La nullité de l'obligation principale entraîne celle de la clause pénale. — La nullité de celle-ci n'entraîne point celle de l'obligation principale. — C. 1120, 1121.

1228. Le créancier, au lieu de demander la peine stipulée contre le débiteur qui est en demeure, peut poursuivre l'exécution de l'obligation principale. — C. 1139, 1144, 1146.

1229. La clause pénale est la compensation des dommages et intérêts que le créancier souffre de l'inexécution de l'obligation principale. — Il ne peut demander en même temps le principal et la peine, à moins qu'elle n'ait été stipulée pour le simple retard. — C. 1146 s., 1152, 2057.

1230. Soit que l'obligation primitive contienne, soit qu'elle ne contienne pas un terme dans lequel elle doive être accomplie, la peine n'est encourue que lorsque celui qui s'est obligé soit à livrer, soit à prendre, soit à faire, est en demeure. — C. 1139, 1145, 1146, 1185 s.

1231. La peine peut être modifiée par le juge lorsque l'obligation principale a été exécutée en partie. — C. 1152, 1244.

1232. Lorsque l'obligation primitive contractée avec une clause pénale est d'une chose indivisible, la peine est encourue par la contravention d'un seul des héritiers du débiteur, et elle peut être demandée, soit en totalité contre celui qui a fait la contravention, soit contre chacun des cohéritiers pour leur part et portion, et hypothécairement pour le tout, sauf leur recours contre celui qui a fait encourir la peine. — C. 1175, 1205, 1212 s., 2114.

1233. Lorsque l'obligation primitive contractée sous une peine est divisible, la peine n'est encourue que par celui des héritiers du débiteur qui contrevient à cette obligation, et pour la part seulement dont il était tenu dans l'obligation principale, sans qu'il y ait d'action contre ceux qui l'ont exécutée. — Cette règle reçoit exception lorsque la clause pénale ayant été ajoutée dans l'intention que le paiement ne pût se faire partiellement, un cohéritier a empêché l'exécution de l'obligation pour la totalité. En ce cas, la peine entière peut être exigée contre lui, et contre les autres cohéritiers pour leur portion seulement, sauf leur recours. — C. 1218, 1220, 1221 5o.

CHAPITRE V.

DE L'EXTINCTION DES OBLIGATIONS.

1234. Les obligations s'éteignent, — Par le paiement, — C. 1235 s. — Par la novation, — C. 1271 s. — Par la remise volontaire, — C. 1282 s. — Par la compensation, — C. 1289 s. — Par la confusion, — C. 1300 s. — Par la perte de la chose, — C. 1302 s. — Par la nullité ou la rescision, — C. 1304 s. — Par l'effet de la condition résolutoire, qui a été expliquée au chapitre précédent, — C. 1183 s. — Et par la prescription, qui fera l'objet d'un titre particulier. — C. 2219 s.

SECTION PREMIÈRE.

Du Paiement.

§ Ier.

Du Paiement en général.

1235. Tout paiement suppose une dette : ce qui a été payé sans être dû, est sujet à répétition. — La répétition n'est pas admise à l'égard des obligations naturelles qui ont été volontairement acquittées. — C. 1186, 1315, 1376 s., 1906, 1965, 1967. — Co. 604, 605.

1236. Une obligation peut être acquittée par toute personne qui y est intéressée, telle qu'un coobligé ou une caution. — L'obligation peut même être acquittée par un tiers qui n'y est point intéressé, pourvu que ce tiers agisse au nom et en l'acquit du débiteur, ou que, s'il agit en son nom propre, il ne soit pas subrogé aux droits du créancier. — C. 1119, 1237, 1250 1°, 1251 3°, 1373 s. — Co. 158, 159.

1237. L'obligation de faire ne peut être acquittée par un tiers contre le gré du créancier, lorsque ce dernier a intérêt qu'elle soit remplie par le débiteur lui-même. — C. 1142 s., 1236.

1238. Pour payer valablement, il faut être propriétaire de la chose donnée en paiement, et capable de l'aliéner. — Néanmoins le paiement d'une somme en argent ou autre chose qui se consomme par l'usage, ne peut être répété contre le créancier qui l'a consommée de bonne foi, quoique le paiement en ait été fait par celui qui n'en était pas propriétaire ou qui n'était pas capable de l'aliéner. — C. 1123 s., 1138, 2268, 2279.

1239. Le paiement doit être fait au créancier, ou à quelqu'un ayant pouvoir de lui, ou qui soit autorisé par justice ou par la loi à recevoir pour lui. — Le paiement fait à celui qui n'aurait pas pouvoir

de recevoir pour le créancier, est valable, si celui-ci le ratifie, ou s'il en a profité. — C. 1250 s., 1338, 1937, 1984 s., 2005.

1240. Le paiement fait de bonne foi à celui qui est en possession de la créance, est valable, encore que le possesseur en soit par la suite évincé. — C. 1239, 1377 s., 1626 s.

1241. Le paiement fait au créancier n'est point valable s'il était incapable de le recevoir, à moins que le débiteur ne prouve que la chose payée a tourné au profit du créancier. — C. 450, 481, 499, 509, 513, 1125, 1306, 1312, 1428, 1449, 1531, 1539, 1549, 1576, 1990.

1242. Le paiement fait par le débiteur à son créancier, au préjudice d'une saisie ou d'une opposition, n'est pas valable à l'égard des créanciers saisissans ou opposans : ceux-ci peuvent, selon leur droit, le contraindre à payer de nouveau, sauf, en ce cas seulement, son recours contre le créancier. — C. 1298, 1944, 2093. — Pr. 557 s., 575, 579.

1243. Le créancier ne peut être contraint de recevoir une autre chose que celle qui lui est due, quoique la valeur de la chose offerte soit égale ou même plus grande (1). —

___

(1) Décr. 1er juill. 1809 sur la retenue faite dans le commerce.

Art. 1er. Le prélèvement qui sera fait par le débiteur, sous le nom de passe de sacs, en remboursement de l'avance faite par lui des sacs contenant les espèces qu'il donne en paiement, ne pourra avoir lieu, à compter de la publication du présent décret, que dans les cas et au taux exprimés dans les articles suivans.

2. Dans les paiemens en pièces d'argent de sommes de cinq cents francs et au-dessus, le débiteur est tenu de fournir le sac et la ficelle. — Les sacs seront d'une dimension à contenir au moins mille francs chaque; ils seront en bon état, et faits avec la toile propre à cet usage.

3. La valeur des sacs sera payée par celui qui reçoit, ou la retenue en sera exercée par ce-

C. 1893, 1932. — Co. 143 *et la note.*

1244. Le débiteur ne peut point forcer le créancier à recevoir en partie le paiement d'une dette, même divisible. — Les juges peuvent néanmoins, en considération de la position du débiteur, et en usant de ce pouvoir avec une grande réserve, accorder des délais modérés pour le paiement, et surseoir l'exécution des poursuites, toutes choses demeurant en état. — C. 1188, 1220, 2212. — Pr. 122-125, 127. — Co. 157, 187.

1245. Le débiteur d'un corps certain et déterminé est libéré par la remise de la chose en l'état où elle se trouve lors de la livraison, pourvu que les détériorations qui y sont survenues ne viennent point de son fait ou de sa faute, ni de celle des personnes dont il est responsable, ou qu'avant ces détériorations il ne fût pas en demeure. — C. 1018, 1136 s., 1139, 1148, 1302, 1384 s., 1614.

1246. Si la dette est d'une chose qui ne soit déterminée que par son espèce, le débiteur ne sera pas tenu, pour être libéré, de la donner de la meilleure espèce, mais il ne pourra l'offrir de la plus mauvaise. — C. 1022, 1134.

1247. Le paiement doit être exécuté dans le lieu désigné par la convention. Si le lieu n'y est pas désigné, le paiement, lorsqu'il s'agit d'un corps certain et déterminé, doit être fait dans le lieu où était, au temps de l'obligation, la chose qui en fait l'objet. — Hors ces deux cas, le paiement doit être fait au domicile du débiteur. — C. 102, 1258 6°, 1609, 1651, 1942, 1943.

1248. Les frais du paiement sont à la charge du débiteur. — C. 1260, 1593, 1608.

§ II.

Du Paiement avec subrogation.

1249. La subrogation dans les droits du créancier au profit d'une tierce personne qui le paie, est ou conventionnelle ou légale. — C. 1250, 1251, comp. 1689, 1690.

1250. Cette subrogation est conventionnelle, — 1° Lorsque le créancier recevant son paiement d'une tierce personne la subroge dans ses droits, actions, privilèges ou hypothèques contre le débiteur : cette subrogation doit être expresse et faite en même temps que le paiement; — 2° Lorsque le débiteur emprunte une somme à l'effet de payer sa dette, et de subroger le prêteur dans les droits du créancier. Il faut, pour que cette subrogation soit valable, que l'acte d'emprunt et la quittance soient passés devant notaires; que dans l'acte d'emprunt il soit déclaré que la somme a été empruntée pour faire le paie-

lui qui paie, sur le pied de quinze centimes par sac.

4. Le mode de paiement en sacs et au poids ne prive pas celui qui reçoit de la faculté d'ouvrir les sacs, de vérifier et de compter les espèces, en présence du payeur.

Décr. 18 *août* 1810.

Art. 2. La monnaie de cuivre et de billon de fabrication française ne pourra être employée dans les paiements, si ce n'est de gré à gré, que pour l'appoint de la pièce de cinq francs.

ment, et que dans la quittance il soit déclaré que le paiement a été fait des deniers fournis à cet effet par le nouveau créancier. Cette subrogation s'opère sans le concours de la volonté du créancier (a). — C. 874, 1251, 1252, 2029, 2103 2° 5°, 2112.

1251. La subrogation a lieu de plein droit, — 1° Au profit de celui qui, étant lui-même créancier, paie un autre créancier qui lui est préférable à raison de ses privilèges ou hypothèques; — C. 2096, 2134. — Pr. 775. — 2° Au profit de l'acquéreur d'un immeuble, qui emploie le prix de son acquisition au paiement des créanciers auxquels cet héritage était hypothéqué; — C. 2166 s., 2178. — 3° Au profit de celui qui, étant tenu avec d'autres ou pour d'autres au paiement de la dette, avait intérêt de l'acquitter; — C. 874, 875, 1214, 2029. — 4° Au profit de l'héritier bénéficiaire qui a payé de ses deniers les dettes de la succession.— C. 802. — Pr. 996. — Co. 159, 187.

1252. La subrogation établie par les articles précédens a lieu tant contre les cautions que contre les débiteurs; elle ne peut nuire au créancier lorsqu'il n'a été payé qu'en partie; en ce cas, il peut exercer ses droits, pour ce qui lui reste dû, par préférence à celui dont il n'a reçu qu'un paiement partiel. — C. 2011 s.

§ III.
De l'imputation des paiemens.

1253. Le débiteur de plusieurs dettes a le droit de déclarer, lorsqu'il paie, quelle dette il entend acquitter. — C. 1187, 1244, 1255 s., 1848 s.

1254. Le débiteur d'une dette qui porte intérêt ou produit des arrérages, ne peut point, sans le consentement du créancier, imputer le paiement qu'il fait sur le capital par préférence aux arrérages ou intérêts : le paiement fait sur le capital et intérêts, mais qui n'est point intégral, s'impute d'abord sur les intérêts. — C. 1906, 1908, 2081, 2085.

1255. Lorsque le débiteur de diverses dettes a accepté une quittance par laquelle le créancier a imputé ce qu'il a reçu sur l'une de ces dettes spécialement, le débiteur ne peut plus demander l'imputation sur une dette différente, à moins qu'il n'y ait eu dol ou surprise de la part du créancier. — C. 1116 s.

1256. Lorsque la quittance ne porte aucune imputation, le paiement doit être imputé sur la dette que le débiteur avait pour lors le plus d'intérêt d'acquitter entre celles qui sont pareillement échues; sinon, sur la dette échue, quoique moins onéreuse que celles qui ne le sont point. — Si les dettes sont d'égale nature, l'imputation se fait sur la plus ancienne ; toutes choses égales, elle se fait proportionnellement. — C. 1297, 1848.

§ IV.
Des Offres de paiement, et de la Consignation.

1257. Lorsque le créancier refuse de recevoir son paiement, le débiteur peut lui faire des offres réelles, et, au refus du créancier de les accepter, consigner la somme ou la chose offerte. — Les offres réelles suivies d'une consignation libèrent le débiteur ; elles tiennent lieu à son égard de paiement, lorsqu'elles sont valablement faites, et la chose ainsi consignée demeure aux risques du créancier. — C. 1259 2°, 1961, 2186. — Pr. 812 s., 816. — Co. 161 *note*, L. 6 therm. an III.

1258. Pour que les offres réelles soient valables, il faut, — 1° Qu'elles soient faites au créancier ayant la capacité de recevoir, ou à celui qui a pouvoir de recevoir pour lui ; — C. 1239-1242. — 2° Qu'elles soient faites par une personne capable de payer ; — C. 1236, 1238. — 3° Qu'elles soient de la totalité de la somme exigible, des arrérages ou intérêts dus, des frais liquidés, et d'une somme pour les frais non liquidés, sauf à la parfaire ; — C. 1243, 1244. — 4° Que le terme soit échu, s'il

a été stipulé en faveur du créancier ; — C. 1186, 1187. — 5° Que la condition sous laquelle la dette a été contractée soit arrivée ; — C. 1181, 1235. — 6° Que les offres soient faites au lieu dont on est convenu pour le paiement, et que, s'il n'y a pas de convention spéciale sur le lieu du paiement, elles soient faites ou à la personne du créancier, ou à son domicile, ou au domicile élu pour l'exécution de la convention ; — C. 102 s., 111, 1247, 1264. — 7° Que les offres soient faites par un officier ministériel ayant caractère pour ces sortes d'actes. — Pr. 832, 812 s.

1259. Il n'est pas nécessaire, pour la validité de la consignation, qu'elle ait été autorisée par le juge : il suffit, — 1° Qu'elle ait été précédée d'une sommation signifiée au créancier, et contenant l'indication du jour, de l'heure et du lieu où la chose offerte sera déposée ; — 2° Que le débiteur se soit dessaisi de la chose offerte, en la remettant dans le dépôt indiqué par la loi pour recevoir les consignations, avec les intérêts jusqu'au jour du dépôt (1) ; — C. 1257. — Pr. 816. — 3° Qu'il y ait eu procès-verbal dressé par l'officier ministériel, de la nature des espèces offertes, du refus qu'a fait le créancier de les recevoir, ou de sa non-comparution, et enfin du dépôt ; — Pr. 812 s. — 4° Qu'en cas de non-comparution de la part du créancier, le procès-verbal du dépôt lui ait été si-

---

(1) Ces dépôts doivent être faits à la caisse des dépôts et consignations. — Supp. *Caisse des dépôts et consignations*, L. 28 avril 1816, tit. X, art. 110 s. ; Ord. 22 mai 1816, 3 juillet 1816 ; et pour les consignations faites dans les consulats, Ord. 21 oct. 1833.

gnifié avec sommation de retirer la chose déposée. — Pr. 814 ». — T. 1er, art. 29 §53, 72, art. 60.

1260. Les frais des offres réelles et de la consignation sont à la charge du créancier, si elles sont valables.—C. 1248. — Pr. 525.

1261. Tant que la consignation n'a point été acceptée par le créancier, le débiteur peut la retirer; et s'il la retire, ses codébiteurs ou ses cautions ne sont point libérés. — C. 1200, 1262 »., 2011, 2034.

1262. Lorsque le débiteur a lui-même obtenu un jugement passé en force de chose jugée, qui a déclaré ses offres et sa consignation bonnes et valables, il ne peut plus, même du consentement du créancier, retirer sa consignation au préjudice de ses codébiteurs ou de ses cautions. — C. 1209, 1351, 2036.

1263. Le créancier qui a consenti que le débiteur retirât sa consignation après qu'elle a été déclarée valable par un jugement qui a acquis force de chose jugée, ne peut plus pour le paiement de sa créance exercer les priviléges ou hypothèques qui y étaient attachés : il n'a plus d'hypothèque que du jour où l'acte par lequel il a consenti que la consignation fût retirée aura été revêtu des formes requises pour emporter l'hypothèque. — C. 1351, 2127, 2134.

1264. Si la chose due est un corps certain qui doit être livré au lieu où il se trouve, le débiteur doit faire sommation au créancier de l'enlever, par acte notifié à sa personne ou à son domicile, ou au domicile élu pour l'exécution de la convention. Cette somma-tion faite, si le créancier n'enlève pas la chose, et que le débiteur ait besoin du lieu dans lequel elle est placée, celui-ci pourra obtenir de la justice la permission de la mettre en dépôt dans quelque autre lieu. —C. 111, 1247, 1961 ».—T. 1er, art. 29 § 54, 72.

§ V.
De la Cession de Biens.

1265. La cession de biens est l'abandon qu'un débiteur fait de tous ses biens à ses créanciers, lorsqu'il se trouve hors d'état de payer ses dettes. — C. 631, 635, 1166, 1268 »., 1945. — Pr. 800 3°, 898 »., 905. — Co. 541.

1266. La cession de biens est volontaire ou judiciaire.

1267. La cession de biens volontaire est celle que les créanciers acceptent volontairement, et qui n'a d'effet que celui résultant des stipulations mêmes du contrat passé entre eux et le débiteur. — C. 1134.

1268. La cession judiciaire est un bénéfice que la loi accorde au débiteur malheureux et de bonne foi, auquel il est permis, pour avoir la liberté de sa personne, de faire en justice l'abandon de tous ses biens à ses créanciers, nonobstant toute stipulation contraire.— C. 6, 1945, 2059 ». — Pr. 898-903, 905. — Co. 541.

1269. La cession judiciaire ne confère point la propriété aux créanciers; elle leur donne seulement le droit de faire vendre les biens à leur profit, et d'en percevoir les revenus jusqu'à la vente. — Pr. 689, 904.

1270. Les créanciers ne peuvent refuser la cession judiciaire, si ce n'est dans les cas exceptés par la loi. — C. 1945. —Pr. 903. — Co. 541. —

Elle opère la décharge de la contrainte par corps. — Pr. 800 3°. — Co. 539. — Au surplus, elle ne libère le débiteur que jusqu'à concurrence de la valeur des biens abandonnés; et dans le cas où ils auraient été insuffisans, s'il lui en survient d'autres, il est obligé de les abandonner jusqu'au parfait paiement. — C. 1265.

SECTION II.
De la Novation.

1271. La novation s'opère de trois manières : — 1° Lorsque le débiteur contracte envers son créancier une nouvelle dette qui est substituée à l'ancienne, laquelle est éteinte; — 2° Lorsqu'un nouveau débiteur est substitué à l'ancien qui est déchargé par le créancier; — 3° Lorsque, par l'effet d'un nouvel engagement, un nouveau créancier est substitué à l'ancien, envers lequel le débiteur se trouve déchargé. — C. 1272 s., 1275, 1278, 1281.

1272. La novation ne peut s'opérer qu'entre personnes capables de contracter.—C. 1124 *et la note,* 1125.

1273. La novation ne se présume point; il faut que la volonté de l'opérer résulte clairement de l'acte. — C. 1275, 1277.

1274. La novation par la substitution d'un nouveau débiteur, peut s'opérer sans le concours du premier débiteur. — C. 1121, 1236, 1271 2°.

1275. La délégation par laquelle un débiteur donne au créancier un autre débiteur qui s'oblige envers le créancier, n'opère point de novation, si le créancier n'a expressément déclaré qu'il entendait décharger son débiteur qui a fait la délégation. — C. 1275, 1277, 2212.

1276. Le créancier qui a déchargé le débiteur par qui a été faite la délégation, n'a point de recours contre ce débiteur, si le délégué devient insolvable, à moins que l'acte n'en contienne une réserve expresse, ou que le délégué ne fût déjà en faillite ouverte, ou tombé en déconfiture au moment de la délégation. — C. 1275, 1693, 1694. — Co. 437.

1277. La simple indication faite par le débiteur, d'une personne qui doit payer à sa place, n'opère point novation. — Il en est de même de la simple indication faite par le créancier, d'une personne qui doit recevoir pour lui. — C. 1273, 1275.

1278. Les priviléges et hypothèques de l'ancienne créance ne passent point à celle qui lui est substituée, à moins que le créancier ne les ait expressément réservés. — C. 1271 1°, 1279 s., 1299.

1279. Lorsque la novation s'opère par la substitution d'un nouveau débiteur, les priviléges et hypothèques primitifs de la créance ne peuvent point passer sur les biens du nouveau débiteur. — C. 1234, 1271 2°, 1280 s.

1280. Lorsque la novation s'opère entre le créancier et l'un des débiteurs solidaires, les priviléges et hypothèques de l'ancienne créance ne peuvent être réservés que sur les biens de celui qui contracte la nouvelle dette. — C. 1208, 1275, 1281, 2114.

1281. Par la novation faite entre le créancier et l'un des débiteurs solidaires, les codébiteurs sont libérés. — C. 1200 s., 1280. — La novation opérée à l'égard du débiteur principal libère les cautions. — C. 2034, 2037. — Néanmoins, si le créancier a exigé, dans le premier cas, l'accession des codébiteurs, ou, dans le second, celle des cautions, l'ancienne créance subsiste, si les codébiteurs ou les cautions refusent d'accéder au nouvel arrangement. — C. 1168 s., 1365.

SECTION III.

De la Remise de la Dette.

1282. La remise volontaire du titre original sous signature privée, par le créancier au débiteur, fait preuve de la libération. — C. 1134, 1138, 1350, 1352.

1283. La remise volontaire de la grosse du titre fait présumer la remise de la dette ou le paiement, sans préjudice de la preuve contraire. — C. 1282, 1315, 1350, 1352. — Pr. 854.

1284. La remise du titre original sous signature privée, ou de la grosse du titre, à l'un des débiteurs solidaires, a le même effet au profit de ses codébiteurs. — C. 1208, 1282 s., 1285.

1285. La remise ou décharge conventionnelle au profit de l'un des codébiteurs solidaires, libère tous les autres, à moins que le créancier n'ait expressément réservé ses droits contre ces derniers. — Dans ce dernier cas, il ne peut plus répéter la dette que déduction faite de la part de celui auquel il a fait la remise. — C. 1208, 1210, 1215.

1286. La remise de la chose donnée en nantissement ne suffit point pour faire présumer la remise de la dette. — C. 2071 s., 2078.

1287. La remise ou décharge conventionnelle accordée au débiteur principal libère les cautions; — C. 2034. — Sé- cus Co. 545. — Celle accordée à la caution ne libère pas le débiteur principal; — C. 1288. — Celle accordée à l'une des cautions ne libère pas les autres. — C. 2033.

1288. Ce que le créancier a reçu d'une caution pour la décharge de son cautionnement, doit être imputé sur la dette, et tourner à la décharge du débiteur principal et des autres cautions. — C. 1287.

SECTION IV.

De la Compensation.

1289. Lorsque deux personnes se trouvent débitrices l'une envers l'autre, il s'opère entre elles une compensation qui éteint les deux dettes, de la manière et dans les cas ci-après exprimés. — C. 1850, 2089. — Pr. 131, 464.

1290. La compensation s'opère de plein droit par la seule force de la loi, même à l'insu des débiteurs; les deux dettes s'éteignent réciproquement, à l'instant où elles se trouvent exister à la fois, jusqu'à concurrence de leurs quotités respectives. — C. 1220, 1244.

1291. La compensation n'a lieu qu'entre deux dettes qui ont également pour objet une somme d'argent, ou une certaine quantité de choses fungibles de la même espèce et qui sont également liquides et exigibles. — Les prestations en grains ou denrées, non contestées, et dont le prix est réglé par les mercuriales, peuvent se compenser avec des sommes liquides et exigibles.

1292. Le terme de grâce n'est point un obstacle à la compensation. — C. 1244, 1900, 2212.

1293. La compensation a lieu, quelles que soient les causes de l'une ou l'autre des dettes, excepté dans le cas, — 1° De la demande en restitution d'une chose dont le propriétaire a été injustement dépouillé ; — C. 2060. — 2° De la demande en restitution d'un dépôt et du prêt à usage ; — C. 1875, 1885, 1915, 1932. — 3° D'une dette qui a pour cause des alimens déclarés insaisissables. — Pr. 581 s.

1294. La caution peut opposer la compensation de ce que le créancier doit au débiteur principal ; — Mais le débiteur principal ne peut opposer la compensation de ce que le créancier doit à la caution. — Le débiteur solidaire ne peut pareillement opposer la compensation de ce que le créancier doit à son codébiteur. — C. 1208, 2021, 2036.

1295. Le débiteur qui a accepté purement et simplement la cession qu'un créancier a faite de ses droits à un tiers, ne peut plus opposer au cessionnaire la compensation qu'il eût pu, avant l'acceptation, opposer au cédant. — A l'égard de la cession qui n'a point été acceptée par le débiteur, mais qui lui a été signifiée, elle n'empêche que la compensation des créances postérieures à cette notification. — C. 1290, 1690 s.

1296. Lorsque les deux dettes ne sont pas payables au même lieu, on n'en peut opposer la compensation qu'en faisant raison des frais de la remise. — C. 1248.

1297. Lorsqu'il y a plusieurs dettes compensables dues par la même personne, on suit, pour la compensation, les règles établies pour l'imputation par l'article 1256.

1298. La compensation n'a pas lieu au préjudice des droits acquis à un tiers. Ainsi celui qui, étant débiteur, est devenu créancier depuis la saisie-arrêt faite par un tiers entre ses mains, ne peut, au préjudice du saisissant, opposer la compensation. — C. 1242. — Pr. 557 s.

1299. Celui qui a payé une dette qui était, de droit, éteinte par la compensation, ne peut plus, en exerçant la créance dont il n'a point opposé la compensation, se prévaloir, au préjudice des tiers, des privilèges ou hypothèques qui y étaient attachés, à moins qu'il n'ait eu une juste cause d'ignorer la créance qui devait compenser sa dette. — C. 1290, 2180 1°.

SECTION V.
De la Confusion.

1300. Lorsque les qualités de créancier et de débiteur se réunissent dans la même personne, il se fait une confusion de droit qui éteint les deux créances. — C. 617, 625, 705, 1209, 1234, 1301, 1948, 2035.

1301. La confusion qui s'opère dans la personne du débiteur principal profite à ses cautions ; — Celle qui s'opère dans la personne de la caution, n'entraîne point l'extinction de l'obligation principale ; — Celle qui s'opère dans la personne du créancier, ne profite à ses codébiteurs solidaires que pour la portion dont il était débiteur. — C. 802, 870, 873, 879, 1209, 1220, 1693, 2035, 2177.

SECTION VI.
De la Perte de la chose due.

1302. Lorsque le corps certain et déterminé qui était l'objet de l'obligation, vient à périr, est mis hors du com-

13

merce, ou se perd de manière qu'on en ignore absolument l'existence, l'obligation est éteinte si la chose a péri ou a été perdue sans la faute du débiteur, et avant qu'il fût en demeure. — Lors même que le débiteur est en demeure, et s'il ne s'est pas chargé des cas fortuits, l'obligation est éteinte dans le cas où la chose fût également périe chez le créancier si elle lui eût été livrée. — Le débiteur est tenu de prouver le cas fortuit qu'il allègue. — De quelque manière que la chose volée ait péri ou ait été perdue, sa perte ne dispense pas celui qui l'a soustraite, de la restitution du prix.—C.1043, 1136, 1138, 1139, 1145-1149, 1245, 1315, 1382 s., 1733, 1808. — P. 379.

1303. Lorsque la chose est périe, mise hors du commerce ou perdue, sans la faute du débiteur, il est tenu, s'il y a quelques droits ou actions en indemnité par rapport à cette chose, de les céder à son créancier. — C. 1302, 1934.

SECTION VII.
De l'Action en nullité ou en rescision des Conventions.

1304. Dans tous les cas où l'action en nullité ou en rescision d'une convention n'est pas limitée à un moindre temps par une loi particulière, cette action dure dix ans.—Ce temps ne court, dans le cas de violence, que du jour où elle a cessé; dans le cas d'erreur ou de dol, du jour où ils ont été découverts; et pour les actes passés par les femmes mariées non autorisées, du jour de la dissolution du mariage. — Le temps ne court, à l'égard des actes faits par les interdits, que du jour où l'interdiction est levée; et à l'égard de ceux faits par les mineurs, que du jour de la majorité (a). — C. 181, 183, 185, 1117, 1118, 1124 s., 1179, 1234, 1338, 1676.—Supp. *Aliénés*, L. 30 juin 1838, art. 39.

1305. La simple lésion donne lieu à la rescision en faveur du mineur non émancipé, contre toutes sortes de conventions; et en faveur du mineur émancipé, contre toutes conventions qui excèdent les bornes de sa capacité, ainsi qu'elle est déterminée au titre *de la Minorité, de la Tutelle et de l'Émancipation*. — C. 450, 457-467, 481, 484, 487, 783, 840, 942, 1074, 1118, 1125, 1308, 1309, 1311, 1314, 1990, 2251.— Pr. 481, 1030.

1306. Le mineur n'est pas restituable pour cause de lésion, lorsqu'elle ne résulte que

---

(a) ORD. *août* 1539.
ART. 134. Nous voulons oster aucunes difficultés et diversités d'opinions, qui se sont trouvées par ci-devant sur le temps que se peuvent faire casser les contracts faits par les mineurs ; ordonnons qu'après l'âge de trente-cinq ans parfaits et accomplis, ne se pourra pour le regard du privilége ou faveur de minorité, plutost déduire ne pourcuivre la cassation desdits contracts, en demandant ou en défendant par lettres de relièvement ou restitution ou autrement, soit par voie de nullité (pour aliénation des biens immeubles faite sans décret ni authorité de justice) ou pour lésion, déception, ou circonvention, sinon, ainsi qu'en semblables contracts, sera permis aux majeurs d'en faire poursuite par relièvement ou autre voie permise de droit.

d'un événement casuel et imprévu. — C. 1148, 1303.

1307. La simple déclaration de majorité, faite par le mineur, ne fait point obstacle à sa restitution.—C. 1305, 1310.

1308. Le mineur commerçant, banquier ou artisan n'est point restituable contre les engagemens qu'il a pris à raison de son commerce ou de son art. — C. 487. —. Co. 2 *et la note*, 3, 6.

1309. Le mineur n'est point restituable contre les conventions portées en son contrat de mariage, lorsqu'elles ont été faites avec le consentement et l'assistance de ceux dont le consentement est requis pour la validité de son mariage. — C. 148-151, 160, 1093, 1398.

1310. Il n'est point restituable contre les obligations résultant de son délit ou quasi-délit. — C. 1307, 1382 s. — I. Cr. 340. — P. 66-69.

1311. Il n'est plus recevable à revenir contre l'engagement qu'il avait souscrit en minorité, lorsqu'il l'a ratifié en majorité, soit que cet engagement fût nul en sa forme, soit qu'il fût seulement sujet à restitution. — C. 1338.

1312. Lorsque les mineurs, les interdits ou les femmes mariées sont admis, en ces qualités, à se faire restituer contre leurs engagemens, le remboursement de ce qui aurait été, en conséquence de ces engagemens, payé pendant la minorité, l'interdiction ou le mariage, ne peut en être exigé, à moins qu'il ne soit prouvé que ce qui a été payé a tourné à leur profit. — C. 1241, 1315, 1926. — Co. 114.

1313. Les majeurs ne sont restitués pour cause de lésion que dans les cas et sous les conditions spécialement exprimés dans le présent Code. — C. 783, 887, 1118, 1674 s., 2052, 2057.

1314. Lorsque les formalités requises à l'égard des mineurs ou des interdits, soit pour aliénation d'immeubles, soit dans un partage de succession, ont été remplies, ils sont, relativement à ces actes, considérés comme s'ils les avaient faits en majorité ou avant l'interdiction. — C. 457, 458, 463, 466, 467, 484, 509, 840, 2052.

CHAPITRE VI.
DE LA PREUVE DES OBLIGATIONS, ET DE CELLE DU PAIEMENT.

1315. Celui qui réclame l'exécution d'une obligation, doit la prouver. — Réciproquement, celui qui se prétend libéré, doit justifier le paiement ou le fait qui a produit l'extinction de son obligation.

1316. Les règles qui concernent la preuve littérale, la preuve testimoniale, les présomptions, l'aveu de la partie et le serment, sont expliquées dans les sections suivantes. — C. 1317 s., 1341 s., 1349, 1350 s., 1354 s., 1357 s.

SECTION PREMIÈRE.
De la Preuve littérale.
§ Ier.
Du Titre authentique.

1317. L'acte authentique est celui qui a été reçu par officiers publics ayant le droit d'instrumenter dans le lieu où l'acte a été rédigé, et avec les solennités requises. — C. 1319 s. — Pr. 54, 116 s. — Supp. *Notaire*, L. 25 vent. an XI, art. 1, 5, 6, 8-28, 68, et L. 21 juin 1843.

1318. L'acte qui n'est point authentique par l'incompétence ou l'incapacité de l'officier, ou par un défaut de forme, vaut comme écriture privée, s'il a été signé des parties. — C. 1322 s., 1325, 1316. — Pr. 841. — Supp. *Notaire*, L. 25 vent. an XI, art. 68.

1319. L'acte authentique fait pleine foi de la convention qu'il renferme entre les parties contractantes et leurs héritiers ou ayant-cause.—C. 724, 1165, 1320.—Pr. 135.—Néanmoins, en cas de plaintes en faux principal, l'exécution de l'acte argué de faux sera suspendue par la mise en accusation; et, en cas d'inscription de faux faite incidemment, les tribunaux pourront, suivant les circonstances, suspendre provisoirement l'exécution de l'acte. — Pr. 214 s. — I. Cr. 63 s., 231, 448 s. — P. 145 s. — Supp. *Notaire*, L. 25 vent. an XI, art. 19.

1320. L'acte, soit authentique, soit sous seing privé, fait foi entre les parties, même de ce qui n'y est exprimé qu'en termes énonciatifs, pourvu que l'énonciation ait un rapport direct à la disposition. Les énonciations étrangères à la disposition ne peuvent servir que d'un commencement de preuve. — C. 1317, 1322, 1347.

1321. Les contre-lettres ne peuvent avoir leur effet qu'entre les parties contractantes : elles n'ont point d'effet contre les tiers (1). — C. 1165, 1396, 1397.

§ II.
De l'Acte sous seing privé.

1322. L'acte sous seing privé, reconnu par celui auquel on l'oppose, ou légalement tenu pour reconnu, a, entre ceux qui l'ont souscrit et entre leurs héritiers et ayant-cause, la même foi que l'acte authentique. — C. 1317 s., 1323 s., 1328, 1341. — Pr. 194, 199.

1323. Celui auquel on oppose un acte sous seing privé, est obligé d'avouer ou de désavouer formellement son écriture ou sa signature. — Ses héritiers ou ayant-cause peuvent se contenter de déclarer qu'ils ne connaissent point l'écriture ou la signature de leur auteur. — C. 1324. — Pr. 193 s.

1324. Dans le cas où la partie désavoue son écriture ou sa signature, et dans le cas où ses héritiers ou ayant-cause déclarent ne les point connaître, la vérification en est ordonnée en justice. — Pr. 49 7°, 150, 193 *et les notes*, 194, 195, 200 2°, 214, 434.

1325. Les actes sous seing privé qui contiennent des conventions synallagmatiques, ne sont valables qu'autant qu'ils ont été faits en autant d'originaux qu'il y a de parties ayant un intérêt distinct. — Il suffit d'un original pour toutes les personnes ayant le même intérêt.—Chaque original doit contenir la mention du nombre des originaux qui en ont été faits.—

(1) L. 22 *frim. an* VII. ART. 40. Toute contre-lettre faite sous signature privée, qui aurait pour objet une augmentation du prix stipulé dans un acte public, ou dans un acte sous signature privée précédemment enregistré, est déclarée nulle et de nul effet. —Néanmoins, lorsque l'existence en sera constatée, il y aura lieu d'exiger, à titre d'amende, une somme triple du droit qui aurait eu lieu, sur les sommes et valeurs ainsi stipulées.

Néanmoins le défaut de mention que les originaux ont été faits doubles, triples, etc., ne peut être opposé par celui qui a exécuté de sa part la convention portée dans l'acte. — C. 1102, 1338, 1347. — Co. 39, 282. — *Except.* C. 1338. — Co. 109.

1326. Le billet ou la promesse sous seing privé par lequel une seule partie s'engage envers l'autre à lui payer une somme d'argent ou une chose appréciable, doit être écrit en entier de la main de celui qui le souscrit; ou du moins il faut qu'outre sa signature il ait écrit de sa main un *bon* ou un *approuvé*, portant en toutes lettres la somme ou la quantité de la chose; — Excepté dans le cas où l'acte emane de marchands, artisans, laboureurs, vignerons, gens de journée et de service *(a)*. — C. 1103, 1316, 1327, 1347. — Co. 109, *except.* C. 1318.

1327. Lorsque la somme exprimée au corps de l'acte est différente de celle exprimée au *bon*, l'obligation est présumée n'être que de la somme moindre, lors même que l'acte ainsi que le *bon* sont écrits en entier

de la main de celui qui s'est obligé, à moins qu'il ne soit prouvé de quel côté est l'erreur. — C. 1162, 1326, 1341, 1350, 1352.

1328. Les actes sous seing privé n'ont de date contre les tiers que du jour où ils ont été enregistrés, du jour de la mort de celui ou de l'un de ceux qui les ont souscrits, ou du jour où leur substance est constatée dans des actes dressés par des officiers publics, tels que procès-verbaux de scellés ou d'inventaire. — C. 1322, 1410, 1743, 1750, 2103 1°.

1329. Les registres des marchands ne font point, contre les personnes non marchandes, preuve des fournitures qui y sont portées, sauf ce qui sera dit à l'égard du serment. — C. 1330, 1367, 2272. — Co. 8 s.

1330. Les livres des marchands font preuve contre eux; mais celui qui veut en tirer avantage, ne peut les diviser en ce qu'ils contiennent de contraire à sa prétention. — C. 1329, 1356. — Co. 12 s., 109.

1331. Les registres et papiers domestiques ne font point un titre pour celui qui les a

---

(a) Décl. 30 *juill.* 1730. Voulons et nous plaît que tous billets et autres promesses ou quittances sous signature privée, soient de nul effet et valeur, si le corps de l'écriture n'est de la main de celui qui aura signé les billets, promesses ou quittances, ou que l'approbation de la somme, ou la quantité de denrées, marchandises, ou autres effets, pour lesquels l'engagement aura été contracté, ne soit entièrement écrit en toutes lettres, et sans chiffre, de celui qui aura signé ledit engagement, faute de quoi lesdits billets, et autres

promesses ou quittances, ne pourront être exigibles, soit par les porteurs, endosseurs, procureurs, cessionnaires ou autres.

Décl. 22 *sept.* 1733. Déclarons nuls les billets qui ne seraient pas écrits, ou du moins approuvés de la main de celui qui paraîtroit les avoir signés, en exceptant néanmoins de cette règle les actes nécessaires pour le commerce, ou faits par des gens occupés aux arts et métiers, ou à la culture des terres, qu'il serait difficile, et même souvent impossible d'assujettir à l'observation de cette nouvelle formalité.

écrits. Ils font foi contre lui, 1° dans tous les cas où ils énoncent formellement un paiement reçu; 2° lorsqu'ils contiennent la mention expresse que la note a été faite pour suppléer le défaut du titre en faveur de celui au profit duquel ils énoncent une obligation. — C. 46, 324, 1348 4°, 1415.

1332. L'écriture mise par le créancier à la suite, en marge ou au dos d'un titre qui est toujours resté en sa possession, fait foi, quoique non signée ni datée par lui, lorsqu'elle tend à établir la libération du débiteur. — Il en est de même de l'écriture mise par le créancier au dos, ou en marge, ou à la suite du double d'un titre ou d'une quittance, pourvu que ce double soit entre les mains du débiteur. — C. 1350 2°, 1352.

§ III.
Des Tailles.

1333. Les tailles corrélatives à leurs échantillons font foi entre les personnes qui sont dans l'usage de constater ainsi les fournitures qu'elles font et reçoivent en détail. — C. 1159.

§ IV.
Des Copies des Titres.

1334. Les copies, lorsque le titre original subsiste, ne font foi que de ce qui est contenu au titre, dont la représentation peut toujours être exigée. — C. 45, 1335. — Pr. 839 s.

1335. Lorsque le titre original n'existe plus, les copies font foi d'après les distinctions suivantes: — 1° Les grosses ou premières expéditions font la même foi que l'original: il en est de même des copies qui ont été tirées par l'autorité du magistrat, parties présentes ou dûment appelées, ou de celles qui ont été tirées en présence des parties et de leur consentement réciproque. — C. 1319. — Pr. 203, 245, 844 s., 849 s., 854. — I. Cr.521 s.—Supp. *Notaire*, L. 25 vent. an XI, art. 26.—2° Les copies qui, sans l'autorité du magistrat, ou sans le consentement des parties, et depuis la délivrance des grosses ou premières expéditions, auront été tirées sur la minute de l'acte par le notaire qui l'a reçu, ou par l'un de ses successeurs, ou par officiers publics qui, en cette qualité, sont dépositaires des minutes, peuvent, au cas de perte de l'original, faire foi quand elles sont anciennes. — Elles sont considérées comme anciennes quand elles ont plus de trente an . — Si elles ont moins de trente ans, elles ne peuvent servir que de commencement de preuve par écrit. — C. 45, 1347. — Pr. 203, 245, 853.—Supp. *Notaire*, L. 25 vent. an XI, art. 21. — 3° Lorsque les copies tirées sur la minute d'un acte ne l'auront pas été par le notaire qui l'a reçu, ou par l'un de ses successeurs, ou par officiers publics qui, en cette qualité, sont dépositaires des minutes, elles ne pourront servir, quelle que soit leur ancienneté, que de commencement de preuve par écrit. — C. 1347.—Pr. 203, 245. — 4° Les copies de copies pourront, suivant les circonstances, être considérées comme simples renseignemens. — C.1336. — Pr. 203.

1336. La transcription d'un acte sur les registres publics ne pourra servir que de commencement de preuve par écrit; et il faudra même pour cela, — 1° Qu'il soit constant que toutes les minutes du notaire, de l'année dans laquelle l'acte paraît avoir été fait, soient perdues, ou que l'on prouve que la perte de la minute de ce' acte a été faite par un accident particulier;—2º Qu'il existe un répertoire en règle du notaire, qui constate que l'acte a été fait à la même date. — Lorsqu'au moyen du concours de ces deux circonstances la preuve par témoins sera admise, il sera nécessaire que ceux qui ont été témoins de l'acte, s'ils existent encore, soient entendus. — C. 939, 1069, 1333 4º, 1347, 2108, 2181. — Pr. 251 s.

§ V.

Des Actes récognitifs et confirmatifs.

1337. Les actes récognitifs ne dispensent point de la représentation du titre primordial, à moins que sa teneur n'y soit spécialement relatée. — Ce qu'ils contiennent de plus que le titre primordial, ou ce qui s'y trouve de différent, n'a aucun effet. — Néanmoins, s'il y avait plusieurs reconnaissances conformes, soutenues de la possession, et dont l'une eût trente ans de date, le créancier pourrait être dispensé de représenter le titre primordial. —C. 695, 1334, 2228, 2263.

1338. L'acte de confirmation ou ratification d'une obligation contre laquelle la loi admet l'action en nullité ou en rescision, n'est valable que lorsqu'on y trouve la substance de cette obligation, la mention du motif de l'action en rescision, et l'intention de réparer le vice sur lequel cette action est fondée. — A défaut d'acte de confirmation ou ratification, il suffit que l'obligation soit exécutée volontairement après l'époque à laquelle l'obligation pouvait être valablement confirmée ou ratifiée. — La confirmation, ratification, ou exécution volontaire dans les formes et à l'époque déterminées par la loi, emporte la renonciation aux moyens et exceptions que l'on pouvait opposer contre cet acte, sans préjudice néanmoins du droit des tiers. — C. 1115, 1117, 1123, 1166, 1167, 1311, 2125.

1339. Le donateur ne peut réparer par aucun acte confirmatif les vices d'une donation entre-vifs; nulle en la forme, il faut qu'elle soit refaite en la forme légale.—C. 894, 931 s., 960, 964, 966, 1081, 1092, 1340.

1340. La confirmation ou ratification, ou exécution volontaire d'une donation par les héritiers ou ayant-cause du donateur, après son décès, emporte leur renonciation à opposer soit les vices de forme, soit toute autre exception. — C. 1338, 1339.

SECTION II.

De la Preuve testimoniale.

1341. Il doit être passé acte devant notaires ou sous signature privée, de toutes choses excédant la somme ou valeur de cent cinquante francs, même pour dépôts volontaires ; et il n'est reçu aucune preuve par témoins contre et outre le contenu aux actes, ni sur ce qui serait allégué avoir été dit avant, lors ou depuis les actes, encore qu'il s'agisse d'une somme ou valeur moindre de cent cinquante francs ;—Le tout sans préjudice de ce qui est prescrit dans les lois relatives au commerce(a). — C. 48, 1319, 1322,

---

(a) Ord. de Moulins, févr. 1566. Art. 54. Pour obvier à mul-

tiplication de faits que l'on a vu ci-devant estre mis en avant en

1342-1348, 1715, 1834, 1923, 1950, 1985, 2044, 2074. — Co. 41, 109, 273.

1342. La règle ci-dessus s'applique au cas où l'action contient, outre la demande du capital, une demande d'intérêts qui, réunis au capital, excèdent la somme de cent cinquante francs. — C. 1341.

1343. Celui qui a formé une demande excédant cent cinquante francs, ne peut plus être admis à la preuve testimoniale, même en restreignant sa demande primitive. — C. 1341.

1344. La preuve testimoniale, sur la demande d'une somme même moindre de cent cinquante francs, ne peut être admise lorsque cette somme est déclarée être le restant ou faire

partie d'une créance plus forte qui n'est point prouvée par écrit. — C. 1341.

1345. Si dans la même instance une partie fait plusieurs demandes dont il n'y ait point de titre par écrit, et que, jointes ensemble, elles excèdent la somme de cent cinquante francs, la preuve par témoins n'en peut être admise, encore que la partie allègue que ces créances proviennent de différentes causes, et qu'elles se soient formées en différens temps, si ce n'était que ces droits procédassent, par succession, donation ou autrement, de personnes différentes (a). — C. 1346.

1346. Toutes les demandes, à quelque titre que ce soit, qui ne seront pas entièrement jus-

jugement, sujets à preuve de témoins, et reproche d'iceux, dont adviennent plusieurs inconvéniens et involutions de procès : avons ordonné et ordonnons que doresnavant de toutes choses excédans la somme ou valeur de cent livres pour une fois payer, seront passés contrats pardevant notaires et témoins, par lesquels contrats seulement, sera faite et reçue toute preuve ès dites matières, sans recevoir aucune preuve par témoins, outre le contenu au contrat, ne sur ce qui serait allégué avoir été dit ou convenu avant icelui, lors et depuis. En quoi n'entendons exclure les preuves des conventions particulières, et autres qui seraient faites par les parties sous leurs seings, sceaux et écritures privées.

ORD. avr. 1667, tit. XX.

ART. 2. Seront passés actes pardevant notaires, ou sous signature privée, de toutes choses

excédant la somme ou valeur de cent livres, même pour dépôts volontaires, et ne sera reçu aucune preuve par témoins contre et outre le contenu aux actes, ni sur ce qui serait allégué avoir été dit avant, lors ou depuis les actes, encore qu'il s'agit d'une somme ou valeur moindre de cent livres, sans toutefois rien innover pour ce regard, en ce qui s'observe en la justice des juges et consuls des marchands.

(a) ORD. avr. 1667, tit. XX.

ART. 5. Si dans une même instance la partie fait plusieurs demandes, dont il n'y ait point de preuve ou commencement de preuve par écrit, et que jointes ensemble elles soient au-dessus de cent livres, elles ne pourront être vérifiées par témoins, encore que ce soit diverses sommes qui viennent de différentes causes et en différens temps, si ce n'était que les droits procédassent par succession, donation ou autrement de personnes différentes.

tifiées par écrit, seront formées par un même exploit, après lequel les autres demandes dont il n'y aura point de preuve par écrit ne seront pas reçues (*a*). — C. 1345.

1347. Les règles ci-dessus reçoivent exception lorsqu'il existe un commencement de preuve par écrit. — On appelle ainsi tout acte par écrit qui est émané de celui contre lequel la demande est formée, ou de celui qu'il représente, et qui rend vraisemblable le fait allégué. — C. 324, 341, 1320, 1335 2º 3º, 1336, 1348 *note* (art. 3).

1348. Elles reçoivent encore exception toutes les fois qu'il n'a pas été possible au créancier de se procurer une preuve littérale de l'obligation qui a été contractée envers lui. Cette seconde exception s'applique, — 1º Aux obligations qui naissent des quasi-contrats et des délits ou quasi-délits; — C. 46, 1116, 1353, 1371 s., 1382 s. — 2º Aux dépôts nécessaires faits en cas d'incendie, ruine, tumulte ou naufrage, et à ceux faits par les voyageurs en logeant dans une hôtellerie, le tout suivant la qualité des personnes et les circonstances du fait (*b*); — C. 1782, 1949-1952. —

3º Aux obligations contractées en cas d'accidents imprévus, où l'on ne pourrait pas avoir fait des actes par écrit; — 4º Au cas où le créancier a perdu le titre qui lui servait de preuve littérale, par suite d'un cas fortuit, imprévu et résultant d'une force majeure. — C. 46, 1148.

SECTION III.
Des Présomptions.

1349. Les présomptions sont des conséquences que la loi ou le magistrat tire d'un fait connu à un fait inconnu. — C. 1350 s., 1353.

§ Ier.
Des Présomptions établies par la loi

1350. La présomption légale est celle qui est attachée par une loi spéciale à certains actes ou à certains faits: tels sont, — 1º Les actes que la loi déclare nuls, comme présumés faits en fraude de ses dispositions, d'après leur seule qualité; — C. 911, 918, 1100, 1496. — Co. 443-446. — 2º Les cas dans lesquels la loi déclare la propriété ou la libération résulter de certaines circonstances déterminées; — C. 653, 654, 1282, 1283, 2271-2273. — 3º L'autorité que la loi attri-

---

bue à la chose jugée ; — C.
1351. — 4° La force que la loi
attache à l'aveu de la partie
ou à son serment. — C. 1354
s., 1357 s.

1351. L'autorité de la chose
jugée n'a lieu qu'à l'égard de
ce qui fait l'objet du jugement.
Il faut que la chose demandée
soit la même ; que la demande
soit fondée sur la même cause ;
que la demande soit entre les
mêmes parties, et formée par
elles et contre elles en la
même qualité. — C. 800, 877,
1119-1122, 1165-1167, 1197-
1199, 1205-1207, 1222-1224,
1262, 1363, 2249 s. — Pr. 469,
474 s.

1352. La présomption légale dispense de toute preuve
celui au profit duquel elle
existe. — Nulle preuve n'est
admise contre la présomption
de la loi, lorsque, sur le fondement de cette présomption,
elle annule certains actes ou
dénie l'action en justice, à
moins qu'elle n'ait réservé la
preuve contraire, et sauf ce
qui sera dit sur le serment et
l'aveu judiciaires. — C. 312 s.,
450, 451, 911, 918, 1100, 1282,
1351, 1356, 1358, 1498, 2262.
— Pr. 480.

§ II.

**Des Présomptions qui ne sont point
établies par la loi.**

1353. Les présomptions
qui ne sont point établies par
la loi, sont abandonnées aux
lumières et à la prudence du
magistrat, qui ne doit admettre que des présomptions graves, précises et concordantes,
et dans les cas seulement où la
loi admet les preuves testimo-
niales, à moins que l'acte ne
soit attaqué pour cause de
fraude ou de dol. — C. 1116,
1341 s., 1348. — Co. 109.

SECTION IV.

De l'Aveu de la Partie.

1354. L'aveu qui est opposé à une partie, est ou extrajudiciaire ou judiciaire. —
C. 1316, 1350 4°, 1355 s. —
Pr. 970.

1355. L'allégation d'un
aveu extrajudiciaire purement
verbal est inutile toutes les fois
qu'il s'agit d'une demande dont
la preuve testimoniale ne serait point admissible. — C.
1341 s., 1357.

1356. L'aveu judiciaire est
la déclaration que fait en justice la partie ou son fondé de
pouvoir spécial. — C. 1987.
— Pr. 54, 352. — Il fait pleine
foi contre celui qui l'a fait. —
Il ne peut être divisé contre
lui. — C. 1330. — Il ne peut
être révoqué, à moins qu'on ne
prouve qu'il a été la suite
d'une erreur de fait. Il ne
pourrait être révoqué sous prétexte d'une erreur de droit.
— C. 2052 s.

SECTION V.

Du Serment.

1357. Le serment judiciaire est de deux espèces : —
C. 1316, 1350 4° — 1° Celui
qu'une partie défère à l'autre
pour en faire dépendre le jugement de la cause : il est appelé *décisoire ;* — C. 1358 s.
— 2° Celui qui est déféré d'office par le juge à l'une ou à
l'autre des parties. — C. 1366
s. — Pr. 55, 120 s. — P. 366.

§ Ier.

Du Serment décisoire.

1358. Le serment décisoire
peut être déféré sur quelque espèce de contestation que ce
soit. — C. 1319, 1339 s., 1715,
1924, 2275. — Pr. 55, 120 s.,
870. — Co. 189.

1359. Il ne peut être déféré que sur un fait personnel à la partie à laquelle on le défère.—C. 1362, 1375.—Co. 189.

1360. Il peut être déféré en tout état de cause, et encore qu'il n'existe aucun commencement de preuve de la demande ou de l'exception sur laquelle il est provoqué.—C. 1347, 1364. — **Pr.** 166, 169.

1361. Celui auquel le serment est déféré, qui le refuse ou ne consent pas à le référer à son adversaire, ou l'adversaire à qui il a été référé et qui le refuse, doit succomber dans sa demande ou dans son exception. — C. 1362, 1363. — **Pr.** 55, 120 s.

1362. Le serment ne peut être référé quand le fait qui en est l'objet n'est point celui des deux parties, mais est purement personnel à celui auquel le serment avait été déféré. — C. 1359.

1363. Lorsque le serment déféré ou référé a été fait, l'adversaire n'est point recevable à en prouver la fausseté. — C. 1350, 1352, 2037. — **Pr.** 448, 480 1º 9º 10º, 483.— **I. Cr.** 1 s. — **P.** 366.

1364. La partie qui a déféré ou référé le serment, ne peut plus se rétracter lorsque l'adversaire a déclaré qu'il est prêt à faire ce serment. — C. 1121, 1134.

1365. Le serment fait ne forme preuve qu'au profit de celui qui l'a déféré ou contre lui, et au profit de ses héritiers et ayant-cause ou contre eux. — C. 1122, 1134, 1165.— Néanmoins le serment déféré par l'un des créanciers solidaires au débiteur ne libère celui-ci que pour la part de ce créancier; — C. 1198. — Le serment déféré au débiteur

principal libère également les cautions; — C. 1287, 1294, 1301, 2034, 2038. — Celui déféré à l'un des débiteurs solidaires profite aux codébiteurs; — C. 1208, 1283. — Et celui déféré à la caution profite au débiteur principal. — Dans ces deux derniers cas, le serment du codébiteur solidaire ou de la caution ne profite aux autres codébiteurs ou au débiteur principal que lorsqu'il a été déféré sur la dette, et non sur le fait de la solidarité ou du cautionnement.

§ II.
Du Serment déféré d'office.

1366. Le juge peut déférer à l'une des parties le serment, ou pour en faire dépendre la décision de la cause, ou seulement pour déterminer le montant de la condamnation. — C. 1329, 1367, 1369, 1716, 1781, 1924. — **Pr.** 120 s. — **Co.** 17.

1367. Le juge ne peut déférer d'office le serment, soit sur la demande, soit sur l'exception qui y est opposée, que sous les deux conditions suivantes : il faut — 1º Que la demande ou l'exception ne soit pas pleinement justifiée; — 2º Qu'elle ne soit pas totalement dénuée de preuves. — Hors ces deux cas, le juge doit ou adjuger ou rejeter purement et simplement la demande. — C. 1315, 1715, 1781.

1368. Le serment déféré d'office par le juge à l'une des parties, ne peut être par elle référé à l'autre. — C. 1361.

1369. Le serment sur la valeur de la chose demandée, ne peut être déféré par le juge au demandeur que lorsqu'il est d'ailleurs impossible de constater autrement cette valeur. — Le juge doit même, en ce cas, déterminer la somme jusqu'à concurrence de laquel-

le le demandeur en sera cru sur son serment. — C. 1366. — Pr. 120 s.

TITRE QUATRIÈME.

DES ENGAGEMENS QUI SE FORMENT SANS CONVENTION.

Décrété le 19 pluviôse an XII, promulgué le 29 . [9-19 février 1804].

1370. Certains engagemens se forment sans qu'il intervienne aucune convention, ni de la part de celui qui s'oblige, ni de la part de celui envers lequel il est obligé. — Les uns résultent de l'autorité seule de la loi; les autres naissent d'un fait personnel à celui qui se trouve obligé. — Les premiers sont les engagemens formés involontairement, tels que ceux entre propriétaires voisins, ou ceux des tuteurs et des autres administrateurs qui ne peuvent refuser la fonction qui leur est déférée. — C. 203-211, 371, 450, 639, 651 s. — Les engagemens qui naissent d'un fait personnel à celui qui se trouve obligé, résultent ou des quasi-contrats, ou des délits ou quasi-délits; ils font la matière du présent titre. — C. 1371 s., 1383 s.

CHAPITRE Ier.

DES QUASI-CONTRATS.

1371. Les quasi-contrats sont les faits purement volontaires de l'homme, dont il résulte un engagement quelconque envers un tiers, et quelquefois un engagement réciproque des deux parties. — C. 1348 1°, 1372 s., 1376 s.

1372. Lorsque volontairement on gère l'affaire d'autrui, soit que le propriétaire connaisse la gestion, soit qu'il l'ignore, celui qui gère contracte l'engagement tacite de continuer la gestion qu'il a commencée, et de l'achever jusqu'à ce que le propriétaire soit en état d'y pourvoir lui-même; il doit se charger également de toutes les dépendances de cette même affaire. — Il se soumet à toutes les obligations qui résulteraient d'un mandat exprès que lui aurait donné le propriétaire. — C. 1991, 1991-1996, 2007.

1373. Il est obligé de continuer sa gestion, encore que le maître vienne à mourir avant que l'affaire soit consommée, jusqu'à ce que l'héritier ait pu en prendre la direction. — C. 1991, 2010.

1374. Il est tenu d'apporter à la gestion de l'affaire tous les soins d'un bon père de famille. — Néanmoins les circonstances qui l'ont conduit à se charger de l'affaire, peuvent autoriser le juge à modérer les dommages et intérêts qui résulteraient des fautes ou de la négligence du gérant. — C. 1137, 1149, 1383, 1992.

1375. Le maître dont l'affaire a été bien administrée, doit remplir les engagemens que le gérant a contractés en son nom, l'indemniser de tous les engagemens personnels qu'il a pris, et lui rembourser toutes les dépenses utiles ou nécessaires qu'il a faites. — C.

861 s., 1119 s., 1153, 1997, 1998 s., 2001, 2175.

1376. Celui qui reçoit par erreur ou sciemment ce qui ne lui est pas dû, s'oblige à le restituer à celui de qui il l'a indûment reçu. — C. 1235, 1378-1381, 1906.

1377. Lorsqu'une personne qui, par erreur, se croyait débitrice, a acquitté une dette, elle a le droit de répétition contre le créancier. — Néanmoins ce droit cesse dans le cas où le créancier a supprimé son titre par suite du paiement, sauf le recours de celui qui a payé contre le véritable débiteur. — C. 1235, 1236, 1376, 1967.

1378. S'il y a eu mauvaise foi de la part de celui qui a reçu, il est tenu de restituer, tant le capital que les intérêts ou les fruits, du jour du paiement. — C. 549 s., 583 s., 1153, 1379, 1381, 1907 et la note. — Pr. 526 s.

1379. Si la chose indûment reçue est un immeuble ou un meuble corporel, celui qui l'a reçue s'oblige à la restituer en nature, si elle existe, ou sa valeur, si elle est périe ou détériorée par sa faute; il est même garant de sa perte par cas fortuit, s'il l'a reçue de mauvaise foi. — C. 1148, 1302, 2268.

1380. Si celui qui a reçu de bonne foi, a vendu la chose, il ne doit restituer que le prix de la vente. — C. 549, 1138, 1240, 1599, 1630 s., 1935, 2268, 2279.

1381. Celui auquel la chose est restituée, doit tenir compte, même au possesseur de mauvaise foi, de toutes les dépenses nécessaires et utiles qui ont été faites pour la conservation de la chose. — C. 1378, 1886, 1890, 2103 3°.

CHAPITRE II.

DES DÉLITS ET DES QUASI-DÉLITS.

1382. Tout fait quelconque de l'homme, qui cause à autrui un dommage, oblige celui par la faute duquel il est arrivé, à le réparer. — C. 1310, 1348 1°, 1424 s. — I. Cr. 1 s., 637, 638, 640. — P. 1, 73, 74.

1383. Chacun est responsable du dommage qu'il a causé non-seulement par son fait, mais encore par sa négligence ou par son imprudence. — C. 1382, 1792, 2270. — P. 73, 74, 319 s.

1384. On est responsable non-seulement du dommage que l'on cause par son propre fait, mais encore de celui qui est causé par le fait des personnes dont on doit répondre, ou des choses que l'on a sous sa garde. — Le père, et la mère après le décès du mari, sont responsables du dommage causé par leurs enfans mineurs habitant avec eux; — Les maîtres et les commettans, du dommage causé par leurs domestiques et préposés dans les fonctions auxquelles ils les ont employés; — Les instituteurs et les artisans, du dommage causé par leurs élèves et apprentis pendant le temps qu'ils sont sous leur surveillance. — La responsabilité ci-dessus a lieu, à moins que les père et mère, instituteurs et artisans, ne prouvent qu'ils n'ont pu empêcher le fait qui donne lieu à cette responsabilité. — C. 372, 1797, 1953, 1954. — Co. 216 s. — P. 73, 74. — F. 72, 206.

1385. Le propriétaire d'un animal, ou celui qui s'en sert, pendant qu'il est à son usage, est responsable du dommage que l'animal a causé, soit que l'animal fût sous sa garde, soit qu'il fût égaré ou échappé. —P. 471 14°, 475 3° 4° 7° 10°, 479 2°.

1386. Le propriétaire d'un bâtiment est responsable du dommage causé par sa ruine, lorsqu'elle est arrivée par une suite du défaut d'entretien ou par le vice de sa construction. — C. 1793. —P. 471 5°, 473 4°.

TITRE CINQUIÈME.

DU CONTRAT DE MARIAGE ET DES DROITS RESPECTIFS DES ÉPOUX.

(Décrété le 20 et promulgué le 30 pluv. an XII, [10-20 févr. 1804].)

CHAPITRE Ier.

DISPOSITIONS GÉNÉRALES.

1387. La loi ne régit l'association conjugale, quant aux biens, qu'à défaut de conventions spéciales, que les époux peuvent faire comme ils le jugent à propos, pourvu qu'elles ne soient pas contraires aux bonnes mœurs, et, en outre, sous les modifications qui suivent. — C. 6, 1133, 1172.

1388. Les époux ne peuvent déroger ni aux droits résultant de la puissance maritale sur la personne de la femme et des enfans, ou qui appartiennent au mari comme chef, ni aux droits conférés au survivant des époux par le titre *de la Puissance paternelle* et par le titre *de la Minorité, de la Tutelle et de l'Émancipation*, ni aux dispositions prohibitives du présent Code. — C. 213 s., 371 s., 388 s.

1389. Ils ne peuvent faire aucune convention ou renonciation dont l'objet serait de changer l'ordre légal des successions, soit par rapport à eux-mêmes dans la succession de leurs enfans ou descendans, soit par rapport à leurs enfans entre eux; sans préjudice des donations entre-vifs ou testamentaires qui pourront avoir lieu selon les formes et dans les cas déterminés par le présent Code. — C. 731 s., 791, 1081 s., 1130.

1390. Les époux ne peuvent plus stipuler d'une manière générale que leur association sera réglée par l'une des coutumes, lois ou statuts locaux qui régissaient ci-devant les diverses parties du territoire français, et qui sont abrogés par le présent Code. — C. 1391, 1497, 1527.

1391. Ils peuvent cependant déclarer, d'une manière générale, qu'ils entendent se marier ou sous le régime de la communauté, ou sous le régime dotal. — Au premier cas, et sous le régime de la communauté, les droits des époux et de leurs héritiers seront réglés par les dispositions du chapitre II du présent titre. —Au deuxième cas, et sous le régime dotal, leurs droits seront réglés par les dispositions du chapitre III. — « *Addition.* L. 10 juillet 1850. —Toutefois, si l'acte de célébration de mariage porte que les époux se sont mariés sans contrat, la femme sera réputée, à l'égard des tiers, capable de contracter dans les termes du droit commun, à moins que, dans l'acte qui contiendra son engagement, elle n'ait déclaré avoir fait un contrat de mariage. »

1392. La simple stipulation que la femme se constitue ou qu'il lui est constitué des biens en dot, ne suffit pas pour soumettre ces biens au régime dotal, s'il n'y a dans le contrat de mariage une déclaration expresse à cet égard. — La soumission au régime dotal ne résulte pas non plus de la simple déclaration faite par les époux, qu'ils se marient sans communauté ou qu'ils seront séparés de biens. — C. 1529 n.

1393. A défaut de stipulations spéciales qui dérogent au régime de la communauté ou le modifient, les règles établies dans la première partie du chapitre II formeront le droit commun de la France.—C. 1399. n.

1394. Toutes conventions matrimoniales seront rédigées, avant le mariage, par acte devant notaire. — « *Addition.* L. 10 Juillet 1850. — Le notaire donnera lecture aux parties du dernier alinéa de l'article 1391, ainsi que du dernier alinéa du présent article. Mention de cette lecture sera faite dans le contrat, à peine de 10 francs d'amende, contre le notaire contrevenant.—Le notaire délivrera aux parties, au moment de la signature du contrat, un certificat sur papier libre et sans frais, énonçant ses noms et lieu de résidence, les noms, prénoms, qualités et demeures des futurs époux, ainsi que la date du contrat. Ce certificat indiquera qu'il doit être remis à l'officier de l'état civil avant la célébration du mariage. »

1395. Elles (*les conventions matrimoniales*) ne peuvent recevoir aucun changement après la célébration du mariage. — C. 1451, 1543.

1396. Les changemens qui y seraient faits avant cette célébration, doivent être constatés par acte passé dans la même forme que le contrat de mariage.—Nul changement ou contre-lettre n'est, au surplus, valable sans la présence et le consentement simultané de toutes les personnes qui ont été parties dans le contrat de mariage.— C. 148 n., 1451.

1397. Tous changemens et contre-lettres, même revêtus des formes prescrites par l'article précédent, seront sans effet à l'égard des tiers, s'ils n'ont été rédigés à la suite de la minute du contrat de mariage; et le notaire ne pourra, à peine des dommages et intérêts des parties, et s ... plus grande peine s'il y a ... , délivrer ni grosses ni e ... editions du contrat de mai ... ge sans transcrire à la suite le changement ou la contre-lettre.— C. 1331, 1396.—Co. 67-70.

1398. Le mineur habile à contracter mariage est habile à consentir toutes les conventions dont ce contrat est susceptible; et les conventions et donations qu'il y a faites, sont valables, pourvu qu'il ait été assisté, dans le contrat, des personnes dont le consentement est nécessaire pour la validité du mariage. — C. 144, 148 n., 388, 1095, 1309, *except.* 2140.

CHAPITRE II.

DU RÉGIME EN COMMUNAUTÉ.

1399. La communauté, soit légale, soit conventionnelle, commence du jour du mariage contracté devant l'officier de l'état civil: on ne peut stipuler qu'elle commencera à une autre époque. — C. 1395, *except.* 1404.

PREMIÈRE PARTIE.

DE LA COMMUNAUTÉ LÉGALE.

1400. La communauté qui

s'établit par la simple déclaration qu'on se marie sous le régime de la communauté, ou à défaut de contrat, est soumise aux règles expliquées dans les six sections qui suivent.

SECTION Ire.

De ce qui compose la Communauté activement et passivement.

§ Ier.

De l'Actif de la Communauté.

1401. La communauté se compose activement, — 1º De tout le mobilier que les époux possédaient au jour de la célébration du mariage, ensemble de tout le mobilier qui leur échoit pendant le mariage à titre de succession ou même de donation, si le donateur n'a exprimé le contraire; — C. 527 »., 533, 597, 716, 1184, 1403-1405, 1428, 1532. — 2º De tous les fruits, revenus, intérêts et arrérages, de quelque nature qu'ils soient, échus ou perçus pendant le mariage, et provenant des biens qui appartenaient aux époux lors de sa célébration, ou de ceux qui leur sont échus pendant le mariage, à quelque titre que ce soit; — C. 583-586, 1571. — 3º De tous les immeubles qui sont acquis pendant le mariage. — C. 1402, 1404-1408, 1497 ».

1402. Tout immeuble est réputé acquêt de communauté, s'il n'est prouvé que l'un des époux en avait la propriété ou possession légale antérieurement au mariage, ou qu'il lui est échu depuis à titre de succession ou donation. — C. 1352, 1399, 1404-1408, 1499, 2229. — Pr. 23.

1403. Les coupes de bois et les produits des carrières et mines tombent dans la communauté pour tout ce qui en est considéré comme usufruit, d'après les règles expliquées au titre *de l'Usufruit, de l'Usage et de l'Habitation.* — C. 590-594, 598. — Si les coupes de bois qui, en suivant ces règles, pouvaient être faites durant la communauté, ne l'ont point été, il en sera dû récompense à l'époux non propriétaire du fonds ou à ses héritiers. — C. 590, 1473, 1479. — Si les carrières et mines ont été ouvertes pendant le mariage, les produits n'en tombent dans la communauté que sauf récompense ou indemnité à celui des époux à qui elle pourra être due. — C. 598, 716, 1473.

1404. Les immeubles que les époux possèdent au jour de la célébration du mariage, ou qui leur échoient pendant son cours à titre de succession, n'entrent point en communauté. — C. 1401, 1402. — Néanmoins, si l'un des époux avait acquis un immeuble depuis le contrat de mariage, contenant stipulation de communauté, et avant la célébration du mariage, l'immeuble acquis dans cet intervalle entrera dans la communauté, à moins que l'acquisition n'ait été faite en exécution de quelque clause du mariage, auquel cas elle serait réglée suivant la convention. — C. 1134, 1396, 1399.

1405. Les donations d'immeubles qui ne sont faites pendant le mariage qu'à l'un des deux époux, ne tombent point en communauté, et appartiennent au donataire seul, à moins que la donation ne contienne expressément que la chose donnée appartiendra à la communauté. — C. 894, 1134, 1401 3º, 1402.

1406. L'immeuble abandonné ou cédé par père, mère ou autre ascendant, à l'un des deux époux, soit pour le remplir de ce qu'il lui doit, soit à la charge de payer les dettes du donateur à des étrangers, n'entre point en communauté; sauf récompense ou indemnité. —C. 1075 s., 1082 s., 1437, 1473.

1407. L'immeuble acquis pendant le mariage à titre d'échange contre l'immeuble appartenant à l'un des deux époux, n'entre point en communauté, et est subrogé au lieu et place de celui qui a été aliéné, sauf la récompense s'il y a soulte. — C. 1434, 1435, 1437, 1473, 1702.

1408. L'acquisition faite pendant le mariage, à titre de licitation ou autrement, de portion d'un immeuble dont l'un des époux était propriétaire par indivis, ne forme point un conquêt; sauf à indemniser la communauté de la somme qu'elle a fournie pour cette acquisition. — C. 883, 1686 s. — Dans le cas où le mari deviendrait seul, et en son nom personnel, acquéreur ou adjudicataire de portion ou de la totalité d'un immeuble appartenant par indivis à la femme, celle-ci, lors de la dissolution de la communauté, a le choix ou d'abandonner l'effet à la communauté, laquelle devient alors débitrice envers la femme de la portion appartenant à celle-ci dans le prix, ou de retirer l'immeuble, en remboursant à la communauté le prix de l'acquisition. — C. 1433, 1437, 1473.

§ II.

Du Passif de la Communauté, et des Actions qui en résultent contre la Communauté.

1409. La communauté se compose passivement, — 1o De toutes les dettes mobilières dont les époux étaient grevés au jour de la célébration de leur mariage, ou dont se trouvent chargées les successions qui leur échoient durant le mariage, sauf la récompense pour celles relatives aux immeubles propres à l'un ou à l'autre des époux; — C. 527 s., 1410, 1411-1418, 1437, 1473. — 2o Des dettes, tant en capitaux qu'arrérages ou intérêts, contractées par le mari pendant la communauté, ou par la femme du consentement du mari, sauf la récompense dans les cas où elle a lieu; — C. 1419 s., 1421 s., 1426, 1437, 1473. — 3o Des arrérages et intérêts seulement des rentes ou dettes passives qui sont personnelles aux deux époux; — C. 612. — 4o Des réparations usufructuaires des immeubles qui n'entrent point en communauté; — C. 605 s., 1404 s. — 5o Des alimens des époux, de l'éducation et entretien des enfans, et de toute autre charge du mariage. — C. 203 s., 214, 1422, 1438, 1439.

1410. La communauté n'est tenue des dettes mobilières contractées avant le mariage par la femme, qu'autant qu'elles résultent d'un acte authentique antérieur au mariage, ou ayant reçu avant la même époque une date certaine, soit par l'enregistrement, soit par le décès d'un ou de plusieurs signataires dudit acte. — C. 417 s., 223, 1123, 1317, 1328. — Le créancier de la femme, en vertu d'un acte n'ayant pas de date certaine avant le mariage, ne peut en poursuivre contre elle le paiement que sur la nue propriété de ses immeubles personnels. — C. 1413, 1417, 1424,

14

1426.—Le mari qui prétendrait avoir payé pour sa femme une dette de cette nature, n'en peut demander la récompense ni à sa femme, ni à ses héritiers. — C. 1485.

1411. Les dettes des successions purement mobilières qui sont échues aux époux pendant le mariage, sont pour le tout à la charge de la communauté. — C. 1409 1°, 1417, 1496, 1498, 1510.

1412. Les dettes d'une succession purement immobilière qui échoit à l'un des époux pendant le mariage, ne sont point à la charge de la communauté; sauf le droit qu'ont les créanciers de poursuivre leur paiement sur les immeubles de ladite succession. — C. 1411, 1413 s. — Néanmoins, si la succession est échue au mari, les créanciers de la succession peuvent poursuivre leur paiement, soit sur tous les biens propres au mari, soit même sur ceux de la communauté; sauf, dans ce second cas, la récompense due à la femme ou à ses héritiers. — C. 1437, 1473.

1413. Si la succession purement immobilière est échue à la femme, et que celle-ci l'ait acceptée du consentement de son mari, les créanciers de la succession peuvent poursuivre leur paiement sur tous les biens personnels de la femme: mais, si la succession n'a été acceptée par la femme que comme autorisée en justice au refus du mari, les créanciers, en cas d'insuffisance des immeubles de la succession, ne peuvent se pourvoir que sur la nue propriété des autres biens personnels de la femme. — C. 217, 219, 776, 1416, 1417, 1426.

1414. Lorsque la succession échue à l'un des époux est en partie mobilière et en partie immobilière, les dettes dont elle est grevée ne sont à la charge de la communauté que jusqu'à concurrence de la portion contributoire du mobilier dans les dettes, eu égard à la valeur de ce mobilier comparée à celle des immeubles. — C. 1411, 1412, 1415-1417. — Cette portion contributoire se règle d'après l'inventaire auquel le mari doit faire procéder, soit de son chef, si la succession le concerne personnellement, soit comme dirigeant et autorisant les actions de sa femme, s'il s'agit d'une succession à elle échue. — C. 1428. — Pr. 941 s.

1415. À défaut d'inventaire, et dans tous les cas où ce défaut préjudicie à la femme, elle ou ses héritiers peuvent, lors de la dissolution de la communauté, poursuivre les récompenses de droit, et même faire preuve, tant par titres et papiers domestiques que par témoins, et au besoin par la commune renommée, de la consistance et valeur du mobilier non inventorié. — Le mari n'est jamais recevable à faire cette preuve. — C. 795, 1418, 1442, 1499, 1504. — Co. 558, 560.

1416. Les dispositions de l'article 1414 ne font point obstacle à ce que les créanciers d'une succession en partie mobilière et en partie immobilière poursuivent leur paiement sur les biens de la communauté, soit que la succession soit échue au mari, soit qu'elle soit échue à la femme lorsque celle-ci l'a acceptée du consentement de son mari; le tout sauf les récompenses respectives. — Il en est de même si la succession n'a été acceptée par la femme que comme autorisée en justice, et que néanmoins le mobilier en ait été confondu dans celui de la communauté sans un inventaire préalable. — C. 1419, 1437, 1510.

1417. Si la succession n'a été acceptée par la femme que comme autorisée en justice au refus du mari, et s'il y a eu inventaire, les créanciers ne peuvent poursuivre leur paiement que sur les biens tant mobiliers qu'immobiliers de ladite succession, et, en cas d'insuffisance, sur la nue propriété des autres biens personnels de la femme. — C. 219, 1411, 1413, 1416, 1426.

1418. Les règles établies par les articles 1411 et suivans régissent les dettes dépendantes d'une donation, comme celles résultant d'une succession.

1419. Les créanciers peuvent poursuivre le paiement des dettes que la femme a contractées avec le consentement du mari, tant sur tous les biens de la communauté, que sur ceux du mari ou de la femme; sauf la récompense due à la communauté, ou l'indemnité due au mari. — C. 1409 2°, 1413, 1432, 1437, 1473, 1479.

1420. Toute dette qui n'est contractée par la femme qu'en vertu de la procuration générale ou spéciale du mari, est à la charge de la communauté; et le créancier n'en peut poursuivre le paiement ni contre la femme ni sur ses biens personnels. — C. 1409 2°, 1431, 1990, 1998.

SECTION II.

De l'Administration de la Communauté, et de l'Effet des Actes de l'un ou de l'autre époux relativement à la Société conjugale.

1421. Le mari administre seul les biens de la communauté. — Il peut les vendre, aliéner et hypothéquer sans le concours de la femme. — C. 270, 271, 818, 1422 s., 1449, 1453, 1483, 2124, 2208.

1422. Il ne peut disposer entre-vifs à titre gratuit des immeubles de la communauté, ni de l'universalité ou d'une quotité du mobilier, si ce n'est pour l'établissement des enfans communs. — Il peut néanmoins disposer des effets mobiliers à titre gratuit et particulier, au profit de toutes personnes, pourvu qu'il ne s'en réserve pas l'usufruit. — C. 203, 204, 1439, 1469.

1423. La donation testamentaire faite par le mari ne peut excéder sa part dans la communauté. — S'il a donné en cette forme un effet de la communauté, le donataire ne peut le réclamer en nature, qu'autant que l'effet, par l'événement du partage, tombe au lot des héritiers du mari: si l'effet ne tombe point au lot de ces héritiers, le légataire a la récompense de la valeur totale de l'effet donné, sur la part des héritiers du mari dans la communauté et sur les biens personnels de ce dernier. — C. 1021.

1424. Les amendes encourues par le mari pour crime n'emportant pas mort civile, peuvent se poursuivre sur les biens de la communauté, sauf la récompense due à la femme; celles encourues par la femme ne peuvent s'exécuter que sur la nue propriété de ses biens personnels, tant que dure la communauté. — C. 1425, 1426.

1425. Les condamnations prononcées contre l'un des deux époux pour crime emportant mort civile, ne frappent que sa part de la communau-

té et ses biens personnels. —
C. 23, 25, 1424, 1441. — P. 18.

1426. Les actes faits par
la femme sans le consentement
du mari, et même avec l'autorisation de la justice, n'engagent point les biens de la communauté, si ce n'est lorsqu'elle
contracte comme marchande
publique et pour le fait de son
commerce. — C. 217 s., 220,
225, 1413, 1416-1418, 1424,
1427. — Co. 4, 5, 7.

1427. La femme ne peut
s'obliger ni engager les biens
de la communauté, même pour
tirer son mari de prison, ou
pour l'établissement de ses enfans en cas d'absence du mari,
qu'après y avoir été autorisée
par justice. — C. 112 s., 219,
1426, 1555.

1428. Le mari a l'administration de tous les biens personnels de la femme. — Il peut
exercer seul toutes les actions
mobilières et possessoires qui
appartiennent à la femme. —
Il ne peut aliéner les immeubles personnels de sa femme
sans son consentement. — Il
est responsable de tout dépérissement des biens personnels
de sa femme, causé par défaut
d'actes conservatoires. — C.
614, 818, 1562, 1768, 2121, 2135,
2254, 2256.

1429. Les baux que le mari
seul a faits des biens de sa femme pour un temps qui excède
neuf ans, ne sont, en cas de
dissolution de la communauté,
obligatoires vis-à-vis de la femme ou de ses héritiers que pour
le temps qui reste à courir soit
de la première période de neuf
ans, si les parties s'y trouvent
encore, soit de la seconde, et
ainsi de suite, de manière que
le fermier n'ait que le droit
d'achever la jouissance de la
période de neuf ans où il se

trouve. — C. 595, 1441, 1718.

1430. Les baux de neuf ans
ou au-dessous que le mari seul
a passés ou renouvelés des
biens de sa femme, plus de trois
ans avant l'expiration du bail
courant s'il s'agit de biens ruraux, et plus de deux ans avant
la même époque s'il s'agit de
maisons, sont sans effet, à
moins que leur exécution n'ait
commencé avant la dissolution
de la communauté. — C. 595,
1429, 1441, 1718.

1431. La femme qui s'o-
blige solidairement avec son
mari pour les affaires de la communauté ou du mari, n'est réputée, à l'égard de celui-ci, s'ê-
tre obligée que comme caution ; elle doit être indemnisée
de l'obligation qu'elle a contractée. — C. 1200, 1216, 1419
s., 1432, 1483, 1494, 2011.

1432. Le mari qui garantit solidairement ou autrement
la vente que sa femme a faite
d'un immeuble personnel, a pareillement un recours contre
elle, soit sur sa part dans la communauté, soit sur ses biens personnels, s'il est inquiété. — C.
1200, 1419, 1431, 1479.

1433. S'il est vendu un
immeuble appartenant à l'un
des époux, de même que si l'on
s'est rédimé en argent de services fonciers dus à des héritages propres à l'un d'eux, et
que le prix en ait été versé dans
la communauté, le tout sans
remploi, il y a lieu au prélèvement de ce prix sur la communauté, au profit de l'époux
qui était propriétaire, soit de
l'immeuble vendu, soit des services rachetés. — C. 637, 686,
1434 s., 1437, 1479.

1434. Le remploi est censé
fait à l'égard du mari, toutes
les fois que, lors d'une acquisition, il a déclaré qu'elle était

faite des deniers provenus de l'aliénation de l'immeuble qui lui était personnel, et pour lui tenir lieu de remploi.—C. 1433, 1435.

1435. La déclaration du mari que l'acqu sition est faite des deniers provenus de l'immeuble vendu par la femme et pour lui servir de remploi, ne suffit point, si ce remploi n'a été formellement accepté par la femme : si elle ne l'a pas accepté, elle a simplement droit, lors de la dissolution de la communauté, à la récompense du prix de son immeuble vendu. — C. 1407, 1408, 1595.

1436. La récompense du prix de l'immeuble appartenant au mari ne s'exerce que sur la masse de la communauté ; celle du prix de l'immeuble appartenant à la femme s'exerce sur les biens personnels du mari, en cas d'insuffisance des biens de la communauté. Dans tous les cas, la récompense n'a lieu que sur le pied de la vente, quelque allégation qui soit faite touchant la valeur de l'immeuble aliéné. — C. 1437, 1471 n.

1437. Toutes les fois qu'il est pris sur la communauté une somme soit pour acquitter les dettes ou charges personnelles à l'un des époux, telles que le prix ou partie du prix d'un immeuble à lui propre ou le rachat de services fonciers, soit pour le recouvrement, la conservation ou l'amélioration de ses biens personnels, et généralement toutes les fois que l'un des époux a tiré un profit personnel des biens de la communauté, il en doit la récompense. — C. 1403, 1406 n., 1412, 1419, 1431, 1468 n., 1473.

1438. Si le père et la mère ont doté conjointement l'enfant commun, sans exprimer la portion pour laquelle ils entendaient y contribuer, ils sont censés avoir doté chacun pour moitié, soit que la dot ait été fournie ou promise en effets de la communauté, soit qu'elle l'ait été en biens personnels à l'un des époux. — Au second cas, l'époux dont l'immeuble ou l'effet personnel a été constitué en dot, a, sur les biens de l'autre, une action en indemnité pour la moitié de ladite dot, eu égard à la valeur de l'effet donné, au temps de la donation. — C. 205, 1422, 1431, 1469, 1473 s., 1540, 1544.

1439. La dot constituée par le mari seul à l'enfant commun, en effets de la communauté, est à la charge de la communauté ; et, dans le cas où la communauté est acceptée par la femme, celle-ci doit supporter la moitié de la dot, à moins que le mari n'ait déclaré expressément qu'il s'en chargeait pour le tout, ou pour une portion plus forte que la moitié. — C. 1412, 1427, 1438.

1440. La garantie de la dot est due par toute personne qui l'a constituée ; et ses intérêts courent du jour du mariage, encore qu'il y ait terme pour le paiement, s'il n'y a stipulation contraire. — C. 1155, 1186, 1547, 1548, 1570, 1626 s., 1907. — Pr. 175 s.

SECTION III.

De la Dissolution de la Communauté, et de quelques unes de ses suites.

1441. La communauté se dissout, 1° par la mort naturelle ; 2° par la mort civile ; 3° par le divorce (1) ; 4° par

---

(1) L. 8 mai 1816, art 1er. « Le divorce est aboli. »

la séparation de corps; 5º par la séparation de biens. — C. 23, 25 s., 114, 129, 130, 227 3º, 306, 311, 1443 s. — Co. 557 s. — P. 18.

1442. Le défaut d'inventaire après la mort naturelle ou civile de l'un des époux, ne donne pas lieu à la continuation de la communauté; sauf les poursuites des parties intéressées, relativement à la consistance des biens et effets communs, dont la preuve pourra être faite tant par titres que par la commune renommée. — S'il y a des enfans mineurs, le défaut d'inventaire fait perdre en outre à l'époux survivant la jouissance de leurs revenus; et le subrogé tuteur qui ne l'a point obligé à faire inventaire, est solidairement tenu avec lui de toutes les condamnations qui peuvent être prononcées au profit des mineurs (a). — C. 384 s., 388, 420, 451, 795, 1415, 1456, 1482, 1504.

1443. La séparation de biens ne peut être poursuivie qu'en justice par la femme dont la dot est mise en péril, et lorsque le désordre des affaires du mari donne lieu de craindre que les biens de celui-ci ne soient point suffisans pour remplir les droits et reprises de la femme. — Toute séparation volontaire est nulle. — C. 311, 1395, 1446 s., 1500, 1563. — Pr. 49 7º, 865 s., 870 s. — Co. 65 s.

1444. La séparation de biens, quoique prononcée en justice, est nulle si elle n'a point été exécutée par le paiement réel des droits et reprises de la femme, effectué par acte authentique, jusqu'à concurrence des biens du mari, ou au moins par des poursuites commencées dans la quinzaine qui a suivi le jugement, et non interrompues depuis. — C. 1317, 1465, 1595 1º. — Pr. 74, 872.

1445. Toute séparation de biens doit, avant son exécution, être rendue publique par l'affiche sur un tableau à ce destiné, dans la principale salle du tribunal de première instance, et de plus, si le mari est marchand, banquier ou commerçant, dans celle du tribunal de commerce du lieu de son domicile; et ce, à peine de nullité de l'exécution. — Le jugement qui prononce la séparation de biens, remonte, quant à ses effets, au jour de la demande. — Pr. 866 s., 872 s.

1446. Les créanciers personnels de la femme ne peuvent, sans son consentement, demander la séparation de biens. — Néanmoins, en cas de faillite ou de déconfiture du mari, ils peuvent exercer les droits de leur débitrice jusqu'à concurrence du montant de leurs créances. — C. 1166, 1447, 1564. — Pr. 871, 873. — Co. 557-564.

1447. Les créanciers du mari peuvent se pourvoir contre la séparation de biens pro-

---

(a) COUTUME DE PARIS.

ART. 211. Et pour la dissolution de la communauté, il faut que l'inventaire soit fait et parfait, et à la charge de faire clore ledit inventaire par le survivant, trois mois après qu'il aura été fait. Autrement et à faute de ce faire par le survivant, est la communauté continuée, si bon semble aux enfans.

noncée et même exécutée en fraude de leurs droits; ils peuvent même intervenir dans l'instance sur la demande en séparation pour la contester. — C. 1166, 1167. — Pr. 339 s., 474, 869, 871, 873.

1448. La femme qui a obtenu la séparation de biens, doit contribuer, proportionnellement à ses facultés et à celles du mari, tant aux frais du ménage qu'à ceux d'éducation des enfans communs. — Elle doit supporter entièrement ces frais, s'il ne reste rien au mari. — C. 203, 212, 1449, 1537, 1575.

1449. La femme séparée soit de corps et de biens, soit de biens seulement, en reprend la libre administration. — Elle peut disposer de son mobilier, et l'aliéner. — Elle ne peut aliéner ses immeubles sans le consentement du mari, ou sans être autorisée en justice à son refus. — C. 215, 217, 219, 311, 1124, 1536, 1576, 2124.

1450. Le mari n'est point garant du défaut d'emploi ou de remploi du prix de l'immeuble que la femme séparée a aliéné sous l'autorisation de la justice, à moins qu'il n'ait concouru au contrat, ou qu'il ne soit prouvé que les deniers ont été reçus par lui, ou ont tourné à son profit. — Il est garant du défaut d'emploi ou de remploi, si la vente a été faite en sa présence et de son consentement : il ne l'est point de l'utilité de cet emploi. — C. 1449.

1451. La communauté dissoute par la séparation soit de corps et de biens, soit de biens seulement, peut être rétablie du consentement des deux parties. — Elle ne peut l'être que par

un acte passé devant notaires et avec minute, dont une expédition doit être affichée dans la forme de l'article 1445. — Pr. 872. — En ce cas, la communauté rétablie reprend son effet du jour du mariage ; les choses sont remises au même état que s'il n'y avait point eu de séparation, sans préjudice néanmoins de l'exécution des actes qui, dans cet intervalle, ont pu être faits par la femme en conformité de l'article 1449. — Toute convention par laquelle les époux rétabliraient leur communauté sous des conditions différentes de celles qui la réglaient antérieurement, est nulle. — C. 6, 900, 1133, 1172, 1394, 1395.

1452. La dissolution de communauté opérée par le *divorce* (1) ou par la séparation soit de corps et de biens, soit de biens seulement, ne donne pas ouverture aux droits de survie de la femme; mais celle-ci conserve la faculté de les exercer lors de la mort naturelle ou civile de son mari. — C. 23, 25, 299 s., 311, 1518. — P. 18.

SECTION IV.
De l'Acceptation de la Communauté, et de la Renonciation qui peut y être faite, avec les conditions qui y sont relatives.

1453. Après la dissolution de la communauté, la femme ou ses héritiers et ayant-cause ont la faculté de l'accepter ou d'y renoncer: toute convention contraire est nulle. — C. 1463, 1466, 1492, 1520, 1524.

1454. La femme qui s'est immiscée dans les biens de la communauté, ne peut y renoncer. — Les actes purement ad-

(1) L. 8 mai 1816, art. 1er. « Le divorce est aboli. »

ministratifs ou conservatoires n'emportent point immixtion. — C. 778, 779, 780, 1463.

1455. La femme majeure qui a pris dans un acte la qualité de commune, ne peut plus y renoncer ni se faire restituer contre cette qualité, quand même elle l'aurait prise avant d'avoir fait inventaire, s'il n'y a eu dol de la part des héritiers du mari. — C. 488, 776, 778, 783, 1116.

1456. La femme survivante qui veut conserver la faculté de renoncer à la communauté, doit, dans les trois mois du jour du décès du mari, faire faire un inventaire fidèle et exact de tous les biens de la communauté, contradictoirement avec les héritiers du mari, ou eux dûment appelés. — Cet inventaire doit être par elle affirmé sincère et véritable, lors de sa clôture, devant l'officier public qui l'a reçu. — C. 793 s., 1483, 1482. — Pr. 174, 943 s.

1457. Dans les trois mois et quarante jours après le décès du mari, elle doit faire sa renonciation au greffe du tribunal de première instance dans l'arrondissement duquel le mari avait son domicile : cet acte doit être inscrit sur le registre établi pour recevoir les renonciations à succession. — C. 103, 110, 784, 793, 795 s., 1458 s. — Pr. 174, 874, 997.

1458. La veuve peut, suivant les circonstances, demander au tribunal de première instance une prorogation du délai prescrit par l'article précédent pour sa renonciation ; cette prorogation est, s'il y a lieu, prononcée contradictoirement avec les héritiers du mari, ou eux dûment appelés. — C. 798, 799, 1461 s. — Pr. 174.

1459. La veuve qui n'a point fait sa renonciation dans le délai ci-dessus prescrit, n'est pas déchue de la faculté de renoncer si elle ne s'est point immiscée et qu'elle ait fait inventaire ; elle peut seulement être poursuivie comme commune jusqu'à ce qu'elle ait renoncé, et elle doit les frais faits contre elle jusqu'à sa renonciation. — Elle peut également être poursuivie après l'expiration des quarante jours depuis la clôture de l'inventaire, s'il a été clos avant les trois mois. — C. 789, 794, 795, 797, 800, 1456, — Pr. 174.

1460. La veuve qui a diverti ou recélé quelques effets de la communauté, est déclarée commune, nonobstant sa renonciation ; il en est de même à l'égard de ses héritiers. — C. 792, 801, 1477.

1461. Si la veuve meurt avant l'expiration des trois mois sans avoir fait ou terminé l'inventaire, les héritiers auront, pour faire ou pour terminer l'inventaire, un nouveau délai de trois mois, à compter du décès de la veuve, et de quarante jours pour délibérer, après la clôture de l'inventaire. — Si la veuve meurt ayant terminé l'inventaire, ses héritiers auront, pour délibérer, un nouveau délai de quarante jours à compter de son décès. — Ils peuvent, au surplus, renoncer à la communauté dans les formes établies ci-dessus ; et les articles 1458 et 1459 leur sont applicables. — C. 1468, 1475.

1462. Les dispositions des articles 1456 et suivans sont applicables aux femmes des individus morts civilement, à partir du moment où la mort civile a commencé. — C. 23, 25 s., 227 3°. — P. 18.

1463. La femme divorcée (1) ou séparée de corps, qui n'a point, dans les trois mois et quarante jours après le divorce ou la séparation définitivement prononcés, accepté la communauté, est censée y avoir renoncé, à moins qu'étant encore dans le délai, elle n'en ait obtenu la prorogation en justice, contradictoirement avec le mari, ou lui dûment appelé. — C. 311, 1444, 1455, 1458. — Pr. 174, 874.

1464. Les créanciers de la femme peuvent attaquer la renonciation qui aurait été faite par elle ou par ses héritiers en fraude de leurs créances, et accepter la communauté de leur chef. — C. 622, 788, 1053, 1166, 1167, 2225.

1465. La veuve, soit qu'elle accepte, soit qu'elle renonce, a droit, pendant les trois mois et quarante jours qui lui sont accordés pour faire inventaire et délibérer, de prendre sa nourriture et celle de ses domestiques sur les provisions existantes, et, à défaut, par emprunt au compte de la masse commune, à la charge d'en user modérément. — Elle ne doit aucun loyer à raison de l'habitation qu'elle a pu faire, pendant ces délais, dans une maison dépendante de la communauté, ou appartenant aux héritiers du mari; et si la maison qu'habitaient les époux à l'époque de la dissolution de la communauté, était tenue par eux à titre de loyer, la femme ne contribuera point, pendant les mêmes délais, au paiement dudit loyer, lequel sera pris sur la masse. — C. 1493, 1570.

1466. Dans le cas de dissolution de la communauté par la mort de la femme, ses héritiers peuvent renoncer à la communauté dans les délais et dans les formes que la loi prescrit à la femme survivante. — C. 781, 1453, 1456 s., 1460 s., 1464, 1475, 1491. — Pr. 997.

SECTION V.
Du partage de la Communauté après l'acceptation.

1467. Après l'acceptation de la communauté par la femme ou ses héritiers, l'actif se partage, et le passif est supporté de la manière ci-après déterminée. — C. 815 s., 1468-1491.

§ 1er.
Du partage de l'Actif.

1468. Les époux ou leurs héritiers rapportent à la masse des biens existans, tout ce dont ils sont débiteurs envers la communauté à titre de récompense ou d'indemnité, d'après les règles ci-dessus prescrites, à la section II de la 1re partie du présent chapitre. — C. 829, 858, 1437.

1469. Chaque époux ou son héritier rapporte également les sommes qui ont été tirées de la communauté, ou la valeur des biens que l'époux y a pris pour doter un enfant d'un autre lit, ou pour doter personnellement l'enfant commun. — C. 1422, 1438, 1439, 1544.

1470. Sur la masse des biens, chaque époux ou son héritier prélève, — 1o Ses biens personnels qui ne sont point entrés en communauté, s'ils existent en nature, ou ceux qui ont été acquis en remploi; — C. 1404 s., 1433 s. — 2o Le prix de ses immeubles qui ont été aliénés pendant la communau-

---

té, et dont il n'a point été fait remploi; — C. 1436. — 3° Les indemnités qui lui sont dues par la communauté. —C. 1403, 1419, 1431 s. — Co. 557 s.

1471. Les prélèvemens de la femme s'exercent avant ceux du mari. — Ils s'exercent pour les biens qui n'existent plus en nature, d'abord sur l'argent comptant, ensuite sur le mobilier, et subsidiairement sur les immeubles de la communauté : dans ce dernier cas, le choix des immeubles est déféré à la femme et à ses héritiers. — C. 1436, 2093, 2131. — Co. 557 s.

1472. Le mari ne peut exercer ses reprises que sur les biens de la communauté. — La femme et ses héritiers, en cas d'insuffisance de la communauté, exercent leurs reprises sur les biens personnels du mari. — C. 1421, 1436, 2135. — Co. 560 s.

1473. Les remplois et récompenses dus par la communauté aux époux, et les récompenses et indemnités par eux dues à la communauté, emportent les intérêts de plein droit du jour de la dissolution de la communauté. — C. 1153, 1479.

1474. Après que tous les prélèvemens des deux époux ont été exécutés sur la masse, le surplus se partage par moitié entre les époux ou ceux qui les représentent. — C. 1476, 1483.

1475. Si les héritiers de la femme sont divisés, en sorte que l'un ait accepté la communauté à laquelle l'autre a renoncé, celui qui a accepté ne peut prendre que sa portion virile et héréditaire dans les biens qui échoient au lot de la femme. — Le surplus reste au mari, qui demeure chargé, envers l'héritier renonçant, des

droits que la femme aurait pu exercer en cas de renonciation; mais jusqu'à concurrence seulement de sa portion virile héréditaire du renonçant. — C. 781, 782, 870, 873, 1468.

1476. Au surplus, le partage de la communauté, pour tout ce qui concerne ses formes, la licitation des immeubles quand il y a lieu, les effets du partage, la garantie qui en résulte, et les soultes, est soumis à toutes les règles qui sont établies au titre *des Successions* pour les partages entre cohéritiers. — C. 815 s., 883 s., 2103 3°, 2109. — Pr. 966 s.

1477. Celui des époux qui aurait diverti ou recélé quelques effets de la communauté, est privé de sa portion dans lesdits effets. — C. 792, 1460. — Co. 594.

1478. Après le partage consommé, si l'un des deux époux est créancier personnel de l'autre, comme lorsque le prix de son bien a été employé à payer une dette personnelle de l'autre époux, ou pour toute autre cause, il exerce sa créance sur la part qui est échue à celui-ci dans la communauté ou sur ses biens personnels. — C. 1432, 1479 s., 1511, 1513.

1479. Les créances personnelles que les époux ont à exercer l'un contre l'autre, ne portent intérêt que du jour de la demande en justice. — C. 1153, 1473, 1478, 1570, 1652.

1480. Les donations que l'un des époux a pu faire à l'autre, ne s'exécutent que sur la part du donateur dans la communauté, et sur ses biens personnels. — C. 1478.

1481. Le deuil de la femme est aux frais des héritiers du mari prédécédé. — La valeur de ce deuil est réglée selon la fortune du mari. — Il est dû même à la femme qui renonce à la communauté. — C. 1492, 1570, 2101.

§ II.

Du Passif de la Communauté, et de la Contribution aux Dettes.

1482. Les dettes de la communauté sont pour moitié à la charge de chacun des époux ou de leurs héritiers : les frais de scellé, inventaire, vente de mobilier, liquidation, licitation et partage, font partie de ces dettes. — C. 1409, 1414 s., 1424, 1425, 1438, 1439, 1474, 1483, 1490, 1510.

1483. La femme n'est tenue des dettes de la communauté, soit à l'égard du mari, soit à l'égard des créanciers, que jusqu'à concurrence de son émolument, pourvu qu'il y ait eu bon et fidèle inventaire, et en rendant compte tant du contenu de cet inventaire que de ce qui lui est échu par le partage. — C. 802, 1456, 1486, 1510.

1484. Le mari est tenu, pour la totalité, des dettes de la communauté par lui contractées; sauf son recours contre la femme ou ses héritiers pour la moitié desdites dettes. — C. 1483 s.

1485. Il n'est tenu que pour moitié, de celles personnelles à la femme et qui étaient tombées à la charge de la communauté. — C. 1410 s., 1483.

1486. La femme peut être poursuivie pour la totalité des dettes qui procèdent de son chef et étaient entrées dans la communauté, sauf son recours contre le mari ou son héritier, pour la moitié desdites dettes. — C. 1410 s., 1419, 1483.

1487. La femme, même personnellement obligée pour une dette de communauté, ne peut être poursuivie que pour la moitié de cette dette, à moins que l'obligation ne soit solidaire. — C. 1200, 1431, 1489.

1488. La femme qui a payé une dette de la communauté au delà de sa moitié, n'a point de répétition contre le créancier pour l'excédant, à moins que la quittance n'exprime que ce qu'elle a payé était pour sa moitié. — C. 1377, 1489.

1489. Celui des deux époux qui, par l'effet de l'hypothèque exercée sur l'immeuble à lui échu en partage, se trouve poursuivi pour la totalité d'une dette de communauté, a de droit son recours pour la moitié de cette dette contre l'autre époux ou ses héritiers. — C. 873 s., 1483 1488.

1490. Les dispositions précédentes ne font point obstacle à ce que, par le partage, l'un ou l'autre des copartageans soit chargé de payer une quotité de dettes autre que la moitié, même de les acquitter entièrement. — Toutes les fois que l'un des copartageans a payé des dettes de la communauté au-delà de la portion dont il était tenu, il y a lieu au recours de celui qui a trop payé contre l'autre. — C. 1165, 1166, 1482 s.

1491. Tout ce qui est dit ci-dessus à l'égard du mari ou de la femme, a lieu à l'égard des héritiers de l'un ou de l'autre; et ces héritiers exercent les mêmes droits et sont soumis aux mêmes actions que le conjoint qu'ils représentent. — C. 724, 1461, 1468, 1475.

SECTION VI.

De la Renonciation à la Communauté, et de ses effets.

1492. La femme qui renonce, perd toute espèce de droit sur les biens de la communauté, et même sur le mobilier qui y est entré de son chef. — Elle retire seulement les linges et hardes à son usage. — C. 1465, 1493, 1514, 1566. — Co. 469 1°, 560.

1493. La femme renonçante a le droit de reprendre, — 1° Les immeubles à elle appartenant, lorsqu'ils existent en nature, ou l'immeuble qui a été acquis en remploi; — 2° Le prix de ses immeubles aliénés dont le remploi n'a pas été fait et accepté comme il est dit ci-dessus; — 3° Toutes les indemnités qui peuvent lui être dues par la communauté. — C. 1404 n., 1433, 1470. — Co. 557 n.

1494. La femme renonçante est déchargée de toute contribution aux dettes de la communauté, tant à l'égard du mari qu'à l'égard des créanciers. Elle reste néanmoins tenue envers ceux-ci lorsqu'elle s'est obligée conjointement avec son mari, ou lorsque la dette, devenue dette de la communauté, provenait originairement de son chef; le tout sauf son recours contre le mari ou ses héritiers. — C. 1409 n., 1431, 1492.

1495. Elle peut exercer toutes les actions et reprises ci-dessus détaillées, tant sur les biens de la communauté que sur les biens personnels du mari. — Ses héritiers le peuvent de même, sauf en ce qui concerne le prélèvement des linges et hardes, ainsi que le logement et la nourriture pendant le délai donné pour faire inventaire et délibérer; lesquels droits sont purement personnels à la femme survivante. — C. 724, 1465, 1471, 1492, 1514, 2121, 2135.

DISPOSITION
RELATIVE À LA COMMUNAUTÉ LÉGALE, LORSQUE L'UN DES ÉPOUX OU TOUS DEUX ONT DES ENFANS DE PRÉCÉDENS MARIAGES.

1496. Tout ce qui est dit ci-dessus, sera observé même lorsque l'un des époux ou tous deux auront des enfans de précédens mariages. — Si toutefois la confusion du mobilier et des dettes opérait, au profit de l'un des époux, un avantage supérieur à celui qui est autorisé par l'article 1098, au titre *des Donations entre-vifs et des Testamens*, les enfans du premier lit de l'autre époux auront l'action en retranchement. — C. 1527.

DEUXIÈME PARTIE.

DE LA COMMUNAUTÉ CONVENTIONNELLE, ET DES CONVENTIONS QUI PEUVENT MODIFIER OU MÊME EXCLURE LA COMMUNAUTÉ LÉGALE.

1497. Les époux peuvent modifier la communauté légale par toute espèce de conventions non contraires aux articles 1387, 1388, 1389 et 1390. — Les principales modifications sont celles qui ont lieu en stipulant de l'une ou de l'autre des manières qui suivent; savoir, — 1° Que la communauté n'embrassera que les acquêts; — C. 1498 n. — 2° Que le mobilier présent ou futur n'entrera point en communauté, ou n'y entrera que pour une partie; — C. 1500 n. — 3° Qu'on y comprendra tout ou partie des immeubles présens ou futurs, par la voie de l'ameublissement; — C. 1505 n. — 4° Que les époux paieront séparément leurs dettes antérieures au mariage; — C. 1510 n. — 5° Qu'en cas de renonciation, la femme pourra reprendre ses apports francs et quittes; — C. 1514. — 6° Que le survivant aura un préciput; — C. 1515 s.—7° Que les époux auront des parts inégales; — C. 1520 s. — 8° Qu'il y aura entre eux communauté à titre universel. — C. 1526.

SECTION PREMIÈRE.
De la Communauté réduite aux Acquêts.

1498. Lorsque les époux stipulent qu'il n'y aura entre eux qu'une communauté d'acquêts, ils sont censés exclure de la communauté et les dettes de chacun d'eux actuelles et futures, et leur mobilier respectif présent et futur. — En ce cas, et après que chacun des époux a prélevé ses apports dûment justifiés, le partage se borne aux acquêts faits par les époux ensemble ou séparément durant le mariage, et provenant tant de l'industrie commune que des économies faites sur les fruits et revenus des biens des deux époux. — C. 1401, 1405 s., 1421 s., 1470, 1581.

1499. Si le mobilier existant lors du mariage, ou échu depuis, n'a pas été constaté par inventaire ou état en bonne forme, il est réputé acquêt. — C. 1402, 1415, 1504, 1581.

SECTION II.
De la Clause qui exclut de la Communauté le mobilier en tout ou partie.

1500. Les époux peuvent exclure de leur communauté tout leur mobilier présent et futur. — Lorsqu'ils stipulent qu'ils en mettront réciproquement dans la communauté jusqu'à concurrence d'une somme ou d'une valeur déterminée, ils sont, par cela seul, censés se réserver le surplus. — C. 1401, 1421 s., 1503.

1501. Cette clause rend l'époux débiteur envers la communauté, de la somme qu'il a promis d'y mettre, et l'oblige à justifier de cet apport. — C. 1315, 1468, 1502 s., 1845 s.

1502. L'apport est suffisamment justifié, quant au mari, par la déclaration portée au contrat de mariage que son mobilier est de telle valeur. — Il est suffisamment justifié, à l'égard de la femme, par la quittance que le mari lui donne, ou à ceux qui l'ont dotée. — C. 1501, 1504.

1503. Chaque époux a le droit de reprendre et de prélever, lors de la dissolution de la communauté, la valeur de ce dont le mobilier qu'il a apporté lors du mariage, ou qui lui est échu depuis, excédait sa mise en communauté. — C. 1428, 1470, 1498, 1532.

1504. Le mobilier qui échoit à chacun des époux pendant le mariage, doit être constaté par un inventaire. — A défaut d'inventaire du mobilier échu au mari, ou d'un titre propre à justifier de sa consistance et valeur, déduction faite des dettes, le mari ne peut en exercer la reprise. — Si le défaut d'inventaire porte sur un mobilier échu à la femme, celle-ci ou ses héritiers sont admis à faire preuve, soit par titres, soit par témoins, soit même par commune renommée, de la valeur de ce mobilier. — C. 1415, 1499.

SECTION III.
De la Clause d'ameublissement.

1505. Lorsque les époux ou l'un d'eux font entrer en communauté tout ou partie de leurs immeubles présens ou futurs, cette clause s'appelle *ameublissement*. — C. 1402, 1404 s., 1421 s.

1506. L'ameublissement peut être déterminé ou indéterminé. — Il est déterminé quand l'époux a déclaré ameublir et mettre en communauté un tel immeuble en tout ou jusqu'à concurrence d'une certaine somme. — Il est indéterminé quand l'époux a simplement déclaré apporter en communauté ses immeubles, jusqu'à concurrence d'une certaine somme. — C. 1507 s.

1507. L'effet de l'ameublissement déterminé est de rendre l'immeuble ou les immeubles qui en sont frappés, biens de la communauté comme les meubles mêmes. — C. 1401. — Lorsque l'immeuble ou les immeubles de la femme sont ameublis en totalité, le mari en peut disposer comme des autres effets de la communauté, et les aliéner en totalité. — C. 1421, 1422. — Si l'immeuble n'est ameubli que pour une certaine somme, le mari ne peut l'aliéner qu'avec le consentement de la femme; mais il peut l'hypothéquer sans son consentement, jusqu'à concurrence seulement de la portion ameublie. — C. 1845, 2114, 2124.

1508. L'ameublissement indéterminé ne rend point la communauté propriétaire des immeubles qui en sont frappés; son effet se réduit à obliger l'époux qui l'a consenti, à comprendre dans la masse, lors de la dissolution de la communauté, quelques-uns de ses immeubles jusqu'à concurrence de la somme par lui promise. — C. 1441. — Le mari ne peut, comme en l'article précédent, aliéner en tout ou en partie, sans le consentement de sa femme, les immeubles sur lesquels est établi l'ameublissement indéterminé; mais il peut les hypothéquer jusqu'à concurrence de cet ameublissement. — C. 1423, 1593, 2114, 2124.

1509. L'époux qui a ameubli un héritage, a, lors du partage, la faculté de le retenir en le précomptant sur sa part pour le prix qu'il vaut alors; et ses héritiers ont le même droit. — C. 732, 1507 s.

SECTION IV.
De la Clause de séparation des dettes.

1510. La clause par laquelle les époux stipulent qu'ils paieront séparément leurs dettes personnelles, les oblige à se faire, lors de la dissolution de la communauté, respectivement raison des dettes qui sont justifiées avoir été acquittées par la communauté à la décharge de celui des époux qui en était débiteur. — Cette obligation est la même, soit qu'il y ait eu inventaire ou non: mais, si le mobilier apporté par les époux n'a pas été constaté par un inventaire ou état authentique antérieur au mariage, les créanciers de l'un et de l'autre des époux peuvent, sans avoir égard à aucune des distinctions qui seraient réclamées, poursuivre leur paiement sur le mobilier non inventorié, comme sur tous les autres biens de la communauté. — Les créanciers ont le même droit sur le mobilier qui serait échu aux époux pendant la communauté, s'il n'a pas été pareillement constaté par un inventaire ou état authentique. — C. 1166, 1317, 1421, 1457, 1473, 1478, 1479, 1497 4°, 1511, 1513.

1511. Lorsque les époux apportent dans la communauté une somme certaine ou un corps certain, un tel apport emporte la convention tacite qu'il n'est point grevé de dettes antérieures au mariage; et il doit être fait raison par l'époux débiteur à l'autre, de toutes celles qui diminueraient l'apport promis. — C. 1437, 1473, 1478, 1479, 1497 4º.

1512. La clause de séparation des dettes n'empêche point que la communauté ne soit chargée des intérêts et arrérages qui ont couru depuis le mariage. — C. 612, 1409, 1510, 1511.

1513. Lorsque la communauté est poursuivie pour les dettes de l'un des époux, déclaré, par contrat, franc et quitte de toutes dettes antérieures au mariage, le conjoint a droit à une indemnité qui se prend soit sur la part de communauté revenant à l'époux débiteur, soit sur les biens personnels dudit époux; et, en cas d'insuffisance, cette indemnité peut être poursuivie par voie de garantie contre le père, la mère, l'ascendant ou le tuteur qui l'auraient déclaré franc et quitte. — Cette garantie peut même être exercée par le mari durant la communauté, si la dette provient du chef de la femme; sauf, en ce cas, le remboursement dû par la femme ou ses héritiers aux garans, après la dissolution de la communauté. — C. 1410, 1437, 1440, 1473, 1478, 1479.

SECTION V.
De la Faculté accordée à la femme de reprendre son Apport franc et quitte.

1514. La femme peut stipuler qu'en cas de rénonciation à la communauté, elle reprendra tout ou partie de ce qu'elle y aura apporté, soit lors du mariage, soit depuis; mais cette stipulation ne peut s'étendre au-delà des choses formellement exprimées, ni au profit de personnes autres que celles désignées. — Ainsi la faculté de reprendre le mobilier que la femme a apporté lors du mariage, ne s'étend point à celui qui serait échu pendant le mariage. — Ainsi la faculté accordée à la femme ne s'étend point aux enfans; celle accordée à la femme et aux enfans ne s'étend point aux héritiers ascendans ou collatéraux. — Dans tous les cas, les apports ne peuvent être repris que déduction faite des dettes personnelles à la femme, et que la communauté aurait acquittées. — C. 1122, 1492, 1855. — Co. 557-554.

SECTION VI.
Du Préciput conventionnel.

1515. La clause par laquelle l'époux survivant est autorisé à prélever, avant tout partage, une certaine somme ou une certaine quantité d'effets mobiliers en nature, ne donne droit à ce prélèvement, au profit de la femme survivante, que lorsqu'elle accepte la communauté, à moins que le contrat de mariage ne lui ait réservé ce droit, même en renonçant. — Hors le cas de cette réserve, le préciput ne s'exerce que sur la masse partageable, et non sur les biens personnels de l'époux prédécédé. — C. 1470 s., 1519.

1516. Le préciput n'est point regardé comme un avantage sujet aux formalités des donations, mais comme une convention de mariage. — C. 939 *et la note*, 1094, 1098, 1525, 1527.

1517. La mort naturelle ou civile donne ouverture au préciput. — C. 23, 25. — P. 18.

1518. Lorsque la dissolution de la communauté s'opère par le divorce (1) ou par la séparation de corps, il n'y a pas lieu à la délivrance actuelle du préciput; mais l'époux qui a obtenu soit le divorce, soit la séparation de corps, conserve ses droits au préciput en cas de survie. Si c'est la femme, la somme ou la chose qui constitue le préciput reste toujours provisoirement au mari, à la charge de donner caution. — C. 299, 300, 311, 1452, 2011. — Pr. 518 *.

1519. Les créanciers de la communauté ont toujours le droit de faire vendre les effets compris dans le préciput, sauf le recours de l'époux, conformément à l'article 1515.

SECTION VII.

Des Clauses par lesquelles on assigne à chacun des époux des Parts inégales dans la Communauté.

1520. Les époux peuvent déroger au partage égal établi par la loi, soit en ne donnant à l'époux survivant ou à ses héritiers, dans la communauté, qu'une part moindre que la moitié, soit en ne lui donnant qu'une somme fixe pour tout droit de communauté, soit en stipulant que la communauté entière, en certains cas, appartiendra à l'époux survivant, ou à l'un d'eux seulement. — C. 1474, 1521 *.

1521. Lorsqu'il a été stipulé que l'époux ou ses héritiers n'auront qu'une certaine part dans la communauté, comme le tiers ou le quart, l'époux ainsi réduit ou ses héritiers ne supportent les dettes de la communauté que proportionnellement à la part qu'ils prennent dans l'actif. — La convention est nulle si elle oblige l'époux ainsi réduit ou ses héritiers à supporter une plus forte part, ou si elle les dispense de supporter une part dans les dettes égale à celle qu'ils prennent dans l'actif. — C. 6, 900, 1133, 1172, 1811, 1855.

1522. Lorsqu'il est stipulé que l'un des époux ou ses héritiers ne pourront prétendre qu'une certaine somme pour tout droit de communauté, la clause est un forfait qui oblige l'autre époux ou ses héritiers à payer la somme convenue, soit que la communauté soit bonne ou mauvaise, suffisante ou non pour acquitter la somme. — C. 1524 *.

1523. Si la clause n'établit le forfait qu'à l'égard des héritiers de l'époux, celui-ci, dans le cas où il survit, a droit au partage légal par moitié. — C. 1474.

1524. Le mari ou ses héritiers qui retiennent, en vertu de la clause énoncée en l'article 1520, la totalité de la communauté, sont obligés d'en acquitter toutes les dettes. — Les créanciers n'ont, en ce cas, aucune action contre la femme ni contre ses héritiers. — Si c'est la femme survivante qui a, moyennant une somme convenue, le droit de retenir toute la communauté contre les héritiers du mari, elle a le choix ou de leur payer cette somme, en demeurant obligée à toutes les dettes, ou de renoncer à la communauté, et d'en abandonner aux héritiers du mari les

---

(1) L. 8 mai 1816, art. 1er. « Le divorce est aboli. »

biens et les charges. — C. 1453, 1483-1485.

1525. Il est permis aux époux de stipuler que la totalité de la communauté appartiendra au survivant ou à l'un d'eux seulement, sauf aux héritiers de l'autre à faire la reprise des apports et capitaux tombés dans la communauté, du chef de leur auteur. — Cette stipulation n'est point réputée un avantage sujet aux règles relatives aux donations, soit quant au fond, soit quant à la forme, mais simplement une convention de mariage et entre associés. — C. 1516, 1527.

SECTION VIII.
De la Communauté à titre universel.

1526. Les époux peuvent établir par leur contrat de mariage une communauté universelle de leurs biens tant meubles qu'immeubles, présens et à venir, ou de tous leurs biens présens seulement, ou de tous leurs biens à venir seulement. — C. 1509, 1837.

DISPOSITIONS COMMUNES AUX HUIT SECTIONS CI-DESSUS.

1527. Ce qui est dit aux huit sections ci-dessus, ne limite pas à leurs dispositions précises les stipulations dont est susceptible la communauté conventionnelle. — Les époux peuvent faire toutes autres conventions, ainsi qu'il est dit à l'article 1387, et sauf les modifications portées par les articles 1388, 1389 et 1390. — Néanmoins, dans le cas où il y aurait des enfans d'un précédent mariage, toute convention qui tendrait dans ses effets à donner à l'un des époux au-delà de la portion réglée par l'article 1098, au titre *des Donations entre-vifs et des Testamens*, sera

sans effet pour tout l'excédant de cette portion ; mais les simples bénéfices résultant des travaux communs et des économies faites sur les revenus respectifs, quoiqu'inégaux, des deux époux, ne sont pas considérés comme un avantage fait au préjudice des enfans du premier lit. — C. 1496, 1516, 1525.

1528. La communauté conventionnelle reste soumise aux règles de la communauté légale, pour tous les cas auxquels il n'y a pas été dérogé implicitement ou explicitement par le contrat. — C. 1400 s.

SECTION IX.
Des Conventions exclusives de la Communauté

1529. Lorsque, sans se soumettre au régime dotal, les époux déclarent qu'ils se marient sans communauté, ou qu'ils seront séparés de biens, les effets de cette stipulation sont réglés comme il suit. — C. 1392, 1530 s., 1536 s.

§ Ier.
De la Clause portant que les Époux se marient sans communauté.

1530. La clause portant que les époux se marient sans communauté, ne donne point à la femme le droit d'administrer ses biens, ni d'en percevoir les fruits : ces fruits sont censés apportés au mari pour soutenir les charges du mariage. — C. 1431, 1533 s.

1531. Le mari conserve l'administration des biens meubles et immeubles de la femme, et, par suite, le droit de percevoir tout le mobilier qu'elle apporte en dot, ou qui lui échoit pendant le mariage, sauf la restitution qu'il en doit faire après la dissolution du mariage, ou après la séparation des biens

15

qui serait prononcée par justice. — C. 227, 1428, 1443 s.

1532. Si, dans le mobilier apporté en dot par la femme, ou qui lui échoit pendant le mariage, il y a des choses dont on ne peut faire usage sans les consommer, il en doit être joint un état estimatif au contrat de mariage, ou il doit en être fait inventaire lors de l'échéance, et le mari en doit rendre le prix d'après l'estimation. — C. 453, 587, 589, 600, 950, 1503-1504, 1551, 1556.

1533. Le mari est tenu de toutes les charges de l'usufruit. — C. 585, 586, 600 s., 1401 2°, 1550, 1562, 1571, 1580.

1534. La clause énoncée au présent paragraphe ne fait point obstacle à ce qu'il soit convenu que la femme touchera annuellement, sur ses seules quittances, certaines portions de ses revenus pour son entretien et ses besoins personnels. — C. 1530, 1549.

1535. Les immeubles constitués en dot, dans le cas du présent paragraphe, ne sont point inaliénables. — Néanmoins ils ne peuvent être aliénés sans le consentement du mari, et, à son refus, sans l'autorisation de la justice. — C. 217 s., 1417, 1426, 1555.

§ II.
De la Clause de séparation de biens.

1536. Lorsque les époux ont stipulé par leur contrat de mariage qu'ils seraient séparés de biens, la femme conserve l'entière administration de ses biens meubles et immeubles, et la jouissance libre de ses revenus. — C. 217, 219, 1449, 1576.

1537. Chacun des époux contribue aux charges du mariage, suivant les conventions contenues en leur contrat; et, s'il n'en existe point à cet égard, la femme contribue à ces charges jusqu'à concurrence du tiers de ses revenus. — C. 203, 214, 1448, 1575.

1538. Dans aucun cas, ni à la faveur d'aucune stipulation, la femme ne peut aliéner ses immeubles sans le consentement spécial de son mari, ou, à son refus, sans être autorisée par justice. — Toute autorisation générale d'aliéner les immeubles donnée à la femme, soit par contrat de mariage, soit depuis, est nulle. — C. 217, 219, 223, 1449, 1450, 1576. — Co. 7.

1539 Lorsque la femme séparée a laissé la jouissance de ses biens à son mari, celui-ci n'est tenu, soit sur la demande que sa femme pourrait lui faire, soit à la dissolution du mariage, qu'à la représentation des fruits existans, et il n'est point comptable de ceux qui ont été consommés jusqu'alors. — C. 1577-1580.

CHAPITRE III.
DU RÉGIME DOTAL.

1540. La dot, sous ce régime comme sous celui du chapitre II, est le bien que la femme apporte au mari pour supporter les charges du mariage. — C. 1392, 1530, 1541 s.

1541. Tout ce que la femme se constitue ou qui lui est donné en contrat de mariage, est dotal, s'il n'y a stipulation contraire. — C. 1542 s., 1574.

SECTION Ire.
De la Constitution de dot.

1542. La constitution de dot peut frapper tous les biens présens et à venir de la femme, ou tous ses biens présens seulement, ou une partie de ses biens présens et à venir, ou même un objet individuel. — La constitution, en termes généraux, de tous les biens de la femme, ne comprend pas les biens à venir. — C. 1162, 1551, 1574.

1543. La dot ne peut être constituée ni même augmentée pendant le mariage. — C. 1394, 1393.

1544. Si les père et mère constituent conjointement une dot, sans distinguer la part de chacun, elle sera censée constituée par portions égales. — Si la dot est constituée par le père seul pour droits paternels et maternels, la mère, quoique présente au contrat, ne sera point engagée, et la dot demeurera en entier à la charge du père. — C. 1438, 1439.

1545. Si le survivant des père ou mère constitue une dot pour biens paternels et maternels, sans spécifier les portions, la dot se prendra d'abord sur les droits du futur époux dans les biens du conjoint prédécédé, et le surplus sur les biens du constituant. — C. 1439, 1546.

1546. Quoique la fille dotée par ses père et mère ait des biens à elle propres dont ils jouissent, la dot sera prise sur les biens des constituans, s'il n'y a stipulation contraire. — C. 384, 476, 1033.

1547. Ceux qui constituent une dot, sont tenus à la garantie des objets constitués. — C. 1440, 1825 s.

1548. Les intérêts de la dot courent de plein droit, du jour du mariage, contre ceux qui l'ont promise, encore qu'il y ait terme pour le paiement, s'il n'y a stipulation contraire. — C. 1440, 1570, 1907 et la note.

SECTION II.

Des Droits du mari sur les biens dotaux, et de l'inaliénabilité du Fonds dotal.

1549. Le mari seul a l'administration des biens dotaux pendant le mariage. — Il a seul le droit d'en poursuivre les débiteurs et détenteurs, d'en percevoir les fruits et les intérêts, et de recevoir le remboursement des capitaux. — Cependant il peut être convenu, par le contrat de mariage, que la femme touchera annuellement, sur ses seules quittances, une partie de ses revenus pour son entretien et ses besoins personnels. — C. 818, 1428, 1531, 1534, 1558, 1559, 2121, 2135.

1550. Le mari n'est pas tenu de fournir caution pour la réception de la dot, s'il n'y a pas été assujetti par le contrat de mariage. — C. 601, 1562.

1551. Si la dot ou partie de la dot consiste en objets mobiliers mis à prix par le contrat, sans déclaration que l'estimation n'en fait pas vente, le mari en devient propriétaire, et n'est débiteur que du prix donné au mobilier. — C. 1552, 1564 s., 1567 s.

1552. L'estimation donnée à l'immeuble constitué en dot n'en transporte point la propriété au mari, s'il n'y en a déclaration expresse. — C. 1551, 1630.

1553. L'immeuble acquis des deniers dotaux n'est pas dotal, si la condition de l'emploi n'a été stipulée par le contrat de mariage. — Il en est de même de l'immeuble donné en paiement de la dot constituée en argent. — C. 1435, 1595.

1554. Les immeubles constitués en dot ne peuvent être aliénés ou hypothéqués pendant le mariage, ni par le mari, ni par la femme, ni par les deux conjointement, sauf les exceptions qui suivent. — C. 1555 s., 1560 s. — Co. 7.

1555. La femme peut, avec l'autorisation de son mari, ou, sur son refus, avec permission de justice, donner ses biens dotaux pour l'établissement des enfans qu'elle aurait d'un mariage antérieur ; mais, si elle n'est autorisée que par justice, elle doit réserver la jouissance à son mari. — C. 217, 219, 1427, 1556.

1556. Elle peut aussi, avec l'autorisation de son mari, donner ses biens dotaux pour l'établissement de leurs enfans communs. — C. 217, 1427, 1555.

1557. L'immeuble dotal peut être aliéné lorsque l'aliénation en a été permise par le contrat de mariage. —C. 1387, 1553, 1554.

1558. L'immeuble dotal peut encore être aliéné avec permission de justice, et aux enchères, après trois affiches, — Pour tirer de prison le mari ou la femme ; — C. 1427. — Pr. 798, 800. — Pour fournir des alimens à la famille dans les cas prévus par les articles 203, 205 et 206, au titre du Mariage ; — Pour payer les dettes de la femme ou de ceux qui ont constitué la dot, lorsque ces dettes ont une date certaine antérieure au contrat de mariage ; — C. 1317, 1328. — Pour faire de grosses réparations indispensables pour la conservation de l'immeuble dotal ; — C. 606, 1562. — Enfin lorsque cet immeuble se trouve indivis avec des tiers, et qu'il est reconnu impartageable. — C. 827, 1686. — Dans tous ces cas, l'excédant du prix de la vente au-dessus des besoins reconnus restera dotal, et il en sera fait emploi comme tel au profit de la femme. — C. 1595, comp. 1559.

1559. L'immeuble dotal peut être échangé, mais avec le consentement de la femme, contre un autre immeuble de même valeur, pour les quatre cinquièmes au moins, en justifiant de l'utilité de l'échange, en obtenant l'autorisation en justice, et d'après une estimation par experts nommés d'office par le tribunal. — Dans ce cas, l'immeuble reçu en échange sera dotal ; l'excédant du prix, s'il y en a, le sera aussi, et il en sera fait emploi comme tel au profit de la femme. — C. 1702.

1560. Si, hors les cas d'exception qui viennent d'être expliqués, la femme ou le mari, ou tous les deux conjointement, aliènent le fonds dotal, la femme ou ses héritiers pourront faire révoquer l'aliénation après la dissolution du mariage, sans qu'on puisse leur opposer aucune prescription pendant sa durée : la femme aura le même droit après la séparation de biens. — Le mari lui-même pourra faire révoquer l'aliénation pendant le mariage, en demeurant néanmoins sujet aux dommages et intérêts de l'acheteur, s'il n'a pas déclaré dans le contrat que le bien vendu était dotal. — C. 215, 1125, 1149, 1304, 1312, 1338, 1549, 1555, 1561, 1599, 2059, 2255, 2256.

1561. Les immeubles dotaux non déclarés aliénables par le contrat de mariage, sont imprescriptibles pendant le mariage, à moins que la prescription n'ait commencé auparavant. — Ils deviennent néanmoins prescriptibles après la séparation de biens, quelle que soit l'époque à laquelle la prescription a commencé. — C. 1554, 1560, 1561 s., 2155, 2256.

1562. Le mari est tenu, à l'égard des biens dotaux, de toutes les obligations de l'usufruitier. — Il est responsable de toutes prescriptions acquises et détériorations survenues par sa négligence. — C. 600 s., 1550, 1567, 1580, 2131, 2135.

1563. Si la dot est mise en péril, la femme peut poursuivre la séparation de biens, ainsi qu'il est dit aux articles 1443 et suivans.

SECTION III.
De la Restitution de la Dot.

1564. Si la dot consiste en immeubles, — Ou en meubles non estimés par le contrat de mariage, ou bien mis à prix, avec déclaration que l'estimation n'en ôte pas la propriété à la femme, — Le mari ou ses héritiers peuvent être contraints de la restituer sans délai, après la dissolution du mariage. — C. 227, 1551, 1552.

1565. Si elle consiste en une somme d'argent, — Ou en meubles mis à prix par le contrat, sans déclaration que l'estimation n'en rend pas le mari propriétaire, — La restitution n'en peut être exigée qu'un an après la dissolution. — C. 227, 1552, 1551, 1570.

1566. Si les meubles dont la propriété reste à la femme ont dépéri par l'usage et sans la faute du mari, il ne sera tenu de rendre que ceux qui resteront, et dans l'état où ils se trouveront. — Et néanmoins la femme pourra, dans tous les cas, retirer les linges et hardes à son usage actuel, sauf à précompter leur valeur, lorsque ces linges et hardes au-

ront été primitivement constitués avec estimation. — C. 589, 1492, 1495, 1551. — Co. 560.

1567. Si la dot comprend des obligations ou constitutions de rente qui ont péri, ou souffert des retranchemens qu'on ne puisse imputer à la négligence du mari, il n'en sera point tenu, et il en sera quitte en restituant les contrats. — C. 530, 588, 1562, 1909 s.

1568. Si un usufruit a été constitué en dot, le mari ou ses héritiers ne sont obligés, à la dissolution du mariage, que de restituer le droit d'usufruit, et non les fruits échus durant le mariage. — C. 588, 1562.

1569. Si le mariage a duré dix ans depuis l'échéance des termes pris pour le paiement de la dot, la femme ou ses héritiers pourront la répéter contre le mari après la dissolution du mariage, sans être tenus de prouver qu'il l'a reçue, à moins qu'il ne justifiât de diligences inutilement par lui faites pour s'en procurer le paiement. — C. 1350, 1353, 1502, 1567.

1570. Si le mariage est dissous par la mort de la femme, l'intérêt et les fruits de la dot à restituer courent de plein droit au profit de ses héritiers depuis le jour de la dissolution. — Si c'est par la mort du mari, la femme a le choix d'exiger les intérêts de sa dot pendant l'an du deuil, ou de se faire fournir des alimens pendant ledit temps aux dépens de la succession du mari; mais, dans les deux cas, l'habitation durant cette année, et les habits de deuil, doivent lui être fournis sur la succession, et sans imputation sur les intérêts à elle dus. — C. 1153, 1465, 1481, 1548, 1566.

1571. A la dissolution du

mariage, les fruits des immeubles dotaux se partagent entre le mari et la femme ou leurs héritiers, à proportion du temps qu'il a duré, pendant la dernière année. — L'année commence à partir du jour où le mariage a été célébré. — C. 548, 585, 586.

1572. La femme et ses héritiers n'ont point de privilége pour la répétition de la dot sur les créanciers antérieurs à elle en hypothèque. — C. 2121, 2135.

1573. Si le mari était déjà insolvable, et n'avait ni art ni profession lorsque le père a constitué une dot à sa fille, celle-ci ne sera tenue de rapporter à la succession du père que l'action qu'elle a contre celle de son mari, pour s'en faire rembourser. — Mais si le mari n'est devenu insolvable que depuis le mariage, — Ou s'il avait un métier ou une profession qui lui tenait lieu de bien, — La perte de la dot tombe uniquement sur la femme. — C. 843 s., 855, 1563.

SECTION IV.
Des Biens paraphernaux.

1574. Tous les biens de la femme qui n'ont pas été constitués en dot, sont paraphernaux. — C. 1541.

1575. Si tous les biens de la femme sont paraphernaux, et s'il n'y a pas de convention dans le contrat pour lui faire supporter une portion des charges du mariage, la femme y contribue jusqu'à concurrence du tiers de ses revenus. — C. 1448, 1537.

1576. La femme a l'administration et la jouissance de ses biens paraphernaux ; — Mais elle ne peut les aliéner ni paraître en jugement à raison desdits biens, sans l'autorisation du mari, ou, à son refus, sans la permission de la justice. — C. 215, 217, 219, 1538, 1538.

1577. Si la femme donne sa procuration au mari pour administrer ses biens paraphernaux, avec charge de lui rendre compte des fruits, il sera tenu vis-à-vis d'elle comme tout mandataire. — C. 1991 s. — Pr. 527 s.

1578. Si le mari a joui des biens paraphernaux de sa femme, sans mandat, et néanmoins sans opposition de sa part, il n'est tenu, à la dissolution du mariage, ou à la première demande de la femme, qu'à la représentation des fruits existans, et il n'est point comptable de ceux qui ont été consommés jusqu'alors. — C. 1539, 1579.

1579. Si le mari a joui des biens paraphernaux malgré l'opposition constatée de la femme, il est comptable envers elle de tous les fruits tant existans que consommés. — C. 1578. — Pr. 527 s.

1580. Le mari qui jouit des biens paraphernaux est tenu de toutes les obligations de l'usufruitier. — C. 600 s., 1533, 1562.

DISPOSITION PARTICULIÈRE.

1581. En se soumettant au régime dotal, les époux peuvent néanmoins stipuler une société d'acquêts, et les effets de cette société sont réglés comme il est dit aux articles 1498 et 1499. — C. 1387, 1497.

TITRE SIXIÈME.

DE LA VENTE.

Décrété le 15 ventôse an XII, promulgué le 25 ventôse [6—16 mars 1804].

CHAPITRE Ier.

DE LA NATURE ET DE LA FORME DE LA VENTE.

1582. La vente est une convention par laquelle l'un s'oblige à livrer une chose, et l'autre à la payer. — C. 1101, 1102, 1104, 1106, 1107. — Elle peut être faite par acte authentique ou sous seing privé. — C. 1317 s., 1322 s., 1341 s. — Co. 109.

1583. Elle est parfaite entre les parties, et la propriété est acquise de droit à l'acheteur à l'égard du vendeur, dès qu'on est convenu de la chose et du prix, quoique la chose n'ait pas encore été livrée ni le prix payé. — C. 711, 1138, 1140, 1141, 1585 s., 2181 *et la note*, 2182, 2189, 2198. — Pr. 834.

1584. La vente peut être faite purement et simplement, ou sous une condition soit suspensive, soit résolutoire. — C. 1168-1184, 1185 s., 1588. — Elle peut aussi avoir pour objet deux ou plusieurs choses alternatives. — C. 1189-1196. — Dans tous ces cas, son effet est réglé par les principes généraux des conventions — C. 1107.

1585. Lorsque des marchandises ne sont pas vendues en bloc, mais au poids, au compte ou à la mesure, la vente n'est point parfaite, en ce sens que les choses vendues sont aux risques du vendeur jusqu'à ce qu'elles soient pesées, comptées ou mesurées; mais l'acheteur peut en demander ou la délivrance ou des dommages et intérêts, s'il y a lieu, en cas d'inexécution de l'engagement. — C. 1143, 1149 s., 1183, 1586 s., 1610.

1586. Si, au contraire, les marchandises ont été vendues en bloc, la vente est parfaite, quoique les marchandises n'aient pas encore été pesées, comptées ou mesurées. — C. 1585.

1587. A l'égard du vin, de l'huile, et des autres choses que l'on est dans l'usage de goûter avant d'en faire l'achat, il n'y a point de vente tant que l'acheteur ne les a pas goûtées et agréées. — Co. 100.

1588. La vente faite à l'essai est toujours présumée faite sous une condition suspensive. — C. 1181, 1182, 1584.

1589. La promesse de vente vaut vente, lorsqu'il y a consentement réciproque des deux parties sur la chose et sur le prix. — C. 1590-1592.

1590. Si la promesse de vendre a été faite avec des arrhes, chacun des contractans est maître de s'en départir. — Celui qui les a données, en les perdant, — Et celui qui les a reçues, en restituant le double. — C. 1589.

1591. Le prix de la vente doit être déterminé et désigné par les parties. — C. 1118, 1129, 1313, 1592, 1674, 1676.

1592. Il peut cependant être laissé à l'arbitrage d'un tiers: si le tiers ne veut ou ne peut faire l'estimation, il n'y a point de vente. — C. 1591, 1854.

1593. Les frais d'actes et autres accessoires à la vente sont à la charge de l'acheteur. — C. 1603, 1630 4°, 1656, 2002.

CHAPITRE II.

QUI PEUT ACHETER OU VENDRE.

1594. Tous ceux auxquels la loi ne l'interdit pas, peuvent acheter ou vendre. — C. 1124 et la note, 1555, 1560, 1595-1597, 1860. — Pr. 686, 711. — Co. 443. — P. 175, 176. — F. 21, 101.

1595. Le contrat de vente ne peut avoir lieu entre époux que dans les trois cas suivans : — 1° Celui où l'un des deux époux cède des biens à l'autre, séparé judiciairement d'avec lui, en paiement de ses droits ; — C. 311, 1444. — 2° Celui où la cession que le mari fait à sa femme, même non séparée, a une cause légitime, telle que le remploi de ses immeubles aliénés, ou de deniers à elle appartenant, si ces immeubles ou deniers ne tombent pas en communauté ; — C. 1433, 1435. — 3° Celui où la femme cède des biens à son mari en paiement d'une somme qu'elle lui aurait promise en dot, et lorsqu'il y a exclusion de communauté ; — C. 1530, 1536, 1553.

— Sauf, dans ces trois cas, les droits des héritiers des parties contractantes, s'il y a avantage indirect. — C. 913-915, 1093, 1098, 1496, 1527.

1596. Ne peuvent se rendre adjudicataires, sous peine de nullité, ni par eux-mêmes, ni par personnes interposées, — C. 911, 1125. — Les tuteurs, des biens de ceux dont ils ont la tutelle ; — C. 450. — Les mandataires, des biens qu'ils sont chargés de vendre ; — C. 1991. — Les administrateurs, de ceux des communes ou des établissemens publics confiés à leurs soins ; — P. 175. — F. 101. — Les officiers publics, des biens nationaux dont les ventes se font par leur ministère. — Pr. 707, 711. — P. 175. — F. 21.

1597. Les juges, leurs suppléans, les magistrats remplissant le ministère public, les greffiers, huissiers, avoués, défenseurs officieux (1) et notaires, ne peuvent devenir cessionnaires des procès, droits et actions litigieux qui sont de la compétence du tribunal dans le ressort duquel ils exercent leurs fonctions, à peine de nullité, et des dépens, dommages et intérêts (a). — C. 114 s., 1699, 1700, 1701. — Pr 711,

(1) La profession d'avocat a été rétablie par la loi du 22 vent. an XII (13 mars 1804), et organisée par le règlement du 14 déc. 1810, et les ordonnances des 20 nov. 1822, 27 août 1830, 30 mars 1833.
(a) Ord. d'Orléans, janv. 1560. Art. 54. Défendons à tous nos juges et nos avocats et procureurs d'accepter directement ou indirectement aucun transport ou cession des procès et droits litigieux

ès cours, siéges et ressorts où ils seront officiers. Semblables défenses faisons aux avocats, procureurs et solliciteurs des parties pour le regard des causes et procès dont ils auront charge, à peine de punition exemplaire.
Ord. (Code Michaud), janvier 1629.
Art. 91. Faisons très-expresses défenses à tous juges, de quelque qualité et condition qu'ils soient, avocats, procureurs, clercs,

CHAPITRE III.
DES CHOSES QUI PEUVENT ÊTRE VENDUES.

1598. Tout ce qui est dans le commerce, peut être vendu, lorsque des lois particulières n'en ont pas prohibé l'aliénation (1). — C. 538, 540, 631, 634, 714, 1128, 1130, 1554, 1599, 1600, 1860, 2226. — P. 314, 318, 475 6°, 477. — F. 83.

1599. La vente de la chose d'autrui est nulle: elle peut donner lieu à des dommages-intérêts lorsque l'acheteur a ignoré que la chose fût à autrui. — C. 1031, 1141, 1149, 1165, 1304, 1583, 1603, 1629, 1634 s., 1653, 1664, 1703, 1704, 1935, 2039, 2265 s. — Pr. 686, 723, 727 s. — Co. 210.

1600. On ne peut vendre la succession d'une personne vivante, même de son consentement. — C. 791, 1130.

1601. Si au moment de la vente la chose vendue était périe en totalité, la vente serait nulle. — Si une partie seulement de la chose est périe, il est au choix de l'acquéreur d'abandonner la vente, ou de demander la partie conservée, en faisant déterminer le prix par la ventilation. — C. 1108, 1126, 1193-1196, 1302 s., 1636.

CHAPITRE IV.
DES OBLIGATIONS DU VENDEUR.

SECTION PREMIÈRE.
Dispositions générales.

1602. Le vendeur est tenu d'expliquer clairement ce à quoi il s'oblige. — Tout pacte obscur ou ambigu s'interprète

---

solliciteurs, de prendre aucune cession de dettes pour lesquelles y ait procès, droits ou actions, soit en leur nom, ou d'autres personnes par eux interposées, sur peine de choses cédées, pour lesquelles nous voulons y avoir répétition contre eux, jusques à dix ans après que les jugemens et arrêts auront été rendus.

(1) Ne peuvent être cédées les pensions à la charge de l'État; les soldes de retraite et de la Légion d'honneur, les traitemens de réforme, les pensions de retraite affectées sur des fonds de retenue. Décr. 7 janv. 1779, art. 13; arrêté 7 therm. an X; arrêté 10 germ. an XI; av.C. d'Ét. 23 janv.-2 fév. 1808; Ord. 27 août 1817; Ord. 30 avril 1823; L. 11 avril 1831, art. 28; L. 18 avril 1831, art. 30.

L. 28 avril 1816, *sur les finances.*

ART. 91. Les avocats à la cour de cassation, notaires, avoués, greffiers, huissiers, agens de change, courtiers, commissaires-priseurs, pourront présenter à l'agrément de Sa Majesté des successeurs, pourvu qu'ils réunissent les qualités exigées par les lois. Cette faculté n'aura pas lieu pour les titulaires destitués. — Il sera statué, par une loi particulière, sur l'exécution de cette disposition, et sur les moyens d'en faire jouir les héritiers ou ayant-cause desdits officiers. — Cette faculté de présenter des successeurs ne déroge point, au surplus, au droit de Sa Majesté de réduire le nombre desdits fonctionnaires, notamment celui des notaires, dans les cas prévus par la loi du 25 vent. an XI sur le notariat.

La vente des substances vénéneuses est réglée par la loi du 19 juillet 1845 et l'ordonnance du 29 octobre 1846.

contre le vendeur. — C. 1156
s., 1183 s., 1190.

1603. Il a deux obligations
principales, celle de délivrer
et celle de garantir la chose
qu'il vend. — C. 1136 s., 1604
s., 1625 s.

SECTION II.
De la Délivrance.

1604. La délivrance est le
transport de la chose vendue
en la puissance et possession
de l'acheteur. — C. 1136 s.,
1141, 2229. — Pr. 23.

1605. L'obligation de délivrer les immeubles est remplie de la part du vendeur lorsqu'il a remis les clefs, s'il s'a-
git d'un bâtiment, ou lorsqu'il
a remis les titres de propriété.
— C. 1604, 1606.

1606. La délivrance des
effets mobiliers s'opère, — Ou
par la tradition réelle, — Ou
par la remise des clefs des bâtimens qui les contiennent, —
Ou même par le seul consentement des parties, si le transport ne peut pas s'en faire au
moment de la vente, ou si l'a-
cheteur les avait déjà en son
pouvoir à un autre titre. — C.
1141, 1605.

1607. La tradition des droits
incorporels se fait, ou par la
remise des titres, ou par l'u-
sage que l'acquéreur en fait du
consentement du vendeur. —
C. 1689 s., 2075, 2214.

1608. Les frais de la délivrance sont à la charge du vendeur, et ceux de l'enlèvement
à la charge de l'acheteur, s'il
n'y a eu stipulation contraire.
— C. 1248, 1603.

1609. La délivrance doit
se faire au lieu où était, au
temps de la vente, la chose qui
en a fait l'objet, s'il n'en a été
autrement convenu.— C. 1247,
1264, 1651.

1610. Si le vendeur manque à faire la délivrance dans
le temps convenu entre les parties, l'acquéreur pourra, à son
choix, demander la résolution
de la vente, ou sa mise en possession, si le retard ne vient
que du fait du vendeur. — C.
1184, 1654-1657.

1611. Dans tous les cas, le
vendeur doit être condamné
aux dommages et intérêts, s'il
résulte un préjudice pour l'acquéreur, du défaut de délivrance au terme convenu. —
C. 1139, 1142, 1146 s., 1184,
1610.

1612. Le vendeur n'est pas
tenu de délivrer la chose, si
l'acheteur n'en paie pas le prix,
et que le vendeur ne lui ait
pas accordé un délai pour le
paiement. — C. 1186, 1650 s.

1613. Il ne sera pas non
plus obligé à la délivrance,
quand même il aurait accordé
un délai pour le paiement, si,
depuis la vente, l'acheteur est
tombé en faillite ou en état de
déconfiture, en sorte que le
vendeur se trouve en danger
imminent de perdre le prix; à
moins que l'acheteur ne lui
donne caution de payer au terme. — C. 1188, 1653, 2011 s.
— Pr. 124, 517 s. — Co. 437 s.

1614. La chose doit être
délivrée en l'état où elle se
trouve au moment de la vente.
— Depuis ce jour, tous les fruits
appartiennent à l'acquéreur.—
C. 547, 548, 583-586, 604, 1137
s., 1141, 1182, 1682, 1743.

1615. L'obligation de délivrer la chose comprend ses
accessoires et tout ce qui a été
destiné à son usage perpétuel.
— C. 522 s., 546, 551 s., 1018,
1692, 1697.

1616. Le vendeur est tenu
de délivrer la contenance telle
qu'elle est portée au contrat,

sous les modifications ci-après exprimées. — C. 1617-1623.

1617. Si la vente d'un immeuble a été faite avec indication de la contenance, à raison de tant la mesure, le vendeur est obligé de délivrer à l'acquéreur, s'il l'exige, la quantité indiquée au contrat; — Et si la chose ne lui est pas possible, ou si l'acquéreur ne l'exige pas, le vendeur est obligé de souffrir une diminution proportionnelle du prix. — C. 1616, 1623, 1636 s., 1765.

1618. Si, au contraire, dans le cas de l'article précédent, il se trouve une contenance plus grande que celle exprimée au contrat, l'acquéreur a le choix de fournir le supplément du prix, ou de se désister du contrat, si l'excédant est d'un vingtième au-dessus de la contenance déclarée. — C. 1617, 1622, 1681 s.

1619. Dans tous les autres cas, — Soit que la vente soit faite d'un corps certain et limité, — Soit qu'elle ait pour objet des fonds distincts et séparés, — Soit qu'elle commence par la mesure, ou par la désignation de l'objet vendu suivie de la mesure, — L'expression de cette mesure ne donne lieu à aucun supplément de prix, en faveur du vendeur, pour l'excédant de mesure, ni en faveur de l'acquéreur, à aucune diminution du prix pour moindre mesure, qu'autant que la différence de la mesure réelle à celle exprimée au contrat est d'un vingtième en plus ou en moins, eu égard à la valeur de la totalité des objets vendus, s'il n'y a stipulation contraire. — C. 1617 s., 1623.

1620. Dans le cas où, suivant l'article précédent, il y a lieu à augmentation de prix pour excédant de mesure, l'acquéreur a le choix ou de se désister du contrat ou de fournir le supplément du prix, et ce, avec les intérêts, s'il a gardé l'immeuble. — C. 1601, 1618, 1652, 1681 s.

1621. Dans tous les cas où l'acquéreur a le droit de se désister du contrat, le vendeur est tenu de lui restituer, outre le prix, s'il l'a reçu, les frais de ce contrat. — C. 1618 s., 1630.

1622. L'action en supplément de prix de la part du vendeur, et celle en diminution de prix ou en résiliation du contrat de la part de l'acquéreur, doivent être intentées dans l'année, à compter du jour du contrat, à peine de déchéance. — C. 1618, 1620.

1623. S'il a été vendu deux fonds par le même contrat, et pour un seul et même prix, avec désignation de la mesure de chacun, et qu'il se trouve moins de contenance en l'un et plus en l'autre, on fait compensation jusqu'à due concurrence; et l'action, soit en supplément, soit en diminution du prix, n'a lieu que suivant les règles ci-dessus établies. — C. 1617 s.

1624. La question de savoir sur lequel, du vendeur ou de l'acquéreur, doit tomber la perte ou la détérioration de la chose vendue avant la livraison, est jugée d'après les règles prescrites au titre *des Contrats ou des Obligations conventionnelles en général.* — C. 1187 s., 1182, 1302, 1303, 1647.

SECTION III.
De la Garantie.

1625. La garantie que le

vendeur doit à l'acquéreur, a deux objets: le premier est la possession paisible de la chose vendue; le second, les défauts cachés de cette chose ou les vices rédhibitoires. — C. 1603, 1610, 1626 s., 1641 s.

§ Ier.

De la Garantie en cas d'éviction.

1626. Quoique lors de la vente il n'ait été fait aucune stipulation sur la garantie, le vendeur est obligé de droit à garantir l'acquéreur de l'éviction qu'il souffre dans la totalité ou partie de l'objet vendu, ou des charges prétendues sur cet objet, et non déclarées lors de la vente. — C. 884 s., 1599, 1630 s., 1638, 1640, 1705, 2178, 2191 s.

1627. Les parties peuvent, par des conventions particulières, ajouter à cette obligation de droit ou en diminuer l'effet; elles peuvent même convenir que le vendeur ne sera soumis à aucune garantie.— C. 1134, 1628, 1629, 1643.

1628. Quoiqu'il soit dit que le vendeur ne sera soumis à aucune garantie, il demeure cependant tenu de celle qui résulte d'un fait qui lui est personnel: toute convention contraire est nulle. — C. 1627, 1629, 2039.

1629. Dans le même cas de stipulation de non-garantie, le vendeur, en cas d'éviction, est tenu à la restitution du prix, à moins que l'acquéreur n'ait connu, lors de la vente, le danger de l'éviction, ou qu'il n'ait acheté à ses périls et risques. — C. 1599, 1628 s., 1639, 1642, 1693.

1630. Lorsque la garantie a été promise, ou qu'il n'a rien été stipulé à ce sujet, si l'acquéreur est évincé, il a droit

de demander contre le vendeur, — C. 1626. — 1° La restitution du prix; — C. 1631. — 2° Celle des fruits, lorsqu'il est obligé de les rendre au propriétaire qui l'évince; — C. 549 s., 1599, 1614, 1652, 1682. — 3° Les frais faits sur la demande en garantie de l'acheteur, et ceux faits par le demandeur originaire; — C. 2028. — Pr. 130. — 4° Enfin les dommages et intérêts, ainsi que les frais et loyaux coûts du contrat. — C. 1149 s., 1593, 1646, 1673, 1699, 2188. — Pr. 185.

1631. Lorsqu'à l'époque de l'éviction, la chose vendue se trouve diminuée de valeur, ou considérablement détériorée, soit par la négligence de l'acheteur, soit par des accidens de force majeure, le vendeur n'en est pas moins tenu de restituer la totalité du prix. — C. 1382, 1383, 1632, 2175.

1632. Mais si l'acquéreur a tiré profit des dégradations par lui faites, le vendeur a droit de retenir sur le prix une somme égale à ce profit. — C. 1631.

1633. Si la chose vendue se trouve avoir augmenté de prix à l'époque de l'éviction, indépendamment même du fait de l'acquéreur, le vendeur est tenu de lui payer ce qu'elle vaut au-dessus du prix de la vente.— C. 1150, 1630 4°, 1637.

1634. Le vendeur est tenu de rembourser ou de faire rembourser à l'acquéreur, par celui qui l'évince, toutes les réparations et améliorations utiles qu'il aura faites au fonds. — C. 861 s., 867, 1150, 2175.

1635. Si le vendeur avait vendu de mauvaise foi le fonds d'autrui, il sera obligé de rembourser à l'acquéreur toutes les dépenses, même voluptuaires ou d'agrément, que celui-ci aura faites au fonds. — C. 549, 1150, 1599, 2268.

1636. Si l'acquéreur n'est évincé que d'une partie de la chose, et qu'elle soit de telle conséquence, relativement au tout, que l'acquéreur n'eût point acheté sans la partie dont il a été évincé, il peut faire resilier la vente. — C. 1637, 1638.

1637. Si, dans le cas de l'éviction d'une partie du fonds vendu, la vente n'est pas résiliée, la valeur de la partie dont l'acquéreur se trouve évincé, lui est remboursée suivant l'estimation à l'époque de l'éviction, et non proportionnellement au prix total de la vente, soit que la chose vendue ait augmenté ou diminué de valeur. — C. 1617, 1633, 1636.

1638. Si l'héritage vendu se trouve grevé, sans qu'il en ait été fait de déclaration, de servitudes non apparentes, et qu'elles soient de telle importance qu'il y ait lieu de présumer que l'acquéreur n'aurait pas acheté s'il en avait été instruit, il peut demander la résiliation du contrat, si mieux il n'aime se contenter d'une indemnité. — C. 689, 1636, 1637, 1641 s.

1639. Les autres questions auxquelles peuvent donner lieu les dommages et intérêts résultant pour l'acquéreur de l'inexécution de la vente, doivent être décidées suivant les règles générales établies au titre *des Contrats ou des Obligations conventionnelles en général.* — C. 1146-1155, 1184.

1640. La garantie pour cause d'éviction cesse lorsque l'acquéreur s'est laissé condamner par un jugement en dernier ressort, ou dont l'appel n'est plus recevable, sans appeler son vendeur, si celui-ci prouve qu'il existait des moyens suffisans pour faire rejeter la demande. — C. 1351. — Pr. 59, 175-185, 443 s.

§ II.
De la Garantie des défauts de la chose vendue.

1641. Le vendeur est tenu de la garantie à raison des défauts cachés de la chose vendue qui la rendent impropre à l'usage auquel on la destine, ou qui diminuent tellement cet usage, que l'acheteur ne l'aurait pas acquise, ou n'en aurait donné qu'un moindre prix, s'il les avait connus (1). — C. 1110, 1625, 1642 s., 1891. — L. 20 mai 1838, art. 1.

1642. Le vendeur n'est pas

_____

(1) L. 20 mai 1838.
ART. 1er. Sont réputés vices rédhibitoires et donneront seuls ouverture à l'action résultant de l'article 1641 du Code civil, dans les ventes ou échanges d'animaux domestiques ci-dessous dénommés, sans distinction des localités où les ventes et échanges auront eu lieu, les maladies ou défauts ci-après, savoir :

Pour le cheval, l'âne ou le mulet. — La fluxion périodique des yeux, l'épilepsie ou le mal caduc, la morve, le farcin, les maladies anciennes de poitrine ou vieilles courbatures, l'immobilité, la pousse, le cornage chronique, le tic sans usure des dents, les hernies inguinales intermittentes, la boiterie intermittente pour cause de vieux mal.

Pour l'espèce bovine. — La phthisie pulmonaire, l'épilepsie

tenu des vices apparens et dont l'acheteur a pu se convaincre lui-même. — C. 1629, 1638.

1643. Il est tenu des vices cachés, quand même il ne les aurait pas connus, à moins que, dans ce cas, il n'ait stipulé qu'il ne sera obligé à aucune garantie. — C. 1627 s., 1629, 1644.

1644. Dans le cas des articles 1641 et 1643, l'acheteur

a le choix de rendre la chose et de se faire restituer le prix, ou de garder la chose et de se faire rendre une partie du prix, telle qu'elle sera arbitrée par experts. — C. 1638. — Pr. 302 s. — L. 20 mai 1838, art. 2.

1645. Si le vendeur connaissait les vices de la chose, il est tenu, outre la restitution du prix qu'il en a reçu, de tous les dommages et intérêts en-

---

ou mal caduc, les suites de la non-délivrance, le renversement du vagin ou de l'utérus, après le part chez le vendeur.

Pour l'espèce ovine. — La clavelée : cette maladie reconnue chez un seul animal entraînera la rédhibition de tout le troupeau.—La rédhibition n'aura lieu que si le troupeau porte la marque du vendeur. Le sang de rate : cette maladie n'entraînera la rédhibition du troupeau qu'autant que, dans le délai de la garantie, la perte constatée s'élevera au quinzième au moins des animaux achetés. Dans ce dernier cas, la rédhibition n'aura lieu également que si le troupeau porte la marque du vendeur.

2. L'action en réduction du prix autorisée par l'article 1644 du Code civil, ne pourra être exercée dans les ventes et échanges d'animaux énoncés dans l'article 1er ci-dessus.

3. Le délai pour intenter l'action rédhibitoire sera, non compris le jour fixé pour la livraison, — De trente jours pour le cas de fluxion périodique des yeux et d'épilepsie ou mal caduc, — De neuf jours pour tous les autres cas.

4. Si la livraison de l'animal a été effectuée, ou s'il a été conduit, dans les délais ci-dessus, hors du lieu du domicile du ven-

deur, les délais seront augmentés d'un jour par cinq myriamètres de distance du domicile du vendeur au lieu où l'animal se trouve.

5. Dans tous les cas, l'acheteur, à peine d'être non recevable, sera tenu de provoquer, dans les délais de l'article 3, la nomination d'experts chargés de dresser procès-verbal ; la requête sera présentée au juge de paix du lieu où se trouve l'animal. Ce juge nommera immédiatement, suivant l'exigence des cas, un ou trois experts, qui devront opérer dans le plus bref délai.

6. La demande sera dispensée du préliminaire de conciliation, et l'affaire instruite et jugée comme matière sommaire.

7. Si pendant la durée des délais fixés par l'article 3, l'animal vient à périr, le vendeur ne sera pas tenu de la garantie, à moins que l'acheteur ne prouve que la perte de l'animal provient de l'une des maladies spécifiées dans l'article 1er.

8. Le vendeur sera dispensé de la garantie résultant de la morve et du farcin pour le cheval, l'âne et le mulet, et de la clavelée pour l'espèce ovine, s'il prouve que l'animal, depuis la livraison, a été mis en contact avec des animaux atteints de ces maladies.

vers l'acheteur. — C. 1149, 1151, 1630 s., 1635, 1891.

1646. Si le vendeur ignorait les vices de la chose, il ne sera tenu qu'à la restitution du prix, et à rembourser à l'acquéreur les frais occasionnés par la vente. — C. 1150, 1593, 1630.

1647. Si la chose qui avait des vices, a péri par suite de sa mauvaise qualité, la perte est pour le vendeur, qui sera tenu envers l'acheteur à la restitution du prix, et aux autres dédommagemens expliqués dans les deux articles précédens. — Mais la perte arrivée par cas fortuit sera pour le compte de l'acheteur. — C. 1148 s., 1302 s. — L. 20 mai 1838, art. 7.

1648. L'action résultant des vices rédhibitoires doit être intentée par l'acquéreur, dans un bref délai, suivant la nature des vices rédhibitoires, et l'usage du lieu où la vente a été faite. — C. 1159. — L. 20 mai 1838, art. 3-5.

1649. Elle n'a pas lieu dans les ventes faites par autorité de justice. — C. 1684. — Pr. 953 s., 970, 972.

CHAPITRE V.
DES OBLIGATIONS DE L'ACHETEUR.

1650. La principale obligation de l'acheteur est de payer le prix au jour et au lieu réglés par la vente. — C. 1247, 1612 s., 1653 s., 2102 4°, 2103 1°, 2108. — Co. 550, 576 s.

1651. S'il n'a rien été réglé à cet égard lors de la vente, l'acheteur doit payer au lieu et dans le temps où doit se faire la délivrance. — C. 1247, 1609, 1612.

1652. L'acheteur doit l'intérêt du prix de la vente jus-qu'au paiement du capital, dans les trois cas suivans : — S'il a été ainsi convenu lors de la vente; — C. 1184. — Si la chose vendue et livrée produit des fruits ou autres revenus; — C. 583 s., 1614. — Si l'acheteur a été sommé de payer. — C. 1139. — Dans ce dernier cas, l'intérêt ne court que depuis la sommation. — C. 1153.

1653. Si l'acheteur est troublé ou a juste sujet de craindre d'être troublé par une action, soit hypothécaire, soit en revendication, il peut suspendre le paiement du prix jusqu'à ce que le vendeur ait fait cesser le trouble, si mieux n'aime celui-ci donner caution, ou à moins qu'il n'ait été stipulé que, nonobstant le trouble, l'acheteur paiera. — C. 1599, 1612 s., 1704, 2011 s. — Pr. 518 s.

1654. Si l'acheteur ne paie pas le prix, le vendeur peut demander la résolution de la vente. — C. 1184, 1610, 1653 s., 1673, 1978, 2102 4°, 2103 1°, 2257, 2262. — Pr. 692. — Co. 550, 576 s.

1655. La résolution de la vente d'immeubles est prononcée de suite, si le vendeur est en danger de perdre la chose et le prix. — Si ce danger n'existe pas, le juge peut accorder à l'acquéreur un délai plus ou moins long suivant les circonstances. — C. 1184, 1244. — Ce délai passé sans que l'acquéreur ait payé, la résolution de la vente sera prononcée. — C. 1656.

1656. S'il a été stipulé lors de la vente d'immeubles, que, faute de paiement du prix dans le terme convenu, la vente serait résolue de plein droit, l'acquéreur peut néanmoins payer après l'expiration du délai, tant qu'il n'a pas été mis en demeure par une sommation : mais, après cette sommation, le juge ne peut pas lui accorder de délai. — C. 1139.

1657. En matière de vente de denrées et effets mobiliers, la résolution de la vente aura lieu de plein droit et sans sommation, au profit du vendeur, après l'expiration du terme convenu pour le retirement. — C. 535, 1184, 1654, 2102 4º. — Co. 550, 576 s.

CHAPITRE VI.
DE LA NULLITÉ ET DE LA RÉSOLUTION DE LA VENTE.

1658. Indépendamment des causes de nullité ou de résolution déjà expliquées dans ce titre, et de celles qui sont communes à toutes les conventions, le contrat de vente peut être résolu par l'exercice de la faculté de rachat et par la vilité du prix. — C. 1109 s., 1124, 1184, 1303, 1590, 1592, 1593-1597, 1599-1601, 1610, 1618, 1620, 1636, 1638, 1644, 1654, 1659 s., 1674 s.

SECTION Ire.
De la faculté de rachat.

1659. La faculté de rachat ou de réméré est un pacte par lequel le vendeur se réserve de reprendre la chose vendue, moyennant la restitution du prix principal, et le remboursement dont il est parlé à l'article 1673. — C. 1038, 1183, 1660 s., comp. 2088.

1660. La faculté de rachat ne peut être stipulée pour un terme excédant cinq années. — Si elle a été stipulée pour un terme plus long, elle est réduite à ce terme. — C. 1661, 1665.

1661. Le terme fixé est de rigueur, et ne peut être prolongé par le juge. — C. 1660.

1662. Faute par le vendeur d'avoir exercé son action de réméré dans le terme prescrit, l'acquéreur demeure propriétaire irrévocable. — C. 1751.

1663. Le délai court contre toutes personnes, même contre le mineur, sauf, s'il y a lieu, le recours contre qui de droit. — C. 389, 450, 451 s., 509, 1428, 2252.

1664. Le vendeur à pacte de rachat peut exercer son action contre un second acquéreur, quand même la faculté de réméré n'aurait pas été déclarée dans le second contrat. — C. 1165, 1183, 2125.

1665. L'acquéreur à pacte de rachat exerce tous les droits de son vendeur; il peut prescrire tant contre le véritable maître que contre ceux qui prétendraient des droits ou hypothèques sur la chose vendue. — C. 617 5º, 716, 2180 4º, 2229, 2233, 2262, 2265.

1666. Il peut opposer le bénéfice de la discussion aux créanciers de son vendeur. — C. 1166, 2021 s., 2170, 2171.

1667. Si l'acquéreur à pacte de réméré d'une partie indivise d'un héritage, s'est rendu adjudicataire de la totalité sur une licitation provoquée contre lui, il peut obliger le vendeur à retirer le tout lorsque celui-ci veut user du pacte. — C. 1663 s., 1686 s.

1668. Si plusieurs ont vendu conjointement, et par un seul contrat, un héritage commun entre eux, chacun ne peut exercer l'action en réméré que pour la part qu'il y avait. — C. 1217, 1670, 1685.

1669. Il en est de même,

si celui qui a vendu seul un héritage a laissé plusieurs héritiers. — Chacun de ces cohéritiers ne peut user de la faculté de rachat que pour la part qu'il prend dans la succession. — C. 1220 w., 1668, 1870, 1685.

1670. Mais, dans le cas des deux articles précédens, l'acquéreur peut exiger que tous les covendeurs ou tous les cohéritiers soient mis en cause, afin de se concilier entre eux pour la reprise de l'héritage entier ; et, s'ils ne se concilient pas, il sera renvoyé de la demande. — C. 1225, 1685.

1671. Si la vente d'un héritage appartenant à plusieurs n'a pas été faite conjointement et de tout l'héritage ensemble, et que chacun n'ait vendu que la part qu'il y avait, ils peuvent exercer séparément l'action en réméré sur la portion qui leur appartenait ; — Et l'acquéreur ne peut forcer celui qui l'exercera de cette manière, à retirer le tout. — C. 1670.

1672. Si l'acquéreur a laissé plusieurs héritiers, l'action en réméré ne peut être exercée contre chacun d'eux que pour sa part, dans le cas où elle est encore indivise, et dans celui où la chose vendue a été partagée entre eux. — Mais s'il y a eu partage de l'hérédité, et que la chose vendue soit échue au lot de l'un des héritiers, l'action en réméré peut être intentée contre lui pour le tout. — C. 873, 1220, 1221 2°, 1685.

1673. Le vendeur qui use du pacte de rachat, doit rembourser non-seulement le prix principal, mais encore les frais et loyaux coûts de la vente, les réparations nécessaires, et celles qui ont augmenté la valeur du fonds, jusqu'à concurrence de cette augmentation. Il ne peut entrer en possession qu'après avoir satisfait à toutes ces obligations. — Lorsque le vendeur rentre dans son héritage par l'effet du pacte de rachat, il le reprend exempt de toutes les charges et hypothèques dont l'acquéreur l'aurait grevé : il est tenu d'exécuter les baux faits sans fraude par l'acquéreur. — C. 595, 1183, 1429, 1430, 1659.

SECTION II.

De la Rescision de la Vente pour cause de lésion.

1674. Si le vendeur a été lésé de plus de sept douzièmes dans le prix d'un immeuble, il a le droit de demander la rescision de la vente, quand même il aurait expressément renoncé dans le contrat à la faculté de demander cette rescision, et qu'il aurait déclaré donner la plus-value (a). — C. 6, 887 w., 1079, 1118, 1305, 1308, 1313, 1338, 1676, 1684, 1706, 2125.

1675. Pour savoir s'il y a lésion de plus de sept douzièmes, il faut estimer l'immeuble suivant son état et sa valeur au moment de la vente. — C. 890. — Pr. 802 n.

1676. La demande n'est plus recevable après l'expiration de deux années, à compter du jour de la vente. — Ce

---

(a) L. 3 germ. an V. ART. 1er. La suspension provisoire de toute action et de toute instance en rescision des contrats de vente ou équipollens à vente, pour cause de lésion d'outre-moitié, ordonnée par l'article 2 de la loi du 14 fructidor, est levée.

16

délai court contre les femmes mariées, et contre les absens, les interdits, et les mineurs venant du chef d'un majeur qui a vendu. — Ce délai court aussi et n'est pas suspendu pendant la durée du temps stipulé pour le pacte de rachat. — C. 450, 481 s., 509, 1304, 1428, 2252.

1677. La preuve de la lésion ne pourra être admise que par jugement, et dans le cas seulement où les faits articulés seraient assez vraisemblables et assez graves pour faire présumer la lésion.

1678. Cette preuve ne pourra se faire que par un rapport de trois experts, qui seront tenus de dresser un seul procès-verbal commun, et de ne former qu'un seul avis à la pluralité des voix. — C. 1677, 1679 s. — Pr. 210, 303 s., 318.

1679. S'il y a des avis différens, le procès-verbal en contiendra les motifs, sans qu'il soit permis de faire connaître de quel avis chaque expert a été. — Pr. 210, 318.

1680. Les trois experts seront nommés d'office, à moins que les parties ne se soient accordées pour les nommer tous les trois conjointement. — Pr. 198, 210, 303 s., 318.

1681. Dans le cas où l'action en rescision est admise, l'acquéreur a le choix ou de rendre la chose en retirant le prix qu'il en a payé, ou de garder le fonds en payant le supplément du juste prix, sous la déduction du dixième du prix total. — Le tiers possesseur a le même droit, sauf sa garantie contre son vendeur. — C. 891, 1618 s., 1630 s., 1692.

1682. Si l'acquéreur préfère garder la chose en fournissant le supplément réglé par l'article précédent, il doit l'in-térêt du supplément, du jour de la demande en rescision.— S'il préfère la rendre et recevoir le prix, il rend les fruits du jour de la demande. — L'intérêt du prix qu'il a payé, lui est aussi compté du jour de la même demande, ou du jour du paiement, s'il n'a touché aucuns fruits. — C. 549, 583 s., 1153, 1614, 1652.

1683. La rescision pour lésion n'a pas lieu en faveur de l'acheteur.

1684. Elle n'a pas lieu en toutes ventes qui, d'après la loi, ne peuvent être faites que d'autorité de justice.—C. 1649. — Pr. 955, 970, 972.

1685. Les règles expliquées dans la section précédente pour les cas où plusieurs ont vendu conjointement ou séparément, et pour celui où le vendeur ou l'acheteur a laissé plusieurs héritiers, sont pareillement observées pour l'exercice de l'action en rescision. — C. 1668-1672.

CHAPITRE VII.
DE LA LICITATION.

1686. Si une chose commune à plusieurs ne peut être partagée commodément et sans perte;—Ou si, dans un partage fait de gré à gré de biens communs, il s'en trouve quelques-uns qu'aucun des copartageans ne puisse ou ne veuille prendre. — La vente s'en fait aux enchères, et le prix en est partagé entre les copropriétaires. — C. 815 s., 827, 1687 s., 2109. — Pr. 970 s. — Co. 220.

1687. Chacun des copropriétaires est le maître de demander que les étrangers soient appelés à la licitation : ils sont nécessairement appelés lorsque l'un des copropriétaires est mineur.— C. 460, 509, 839, 883, 888. — Pr. 984 s.

1688. Le mode et les formalités à observer pour la licitation sont expliqués au titre *des Successions* et au Code de procédure. — C. 815-842, 966-985.

CHAPITRE VIII.
DU TRANSPORT DES CRÉANCES ET AUTRES DROITS INCORPORELS.

1689. Dans le transport d'une créance, d'un droit ou d'une action sur un tiers, la délivrance s'opère entre le cédant et le cessionnaire par la remise du titre. — C. 1249 s., 1275, 1598 *et la note*, 1604, 1607, 1690 s.

1690. Le cessionnaire n'est saisi à l'égard des tiers que par la signification du transport faite au débiteur.—Néanmoins le cessionnaire peut être également saisi par l'acceptation du transport faite par le débiteur dans un acte authentique (1). — C. 1295, 1917, 2075. — Co. 35, 136, 187.

1691. Si, avant que le cédant ou le cessionnaire eût signifié le transport au débiteur, celui-ci avait payé le cédant, il sera valablement libéré. — C. 1240, 1295, 1690.

1692. La vente ou cession d'une créance comprend les accessoires de la créance, tels que caution, privilège et hypothèque. — C. 1018, 1249 s., 1615, 2112.

1693. Celui qui vend une créance ou autre droit incorporel, doit en garantir l'existence au temps du transport, quoiqu'il soit fait sans garantie. — C. 1627 s., 1694. — Pr. 185.

1694. Il ne répond de la solvabilité du débiteur que lorsqu'il s'y est engagé, et jusqu'à concurrence seulement du prix qu'il a retiré de la créance. — C. 1695.

---

(1) Décr. *du 13 therm. an XIII.* Art. 1er. A l'avenir, la déclaration de transfert des cinq pour cent consolidés sur le registre établi à cet effet, près du directeur du grand-livre, conformément à la loi du 28 flor. an VII, saisira l'acquéreur de la propriété et jouissance de l'inscription transférée, et ce, par la seule signature du vendeur. Toute opposition postérieure à cette déclaration sera considérée comme non avenue.

2. Pour constater cette déclaration et le dépôt de l'ancien extrait d'inscription, il sera expédié au vendeur autant de bulletins qu'il y aura d'acquéreurs désignés dans l'acte de transfert.

3. Les paiemens des inscriptions transférées pourront être valablement effectués par les acquéreurs, sur la présentation de ces bulletins.

4. Lors du retrait par l'acquéreur du nouvel extrait d'inscription, la décharge donnée par lui sera mise au dos du bulletin, et non sur le registre des déclarations de transfert.

Décr. *du 16 janv. 1808.* Art. 4. La transmission des actions (*de la Banque de France*) s'opère par de simples transferts sur des registres doubles tenus à cet effet. — Elles sont valablement transférées par la déclaration du propriétaire ou de son fondé de pouvoir, signée sur les registres, et certifiée par un agent de change, s'il n'y a opposition signifiée et visée à la Banque.

1695. Lorsqu'il a promis la garantie de la solvabilité du débiteur, cette promesse ne s'entend que de la solvabilité actuelle, et ne s'étend pas au temps à venir, si le cédant ne l'a expressément stipulé. — C. 1276, 1694.

1696. Celui qui vend une hérédité sans en spécifier en détail les objets, n'est tenu de garantir que sa qualité d'héritier. — C. 780, 1693, 1697, 1698.

1697. S'il avait déjà profité des fruits de quelque fonds, ou reçu le montant de quelque créance appartenant à cette hérédité, ou vendu quelques effets de la succession, il est tenu de les rembourser à l'acquéreur, s'il ne les a expressément réservés lors de la vente. — C. 1698.

1698. L'acquéreur doit de son côté rembourser au vendeur ce que celui-ci a payé pour les dettes et charges de la succession, et lui faire raison de tout ce dont il était créancier, s'il n'y a stipulation contraire. — C. 1697.

1699. Celui contre lequel on a cédé un droit litigieux peut s'en faire tenir quitte par le cessionnaire, en lui remboursant le prix réel de la cession avec les frais et loyaux coûts, et avec les intérêts à compter du jour où le cessionnaire a payé le prix de la cession à lui faite. — C. 841, 1597, 1700, 1701.

1700. La chose est censée litigieuse dès qu'il y a procès et contestation sur le fond du droit. — C. 1699.

1701. La disposition portée en l'article 1699 cesse, — 1° Dans le cas où la cession a été faite à un cohéritier ou copropriétaire du droit cédé; — 2° Lorsqu'elle a été faite à un créancier en paiement de ce qui lui est dû; — 3° Lorsqu'elle a été faite au possesseur de l'héritage sujet au droit litigieux.

TITRE SEPTIÈME.

DE L'ÉCHANGE.

Décrété le 16 ventôse an XII, promulgué le 26 ventôse [1-17 mars 1804].

1702. L'échange est un contrat par lequel les parties se donnent respectivement une chose pour une autre. — C. 1101, 1108 n., 1703.

1703. L'échange s'opère par le seul consentement, de la même manière que la vente. — C. 711, 1138, 1583.

1704. Si l'un des copermutans a déjà reçu la chose à lui donnée en échange, et qu'il prouve ensuite que l'autre contractant n'est pas propriétaire de cette chose, il ne peut pas être forcé à livrer celle qu'il a promise en contre-échange, mais seulement à rendre celle qu'il a reçue. — C. 1599, 1612, 1653.

1705. Le copermutant qui est évincé de la chose qu'il a reçue en échange, a le choix de conclure à des dommages et intérêts, ou de répéter sa chose. — C. 1149 n., 1184, 1630, 2125, 2183.

1706. La rescision pour cause de lésion n'a pas lieu dans le contrat d'échange. — C. 1683.

1707. Toutes les autres règles prescrites pour le contrat de vente s'appliquent d'ailleurs à l'échange. — C. 1581 s.

TITRE HUITIÈME.

DU CONTRAT DE LOUAGE.

Décrété le 16 ventôse an XII, promulgué le 26 ventôse [7-17 mars 1804].

CHAPITRE Ier.

DISPOSITIONS GÉNÉRALES.

1708. Il y a deux sortes de contrats de louage: — Celui des choses, — C. 1709, 171' s. — Et celui d'ouvrage. — C. 1710, 1711, 1779 s.

1709. Le louage des choses est un contrat par lequel l'une des parties s'oblige à faire jouir l'autre d'une chose pendant un certain temps, et moyennant un certain prix que celle-ci s'oblige de lui payer. — C. 1101, 1103, 1104, 1106, 1127, 1713 s., comp. 578. — Supp. *Rentes foncières*, DÉCR. 18-29 déc. 1790, art. 1er.

1710. Le louage d'ouvrage est un contrat par lequel l'une des parties s'engage à faire quelque chose pour l'autre, moyennant un prix convenu entre elles. — C. 1101, 1103, 1104, 1106, 1142 s., 1779 s.

1711. Ces deux genres de louage se subdivisent encore en plusieurs espèces particulières : — On appelle *bail à loyer*, le louage des maisons et celui des meubles; — C. 1714 s., 1752 s.—Co. 273 s.—*Bail à ferme*, celui des héritages ruraux; — C. 1714 s., 1765 s. — *Loyer*, le louage du travail ou du service; — C. 1779 s. — *Bail à cheptel*, celui des animaux dont le profit se partage entre le propriétaire et celui à qui il les confie.—C. 1800 s.

— Les *devis*, *marché* ou *prix fait*, pour l'entreprise d'un ouvrage moyennant un prix déterminé, sont aussi un louage, lorsque la matière est fournie par celui pour qui l'ouvrage se fait. — C. 1787 s. — Ces trois dernières espèces ont des règles particulières.

1712. Les baux des biens nationaux, des biens des communes et des établissemens publics, sont soumis à des règlemens particuliers. — C. 537

CHAPITRE II.

DU LOUAGE DES CHOSES.

1713. On peut louer toutes sortes de biens meubles ou immeubles. — C. 517 s., 527 s., 1127, 1128, *except.* 581, 631, 634, 637, 2226.

SECTION PREMIÈRE.

Des Règles communes aux Baux des Maisons et des Biens ruraux.

1714. On peut louer ou par écrit, ou verbalement. — C. 1715 s., 1736, 1738, 1774, 2101 1o.

1715. Si le bail fait sans écrit n'a encore reçu aucune exécution, et que l'une des parties le nie, la preuve ne peut être reçue par témoins, quelque modique qu'en soit le prix, et quoiqu'on allègue qu'il y a eu des arrhes données.—Le serment peut seulement être déféré à celui qui nie le bail.—

C. 1341, 1358, 1366, 1367, 1716.
— Pr. 121.

1716. Lorsqu'il y aura contestation sur le prix du bail verbal dont l'exécution a commencé, et qu'il n'existera point de quittance, le propriétaire en sera cru sur son serment, si mieux n'aime le locataire demander l'estimation par experts; auquel cas les frais de l'expertise restent à sa charge, si l'estimation excède le prix qu'il a déclaré. — C. 1366 s. — Pr. 130, 302 s.

1717. Le preneur a le droit de sous-louer, et même de céder son bail à un autre, si cette faculté ne lui a pas été interdite. — Secus C. 1763. — Elle peut être interdite pour le tout ou partie. — Cette clause est toujours de rigueur. — C. 1184, 1728, 1735, 1741, 1766.

1718. Les articles du titre *du Contrat de mariage et des Droits respectifs des Époux*, relatifs aux baux des biens des femmes mariées, sont applicables aux baux des biens des mineurs. — C. 450, 481, 509, 595, 1429, 1430.

1719. Le bailleur est obligé, par la nature du contrat, et sans qu'il soit besoin d'aucune stipulation particulière, — 1° De délivrer au preneur la chose louée; — C. 1603 s., 1720. — 2° D'entretenir cette chose en état de servir à l'usage pour lequel elle a été louée; — C. 1720. — 3° D'en faire jouir paisiblement le preneur pendant la durée du bail. — C. 1721, 1741.

1720. Le bailleur est tenu de délivrer la chose en bon état de réparations de toute espèce. — C. 1719 1°, 1731, comp 600. — Il doit y faire, pendant la durée du bail, toutes les réparations qui peuvent devenir nécessaires, autres que les locatives. — C. 1719 2°, 1724, 1741, 1754, 1755, comp. 605.

1721. Il est dû garantie au preneur pour tous les vices ou défauts de la chose louée qui en empêchent l'usage, quand même le bailleur ne les aurait pas connus lors du bail. — S'il résulte de ces vices ou défauts quelque perte pour le preneur, le bailleur est tenu de l'indemniser. — C. 1641-1649, 1719, 1725 s., 1891. — Co. 297.

1722. Si, pendant la durée du bail, la chose louée est détruite en totalité par cas fortuit, le bail est résilié de plein droit; si elle n'est détruite qu'en partie, le preneur peut, suivant les circonstances, demander ou une diminution du prix, ou la résiliation même du bail. Dans l'un et l'autre cas, il n'y a lieu à aucun dédommagement. — C. 1148, 1302 s., 1724, 1741, 1769. — Co. 300, 302 s.

1723. Le bailleur ne peut, pendant la durée du bail, changer la forme de la chose louée. — C. 1719 3°, 1728, 1729.

1724. Si, durant le bail, la chose louée a besoin de réparations urgentes et qui ne puissent être différées jusqu'à sa fin, le preneur doit les souffrir, quelque incommodité qu'elles lui causent, et quoiqu'il soit privé, pendant qu'elles se font, d'une partie de la chose louée. — Mais, si ces réparations durent plus de quarante jours, le prix du bail sera diminué à proportion du temps et de la partie de la chose louée dont il aura été privé. — Si les réparations sont de telle nature qu'elles rendent inhabitable ce qui est nécessaire au logement du preneur et de sa famille, celui-ci pourra faire résilier le bail. — C. 1148, 1720,

1721. —Pr. 635 2°.—Co: 298.

1725. Le bailleur n'est pas tenu de garantir le preneur du trouble que des tiers apportent par voies de fait à sa jouissance, sans prétendre d'ailleurs aucun droit sur la chose louée; sauf au preneur à les poursuivre en son nom personnel. — C. 1726 s.

1726. Si, au contraire, le locataire ou le fermier ont été troublés dans leur jouissance par suite d'une action concernant la propriété du fonds, ils ont droit à une diminution proportionnée sur le prix du bail à loyer ou à ferme, pourvu que le trouble et l'empêchement aient été dénoncés au propriétaire.—C. 1147 s., 1650, 1640, 1727, 1768. — Pr. 175 s.

1727. Si ceux qui ont commis les voies de fait, prétendent avoir quelque droit sur la chose louée, ou si le preneur est lui-même cité en justice pour se voir condamner au délaissement de la totalité ou de partie de cette chose, on à souffrir l'exercice de quelque servitude, il doit appeler le bailleur en garantie, et doit être mis hors d'instance, s'il l'exige, en nommant le bailleur pour lequel il possède.—C. 1725 s., 1768. — Pr. 175 s., 181.

1728. Le preneur est tenu de deux obligations principales, — 1° D'user de la chose louée en bon père de famille, et suivant la destination qui lui a été donnée par le bail, ou suivant celle présumée d'après les circonstances, à défaut de convention; — 2° De payer le prix du bail aux termes convenus. — C. 1729 s., 1741, 2102 1°, 2277. — Pr. 819 s.

1729. Si le preneur emploie la chose louée à un autre usage que celui auquel elle a été destinée, ou dont il puisse résulter un dommage pour le bailleur, celui-ci peut, suivant les circonstances, faire résilier le bail. — C. 1728 1°, 1760, 1768.

1730. S'il a été fait un état des lieux entre le bailleur et le preneur, celui-ci doit rendre la chose telle qu'il l'a reçue, suivant cet état, excepté ce qui a péri ou a été dégradé par vétusté ou force majeure. — C. 1728, 1731 s., 1735, 1755.

1731. S'il n'a pas été fait d'état des lieux, le preneur est présumé les avoir reçus en bon état de réparations locatives, et doit les rendre tels, sauf la preuve contraire. — C. 1720, 1731, 1754 s.

1732. Il répond des dégradations ou des pertes qui arrivent pendant sa jouissance, à moins qu'il ne prouve qu'elles ont eu lieu sans sa faute.— C. 1728, 1735, 1755. — Supp. Compétence, L. 25 mai 1838, art. 4 2°.

1733. Il répond de l'incendie, à moins qu'il ne prouve — Que l'incendie est arrivé par cas fortuit ou force majeure, ou par vice de construction, — Ou que le feu a été communiqué par une maison voisine. C. 1168, 1245, 1302 s., 1382, 1383, 1732, 1734 s., 1792. — P. 95, 434, 458.

1734. S'il y a plusieurs locataires, tous sont solidairement responsables de l'incendie; — A moins qu'ils ne prouvent que l'incendie a commencé dans l'habitation de l'un d'eux, auquel cas celui-là seul en est tenu; — Ou que quelques-uns ne prouvent que l'incendie n'a pu commencer chez eux, auquel cas ceux-là n'en sont pas tenus.—C. 1200 s., 1213, 1733.

1735. Le preneur est tenu

des dégradations et des pertes qui arrivent par le fait des personnes de sa maison ou de ses sous-locataires. — C. 1384 s., 1953.

1736. Si le bail a été fait sans écrit, l'une des parties ne pourra donner congé à l'autre qu'en observant les délais fixés par l'usage des lieux (1). — C. 1709, 1714 s., 1757, 1759, 1774, 1775. — Supp. *Compétence,* L. 25 mai 1838, art. 3.

1737. Le bail cesse de plein droit à l'expiration du terme fixé, lorsqu'il a été fait par écrit, sans qu'il soit nécessaire de donner congé.—C. 1738 s., 1775. — Pr. 133 3°.

1738. Si, à l'expiration des baux écrits, le preneur reste et est laissé en possession, il s'opère un nouveau bail dont l'effet est réglé par l'article relatif aux locations faites sans écrit (a).—C. 1736, 1759, 1776.

1739. Lorsqu'il y a un congé signifié, le preneur, quoiqu'il ait continué sa jouissance, ne peut invoquer la tacite ré-conduction.— C. 1738.— Supp. *Compétence,* L. 25 mai 1838, art. 3.

1740. Dans le cas des deux articles précédens, la caution donnée pour le bail ne s'étend pas aux obligations résultant de la prolongation. — C. 2015, 2034, 2127.

1741. Le contrat de louage se résout par la perte de la chose louée, et par le défaut respectif du bailleur et du preneur, de remplir leurs engagemens. —C. 1184, 1302 s., 1722, 1760.

1742. Le contrat de louage n'est point résolu par la mort du bailleur, ni par celle du preneur. — C. 1122, 1795, comp. 607.

1743. Si le bailleur vend la chose louée, l'acquéreur ne peut expulser le fermier ou le locataire qui a un bail authentique ou dont la date est certaine, à moins qu'il ne se soit réservé ce droit par le contrat de bail (b). — C. 1141, 1317, 1328, 1719, 1744 s., 1750 s., 1761.

---

(1) Supp. *Usages locaux* (C. 1736).

(a) Décr. *du* 28 *sept.*-6 *oct.* 1791, *tit.* 1er, *sect.* 2. — Art. 4. La tacite réconduction n'aura plus lieu à l'avenir en bail à ferme ou à loyer des biens ruraux.

(b) Décr. *du* 28 *sept.*-6 *oct.* 1791, *tit.* 1er, *sect.* 2. — Art. 2. Dans un bail de six années ou au-dessous, fait après la publication du présent décret, quand il n'y aura pas de clause sur le droit du nouvel acquéreur à titre singulier, la résiliation du bail, en cas de vente du fonds, n'aura lieu que de gré à gré.

3. Quand il n'y aura pas de clauses sur ce droit dans les baux de plus de six années, en cas de vente du fonds, le nouvel acquéreur à titre singulier pourra exiger la résiliation, sous la condition de cultiver lui-même sa propriété; mais en signifiant le congé au fermier au moins un an à l'avance, pour qu'il sorte à pareils mois et jour que ceux auxquels le bail aurait fini, et en dédommageant au préalable ce fermier, à dire d'experts, des avantages qu'il aurait retirés de son exploitation ou culture continuée jusqu'à la fin de son bail, d'après le prix de la ferme, et d'après les avances et les améliorations qu'il aura faites à l'époque de la résiliation.

1744. S'il a été convenu, lors du bail, qu'en cas de vente, l'acquéreur pourrait expulser le fermier ou locataire, et qu'il n'ait été fait aucune stipulation sur les dommages et intérêts, le bailleur est tenu d'indemniser le fermier ou le locataire de la manière suivante. — C. 1745 s., 1748 s.

1745. S'il s'agit d'une maison, appartement ou boutique, le bailleur paie, à titre de dommages et intérêts, au locataire évincé, une somme égale au prix du loyer, pendant le temps qui, suivant l'usage des lieux, est accordé entre le congé et la sortie. — C. 1748 s.

1746. S'il s'agit de biens ruraux, l'indemnité que le bailleur doit payer au fermier, est du tiers du prix du bail pour tout le temps qui reste à courir. — C. 1748 s.

1747. L'indemnité se réglera par experts, s'il s'agit de manufactures, usines, ou autres établissemens qui exigent de grandes avances. — C. 1748 s.

1748. L'acquéreur qui veut user de la faculté réservée par le bail, d'expulser le fermier ou locataire en cas de vente, est, en outre, tenu d'avertir le locataire au temps d'avance usité dans le lieu pour les congés. — C. 1736. — Il doit aussi avertir le fermier des biens ruraux, au moins un an à l'avance.

1749. Les fermiers ou les locataires ne peuvent être expulsés qu'ils ne soient payés par le bailleur, ou, à son défaut, par le nouvel acquéreur, des dommages et intérêts ci-dessus expliqués. — C. 1745 s.

1750. Si le bail n'est pas fait par acte authentique, ou n'a point de date certaine, l'acquéreur n'est tenu d'aucuns dommages et intérêts. — C. 1317, 1328, 1736, 1743, 1748, 1774.

1751. L'acquéreur à pacte de rachat ne peut user de la faculté d'expulser le preneur, jusqu'à ce que, par l'expiration du délai fixé pour le réméré, il devienne propriétaire incommutable. — C. 1662, 1665, 1736, 1743, 1750.

SECTION II.
Des Règles particulières aux Baux à loyer.

1752. Le locataire qui ne garnit pas la maison de meubles suffisans, peut être expulsé, à moins qu'il ne donne des sûretés capables de répondre du loyer (a). — C. 1741, 1760, 1766, 2011, 2073, 2102 1°, 2114.

1753. Le sous-locataire n'est tenu envers le propriétaire que jusqu'à concurrence du prix de sa sous-location dont il peut être débiteur au moment de la saisie, et sans qu'il puisse opposer des paiemens faits par anticipation. — Les paiemens faits par le sous-locataire, soit en vertu d'une stipulation portée en son bail, soit en conséquence de l'usage des lieux, ne sont pas réputés faits par anticipation. — C. 1350, 1352, 1715, 1717. — Pr. 820.

1754. Les réparations locatives ou de menu entretien dont le locataire est tenu, s'il n'y a clause contraire, sont celles désignées comme telles par l'usage des lieux, et, entre autres, les réparations à faire, — Aux âtres, contre-cœurs, chambranles et tablettes des cheminées; — Au recrépiment du bas des murailles des appartemens et autres lieux d'habitation, à la hauteur d'un mètre; — Aux pavés et carreaux des chambres, lorsqu'il y en a seulement quelques-uns de cassés; — Aux vitres, à moins qu'elles ne soient cassées par la grêle ou autres accidens extraordinaires et de force majeure, dont le locataire ne peut être tenu;—Aux portes, croisées, planches de cloison ou de fermeture de boutiques, gonds, targettes et serrures.—C.1720, 1731, 1732, 1755, 2102 1°. — Supp. *Compétence*, L. 25 mai 1838, art. 5 2°.

1755. Aucune des réparations réputées locatives n'est à la charge des locataires, quand elles ne sont occasionnées que par vétusté ou force majeure.—C. 1730, 1731, 1754.

1756. Le curement des puits et celui des fosses d'aisance sont à la charge du bailleur, s'il n'y a clause contraire.

1757. Le bail des meubles fournis pour garnir une maison entière, un corps de logis entier, une boutique, ou tous autres appartemens, est censé fait pour la durée ordinaire des baux de maisons, corps de logis, boutiques ou autres appartemens, selon l'usage des lieux. — C. 1159, 1736, 1737.

1758. Le bail d'un appartement meublé est censé fait à l'année, quand il a été fait à tant par an; —Au mois, quand il a été fait à tant par mois; —Au jour, s'il a été fait à tant par jour. — Si rien ne constate que le bail soit fait à tant par an, par mois ou par jour, la location est censée faite suivant l'usage des lieux. — C .1159, 1736, 1737, 1759, 1775.

1759. Si le locataire d'une maison ou d'un appartement continue sa jouissance après l'expiration du bail par écrit, sans opposition de la part du bailleur, il sera censé les occuper aux mêmes conditions, pour le terme fixé par l'usage des lieux, et ne pourra plus en sortir ni en être expulsé qu'après un congé donné suivant le délai fixé par l'usage des lieux. — C. 1159, 1736, 1738, 1758.

1760. En cas de résiliation par la faute du locataire, celui-ci est tenu de payer le prix du bail pendant le temps nécessaire à la relocation, sans préjudice des dommages et intérêts qui ont pu résulter de l'abus. — C. 1149, 1729, 1741, 1752.

1761. Le bailleur ne peut résoudre la location, encore qu'il déclare vouloir occuper par lui-même la maison louée, s'il n'y a eu convention contraire. — C. 1134, 1743, 1762.

1762. S'il a été convenu, dans le contrat de louage, que le bailleur pourrait venir occuper la maison, il est tenu de signifier d'avance un congé aux époques déterminées par l'usage des lieux.—C. 1736, 1748, 1761, *comp.* 1744.

SECTION III.
Des Règles particulières aux Baux à ferme.

1763. Celui qui cultive sous la condition d'un partage de fruits avec le bailleur, ne peut ni sous-louer ni céder, si la faculté ne lui en a été expressément accordée par le bail. — C. 1237, 1742, 1764 s., 1777 s., 1795, 1818, 1832, 1865, 2062. — Supp. *Contrainte par corps*, L. 17 avril 1832, art. 7.

1764. En cas de contravention, le propriétaire a droit de rentrer en jouissance, et le preneur est condamné aux dommages et intérêts résultant de l'inexécution du bail. — C. 1142, 1148 s., 1741.

1765. Si, dans un bail à ferme, on donne aux fonds une contenance moindre ou plus grande que celle qu'ils ont réellement, il n'y a lieu à augmentation ou diminution de prix pour le fermier, que dans les cas et suivant les règles exprimés au titre *de la Vente*. — C. 1617-1623.

1766. Si le preneur d'un héritage rural ne le garnit pas des bestiaux et des ustensiles nécessaires à son exploitation, s'il abandonne la culture, s'il ne cultive pas en bon père de famille, s'il emploie la chose louée à un autre usage que celui auquel elle a été destinée, ou, en général, s'il n'exécute pas les clauses du bail, et qu'il en résulte un dommage pour le bailleur, celui-ci peut, suivant les circonstances, faire résilier le bail. — En cas de résiliation provenant du fait du preneur, celui-ci est tenu des dommages et intérêts, ainsi qu'il est dit en l'article 1764. — C. 1142, 1149 s., 1184, 1728, 1729, 1741, 2103 1°.

1767. Tout preneur de bien rural est tenu d'engranger dans les lieux à ce destinés d'après le bail. — C. 1777 s., 2102 1°.

1768. Le preneur d'un bien rural est tenu, sous peine de tous dépens, dommages et intérêts, d'avertir le propriétaire des usurpations qui peuvent être commises sur les fonds. —

Cet avertissement doit être donné dans le même délai que celui qui est réglé en cas d'assignation suivant la distance des lieux. — C. 614, 1726, 1727. — Pr. 72, 73, 175 s., 1033.

1769. Si le bail est fait pour plusieurs années, et que, pendant la durée du bail, la totalité ou la moitié d'une récolte au moins soit enlevée par des cas fortuits, le fermier peut demander une remise du prix de sa location, à moins qu'il ne soit indemnisé par les récoltes précédentes. — S'il n'est pas indemnisé, l'estimation de la remise ne peut avoir lieu qu'à la fin du bail, auquel temps il se fait une compensation de toutes les années de jouissance; — Et cependant le juge peut provisoirement dispenser le preneur de payer une partie du prix en raison de la perte soufferte. — C. 1722, 1770 s. — Supp. *Compétence*, L. 25 mai 1838, art. 8.

1770. Si le bail n'est que d'une année, et que la perte soit de la totalité des fruits, ou au moins de la moitié, le preneur sera déchargé d'une partie proportionnelle du prix de la location. — Il ne pourra prétendre aucune remise, si la perte est moindre de moitié. — C. 1769, 1771 s.

1771. Le fermier ne peut obtenir de remise, lorsque la perte des fruits arrive après qu'ils sont séparés de la terre, à moins que le bail ne donne au propriétaire une quotité de la récolte en nature; auquel cas le propriétaire doit supporter sa part de la perte, pourvu que le preneur ne fût pas en demeure de lui délivrer sa portion de récolte. — Le fermier ne peut également demander une remise, lorsque la cause du dommage était existante et connue à l'époque où le bail a été passé. — C. 520, 1138, 1302, 1769 s.

1772. Le preneur peut être chargé des cas fortuits par une stipulation expresse. — C. 1773.

1773. Cette stipulation ne s'entend que des cas fortuits ordinaires, tels que grêle, feu du ciel, gelée ou coulure. — Elle ne s'entend pas des cas fortuits extraordinaires, tels que les ravages de la guerre, ou une inondation, auxquels le pays n'est pas ordinairement sujet, à moins que le preneur n'ait été chargé de tous les cas fortuits prévus ou imprévus. — C. 1772.

1774. Le bail, sans écrit, d'un fonds rural, est censé fait pour le temps qui est nécessaire afin que le preneur recueille tous les fruits de l'héritage affermé. — Ainsi le bail à ferme d'un pré, d'une vigne, et de tout autre fonds dont les fruits se recueillent en entier dans le cours de l'année, est censé fait pour un an. — Le bail des terres labourables, lorsqu'elles se divisent par soles ou saisons, est censé fait pour autant d'années qu'il y a de soles. — C. 1736, 1775 s.

1775. Le bail des héritages ruraux, quoique fait sans écrit, cesse de plein droit à l'expiration du temps pour lequel il est censé fait, selon l'article précédent. — C. 1736, 1737, 1774, 1776.

1776. Si, à l'expiration des baux ruraux écrits, le preneur reste et est laissé en possession, il s'opère un nouveau bail dont l'effet est réglé par l'article 1774. — C. 1738 s., 1759, 1775.

1777. Le fermier sortant doit laisser à celui qui lui succède dans la culture, les logemens convenables et autres facilités pour les travaux de l'année suivante; et réciproquement, le fermier entrant doit procurer à celui qui sort les logemens convenables et autres facilités pour la consommation des fourrages, et pour les récoltes restant à faire. — Dans l'un et l'autre cas, on doit se conformer à l'usage des lieux. — C. 1767, 1778.

1778. Le fermier sortant doit aussi laisser les pailles, et engrais de l'année, s'il les a reçus lors de son entrée en jouissance; et quand même il ne les aurait pas reçus, le propriétaire pourra les retenir suivant l'estimation. — C. 524, 2062, 2102 1°. — Supp. *Contrainte par corps*, L. 17 avril 1832, art 7.

CHAPITRE III.
DU LOUAGE D'OUVRAGE ET D'INDUSTRIE.

1779. Il y a trois espèces principales de louage d'ouvrage et d'industrie: — C. 1710. — 1° Le louage des gens de travail qui s'engagent au service de quelqu'un; — C. 1780 s. — 2° Celui des voituriers, tant par terre que par eau, qui se chargent du transport des personnes ou des marchandises; — C 1782 s. — 3° Celui des entrepreneurs d'ouvrage par suite de devis ou marchés. — C. 1787 s.

SECTION PREMIÈRE.
Du Louage des Domestiques et Ouvriers.

1780. On ne peut engager ses services qu'à temps, ou pour une entreprise déterminée (a). — C. 109, 686, 1135, 1159, 1160, 1781, 1992. — P. 386 8°.

1781. Le maître est cru sur son affirmation, — Pour la quotité des gages; — Pour le paiement du salaire de l'année échue; — Et pour les à-comptes donnés pour l'année courante. — C. 1358, 1366, 2101 4°, 2271, 2272, 2275. — Supp. *Compétence*, L. 25 mai 1838, art. 5 3°.

SECTION II.
Des Voituriers par terre et par eau.

1782. Les voituriers par terre et par eau sont assujettis, pour la garde et la conservation des choses qui leur sont confiées, aux mêmes obligations que les aubergistes, dont il est parlé au titre *du Dépôt et du Séquestre.* — C. 1341, 1348, 1952-1954, 2103 6°. — Co. 98, 99, 103, 221 s. — P. 386 4°, 387, 475 3°, 476. — Supp. *Compétence,* L. 25 mai 1838, art. 2.

1783. Ils répondent non-seulement de ce qu'ils ont déjà reçu dans leur bâtiment ou voiture, mais encore de ce qui leur a été remis sur le port ou dans l'entrepôt pour être placé dans

leur bâtiment ou voiture.— C. 1384 s.—Co. 97 s., 103 s., 222.

1784. Ils sont responsables de la perte et des avaries des choses qui leur sont confiées, à moins qu'ils ne prouvent qu'elles ont été perdues et avariées par cas fortuit ou force majeure (b). — C. 1148, 1302, 1369. — Co. 98 s., 103 s., 108 et la note, 229 s.

1785. Les entrepreneurs de voitures publiques par terre et par eau, et ceux des roulages publics, doivent tenir registre de l'argent, des effets et des paquets dont ils se chargent. — C. 1341, 1348, 1950. — Co. 8 s., 96, 103 s., 107, 224. — P. 475 4°.

1786. Les entrepreneurs et directeurs de voitures et roulages publics, les maîtres de barques et navires, sont en outre assujettis à des réglemens particuliers, qui font la loi entre eux et les autres citoyens (1). — C. 1785. — Co. 107, 216 s., 221 s., 273 s. — P. 386 4°, 387, 475 3° 4°.

SECTION III.
Des Devis et des Marchés.

1787. Lorsqu'on charge

(a) Décl. des droits *qui précède la constitution du 5 fructidor an III.*
Art. 15. Tout homme peut engager son temps et ses services, mais il ne peut se vendre ni être vendu; sa personne n'est pas une propriété aliénable.
(b) Décr. 24 *juillet* 1793.
Art. 62. Si la perte ou le dommage des effets, ballots ou marchandises dont la régie est responsable, ne peut être évalué par experts à la vue des objets cassés ou endommagés, l'évaluation faite lors de l'enregistrement, servira

de règle pour fixer l'indemnité. A défaut de possibilité d'estimation sur la vue des objets détériorés ou cassés, et d'estimation déclarée lors du chargement, ou si le paquet se trouve perdu, l'indemnité sera de cent cinquante livres.
(1) Les réglemens particuliers annoncés par l'art. 1786 n'ont pas pour objet de régler les rapports résultant du contrat de louage. Ils sont établis principalement en vue de la sûreté publique et de la conservation des routes. — *Voy.* Ord. 16 juil. 1828, 15 fév. 1837; 15 juil. 1845, 15 nov. 1846.

quelqu'un de faire un ouvrage, on peut convenir qu'il fournira seulement son travail ou son industrie, ou bien qu'il fournira aussi la matière. — C. 1711, 1779, 1788 *.

1788. Si, dans le cas où l'ouvrier fournit la matière, la chose vient à périr de quelque manière que ce soit, avant d'être livrée, la perte en est pour l'ouvrier, à moins que le maître ne fût en demeure de recevoir la chose. — C. 1139, 1146, 1182, 1585, 1606, 1609.

1789. Dans le cas où l'ouvrier fournit seulement son travail ou son industrie, si la chose vient à périr, l'ouvrier n'est tenu que de sa faute. — C. 1302, 1382, 1383, 1790.

1790. Si, dans le cas de l'article précédent, la chose vient à périr, quoique sans aucune faute de la part de l'ouvrier, avant que l'ouvrage ait été reçu, et sans que le maître fût en demeure de le vérifier, l'ouvrier n'a point de salaire à réclamer, à moins que la chose n'ait péri par le vice de la matière. — C. 1139, 1792.

1791. S'il s'agit d'un ouvrage à plusieurs pièces ou à la mesure, la vérification peut s'en faire par parties : elle est censée faite pour toutes les parties payées, si le maître paie l'ouvrier en proportion de l'ouvrage fait. — C. 1350, 1352.

1792. Si l'édifice construit à prix fait, périt en tout ou en partie par le vice de la construction, même par le vice du sol, les architectes et entrepreneurs en sont responsables pendant dix ans. — C. 1790, 2103 4° 5°, 2110, 2257, 2262, 2270.

1793. Lorsqu'un architecte ou un entrepreneur s'est chargé de la construction à for-

fait d'un bâtiment, d'après un plan arrêté et convenu avec le propriétaire du sol, il ne peut demander aucune augmentation de prix, ni sous le prétexte de l'augmentation de la main-d'œuvre ou des matériaux, ni sous celui de changemens ou d'augmentations faits sur ce plan, si ces changemens ou augmentations n'ont pas été autorisés par écrit et le prix convenu avec le propriétaire. — C. 1356; 1358, 2103 4°, 2110.

1794. Le maître peut résilier, par sa seule volonté, le marché à forfait, quoique l'ouvrage soit déjà commencé, en dédommageant l'entrepreneur de toutes ses dépenses, de tous ses travaux, et de tout ce qu'il aurait pu gagner dans cette entreprise. — C. 1791.

1795. Le contrat de louage d'ouvrage est dissous par la mort de l'ouvrier, de l'architecte ou entrepreneur. — C. 1237, 1742, 1796.

1796. Mais le propriétaire est tenu de payer en proportion du prix porté par la convention, à leur succession, la valeur des ouvrages faits et celle des matériaux préparés, lors seulement que ces travaux ou ces matériaux peuvent lui être utiles.

1797. L'entrepreneur répond du fait des personnes qu'il emploie. — C. 1384.

1798. Les maçons, charpentiers et autres ouvriers qui ont été employés à la construction d'un bâtiment ou d'autres ouvrages faits à l'entreprise, n'ont d'action contre celui pour lequel les ouvrages ont été faits, que jusqu'à concurrence de ce dont il se trouve débiteur envers l'entrepreneur, au moment où leur action est intentée. — C. 1166, 2103 4° 5°, 2210.

1799. Les maçons, charpentiers, serruriers, et autres ouvriers qui font directement des marchés à prix fait, sont astreints aux règles prescrites dans la présente section : ils sont entrepreneurs dans la partie qu'ils traitent.

CHAPITRE IV.

DU BAIL A CHEPTEL.

SECTION PREMIÈRE.
Dispositions générales.

1800. Le bail à cheptel est un contrat par lequel l'une des parties donne à l'autre un fonds de bétail pour le garder, le nourrir et le soigner, sous les conditions convenues entre elles. — C. 521, 1711, 1818, 1823.

1801. Il y a plusieurs sortes de cheptels : — Le cheptel simple ou ordinaire. — C. 1804 s. — Le cheptel à moitié. — C. 1818. — Le cheptel donné au fermier ou au colon partiaire. — C. 1821 s. — Il y a encore une quatrième espèce de contrat improprement appelé *cheptel*. — C. 1831.

1802. On peut donner à cheptel toute espèce d'animaux susceptibles de croît ou de profit pour l'agriculture ou le commerce.

1803. A défaut de conventions particulières, ces contrats se règlent par les principes qui suivent. — C. 1134, 1811, 1819, 1828.

SECTION II.
Du Cheptel simple.

1804. Le bail à cheptel simple est un contrat par lequel on donne à un autre des bestiaux à garder, nourrir et soigner, à condition que le preneur pro-

fitera de la moitié du croît, et qu'il supportera aussi la moitié de la perte. — C. 1805, 1810, 1811.

1805. L'estimation donnée au cheptel dans le bail n'en transporte pas la propriété au preneur ; elle n'a d'autre objet que de fixer la perte ou le profit qui pourra se trouver à l'expiration du bail. — C. 1810, 1817, 1822.

1806. Le preneur doit les soins d'un bon père de famille à la conservation du cheptel. — C. 1137, 1384, 1728, 1797, 1804.

1807. Il n'est tenu du cas fortuit que lorsqu'il a été précédé de quelque faute de sa part, sans laquelle la perte ne serait pas arrivée. — C. 1302, 1805, 1809, 1810.

1808. En cas de contestation, le preneur est tenu de prouver le cas fortuit, et le bailleur est tenu de prouver la faute qu'il impute au preneur. — C. 1315, 1807.

1809. Le preneur qui est déchargé par le cas fortuit, est toujours tenu de rendre compte des peaux des bêtes. — C. 616, 1805.

1810. Si le cheptel périt en entier sans la faute du preneur, la perte en est pour le bailleur. — S'il n'en périt qu'une partie, la perte est supportée en commun, d'après le prix de l'estimation originaire, et celui de l'estimation à l'expiration du cheptel. — C. 1302, 1804, 1805, 1811, 1817, 1825, 1827.

1811. On ne peut stipuler, — Que le preneur supportera la perte totale du cheptel, quoiqu'arrivée par cas fortuit et sans sa faute, — Ou qu'il supportera, dans la perte, une part plus grande que dans le profit, — Ou que le bailleur prélèvera, à la fin du bail, quelque chose de plus que le cheptel qu'il a fourni. — Toute convention semblable est nulle. — Le preneur profite seul des laitages, du fumier et du travail des animaux donnés à cheptel. — La laine et le croît se partagent. — C. 8 , 1804 , 1817, 1819, 1825.

1812. Le preneur ne peut disposer d'aucune bête du troupeau, soit du fonds, soit du croît, sans le consentement du bailleur, qui ne peut lui-même en disposer sans le consentement du preneur. — C. 1804, 1805, 1845, 2279, 2280. — Pr. 608. — P. 408.

1813. Lorsque le cheptel est donné au fermier d'autrui, il doit être notifié au propriétaire de qui ce fermier tient; sans quoi il peut le saisir et le faire vendre pour ce que son fermier lui doit. — C. 2102 1°. — Pr. 819 s.

1814. Le preneur ne pourra tondre sans en prévenir le bailleur. — C. 1811.

1815. S'il n'y a pas de temps fixé par la convention pour la durée du cheptel, il est censé fait pour trois ans, — C. 1738, 1817.

1816. Le bailleur peut en demander plus tôt la résolution, si le preneur ne remplit pas ses obligations. — C. 1184, 1795, 1865, 1871.

1817. A la fin du bail, ou lors de sa résolution, il se fait une nouvelle estimation du cheptel. — Le bailleur peut prélever des bêtes de chaque espèce, jusqu'à concurrence de la première estimation: l'excédant se partage. — S'il n'existe pas assez de bêtes pour remplir la première estimation, le bailleur prend ce qui reste, et les parties se font raison de la

perte.—C. 1805, 1810, 1818 s., 1826.

SECTION III.
Du Cheptel à moitié.

1818. Le cheptel à moitié est une société dans laquelle chacun des contractans fournit la moitié des bestiaux, qui demeurent communs, pour le profit ou pour la perte. — C. 1819 s., 1832, 1855.

1819. Le preneur profite seul, comme dans le cheptel simple, des laitages, du fumier et des travaux des bêtes. — Le bailleur n'a droit qu'à la moitié des laines et du croît. — Toute convention contraire est nulle, à moins que le bailleur ne soit propriétaire de la métairie dont le preneur est fermier ou colon partiaire. — C. 8, 1811, 1823, 1828.

1820. Toutes les autres règles du cheptel simple s'appliquent au cheptel à moitié. — C. 1805 s.

SECTION IV.
Du Cheptel donné par le Propriétaire à son Fermier ou Colon partiaire.

§ Ier
Du Cheptel donné au Fermier.

1821. Ce cheptel (aussi appelé *cheptel de fer*) est celui par lequel le propriétaire d'une métairie la donne à ferme, à la charge qu'à l'expiration du bail, le fermier laissera des bestiaux d'une valeur égale au prix de l'estimation de ceux qu'il aura reçus. — C. 522, 2062. — Pr. 593 1°.

1822. L'estimation du cheptel donné au fermier ne lui en transfère pas la propriété, mais néanmoins le met à ses risques. — C. 1743, 1805, 1825 s. — Pr. 691.

1823. Tous les profits appartiennent au fermier pendant la durée de son bail, s'il n'y a convention contraire. — C. 1811, 1819, 1821 *.

1824. Dans les cheptels donnés au fermier, le fumier n'est point dans les profits personnels des preneurs, mais appartient à la métairie, à l'exploitation de laquelle il doit être uniquement employé. — C. 1778, 1811, 1819.

1825. La perte, même totale et par cas fortuit, est en entier pour le fermier, s'il n'y a convention contraire. — C. 1302 *., 1822 *., 1828, comp. 616.

1826. A la fin du bail, le fermier ne peut retenir le cheptel en en payant l'estimation originaire ; il doit en laisser un de valeur pareille à celui qu'il a reçu. — S'il y a du déficit, il doit le payer ; et c'est seulement l'excédant qui lui appartient. — C. 1817, 1822, 1825, 1829, 2062.

§ II.

Du Cheptel donné au Colon partiaire.

1827. Si le cheptel périt en entier sans la faute du colon, la perte est pour le bailleur. — C. 1810, 1828 *.

1828. On peut stipuler que le colon délaissera au bailleur sa part de la toison à un prix inférieur à la valeur ordinaire ; — Que le bailleur aura une plus grande part du profit ; — Qu'il aura la moitié des laitages : — Mais on ne peut pas stipuler que le colon sera tenu de toute la perte. — C. 1811, 1819.

1829. Ce cheptel finit avec le bail à métairie. — C. 1737 *., 1774 *., 1815.

1830. Il est d'ailleurs soumis à toutes les règles du cheptel simple. — C. 1806 *.

SECTION V.

Du Contrat improprement appelé Cheptel.

1831. Lorsqu'une ou plusieurs vaches sont données pour les loger et les nourrir, le bailleur en conserve la propriété ; il a seulement le profit des veaux qui en naissent. — C. 1789, 1806 *., 1808.

TITRE NEUVIÈME.

DU CONTRAT DE SOCIÉTÉ.

Décrété le 17 ventôse an XII, promulgué le 27 ventôse [8-18 mars 1804].

CHAPITRE Ier.

DISPOSITIONS GÉNÉRALES.

1832. La société est un contrat par lequel deux ou plusieurs personnes conviennent de mettre quelque chose en commun, dans la vue de partager le bénéfice qui pourra en résulter. — C. 529, 1101, 1102, 1104, 1106, 1833 *. — Pr. 50 2°, 59, 69 6°. — Co. 18 *.

1833. Toute société doit avoir un objet licite, et être contractée pour l'intérêt commun des parties. — C. 6, 1133, 1172, 1855. — Chaque associé doit y apporter ou de l'argent, ou d'autres biens, ou son industrie. — C. 1126 *., 1845 *.

1834. Toutes sociétés doivent être rédigées par écrit, lorsque leur objet est d'une valeur de plus de cent cinquan-

te francs. — La preuve testimoniale n'est point admise contre et outre le contenu en l'acte de société, ni sur ce qui serait allégué avoir été dit avant, lors et depuis cet acte, encore qu'il s'agisse d'une somme ou valeur moindre de cent cinquante francs. — C. 1323, 1341, 1347, 1348 4°, 1354 »., 1358 ».
— Co. 39 *et la note*, 40 ».

CHAPITRE II.
DES DIVERSES ESPÈCES DE SOCIÉTÉS.

1835. Les sociétés sont universelles ou particulières.— C. 1836 »., 1841 ».

SECTION PREMIÈRE.
Des Sociétés universelles.

1836. On distingue deux sortes de sociétés universelles, la société de tous biens présens, et la société universelle de gains. — C. 1837, 1838.

1837. La société de tous biens présens est celle par laquelle les parties mettent en commun tous les biens meubles et immeubles qu'elles possèdent actuellement, et les profits qu'elles pourront en tirer. — Elles peuvent aussi y comprendre toute autre espèce de gains; mais les biens qui pourraient leur avenir par succession, donation ou legs, n'entrent dans cette société que pour la jouissance; toute stipulation tendant à y faire entrer la propriété de ces biens est prohibée, sauf entre époux, et conformément à ce qui est réglé à leur égard. — C. 1130, 1133, 1172, 1401, 1402, 1409, 1499, 1505, 1526.

1838. La société universelle de gains renferme tout ce que les parties acquerront par leur industrie, à quelque titre

que ce soit, pendant le cours de la société : les meubles que chacun des associés possède au temps du contrat, y sont aussi compris; mais leurs immeubles personnels n'y entrent que pour la jouissance seulement.
—C. 537 »., 578 »., 1409, 1837, 1847, 1853.

1839. La simple convention de société universelle, faite sans autre explication, n'emporte que la société universelle de gains.

1840. Nulle société universelle ne peut avoir lieu qu'entre personnes respectivement capables de se donner ou de recevoir l'une de l'autre, et auxquelles il n'est point défendu de s'avantager au préjudice d'autres personnes. — C. 854, 906 »., 911, 913 »., 1098 »., 1496, 1527.

SECTION II.
De la Société particulière.

1841. La société particulière est celle qui ne s'applique qu'à certaines choses déterminées, ou à leur usage, ou aux fruits à en percevoir. — C. 1126 »., 1835, 1842. — Co. 18 ».

1842. Le contrat par lequel plusieurs personnes s'associent, soit pour une entreprise désignée, soit pour l'exercice de quelque métier ou profession, est aussi une société particulière. — C. 1841, 1873. — Co. 18-64.

CHAPITRE III.
DES ENGAGEMENS DES ASSOCIÉS ENTRE EUX ET A L'ÉGARD DES TIERS.

SECTION PREMIÈRE
Des Engagemens des Associés entre eux.

1843. La société commence à l'instant même du contrat,

s'il ne désigne une autre époque.—C. 1135, 1834. — Pr. 59.

1844. S'il n'y a pas de convention sur la durée de la société, elle est censée contractée pour toute la vie des associés, sous la modification portée en l'article 1869; ou, s'il
s'agit d'une affaire dont la durée
soit limitée, pour tout le temps
que doit durer cette affaire.—
C. 815, 1865 x.

1845. Chaque associé est
débiteur envers la société, de
tout ce qu'il a promis d'y apporter. — C. 1136-1145, 1833,
1846 x. — Lorsque cet apport
consiste en un corps certain,
et que la société en est évin-
cée, l'associé en est garant
envers la société, de la même
manière qu'un vendeur l'est
envers son acheteur.—C. 1605
x., 1619, 1625 x., 1725 x., 1851,
1867.

1846. L'associé qui devait
apporter une somme dans la
société, et qui ne l'a point fait,
devient, de plein droit et sans
demande, débiteur des intérêts
de cette somme, à compter du
jour où elle devait être payée.
— Il en est de même à l'égard
des sommes qu'il a prises dans
la caisse sociale, à compter du
jour où il les en a tirées pour
son profit particulier; — Le
tout sans préjudice de plus
amples dommages – intérêts,
s'il y a lieu. — C. 1146, 1149,
1153, 1833.

1847. Les associés qui se
sont soumis à apporter leur
industrie à la société, lui doivent compte de tous les gains
qu'ils ont faits par l'espèce
d'industrie qui est l'objet de
cette société.—C. 1838, 1845,
1853.

1848. Lorsque l'un des associés est, pour son compte
particulier, créancier d'une

somme exigible envers une
personne qui se trouve aussi
devoir à la société une somme
également exigible, l'imputation de ce qu'il reçoit de ce
débiteur, doit se faire sur la
créance de la société et sur la
sienne dans la proportion des
deux créances, encore qu'il
eût par sa quittance dirigé
l'imputation intégrale sur sa
créance particulière : mais s'il
a exprimé dans sa quittance
que l'imputation serait faite en
entier sur la créance de la société, cette stipulation sera
exécutée. — C. 1253 x., 1849.

1849. Lorsqu'un des associés a reçu sa part entière de
la créance commune, et que le
débiteur est depuis devenu insolvable, cet associé est tenu
de rapporter à la masse commune ce qu'il a reçu, encore
qu'il eût spécialement donné
quittance *pour sa part.* — C.
1848.

1850. Chaque associé est
tenu envers la société, des
dommages qu'il lui a causés
par sa faute, sans pouvoir compenser avec ces dommages les
profits que son industrie lui
aurait procurés dans d'autres
affaires. — C. 1137, 1146 x.,
1291, 1383, 1383.

1851. Si les choses dont la
jouissance seulement a été
mise dans la société sont des
corps certains et déterminés,
qui ne se consomment point
par l'usage, elles sont aux risques de l'associé propriétaire.
— Si ces choses se consomment, si elles se détériorent en
les gardant, si elles ont été
destinées à être vendues, ou si
elles ont été mises dans la société sur une estimation portée par un inventaire, elles
sont aux risques de la société.
— Si la chose a été estimée,

l'associé ne peut répéter que le montant de son estimation. — C. 587, 600, 1245, 1302 s., 1533, 1551, 1552, 1845, 1867. — Pr. 913.

1852. Un associé a action contre la société, non-seulement à raison des sommes qu'il a déboursées pour elle, mais encore à raison des obligations qu'il a contractées de bonne foi pour les affaires de la société, et des risques inséparables de sa gestion. — C. 876, 1153, 1215, 1375, 1846, 2001.

1853. Lorsque l'acte de société ne détermine point la part de chaque associé dans les bénéfices ou pertes, la part de chacun est en proportion de sa mise dans le fonds de la société. — A l'égard de celui qui n'a apporté que son industrie, sa part dans les bénéfices ou dans les pertes est réglée comme si sa mise eût été égale à celle de l'associé qui a le moins apporté. — C. 1832, 1838, 1847, 1863, except. 1474.

1854. Si les associés sont convenus de s'en rapporter à l'un d'eux ou à un tiers pour le règlement des parts, ce règlement ne peut être attaqué s'il n'est évidemment contraire à l'équité. — Nulle réclamation n'est admise à ce sujet, s'il s'est écoulé plus de trois mois depuis que la partie qui se prétend lésée a eu connaissance du règlement, ou si ce règlement a reçu de sa part un commencement d'exécution. — C. 1134, 1592.

1855. La convention qui donnerait à l'un des associés la totalité des bénéfices, est nulle. — Il en est de même de la stipulation qui affranchirait de toute contribution aux pertes, les sommes ou effets mis dans le fonds de la société par un ou plusieurs des associés. — C. 6, 1133, 1172, 1514, 1811, 1819, 1828, 1833, 1853, except. 1514.

1856. L'associé chargé de l'administration par une clause spéciale du contrat de société, peut faire, nonobstant l'opposition des autres associés, tous les actes qui dépendent de son administration, pourvu que ce soit sans fraude. — Ce pouvoir ne peut être révoqué sans cause légitime, tant que la société dure; mais s'il n'a été donné que par acte postérieur au contrat de société, il est révocable comme un simple mandat. — C. 1134, 1857 s., 1862 s., 1988 s., 2003.

1857. Lorsque plusieurs associés sont chargés d'administrer, sans que leurs fonctions soient déterminées, ou sans qu'il ait été exprimé que l'un ne pourrait agir sans l'autre, ils peuvent faire chacun séparément tous les actes de cette administration. — C. 1859 1°, 1995.

1858. S'il a été stipulé que l'un des administrateurs ne pourra rien faire sans l'autre, un seul ne peut, sans une nouvelle convention, agir en l'absence de l'autre, lors même que celui-ci serait dans l'impossibilité actuelle de concourir aux actes d'administration. — C. 1862, 1989.

1859. A défaut de stipulations spéciales sur le mode d'administration, l'on suit les règles suivantes: — 1° Les associés sont censés s'être donné réciproquement le pouvoir d'administrer l'un pour l'autre. Ce que chacun fait, est valable même pour la part de ses associés, sans qu'il ait pris leur consentement; sauf le droit qu'ont ces derniers, ou l'un d'eux, de s'opposer à l'opération avant qu'elle soit conclue.—C. 1852, 1857, 1862 s.—2° Chaque associé peut se servir des choses appartenant à la société, pourvu qu'il les emploie à leur destination fixée par l'usage, et qu'il ne s'en serve pas contre l'intérêt de la société, ou de manière à empêcher ses associés d'en user selon leur droit. — 3° Chaque associé a le droit d'obliger ses associés à faire avec lui les dépenses qui sont nécessaires pour la conservation des choses de la société. — C. 1375, 1381, 2102 3°.— 4° L'un des associés ne peut faire d'innovations sur les immeubles dépendans de la société, même quand il les soutiendrait avantageuses à cette société, si les autres associés n'y consentent. — C. 1861, 1988.

1860. L'associé qui n'est point administrateur, ne peut aliéner ni engager les choses même mobilières qui dépendent de la société. — C. 1856, 1859 1°.

1861. Chaque associé peut, sans le consentement de ses associés, s'associer une tierce personne relativement à la part qu'il a dans la société : il ne peut pas, sans ce consentement, l'associer à la société, lors même qu'il en aurait l'administration.

SECTION II.
Des Engagemens des Associés à l'égard des tiers

1862. Dans les sociétés autres que celles de commerce, les associés ne sont pas tenus solidairement des dettes sociales, et l'un des associés ne peut obliger les autres si ceux-ci ne lui en ont conféré le pouvoir.—C. 1203, 1859 1°, 1873, 1989. — Co. 22 s.

1863. Les associés sont tenus envers le créancier avec lequel ils ont contracté, chacun pour une somme et part égales, encore que la part de l'un d'eux dans la société fût moindre, si l'acte n'a pas spécialement restreint l'obligation de celui-ci sur le pied de cette dernière part.

1864. La stipulation que l'obligation est contractée pour le compte de la société, ne lie que l'associé contractant et non les autres, à moins que ceux-ci ne lui aient donné pouvoir, ou que la chose n'ait tourné au profit de la société. — C. 1166, 1375, 1862.

CHAPITRE IV.
DES DIFFÉRENTES MANIÈRES DONT FINIT LA SOCIÉTÉ.

1865. La société finit, — 1° Par l'expiration du temps pour lequel elle a été contractée; — C. 1866, 1869, 1871.— 2° Par l'extinction de la chose, ou la consommation de la négociation; — C. 1867.—3° Par la mort naturelle de quelqu'un des associés;—C. 1868.—4° Par la mort civile, l'interdiction ou la déconfiture de l'un d'eux; — C. 23, 25, 489, 1871. — Co. 437. — P. 18. — 5° Par la volonté qu'un seul ou plusieurs expriment de n'être plus en société. — C. 1869 s.

1866. La prorogation d'une société à temps limité ne peut être prouvée que par un écrit revêtu des mêmes formes que le contrat de société. — C. 1325, 1834. — Co. 48.

1867. Lorsque l'un des associés a promis de mettre en commun la propriété d'une chose, la perte survenue avant que la mise en soit effectuée, opère la dissolution de la société par rapport à tous les associés. — La société est également dissoute dans tous les cas par la perte de la chose, lorsque la jouissance seule a été mise en commun, et que la propriété en est restée dans la main de l'associé. — Mais la société n'est pas rompue par la perte de la chose dont la propriété a déjà été apportée à la société. — C. 711, 1138, 1182, 1302, 1583, 1601, 1722, 1845, 1851, 1871.

1868. S'il a été stipulé qu'en cas de mort de l'un des associés, la société continuerait avec son héritier, ou seulement entre les associés survivans, ces dispositions seront suivies : au second cas, l'héritier du décédé n'a droit qu'au partage de la société, eu égard à la situation de cette société lors du décès, et ne participe aux droits ultérieurs qu'autant qu'ils sont une suite nécessaire de ce qui s'est fait avant la mort de l'associé auquel il succède. — C. 1865 3°, 2010.

1869. La dissolution de la société par la volonté de l'une des parties ne s'applique qu'aux sociétés dont la durée est illimitée, et s'opère par une renonciation notifiée à tous les associés, pourvu que cette renonciation soit de bonne foi, et non faite à contre-temps. — C. 1844, 1865 5°, 1870 *.

1870. La renonciation n'est pas de bonne foi lorsque l'associé renonce pour s'approprier à lui seul le profit que les associés s'étaient proposé de retirer en commun. — Elle est faite à contre-temps lorsque les choses ne sont plus entières, et qu'il importe à la société que sa dissolution soit différée. — C. 1869, 2268.

1871. La dissolution des sociétés à terme ne peut être demandée par l'un des associés avant le terme convenu, qu'autant qu'il y en a de justes motifs, comme lorsqu'un autre associé manque à ses engagemens, ou qu'une infirmité habituelle le rend inhabile aux affaires de la société, ou autres cas semblables, dont la légitimité et la gravité sont laissées à l'arbitrage des juges. — C. 815, 1184, 1865 1°, 1869.

1872. Les règles concernant le partage des successions, la forme de ce partage, et les obligations qui en résultent entre les cohéritiers, s'appliquent aux partages entre associés. — C. 815 s., 841, 870 s., 883, 887 s., 2103 3°, 2109. — Pr. 966 s.

DISPOSITION RELATIVE AUX
SOCIÉTÉS DE COMMERCE.

1873. Les dispositions du présent titre ne s'appliquent aux sociétés de commerce que dans les points qui n'ont rien de contraire aux lois et usages du commerce. — Co. 18-64.

TITRE DIXIÈME.

DU PRÊT.

Décrété le 15 ventôse an XII, promulgué le 25 ventôse [9-15 mars 1804]

1874. Il y a deux sortes de prêt : — Celui des choses dont on peut user sans les détruire, — Et celui des choses qui se consomment par l'usage qu'on en fait. — La première espèce s'appelle *prêt à usage*, ou *commodat* ; — C. 1875 s. — Le deuxième s'appelle *prêt de consommation*, ou simplement *prêt*. — C. 1892 s.

CHAPITRE Ier.
DU PRÊT A USAGE, OU COMMODAT.

SECTION PREMIÈRE.
De la nature du Prêt à usage.

1875. Le prêt à usage ou commodat est un contrat par lequel l'une des parties livre une chose à l'autre pour s'en servir, à la charge par le preneur de la rendre après s'en être servi. — C. 1245 s., 1876 s. 1885.

1876. Ce prêt est essentiellement gratuit. — C. 1105, *comp.* 1709, 1905.

1877. Le prêteur demeure propriétaire de la chose prêtée. — C. 1880 s., 1883, 1893.

1878. Tout ce qui est dans le commerce, et qui ne se consomme pas par l'usage, peut être l'objet de cette convention. — C. 1128, 1598, 1891, 1894, 1938.

1879. Les engagemens qui se forment par le commodat, passent aux héritiers de celui qui prête, et aux héritiers de celui qui emprunte. — Mais si l'on n'a prêté qu'en considération de l'emprunteur, et à lui personnellement, alors ses héritiers ne peuvent continuer de jouir de la chose prêtée. — C. 1122.

SECTION II.
Des Engagemens de l'Emprunteur.

1880. L'emprunteur est tenu de veiller en bon père de famille à la garde et à la conservation de la chose prêtée. Il ne peut s'en servir qu'à l'usage déterminé par sa nature

ou par la convention ; le tout à peine de dommages-intérêts, s'il y a lieu. — C. 1137, 1149, 1728, 1881 s.

1881. Si l'emprunteur emploie la chose à un autre usage, ou pour un temps plus long qu'il ne le devait, il sera tenu de la perte arrivée, même par cas fortuit. — C. 1147, 1148, 1302, 1729, 1880.

1882. Si la chose prêtée périt par cas fortuit dont l'emprunteur aurait pu la garantir en employant la sienne propre, ou si, ne pouvant conserver que l'une des deux, il a préféré la sienne, il est tenu de la perte de l'autre. — C. 1137, 1147 s.

1883. Si la chose a été estimée en la prêtant, la perte qui arrive, même par cas fortuit, est pour l'emprunteur, s'il n'y a convention contraire. — C. 1134, 1551, 1822, 1851, 1877.

1884. Si la chose se détériore par le seul effet de l'usage pour lequel elle a été empruntée, et sans aucune faute de la part de l'emprunteur, il n'est pas tenu de la détérioration. — C. 1245, 1382 s.

1885. L'emprunteur ne peut pas retenir la chose par compensation de ce que le prêteur lui doit. — C. 1291, 1293 2o, 1890 s., 1948, 2102 3o.

1886. Si, pour user de la chose, l'emprunteur a fait quelque dépense, il ne peut pas la répéter. — C. 1876, 1890.

1887. Si plusieurs ont conjointement emprunté la même chose, ils en sont solidairement responsables envers le prêteur. — C. 1200, 1202, 1221 2o 5o.

SECTION III.
Des Engagemens de celui qui prête à usage.

1888. Le prêteur ne peut

retirer la chose prêtée qu'après le terme convenu, ou, à défaut de convention, qu'après qu'elle a servi à l'usage pour lequel elle a été empruntée. — C. 1134, 1186, 1188, 1889, 1899. — Co. 444.

1889. Néanmoins, si, pendant ce délai, ou avant que le besoin de l'emprunteur ait cessé, il survient au prêteur un besoin pressant et imprévu de sa chose, le juge peut, suivant les circonstances, obliger l'emprunteur à la lui rendre. — C. 1186, 1888.

1890. Si, pendant la durée du prêt, l'emprunteur a été obligé, pour la conservation de la chose, à quelque dépense extraordinaire, nécessaire, et tellement urgente qu'il n'ait pas pu en prévenir le prêteur, celui-ci sera tenu de la lui rembourser. — C. 1886, 1947, 2102 3°.

1891. Lorsque la chose prêtée a des défauts tels, qu'elle puisse causer du préjudice à celui qui s'en sert, le prêteur est responsable, s'il connaissait les défauts et n'en a pas averti l'emprunteur. — C. 1382, 1644 s., 1898.

CHAPITRE II.

DU PRÊT DE CONSOMMATION, OU SIMPLE PRÊT.

SECTION PREMIÈRE.

De la nature du Prêt de consommation.

1892. Le prêt de consommation est un contrat par lequel l'une des parties livre à l'autre une certaine quantité de choses qui se consomment par l'usage, à la charge par cette dernière de lui en rendre autant de même espèce et qualité. — C. 587, 1446 s., 1851, 1893, 1902 s.

1893. Par l'effet de ce prêt, l'emprunteur devient le propriétaire de la chose prêtée; et c'est pour lui qu'elle périt, de quelque manière que cette perte arrive. — C. 1238, 1877, 1938, 2279.

1894. On ne peut pas donner à titre de prêt de consommation, des choses qui, quoique de même espèce, diffèrent dans l'individu, comme les animaux: alors c'est un prêt à usage. — C. 1878.

1895. L'obligation qui résulte d'un prêt en argent, n'est toujours que de la somme numérique énoncée au contrat. — S'il y a eu augmentation ou diminution d'espèces avant l'époque du paiement, le débiteur doit rendre la somme numérique prêtée, et ne doit rendre que cette somme dans les espèces ayant cours au moment du paiement. — C. 1896 s. — P. 475 11°.

1896. La règle portée en l'article précédent n'a pas lieu, si le prêt a été fait en lingots. — C. 1243, 1897.

1897. Si ce sont des lingots ou des denrées qui ont été prêtés, quelle que soit l'augmentation ou la diminution de leur prix, le débiteur doit toujours rendre la même quantité et qualité, et ne doit rendre que cela. — C. 1243.

SECTION II.

Des Obligations du Prêteur.

1898. Dans le prêt de consommation, le prêteur est tenu de la responsabilité établie par l'article 1891 pour le prêt à usage.

1899. Le prêteur ne peut pas redemander les choses prêtées, avant le terme convenu. — C. 1186, 1188, 1838, 1889, 1902. — Co. 444.

1900. S'il n'a pas été fixé de terme pour la restitution, le juge peut accorder à l'emprunteur un délai suivant les circonstances. — C. 1244, 1888, 1901. — Pr. 123, 124.

1901. S'il a été seulement convenu que l'emprunteur paierait quand il le pourrait, ou quand il en aurait les moyens, le juge lui fixera un terme de paiement suivant les circonstances. — C. 1244. — Pr. 122, 124.

SECTION III.
Des Engagemens de l'Emprunteur.

1902. L'emprunteur est tenu de rendre les choses prêtées, en même quantité et qualité, et au terme convenu. — C. 1247, 1893, 1895-1897, 1903 s.

1903. S'il est dans l'impossibilité d'y satisfaire, il est tenu d'en payer la valeur eu égard au temps et au lieu où la chose devait être rendue d'après la convention. — Si ce temps et ce lieu n'ont pas été réglés, le paiement se fait au prix du temps et du lieu où l'emprunt a été fait. — C. 1247, 1904.

1904. Si l'emprunteur ne rend pas les choses prêtées ou leur valeur au terme convenu, il en doit l'intérêt du jour de la demande en justice. — C. 1153, 1907 *et la note.*

CHAPITRE III.
DU PRÊT À INTÉRÊT.

1905. Il est permis de stipuler des intérêts pour simple prêt soit d'argent, soit de denrées, ou autres choses mobilières (a). — C. 527 s., 1153-1155, 1906 s, 2277.

1906. L'emprunteur qui a payé des intérêts qui n'étaient pas stipulés, ne peut ni les répéter ni les imputer sur le capital. — C. 1235, 1254, 1376.

1907. L'intérêt est légal ou conventionnel. L'intérêt légal est fixé par la loi. L'intérêt conventionnel peut excéder celui de la loi, toutes les fois que la loi ne le prohibe

---

(a) ORD. DE BLOIS, *mai 1579.*

ART. 202. Faisons inhibitions et défenses, à toutes personnes de quelque état, sexe et condition qu'elles soient, d'exercer aucune usure; ou prêter deniers à profit et intérêt, ou bailler marchandise à perte de finance, par eux ou par autre, encore que ce fust sous prétexte de commerce. Et sur peine pour la première fois d'amende honorable, bannissement et condamnation de grosses amendes, dont le quart sera adjugé aux dénonciateurs; et pour la seconde, confiscation de corps et de biens. Ce que vraisemblablement nous voulons estre observé contre les proxénètes, médiateurs et entremetteurs de tels traités et contrats illicites et réprouvés; sinon au cas qu'ils viennent volontairement à révélation, auquel cas ils seront exempts de ladite peine.

Nota. Une déclaration du roi Philippe le Bel, donnée à Poissy, le 8 déc. 1312, contenait la même prohibition sous des peines également très-fortes.

DÉCR. 3-12 oct. 1789.

L'Assemblée nationale a décrété que tous les particuliers, corps, communautés et gens de main-morte, pourront à l'avenir prêter l'argent à terme fixe, avec stipulation d'intérêt, suivant le taux déterminé par la loi, sans entendre rien innover aux usages du commerce.

pas (1). — Le taux de l'intérêt conventionnel doit être fixé par écrit.

1908. La quittance du capital donnée sans réserve des intérêts, en fait présumer le paiement, et en opère la libération. — C. 1234, 1350, 1352.

1909. On peut stipuler un intérêt moyennant un capital que le prêteur s'interdit d'exiger (a). — C. 1907 *et la note*, 1910 *s.*, 1976. — Dans ce cas, le prêt prend le nom de *constitution de rente.* — C. 529,

530, 1103, 1968, 1969, 1973.

1910. Cette rente peut être constituée de deux manières, en perpétuel ou en viager. — C. 1911 *s.*, 1968 *s.*

1911. La rente constituée en perpétuel est essentiellement rachetable. — Les parties peuvent seulement convenir que le rachat ne sera pas fait avant un délai qui ne pourra excéder dix ans, ou sans avoir averti le créancier au terme d'avance qu'elles auront déterminé (b). — C. 530, 1187, 1660.

---

(1) L. 3 *sept.* 1807.

ART. 1er. L'intérêt conventionnel ne pourra excéder en matière civile, cinq pour cent, ni en matière de commerce, six pour cent, le tout sans retenue.

2. L'intérêt légal sera, en matière civile, de cinq pour cent, et en matière de commerce, de six pour cent, sans retenue.

3. Lorsqu'il sera prouvé que le prêt conventionnel a été fait à un taux excédant celui qui est fixé par l'art. 1er, le prêteur sera condamné par le tribunal saisi de la contestation, à restituer cet excédant, s'il l'a reçu, ou à souffrir la réduction sur le capital de la créance, et pourra même être renvoyé, s'il y a lieu, devant le tribunal correctionnel pour y être jugé conformément à l'article suivant.

4. Tout individu qui sera prévenu de se livrer habituellement à l'usure, sera traduit devant le tribunal correctionnel, et, en cas de conviction, condamné à une amende qui ne pourra excéder la moitié des capitaux qu'il aura prêtés à usure. — S'il résulte de la procédure qu'il y a eu escroquerie de la part du prêteur, il sera condamné, outre l'amende ci-dessus, à un emprisonnement qui ne pourra excéder deux ans.

5. Il n'est rien innové aux stipulations d'intérêts par contrats ou actes faits jusqu'au jour de la présente loi.

ORD. 7-18 *déc.* 1835.

ART. 1er. Dans les possessions françaises au nord de l'Afrique, la convention sur le prêt à intérêt fait la loi des parties.

2. L'intérêt légal, à défaut de convention, et jusqu'à ce qu'il en soit autrement ordonné, sera de dix pour cent, tant en matière civile qu'en matière de commerce.

(a) Le taux des rentes a beaucoup varié. Avant 1597, il était au denier dix (10 p. %). Il fut successivement réduit par édit de mars 1597, au denier douze (8 1/3 p. %), par édit du mois de juillet 1601, au denier seize (6 1/4 p. %), par édit de 1634, au denier dix-huit (5 5/9 p. %), par édit de décembre 1665, au denier vingt (5 p. %), par édit de 1720, au denier cinquante (2 p. %), par édit de juin 1724, au denier trente (3 1/3 p. %), par édit de juin 1725, au denier vingt (5 p. %) ; c'est le taux actuel. — L. 3 sept. 1807 (Code civil, art. 1907 *note*).

(b) ORD. *nov.* 1441.

ART. 19. Toutes rentes consti-

1912. Le débiteur, d'une rente constituée en perpétuel peut être contraint au rachat, — 1° S'il cesse de remplir ses obligations pendant deux années; — 2° S'il manque à fournir au prêteur les sûretés promises par le contrat (*a*). — C. 1184.

1913. Le capital de la ren-

le constituée en perpétuel devient aussi exigible en cas de faillite ou de déconfiture du débiteur. — C. 1188, 2020, 2131, — Pr. 124. — Co. 444.

1914. Les règles concernant les rentes viagères sont établies au titre *des Contrats aléatoires.* — C. 1964, 1968 s.

TITRE ONZIÈME.

DU DÉPÔT ET DU SÉQUESTRE.

Décrété le 23 ventôse an XII, promulgué le 3 germinal [11-21 mars 1804].

CHAPITRE Ier.

DU DÉPÔT EN GÉNÉRAL ET DE SES DIVERSES ESPÈCES.

1915. Le dépôt, en général, est un acte par lequel on reçoit la chose d'autrui, à la charge de la garder et de la restituer en nature. — C. 1127, 1137, 1919, 1932, 2236.

1916. Il y a deux espèces de dépôts; le dépôt proprement dit, et le séquestre. — C. 1917 s., 1955 s.

CHAPITRE II.

DU DÉPÔT PROPREMENT DIT.

SECTION PREMIÈRE.

De la nature et de l'essence du Contrat de dépôt

1917. Le dépôt propre-

ment dit est un contrat essentiellement gratuit. — C. 1105, 1928 2°, 1936, 1952, 1957.

1918. Il ne peut avoir pour objet que des choses mobilières. — C. 527 s., 1959.

1919. Il n'est parfait que par la tradition réelle ou feinte de la chose déposée. — La tradition feinte suffit, quand le dépositaire se trouve déjà nanti, à quelque autre titre, de la chose que l'on consent à lui laisser à titre de dépôt. — C. 1604, 1606, 1913 s.

1920. Le dépôt est volontaire ou nécessaire. — C. 1917, 1921 s., 1949 s.

SECTION II.

Du Dépôt volontaire.

1921. Le dépôt volontaire

tuées par accensement, après le premier accensement, ou après autres rentes, seront rachetables au prix dessus dit.

(*a*) Ord. (Code Michaud), janv. 1629.

Art. 119. Ayant reçu plainte qu'en aucuns de nos parlements il se pratique un usage contrai-

re à nos ordonnances, contraignant les débiteurs au rachat des rentes à faute de paiement des arrérages, nous avons aboli et abolissons ledit usage, et défendons à tous nos juges, tant de nos cours de parlement qu'autres, de contraindre lesdits débiteurs au rachat des rentes constituées, sinon en cas de stellionat.

se forme par le consentement réciproque de la personne qui fait le dépôt et de celle qui le reçoit. — C. 1108, 1109 s., 1919, 1939.

1922. Le dépôt volontaire ne peut régulièrement être fait que par le propriétaire de la chose déposée, ou de son consentement exprès ou tacite. — C. 1938.

1923. Le dépôt volontaire doit être prouvé par écrit. La preuve testimoniale n'en est point reçue pour valeur excédant cent cinquante francs (1). — C. 1326, 1341 *et la note*, 1347, 1348, 1354 s., 1358, 1367 s., 1924, 1950. — P. 408.

1924. Lorsque le dépôt, étant au-dessus de cent cinquante francs, n'est point prouvé par écrit, celui qui est attaqué comme dépositaire, en est cru sur sa déclaration, soit pour le fait même du dépôt, soit pour la chose qui en faisait l'objet, soit pour le fait de sa restitution. — C. 1336, 1358, 1358, 1367 s., 1923.

1925. Le dépôt volontaire ne peut avoir lieu qu'entre personnes capables de contracter. — Néanmoins, si une personne capable de contracter accepte le dépôt fait par une personne incapable, elle est tenue de toutes les obligations d'un véritable dépositaire; elle peut être poursuivie par le tuteur ou administrateur de la personne qui a fait le dépôt. — C. 1108, 1123 s., 1125. — Supp. *Aliénés*, L. 30 juin 1838, art. 39.

1926. Si le dépôt a été fait par une personne capable à une personne qui ne l'est pas, la personne qui a fait le dépôt n'a que l'action en revendication de la chose déposée, tant qu'elle existe dans la main du dépositaire; ou une action en restitution jusqu'à concurrence de ce qui a tourné au profit de ce dernier. — C. 1123 s., 1312, 1925. — Pr. 826 s.

SECTION III.
Des Obligations du Dépositaire.

1927. Le dépositaire doit apporter, dans la garde de la chose déposée, les mêmes soins qu'il apporte dans la garde des choses qui lui appartiennent. — C. 1137, 1880, 1882, 1928 s.

1928. La disposition de l'article précédent doit être appliquée avec plus de rigueur, 1° si le dépositaire s'est offert lui-même pour recevoir le dépôt; 2° s'il a stipulé un salaire pour la garde du dépôt; 3° si le dépôt a été fait uniquement pour l'intérêt du dépositaire; 4° s'il a été convenu expressément que le dépositaire répondrait de toute espèce de faute. — C. 1917.

1929. Le dépositaire n'est tenu, en aucun cas, des accidents de force majeure, à moins qu'il n'ait été mis en demeure de restituer la chose déposée. — C. 1139, 1147, 1148, 1302, 1932, 1934, 1936.

1930. Il ne peut se servir de la chose déposée, sans la permission expresse ou présu-

---

(1) L. 22 *frim. an VII*.

ART. 49. Il est défendu, sous la peine de cinquante francs d'amende, à tout notaire ou greffier, de recevoir aucun acte en dépôt sans dresser acte du dépôt; sont exceptés les testamens déposés chez les notaires par les testateurs. — (Cette amende a été réduite à cinq francs par l'article 10 de la loi du 16 juin 1824.)

mée du déposant. — C. 1146, 1153, 1302, 1846, 1881 s., 1915, — Pr. 603 s. — P. 169 s., 408.

1931. Il ne doit point chercher à connaître quelles sont les choses qui lui ont été déposées, si elles lui ont été confiées dans un coffre fermé ou sous une enveloppe cachetée.

1932. Le dépositaire doit rendre identiquement la chose même qu'il a reçue. — Ainsi, le dépôt des sommes monnayées doit être rendu dans les mêmes espèces qu'il a été fait, soit dans le cas d'augmentation, soit dans le cas de diminution du leur valeur. — C. 1293, 1895 s., 1915, 1933 s., 1939.

1933. Le dépositaire n'est tenu de rendre la chose déposée que dans l'état où elle se trouve au moment de la restitution. Les détériorations qui ne sont pas survenues par son fait, sont à la charge du déposant. — C. 1245, 1302, 1929.

1934. Le dépositaire auquel la chose a été enlevée par une force majeure, et qui a reçu un prix ou quelque chose à la place, doit restituer ce qu'il a reçu en échange. — C. 1302, 1303, 1929, 1935.

1935. L'héritier du dépositaire, qui a vendu de bonne foi la chose dont il ignorait le dépôt, n'est tenu que de rendre le prix qu'il a reçu, ou de céder son action contre l'acheteur, s'il n'a pas touché le prix. — C. 1141, 1599, 1932, 1934, 2268, 2279.

1936. Si la chose déposée a produit des fruits qui aient été perçus par le dépositaire, il est obligé de les restituer. Il ne doit aucun intérêt de l'argent déposé, si ce n'est du jour où il a été mis en demeure de faire la restitution. — C. 1139, 1153, 1917, 1930, 1932.

1937. Le dépositaire ne doit restituer la chose déposée, qu'à celui qui la lui a confiée, ou à celui au nom duquel le dépôt a été fait, ou à celui qui a été indiqué pour le recevoir. — C. 1239, 1938, 1938.

1938. Il ne peut pas exiger de celui qui a fait le dépôt, la preuve qu'il était propriétaire de la chose déposée. — Néanmoins, s'il découvre que la chose a été volée, et quel en est le véritable propriétaire, il doit dénoncer à celui-ci le dépôt qui lui a été fait, avec sommation de le réclamer dans un délai déterminé et suffisant. Si celui auquel la dénonciation a été faite, néglige de réclamer le dépôt, le dépositaire est valablement déchargé par la tradition qu'il en fait à celui duquel il l'a reçu. — C. 1922, 1944, 2279, 2280. — P. 62.

1939. En cas de mort naturelle ou civile de la personne qui a fait le dépôt, la chose déposée ne peut être rendue qu'à son héritier. — S'il y a plusieurs héritiers, elle doit être rendue à chacun d'eux pour leur part et portion. — Si la chose déposée est indivisible, les héritiers doivent s'accorder entre eux pour la recevoir. — C. 23, 25, 724, 1220, 1224. — P 18.

1940. Si la personne qui a fait le dépôt, a changé d'état; par exemple, si la femme, libre au moment où le dépôt a été fait, s'est mariée depuis et se trouve en puissance de mari; si le majeur déposant se trouve frappé d'interdiction; dans tous ces cas et autres de même nature, le dépôt ne peut être restitué qu'à celui qui a l'administration des droits et des biens du déposant. — C. 450,

499, 509, 513, 1428, 1551, 1536, 1549, 1925. — Co. 443.

1041. Si le dépôt a été fait par un tuteur, par un mari ou par un administrateur, dans l'une de ces qualités, il ne peut être restitué qu'à la personne que ce tuteur, ce mari ou cet administrateur représentaient, si leur gestion ou leur administration est finie. — C. 1940.

1042. Si le contrat de dépôt désigne le lieu dans lequel la restitution doit être faite, le dépositaire est tenu d'y porter la chose déposée. S'il y a des frais de transport, ils sont à la charge du déposant. — C. 1134, 1247, 1943.

1043. Si le contrat ne désigne point le lieu de la restitution, elle doit être faite dans le lieu même du dépôt. — C. 1247, 1942.

1044. Le dépôt doit être remis au déposant aussitôt qu'il le réclame, lors même que le contrat aurait fixé un délai déterminé pour la restitution; à moins qu'il n'existe, entre les mains du dépositaire, une saisie-arrêt ou une opposition à la restitution et au déplacement de la chose déposée. — C. 1139, 1242, 1293, 1885, 1889 s., 1938, 1946. — Pr. 557 s.

1045. Le dépositaire infidèle n'est point admis au bénéfice de cession (1). — C. 1268 s., 2060 1o. — Pr. 126, 905. — Co. 540 s., 612. — P. 52, 408.

1046. Toutes les obligations du dépositaire cessent, s'il vient à découvrir et à prouver qu'il est lui-même propriétaire de la chose déposée. — C. 1300 s., 1315, 1918, 2279, 2280 3o.

SECTION IV.

Des Obligations de la personne par laquelle le Dépôt a été fait.

1047. La personne qui a fait le dépôt, est tenue de rembourser au dépositaire les dépenses qu'il a faites pour la conservation de la chose déposée, et de l'indemniser de toutes les pertes que le dépôt peut lui avoir occasionnées. — C. 1137, 1375, 1886, 1890, 1948, 2102 3o.

1048. Le dépositaire peut retenir le dépôt jusqu'à l'entier paiement de ce qui lui est dû à raison du dépôt. — C. 1293 2o, 2102 3o. — Co. 95.

SECTION V.

Du Dépôt nécessaire.

1049. Le dépôt nécessaire est celui qui a été forcé par quelque accident, tel qu'un incendie, une ruine, un pillage, un naufrage, ou autre événement imprévu. — C. 1950-1952, 2060 1o. — Supp. *Contr. par corps*, L. 17 avril 1832, art. 7.

1050. La preuve par témoins peut être reçue pour le dépôt nécessaire, même quand il s'agit d'une valeur au-dessus de cent cinquante francs. — C. 1348 *et la note*.

1051. Le dépôt nécessaire est d'ailleurs régi par toutes les règles précédemment énoncées. — C. 1922, 1925 s., 2060 1o.

---

(1) Ord. avr. 1667, tit. XXXIV. Art. 2. Pourront les contraintes par corps, après les quatre mois, être ordonnées pour les dépens adjugés, s'ils montent à
deux cents livres et au-dessus; ce qui aura lieu pour la restitution des fruits et pour les dommages et intérêts au-dessus de deux cents livres.

1952. Les aubergistes ou hôteliers sont responsables, comme dépositaires, des effets apportés par le voyageur qui loge chez eux; le dépôt de ces sortes d'effets doit être regardé comme un dépôt nécessaire. — C. 1348 et la note, 1782 s., 1950, 2060 1°, 2102 5°, 2271.

1953. Ils sont responsables du vol ou du dommage des effets du voyageur, soit que le vol ait été fait ou que le dommage ait été causé par les domestiques et préposés de l'hôtellerie, ou par des étrangers allant et venant dans l'hôtellerie. — C. 1384. — P. 73, 386 4°, 475 2°.

1954. Ils ne sont pas responsables des vols faits avec force armée ou autre force majeure. — C. 1148, 1953. — P. 331 s.

CHAPITRE III.
DU SÉQUESTRE.

SECTION PREMIÈRE.
Des diverses espèces de Séquestre.

1955. Le séquestre est ou conventionnel ou judiciaire. — C. 1956 s., 1961 s.

SECTION II.
Du Séquestre conventionnel.

1956. Le séquestre conventionnel est le dépôt fait par une ou plusieurs personnes, d'une chose contentieuse, entre les mains d'un tiers qui s'oblige de la rendre, après la contestation terminée, à la personne qui sera jugée devoir l'obtenir. — C. 602, 1121, 2060 4°. — Pr. 1354°, 548, 550. —

Supp. Contr. par corps, Li 17 avril 1832, art. 7.

1957. Le séquestre peut n'être pas gratuit. — C. 1917, 1928.

1958. Lorsqu'il est gratuit, il est soumis aux règles du dépôt proprement dit, sauf les différences ci-après énoncées.

1959. Le séquestre peut avoir pour objet, non-seulement des effets mobiliers, mais même des immeubles. — C. 1918.

1960. Le dépositaire chargé du séquestre ne peut être déchargé avant la contestation terminée, que du consentement de toutes les parties intéressées, ou pour une cause jugée légitime. — C. 1184, 1944.

SECTION III.
Du Séquestre ou Dépôt judiciaire.

1961. La justice peut ordonner le séquestre, — 1° Des meubles saisis sur un débiteur; — Pr. 606 s., 628, 821, 823, 830. — 2° D'un immeuble ou d'une chose mobilière dont la propriété ou la possession est litigieuse entre deux ou plusieurs personnes; — 3° Des choses qu'un débiteur offre pour sa libération (a). — C. 602, 1257, 1259, 1285. — Pr. 688. — Co. 106, 200.

1962. L'établissement d'un gardien judiciaire produit, entre le saisissant et le gardien, des obligations réciproques. Le gardien doit apporter pour la conservation des effets saisis les soins d'un bon père de famille. — C. 1137, 1928 2°.

(a) Ord. d'avril 1667. ART. 2. Les séquestres pourront être ordonnés, tant sur la demande des parties, que d'office, en cas que les juges estiment qu'il y ait nécessité de le faire.

— Pr. 603-608. — Il doit les représenter, soit à la décharge du saisissant pour la vente, soit à la partie contre laquelle les exécutions ont été faites, en cas de main-levée de la saisie. — C. 2060 4°. — P. 400, 408. — L'obligation du saisissant consiste à payer au gardien le salaire fixé par la loi. — T. 1er, art. 34, 45.

1963. Le séquestre judiciaire est donné, soit à une personne dont les parties intéressées sont convenues entre elles, soit à une personne nommée d'office par le juge. — C. 1959, 1925. — Pr. 801, 303.

Dans l'un et l'autre cas, celui auquel la chose a été confiée, est soumis à toutes les obligations qu'emporte le séquestre conventionnel. — C. 1956 s., 2060 3° 4°. — Supp. *Contr. par corps*, L. 17 avril 1832, art. 7.

TITRE DOUZIÈME.

DES CONTRATS ALÉATOIRES

Décrété le 19 ventôse an XII, promulgué le 29 ventôse [10-20 mars 1804].

1964. Le contrat aléatoire est une convention réciproque dont les effets, quant aux avantages et aux pertes, soit pour toutes les parties, soit pour l'une ou plusieurs d'entre elles, dépendent d'un événement incertain. — C. 1104. — Tels sont, — Le contrat d'assurance, — Co. 332 s. — Le prêt à grosse aventure, — Co. 311 s. — Le jeu et le pari, — C. 1965 s., — Le contrat de rente viagère. — C. 1909 s., 1968 s. — — Les deux premiers sont régis par les lois maritimes.

CHAPITRE Ier.

DU JEU ET DU PARI.

1965. La loi n'accorde aucune action pour une dette du jeu ou pour le paiement d'un pari. — C. 1967. — Co. 585 2°. — P. 410 *et la note*, 419 s., 475 5°, 477 1°.

1966. Les jeux propres à exercer au fait des armes, les courses à pied ou à cheval, les courses de chariot, le jeu de paume et autres jeux de même nature qui tiennent à l'adresse et à l'exercice du corps, sont exceptés de la disposition précédente. — Néanmoins le tribunal peut rejeter la demande, quand la somme lui paraît excessive.

1967. Dans aucun cas, le perdant ne peut répéter ce qu'il a volontairement payé, à moins qu'il n'y ait eu, de la part du gagnant, dol, supercherie ou escroquerie. — C. 1109, 1116 s., 1235. — P. 405.

CHAPITRE II.

DU CONTRAT DE RENTE VIAGÈRE.

SECTION PREMIÈRE.

Des Conditions requises pour la validité du Contrat.

1968. La rente viagère peut être constituée à titre onéreux, moyennant une somme d'argent, ou pour une chose mobilière appréciable, ou pour un immeuble. — C. 529, 554, 583, 610, 917, 918, 1101, 1108, 1401 2°, 1909, 1910, 1977 s., 2151, 2277.

1969. Elle peut être aussi constituée, à titre purement gratuit, par donation entre-vifs ou par testament. Elle doit être alors revêtue des formes requises par la loi. — C. 25, 893 *n.*, 901 *n.*, 931 *n.*, 969 *n.*, 1015 2°, 1970, 1973, 1981. — Pr. 581, 581, 636 *n.*

1970. Dans le cas de l'article précédent, la rente viagère est réductible, si elle excède ce dont il est permis de disposer : elle est nulle si elle est au profit d'une personne incapable de recevoir. — C. 25, 843 *n.*, 906 *n.*, 908, 911, 913 *n.*, 917, 920 *n.*, 1084, 1098 *n.*

1971. La rente viagère peut être constituée, soit sur la tête de celui qui en fournit le prix, soit sur la tête d'un tiers, qui n'a aucun droit d'en jouir.

1972. Elle peut être constituée sur une ou plusieurs têtes.

1973. Elle peut être constituée au profit d'un tiers, quoique le prix en soit fourni par une autre personne. — Dans ce dernier cas, quoiqu'elle ait les caractères d'une libéralité, elle n'est point assujettie aux formes requises pour les donations; sauf les cas de réduction et de nullité énoncés dans l'article 1970. — C. 843, 1121, 1969, 1981.

1974. Tout contrat de rente viagère créée sur la tête d'une personne qui était morte au jour du contrat, ne produit aucun effet. — C. 1126, 1131.

1975. Il en est de même du contrat par lequel la rente a été créée sur la tête d'une personne atteinte de la maladie dont elle est décédée dans les vingt jours de la date du contrat. — C. 1974.

1976. La rente viagère peut être constituée au taux qu'il plaît aux parties contractantes de fixer. — C. 1005, 1907.

SECTION II.
Des Effets du Contrat entre les Parties contractantes.

1977. Celui au profit duquel la rente viagère a été constituée moyennant un prix, peut demander la résiliation du contrat, si le constituant ne lui donne pas les sûretés stipulées pour son exécution. — C. 1184, 1188, 2131.

1978. Le seul défaut de paiement des arrérages de la rente n'autorise point celui en faveur de qui elle est constituée, à demander le remboursement du capital, ou à rentrer dans le fonds par lui aliéné : il n'a que le droit de saisir et de faire vendre les biens de son débiteur, et de faire ordonner ou consentir, sur le produit de la vente, l'emploi d'une somme suffisante pour le service des arrérages. — C. 953, 1184, 1654, 1912, 2093.

1979. Le constituant ne peut se libérer du paiement de la rente, en offrant de rembourser le capital, et en renonçant à la répétition des arrérages payés : il est tenu de servir la rente pendant toute la vie de la personne ou des personnes sur la tête desquelles la rente a été constituée, quelle que soit la durée de la vie de ces personnes, et quelque onéreux qu'ait pu devenir le service de la rente. — C. 1134, 1964.

1980. La rente viagère n'est acquise au propriétaire que dans la proportion du nombre de jours qu'il a vécu. — Néanmoins, s'il a été convenu qu'elle serait payée d'avance,

18

le terme qui a dû être payé est acquis du jour où le paiement a dû en être fait. — C. 584, 586, 588.

1081. La rente viagère ne peut être stipulée insaisissable, que lorsqu'elle a été constituée à titre gratuit. — C. 1969 m., 2092.—Pr. 581, 582.

1082. La rente viagère ne s'éteint pas par la mort civile

du propriétaire; le paiement doit en être continué pendant sa vie naturelle. — C. 25, 1040, 1043, secus 617.

1083. Le propriétaire d'une rente viagère n'en peut demander les arrérages qu'en justifiant de son existence, ou de celle de la personne sur la tête de laquelle elle a été constituée (1).—C.135, 1315, 2277 m.

TITRE TREIZIÈME.

DU MANDAT

Décrété le 10 ventôse an XII, promulgué le 29 [16-29 mars 1804].

CHAPITRE Ier.

DE LA NATURE ET DE LA FORME DU MANDAT.

1084. Le mandat ou procuration est un acte par lequel une personne donne à une autre le pouvoir de faire quelque chose pour le mandant et en son nom. — Le contrat ne se forme que par l'acceptation du mandataire. — C. 1101, 1103, 1108, 1119, 1372 m., 1375, 1985 m., 1991. — Co. 91 m., 634.

1085. Le mandat peut être donné ou par acte public, ou

par écrit sous seing privé, même par lettre. Il peut aussi être donné verbalement; mais la preuve testimoniale n'en est reçue que conformément au titre *des Contrats ou des Obligations conventionnelles en général*. — L'acceptation du mandat peut n'être que tacite, et résulter de l'exécution qui lui a été donnée par le mandataire. — C. 1103, 1338, 1341 m., 1347, 1353, 1374, 1375, 1578, 1984. — Supp. *Notaire*, L. 25 vent. an XI, art. 20.

1086. Le mandat est gra-

---

(1) Décr. 6-27 *mars* 1791.

Art. 11. La légalisation des actes ne sera point faite, les certificats de vie ne seront point donnés par les juges de paix; la légalisation sera faite, les certificats seront donnés gratuitement par les présidens des tribunaux de district, ou ceux des juges qui en feront les fonctions. Dans les chefs-lieux où sont établis, soit les tribunaux, soit les administrations de district, les maires feront les légalisations, et donneront les certificats de vie

concurremment avec les présidens des tribunaux, mais seulement sur les actes des officiers publics, ou pour les citoyens qui seront domiciliés dans l'étendue de la commune.

Ord. 6 *juin* 1839.

Art. 1er. L'article 1er du décret impérial du 21 août 1800, est abrogé. — Tous les notaires du Royaume, indistinctement, sont autorisés à délivrer les certificats nécessaires pour le paiement des rentes viagères et pensions sur l'État.

luit, s'il n'y a convention contraire. — C. 1710, 1794, 1992.

1987. Il est ou spécial et pour une affaire ou certaines affaires seulement, ou général et pour toutes les affaires du mandant. — C. 1988 s.

1988. Le mandat conçu en termes généraux n'embrasse que les actes d'administration. — S'il s'agit d'aliéner ou d'hypothéquer, ou de quelque autre acte de propriété, le mandat doit être exprès. — C. 412, 481, 933, 1429 s.

1989. Le mandataire ne peut rien faire au-delà de ce qui est porté dans son mandat: le pouvoir de transiger ne renferme pas celui de compromettre. — C. 1372, 1997, 2044. — Pr. 1003 s.

1990. Les femmes et les mineurs émancipés peuvent être choisis pour mandataires; mais le mandant n'a d'action contre le mandataire mineur que d'après les règles générales relatives aux obligations des mineurs, et contre la femme mariée et qui a accepté le mandat sans autorisation de son mari, que d'après les règles établies au titre *du Contrat de mariage et des Droits respectifs des époux.* — C. 217, 219, 481, 1124, 1125, 1305, 1312, 1413, 1420.

CHAPITRE II.
DES OBLIGATIONS DU MANDATAIRE.

1991. Le mandataire est tenu d'accomplir le mandat tant qu'il en demeure chargé, et répond des dommages-intérêts qui pourraient résulter de son inexécution. — Il est tenu de même d'achever la chose commencée au décès du mandant, s'il y a péril en la demeure. —

C. 1135, 1142, 1149, 1372, 1373, 2003, 2007, 2010.

1992. Le mandataire répond non-seulement du dol, mais encore des fautes qu'il commet dans sa gestion. Néanmoins la responsabilité relative aux fautes est appliquée moins rigoureusement à celui dont le mandat est gratuit qu'à celui qui reçoit un salaire. — C. 1374, 1596, 1850, 1986. — P. 408.

1993. Tout mandataire est tenu de rendre compte de sa gestion, et de faire raison au mandant de tout ce qu'il a reçu en vertu de sa procuration, quand même ce qu'il aurait reçu n'eût point été dû au mandant. — C. 1376, 1948, 1996. Pr. 527 s.

1994. Le mandataire répond de celui qu'il s'est substitué dans la gestion, 1° quand il n'a pas reçu le pouvoir de se substituer quelqu'un; 2° quand ce pouvoir lui a été conféré sans désignation d'une personne, et que celle dont il a fait choix était notoirement incapable ou insolvable. — Dans tous les cas, le mandant peut agir directement contre la personne que le mandataire s'est substituée. — C. 1384, 1753, 1798. — Pr. 820. — Co. 99.

1995. Quand il y a plusieurs fondés de pouvoir ou mandataires établis par le même acte, il n'y a de solidarité entre eux qu'autant qu'elle est exprimée. — C. 1033, 1202, 1887, 2006.

1996. Le mandataire doit l'intérêt des sommes qu'il a employées à son usage, à dater de cet emploi; et de celles dont il est reliquataire, à compter du jour qu'il est mis en demeure. — C. 1139, 1153 s.

2001. — Pr. 540, 542. — Co. 593 3°. — P. 408.

1997. Le mandataire qui a donné à la partie avec laquelle il contracte en cette qualité, une suffisante connaissance de ses pouvoirs, n'est tenu d'aucune garantie pour ce qui a été fait au-delà, s'il ne s'y est personnellement soumis. — C. 1120, 1889, 1998.

CHAPITRE III.
DES OBLIGATIONS DU MANDANT.

1998. Le mandant est tenu d'exécuter les engagemens contractés par le mandataire, conformément au pouvoir qui lui a été donné. — Il n'est tenu de ce qui a pu être fait au-delà, qu'autant qu'il l'a ratifié expressément ou tacitement. — C. 1338, 1375, 1420, 1989, 1997.

1999. Le mandant doit rembourser au mandataire les avances et frais que celui-ci a faits pour l'exécution du mandat, et lui payer ses salaires lorsqu'il en a été promis. — S'il n'y a aucune faute imputable au mandataire, le mandant ne peut se dispenser de faire ces remboursement et paiement, lors même que l'affaire n'aurait pas réussi, ni faire réduire le montant des frais et avances sous le prétexte qu'ils pouvaient être moindres. — C. 1375, 1998, 1992, 2001 x.

2000. Le mandant doit aussi indemniser le mandataire des pertes que celui-ci a essuyées à l'occasion de sa gestion, sans imprudence qui lui soit imputable. — C. 1375, 1947, 1992.

2001. L'intérêt des avances faites par le mandataire lui est dû par le mandant, à dater du jour des avances constatées. — C. 1153, 1907, 1996.

2002. Lorsque le mandataire a été constitué par plusieurs personnes pour une affaire commune, chacune d'elles est tenue solidairement envers lui de tous les effets du mandat. — C. 1200 x., 1222, 1995, 1999 x., 2030. — Co. 93 x.

CHAPITRE IV.
DES DIFFÉRENTES MANIÈRES DONT LE MANDAT FINIT.

2003. Le mandat finit, — Par la révocation du mandataire, — C. 1856, 2004 x. — Par la renonciation de celui-ci au mandat, — C. 2007. — Par la mort naturelle ou civile, l'interdiction ou la déconfiture, soit du mandant, soit du mandataire. — C. 23, 25, 502, 1373, 1991, 2008, 2010. — Co. 437. — P. 18.

2004. Le mandant peut révoquer sa procuration quand bon lui semble, et contraindre, s'il y a lieu, le mandataire à lui remettre, soit l'écrit sous seing privé qui la contient, soit l'original de la procuration, si elle a été délivrée en brevet, soit l'expédition, s'il en a été gardé minute. — C. 1856, 2006.

2005. La révocation notifiée au seul mandataire ne peut être opposée aux tiers qui ont traité dans l'ignorance de cette révocation, sauf au mandant son recours contre le mandataire. — C. 1165, 1991, 1998, 2005.

2006. La constitution d'un nouveau mandataire pour la même affaire, vaut révocation du premier, à compter du jour où elle a été notifiée à celui-ci. — C. 1037, 1352, 2003.

2007. Le mandataire peut renoncer au mandat, en notifiant au mandant sa renoncia-

tion. — Néanmoins, si cette renonciation préjudicie au mandant, il devra en être indemnisé par le mandataire, à moins
que celui-ci ne se trouve dans
l'impossibilité de continuer le
mandat sans en éprouver lui-
même un préjudice considérable. — C. 1146 n., 1372 n.,
2009.

2008. Si le mandataire
ignore la mort du mandant,
ou l'une des autres causes qui
font cesser le mandat, ce qu'il

a fait dans cette ignorance est
valide.

2009. Dans les cas ci-dessus, les engagemens du mandataire sont exécutés à l'égard
de tiers qui sont de bonne foi.
— C. 2005, 2268.

2010. En cas de mort du
mandataire, ses héritiers doivent en donner avis au mandant, et pourvoir, en attendant,
à ce que les circonstances exigent pour l'intérêt de celui-ci.
— C. 419, 725, 1372.

TITRE QUATORZIÈME.

DU CAUTIONNEMENT.

Décrété le 24 pluviôse an XII, promulgué le 4 ventôse [14-24 février 1804].

CHAPITRE Ier.

DE LA NATURE ET DE L'ÉTEN-
DUE DU CAUTIONNEMENT.

2011. Celui qui se rend
caution d'une obligation, se
soumet envers le créancier à
satisfaire à cette obligation, si
le débiteur n'y satisfait pas lui-
même. — C. 1103, 1105, 2021,
2022.

2012. Le cautionnement ne
peut exister que sur une obligation valable. — On peut néanmoins cautionner une obligation, encore qu'elle pût être
annulée par une exception purement personnelle à l'obligé,
par exemple, dans le cas de
minorité. — C. 225, 502, 1125
n., 1208, 2036.

2013. Le cautionnement
ne peut excéder ce qui est dû
par le débiteur, ni être contracté sous des conditions plus
onéreuses. — Il peut être contracté pour une partie de la
dette seulement, et sous des
conditions moins onéreuses. —
Le cautionnement qui excède

la dette, ou qui est contracté
sous des conditions plus onéreuses, n'est point nul; il est
seulement réductible à la mesure de l'obligation principale. — C. 1120, 1152, 1226, 2040,
2060 5o.

2014. On peut se rendre
caution sans ordre de celui
pour lequel on s'oblige, et même à son insu. — On peut aussi
se rendre caution, non-seulement du débiteur principal,
mais encore de celui qui l'a
cautionné. — C. 1103, 1121,
2028 n., 2035, 2043.

2015. Le cautionnement ne
se présume point; il doit être
exprès, et on ne peut pas l'é-
tendre au-delà des limites dans
lesquelles il a été contracté.
— C. 1315, 1341 n., 1449, 1740,
2013.

2016. Le cautionnement
indéfini d'une obligation principale s'étend à tous les accessoires de la dette, même aux
frais de la première demande,
et à tous ceux postérieurs à la
dénonciation qui en est faite à

la caution. — C. 1207, 2013, 2015.

2017. Les engagemens des cautions passent à leurs héritiers, à l'exception de la contrainte par corps, si l'engagement était tel que la caution y fût obligée. — C. 724, 1122, 1220 s., 2040, 2060 5°.

2018. Le débiteur obligé à fournir une caution doit en présenter une qui ait la capacité de contracter, qui ait un bien suffisant pour répondre de l'objet de l'obligation, et dont le domicile soit dans le ressort de la cour royale où elle doit être donnée. — C. 102, 1124 et la note, 1247, 2019 s., 2023, 2040. — Pr. 517-522.

2019. La solvabilité d'une caution ne s'estime qu'eu égard à ses propriétés foncières, excepté en matière de commerce, ou lorsque la dette est modique. — On n'a point égard aux immeubles litigieux, ou dont la discussion deviendrait trop difficile par l'éloignement de leur situation. — C. 2018, 2023. — Pr. 517 s.

2020. Lorsque la caution reçue par le créancier, volontairement ou en justice, est ensuite devenue insolvable, il doit en être donné une autre. — Cette règle reçoit exception dans le cas seulement où la caution n'a été donnée qu'en vertu d'une convention par laquelle le créancier a exigé une telle personne pour caution. — C. 1276, 2131.

CHAPITRE II.
DE L'EFFET DU CAUTIONNEMENT.

SECTION PREMIÈRE.
De l'Effet du Cautionnement entre le Créancier et la Caution.

2021. La caution n'est obligée envers le créancier à le payer, qu'à défaut du débiteur, qui doit être préalablement discuté dans ses biens, à moins que la caution n'ait renoncé au bénéfice de discussion, ou à moins qu'elle ne se soit obligée solidairement avec le débiteur ; auquel cas l'effet de son engagement se règle par les principes qui ont été établis pour les dettes solidaires. — C. 1200 s., 1203, 2022, 2053 s.

2022. Le créancier n'est obligé de discuter le débiteur principal que lorsque la caution le requiert, sur les premières poursuites dirigées contre elle. — C. 2021, 2023 s. — Pr. 166, 169, 175, 186.

2023. La caution qui requiert la discussion, doit indiquer au créancier les biens du débiteur principal, et avancer les deniers suffisans pour faire la discussion. — Elle ne doit indiquer ni des biens du débiteur principal situés hors de l'arrondissement de la cour royale du lieu où le paiement doit être fait, ni des biens litigieux, ni ceux hypothéqués à la dette qui ne sont plus en la possession du débiteur. — C. 2019, 2024, 2170, 2171.

2024. Toutes les fois que la caution a fait l'indication de biens autorisée par l'article précédent, et qu'elle a fourni les deniers suffisans pour la discussion, le créancier est, jusqu'à concurrence des biens indiqués, responsable, à l'égard de la caution, de l'insolvabilité du débiteur principal survenue par le défaut de poursuites.

2025. Lorsque plusieurs personnes se sont rendues cautions d'un même débiteur pour une même dette, elles sont obligées chacune à tonte la dette. — C. 1200 n. , 1251 , 2026 ., 2140. — **2026.** Néanmoins chacune d'elles peut, à moins qu'elle n'ait renoncé au bénéfice de division, exiger que le créancier divise préalablement son action et la réduise à la part et portion de chaque caution. — Lorsque, dans le temps où une des cautions a fait prononcer la division, il y en avait d'insolvables, cette caution est tenue proportionnellement de ces insolvabilités ; mais elle ne peut plus être recherchée à raison des insolvabilités survenues depuis la division. — C. 1203, 2027. — Pr. 166 , 169, 173, 180.

2027. Si le créancier a divisé lui-même et volontairement son action, il ne peut revenir contre cette division, quoiqu'il y eût , même antérieurement au temps où il l'a ainsi consentie, des cautions insolvables. — C. 1210, 1211.

SECTION II.
De l'Effet du Cautionnement entre le Débiteur et la Caution.

2028. La caution qui a payé, a son recours contre le débiteur principal, soit que le cautionnement ait été donné au su ou à l'insu du débiteur. — Ce recours a lieu tant pour le principal que pour les intérêts et les frais ; néanmoins la caution n'a de recours que pour les frais par elle faits depuis qu'elle a dénoncé au débiteur principal les poursuites dirigées contre elle. — Elle a aussi recours pour les dommages et intérêts, s'il y a lieu. — C. 1149, 1153, 1251 n., 1375, 1999, 2001, 2016, 2031.

2029. La caution qui a payé la dette, est subrogée à tons les droits qu'avait le créancier contre le débiteur. — C. 1251 3°, 2037.

2030. Lorsqu'il y avait plusieurs débiteurs principaux solidaires d'une même dette, la caution qui les a tous cautionnés, a, contre chacun d'eux, le recours pour la répétition du total de ce qu'elle a payé. — C. 1166, 1216, 1251, 2002.

2031. La caution qui a payé une première fois, n'a point de recours contre le débiteur principal qui a payé une seconde fois, lorsqu'elle ne l'a point averti du paiement par elle fait ; sauf son action en répétition contre le créancier. — Lorsque la caution aura payé sans être poursuivie et sans avoir averti le débiteur principal, elle n'aura point de recours contre lui dans le cas où, au moment du paiement, ce débiteur aurait eu des moyens pour faire déclarer la dette éteinte ; sauf son action en répétition contre le créancier. — C. 1235, 1375 n., 1640, 1999.

2032. La caution, même avant d'avoir payé, peut agir contre le débiteur, pour être par lui indemnisée. — C. 1375, 1998. — 1° Lorsqu'elle est poursuivie en justice pour le paiement ; — C. 2028. — Pr. 175 n. — 2° Lorsque le débiteur a fait faillite, ou est en déconfiture ; — C. 1188. — Co. 437, 441. — 3° Lorsque le débiteur s'est obligé de lui rapporter sa décharge dans un certain temps ; — C. 1134. — 4° Lorsque la dette est devenue exigible par l'échéance du terme sous lequel elle avait été contractée ; — C. 2039. — 5° Au bout de dix années, lorsque l'obligation principale n'a pas de terme fixe d'échéance, à moins que l'obligation principale, telle qu'une tutelle, ne soit pas de nature à pouvoir être étein-te avant un temps déterminé.

SECTION III.
De l'Effet du Cautionnement entre les Cofidéjusseurs.

2033. Lorsque plusieurs personnes ont cautionné un même débiteur pour une mê-me dette, la caution qui a ac-quitté la dette, a recours con-tre les autres cautions, chacu-ne pour sa part et portion. — Mais ce recours n'a lieu que lorsque la caution a payé dans l'un des cas énoncés en l'arti-cle précédent. — C. 875, 1214, 1251 3°, 1252, 2028, 2032.

CHAPITRE III.
DE L'EXTINCTION DU CAUTION-NEMENT.

2034. L'obligation qui ré-sulte du cautionnement, s'é-teint par les mêmes causes que les autres obligations. — C. 1208, 1206, 1234, 1281, 1287 s., 1294, 1301, 1365, 2250.

2035. La confusion qui s'o-père dans la personne du débi-teur principal et de sa cau-tion, lorsqu'ils deviennent hé-ritiers l'un de l'autre, n'éteint point l'action du créancier con-tre celui qui s'est rendu cau-tion de la caution. — C. 724, 1234, 1300 s., 2014.

2036. La caution peut op-poser au créancier toutes les exceptions qui appartiennent au débiteur principal, et qui sont inhérentes à la dette; — Mais elle ne peut opposer les exceptions qui sont purement personnelles au débiteur. — C. 1124, 1208, 1236, 1261 s., 1287, 1294, 1301, 1365, 2012, 2037 s. — Co. 520, 545.

2037. La caution est dé-chargée, lorsque la subroga-tion aux droits, hypothèques et privilèges du créancier, ne peut plus, par le fait de ce créancier, s'opérer en faveur de la caution. — C. 1251 3°, 1882, 1833, 2029.

2038. L'acceptation volon-taire que le créancier a faite d'un immeuble ou d'un effet quelconque en paiement de la dette principale, décharge la caution, encore que le créan-cier vienne à en être évincé. — C. 1238, 1243, 1271, 1599.

2039. La simple proroga-tion de terme, accordée par le créancier au débiteur princi-pal, ne décharge point la cau-tion, qui peut, en ce cas, pour-suivre le débiteur pour le for-cer au paiement. — C. 2032 4°.

CHAPITRE IV.
DE LA CAUTION LÉGALE ET DE LA CAUTION JUDICIAIRE.

2040. Toutes les fois qu'u-ne personne est obligée, par la loi ou par une condamna-tion, à fournir une caution, la caution offerte doit remplir les conditions prescrites par les articles 2018 et 2019. — Lors-qu'il s'agit d'un cautionnement judiciaire, la caution doit, en outre, être susceptible de con-trainte par corps. — C. 16, 120, 123, 601, 626, 771, 807, 1818, 1653, 2060 5°, 2185. — Pr. 17, 135, 155, 166 s., 417, 517, 519 s., 541, 832, 993 s. — Co. 120, 151, 231, 346, 381, 444, 466. — I. Cr. 113 s. — P. 273.

2041. Celui qui ne peut pas trouver une caution, est reçu à donner à sa place un gage en nantissement suffisant. — C. 2071. — Pr. 167.

2042. La caution judiciai-re ne peut point demander la discussion du débiteur princi-pal. — C. 2021, 2043.

2043. Celui qui a simplement cautionné la caution judiciaire, ne peut demander la discussion du débiteur principal et de la caution. — C. 2014.

TITRE QUINZIÈME.

DES TRANSACTIONS.

Décrété le 15 ventôse an XII, promulgué le 9 germinal [20-30 mars 1804].

2044. La transaction est un contrat par lequel les parties terminent une contestation née, ou préviennent une contestation à naître. — Ce contrat doit être rédigé par écrit. — C. 1101, 1104, 1108, 1325, 1341, 1317, 1348. — Pr. 1003.

2045. Pour transiger, il faut avoir la capacité de disposer des objets compris dans la transaction. — Le tuteur ne peut transiger pour le mineur ou l'interdit que conformément à l'article 467 au titre *de la Minorité, de la Tutelle et de l'Émancipation;* et il ne peut transiger avec le mineur devenu majeur, sur le compte de tutelle, que conformément à l'article 472 au même titre. —

Les communes et établissemens publics ne peuvent transiger qu'avec l'autorisation expresse du Roi (1). — C. 128, 217 s., 467, 472, 481-484, 487, 499, 502, 509, 513, 813, 1124 *et la note,* 1449, 1554, 1576, 1595, 1989. — Pr. 249, 1003, 1004. — Co. 487, 533.

2046. On peut transiger sur l'intérêt civil qui résulte d'un délit. — La transaction n'empêche pas la poursuite du ministère public. — C. 6. — Pr. 249, 581. — I. Cr. 1.

2047. On peut ajouter à une transaction la stipulation d'une peine contre celui qui manquera de l'exécuter. — C. 1184, 1229, 1230.

2048. Les transactions se

---

(1) ARR. 7 *mess. an IX.*
ART. 15. Pour le comité consultatif (*des hospices*), pour les cas qui le permettront, transiger sur tous les droits litigieux. — Les transactions recevront leur exécution provisoire; mais elles ne seront définitives et irrévocables qu'après avoir été approuvées par le gouvernement, à l'effet de quoi elles seront transmises au ministre de l'intérieur, revêtues de l'avis des préfets et sous-préfets.

ARR. 21 *frim. an XII.*
ART. 1er. Dans tous les procès nés ou à naître, qui auraient lieu entre des communes et des particuliers sur des droits de propriété, les communes ne pourront transiger qu'après une délibération du conseil municipal, prise sur la consultation de trois jurisconsultes désignés par le préfet du département, et sur l'autorisation de ce même préfet, donnée d'après l'avis du conseil de préfecture.

2. Cette transaction, pour être définitivement valable, devra être homologuée par un arrêté du gouvernement, rendu dans la forme prescrite pour les règlemens d'administration publique.

Voyez Supp. Commune, l. 18 juill. 1837, art. 19 § 10, art. 20, 59.

renferment dans leur objet; la renonciation qui y est faite à tous droits, actions et prétentions, ne s'entend que de ce qui est relatif au différend qui y a donné lieu. — C. 1156, 1163, 2049, 2057.

2049. Les transactions ne règlent que les différends qui s'y trouvent compris, soit que les parties aient manifesté leur intention par des expressions spéciales ou générales, soit que l'on reconnaisse cette intention par une suite nécessaire de ce qui y est exprimé. — C. 1156, 2048, 2057.

2050. Si celui qui avait transigé sur un droit qu'il avait de son chef, acquiert ensuite un droit semblable du chef d'une autre personne, il n'est point, quant au droit nouvellement acquis, lié par la transaction antérieure.

2051. La transaction faite par l'un des intéressés ne lie point les autres intéressés, et ne peut être opposée par eux. — C. 1121, 1165, 1208, 1285, 2036.

2052. Les transactions ont, entre les parties, l'autorité de la chose jugée en dernier ressort. — C. 1350 3°, 1351. — Pr. 474 s., 480 s., 503 s. — Elles ne peuvent être attaquées pour cause d'erreur de droit, ni pour cause de lésion. — C. 888, 1118, 1305, 2053 s.

2053. Néanmoins une transaction peut être rescindée, lorsqu'il y a erreur dans la personne ou sur l'objet de la contestation. — C. 1110, 2058. — Elle peut l'être dans tous les cas où il y a dol ou violence.

— C. 1111-1117, 1304. — P. 400.

2054. Il y a également lieu à l'action en rescision contre une transaction, lorsqu'elle a été faite en exécution d'un titre nul, à moins que les parties n'aient expressément traité sur la nullité. — C. 1131, 1338, 2052.

2055. La transaction faite sur pièces qui depuis ont été reconnues fausses, est entièrement nulle. — C. 1131, 2053, 2057. — Pr. 214 s., 249, 480 9°.

2056. La transaction sur un procès terminé par un jugement passé en force de chose jugée, dont les parties ou l'une d'elles n'avaient point connaissance, est nulle. — Si le jugement ignoré des parties était susceptible d'appel, la transaction sera valable. — C. 1110, 1131, 2055. — Pr. 443 s., 480 s., 1010.

2057. Lorsque les parties ont transigé généralement sur toutes les affaires qu'elles pouvaient avoir ensemble, les titres qui leur étaient alors inconnus, et qui auraient été postérieurement découverts, ne sont point une cause de rescision, à moins qu'ils n'aient été retenus par le fait de l'une des parties; — Mais la transaction serait nulle si elle n'avait qu'un objet sur lequel il serait constaté, par des titres nouvellement découverts, que l'une des parties n'avait aucun droit. — C. 2052, 2055. — Pr. 448, 480 9° 10°, 488.

2058. L'erreur de calcul dans une transaction doit être réparée. — Pr. 541.

TITRE SEIZIÈME.

DE LA CONTRAINTE PAR CORPS EN MATIÈRE CIVILE.

Décrété le 23 pluviôse an XII, promulgué le 3 ventôse
[13-23 février 1804].

2059. La contrainte par corps a lieu, en matière civile, pour le stellionat. — Il y a stellionat, — Lorsqu'on vend ou qu'on hypothèque un immeuble dont on sait n'être pas propriétaire; — Lorsqu'on présente comme libres des biens hypothéqués, ou que l'on déclare des hypothèques moindres que celles dont ces biens sont chargés (a). — C. 2064-2067, 2136. — Pr. 780 s., 800 5°, 905. — Co. 612.

2060. La contrainte par corps a lieu pareillement, — 1° Pour dépôt nécessaire; — C. 1343 2°, 1782, 1935 et la note, 1949, 1952. — 2° En cas de réintégrande, pour le délaissement, ordonné par justice, d'un fonds dont le propriétaire a été dépouillé par voies de fait; pour la restitution des fruits qui en ont été perçus pendant l'indue possession, et pour le paiement des dommages et intérêts adjugés au propriétaire; — C. 549, 1149, 2061, 2067. — Pr. 23, 25, 27, 826 s. — Supp. *Compétence:* L. 25 mai 1838, art. 6. — 3° Pour répétition de deniers consignés entre les mains de personnes publiques établies à cet effet; — C. 1961. — Pr. 126 2°, 834. — 4° Pour la représentation des choses déposées aux séquestres, commissaires et autres gardiens; — C. 1956 s. — 5° Contre les cautions judiciaires et contre les cautions des contraignables par corps, lorsqu'elles se sont soumises à cette contrainte; — C. 2040, 2062, 2065. — Pr. 519. — 6° Contre tous officiers publics, pour la représentation de leurs minutes, quand elle est ordonnée; — Pr. 201, 321, 839. — I. Cr. 452, 454. — 7° Contre les notaires, les avoués et les huissiers, pour la restitution des titres à eux confiés, et des deniers par eux reçus pour leurs clients, par

---

(a) ORD. avril 1667, *tit.* XXIV.

ART. 1. Défendons à nos cours et à tous autres juges, de condamner aucuns de nos sujets par corps en matière civile, sinon et au cas de réintégrande pour délaisser un héritage en exécution des jugements, pour stellionat, pour dépôt nécessaire, consignation faite par ordonnance de justice ou entre les mains de personnes publiques, représentation des biens par les séquestres, commissaires ou gardiens, lettres de change quand il y aura remise de place en place, dettes entre marchands, pour fait de marchandise dont ils se mêlent.

L. 15 germ. an VI, *tit.* 1.

ART. 3. La contrainte par corps aura lieu pour versement de deniers publics et nationaux, stellionat, dépôt nécessaire, consignation par ordonnance de justice ou entre les mains de personnes publiques, et représentation de biens par les séquestres, commissaires et gardiens.

suite de leurs fonctions. — C. 2059 note, 2276... — Pr. 191, 327 z.

2061. Ceux qui, par un jugement rendu au pétitoire, et passé en force de chose jugée, ont été condamnés à désemparer un fonds, et qui refusent d'obéir, peuvent, par un second jugement, être contraints par corps, quinzaine après la signification du premier jugement à personne ou domicile. — Si le fonds ou l'héritage est éloigné de plus de cinq myriamètres du domicile de la partie condamnée, il sera ajouté au délai de quinzaine, un jour par cinq myriamètres (a). — C. 102, 1351. — Pr. 25-27, 712, 1033.

2062. La contrainte par corps ne peut être ordonnée contre les fermiers pour le paiement des fermages des biens ruraux, si elle n'a été stipulée formellement dans l'acte de bail. Néanmoins les fer-miers et les colons partiaires peuvent-être contraints par corps, faute par eux de représenter, à la fin du bail, le cheptel de bétail, les semences et les instrumens aratoires qui leur ont été confiés; à moins qu'ils ne justifient que le déficit de ces objets ne procède point de leur fait (b). — C. 522, 524, 1821 z., 1827 z. — Supp. Contr. par corps, L. 17 avril 1832, art.7; L. 13 d. 1848, art. 2.

2063. Hors les cas déterminés par les articles précédens, ou qui pourraient l'être à l'avenir par une loi formelle, il est défendu à tous juges de prononcer la contrainte par corps; à tous notaires et greffiers de recevoir des actes dans lesquels elle serait stipulée, et à tous Français de consentir pareils actes, encore qu'ils eussent été passés en pays étranger; le tout à peine de nullité, dépens, dommages et intérêts (c). — C. 6, 1133, 1149,

---

(a) Ord. avril 1667, tit. XXVII. Art. 3. Si quinzaine après la première sommation les parties n'obéissent à l'arrêt ou jugement, elles pourront être condamnées par corps à délaisser la possession de l'héritage, et en tous les dommages et intérêts de la partie.

(b) Ord. avril 1667, tit. XXXIV. Art. 7. Permettons néanmoins aux propriétaires des terres et héritages situés à la campagne, de stipuler par les baux les contraintes par corps.

L. 15 germ. an VI, tit. 1. Art. 4. Les juges pourront aussi la prononcer contre tout fermier de biens ruraux, faute de représentation, à la fin de son bail, du cheptel de bétail, des semences, des charrues et outils aratoires qui lui seront confiés pour l'exploitation des biens à lui affermés, à moins qu'il ne justifie que le déficit de ces objets ou de quelques-uns d'eux ne procède pas de son fait, et qu'il n'a rien détourné au préjudice du propriétaire.

(c) Ord. avril 1667, tit. XXXIV. Art. 6. Défendons de passer à l'avenir aucuns jugemens, obligations ou autres conventions, portant contrainte par corps contre nos sujets, à tous greffiers, notaires et tabellions, de les recevoir, et à tous huissiers et sergens de les exécuter, encore que les actes aient été passés hors de notre Royaume, à peine de tous dépens, dommages et intérêts.

L. 15 germ. an VI, tit. 1. Art. 1er. La contrainte par

2065, 2070. — Pr. 128, 834, 685, 711, 740. — P. 52. — Supp. *Contr. par corps*, L. 17 avril 1832, art. 7 s., 33 s.

2064. Dans les cas même ci-dessus énoncés, la contrainte par corps ne peut être prononcée contre les mineurs. — C. 2070. — Co. 2. — Supp. *Contr. par corps*, L. 17 avril 1832, art. 1, 2.

2065. Elle ne peut être prononcée pour une somme moindre de trois cents francs. — C. 2070. — Pr. 126. — Supp. *Contr. par corps*, L. 17 avril 1832, art. 7, 13, 39, 40.

2066. Elle ne peut être prononcée contre les septuagénaires, les femmes et les filles, que dans le cas de stellionat. — Il suffit que la soixante-dixième année soit commencée, pour jouir de la faveur accordée aux septuagénaires. — La contrainte par corps pour cause de stellionat pendant le mariage, n'a lieu contre les femmes mariées que lorsqu'elles sont séparées de biens, ou lorsqu'elles ont des biens dont elles se sont réservé la libre administration et à raison des engagemens qui concernent ces biens. — Les femmes qui, étant en communauté, se seraient obligées conjointement ou solidairement avec leur mari, ne pourront être réputées stellionataires à raison de ces contrats (a). — C. 1431, 1449, 1536, 1574, 1576, 2059, 2070. — Pr. 800 5o. — Supp. *Contrainte par corps*, L. 17 avril 1832, art. 12, 18, 19, 21.

2067. La contrainte par corps, dans les cas même où elle est autorisée par la loi, ne peut être appliquée qu'en vertu d'un jugement. — Pr. 780 s., 798, 800. — Supp. *Contr. par corps*, L. 17 avril 1832, art. 5, 7, 13, 17, 23-28, 43.

2068. L'appel ne suspend pas la contrainte par corps prononcée par un jugement provisoirement exécutoire en donnant caution (b). — Pr. 135, 155, 443, 457. — Supp. *Contr.*

---

corps ne peut être prononcée qu'en vertu d'une loi formelle.

2. Toute stipulation de contrainte par corps énoncée dans des actes, contrats et transactions quelconques, toute condamnation volontaire qui prononcerait cette peine hors les cas où la loi l'a permis, sont essentiellement nulles.

6. Tout jugement rendu en contravention aux articles précédens emportera nullité, et donnera lieu à prise à partie, dépens, dommages et intérêts contre les juges qui le prononceraient.

(a) Ord. avril 1667, tit. XXXIV.

Art. 8. Ne pourront les femmes et filles s'obliger ni être contraintes par corps, si elles ne sont marchandes publiques, ou pour cause de stellionat procédant de leur fait.

9. Les septuagénaires ne pourront être emprisonnés, pour dettes purement civiles, si ce n'est pour stellionat, recélé et pour dépens en matière criminelle, et que les condamnations soient par corps.

L. 15 germ. an VI, tit. I.

Art. 5. La contrainte par corps ne peut être décernée, en matière civile, contre les septuagénaires, les mineurs, les femmes et les filles, si ce n'est pour stellionat procédant de leur fait.

(b) Ord. avril 1667, tit. XXXIV.

Art. 12. Si la partie appelle

par corps, L. 17 avril 1832, art. 20.

2069. L'exercice de la contrainte par corps n'empêche ni ne suspend les poursuites et les exécutions sur les biens (*a*). — C. 2092. — Pr. 551, 556, 780-805. — Supp. *Contr. par corps*, L. 17 avril 1832, art. 22, 28-32.

2070. Il n'est point dérogé aux lois particulières qui autorisent la contrainte par corps dans les matières de commerce, ni aux lois de police correctionnelle, ni à celles qui concernent l'administration des deniers publics. — C. 2063. — Co. 209, 231, 637. — I. Cr. 80, 120, 157, 335, 452, 456. — P. 52, 53, 467, 469. — Supp. *Contrainte par corps*, L. 17 avril 1832, art. 1-6, 8-13, 17, 18, 33-41

TITRE DIX-SEPTIÈME.

DU NANTISSEMENT.

Décrété le 23 ventôse an XII, promulgué le 5 germinal [16-26 mars 1804].

2071. Le nantissement est un contrat par lequel un débiteur remet une chose à son créancier pour sûreté de la dette. — C. 2041, 2077, 2090.

2072. Le nantissement d'une chose mobilière s'appelle *gage*. — C. 2073 s. — Celui d'une chose immobilière s'appelle *antichrèse*. — C. 2085 s.

CHAPITRE Ier.

DU GAGE.

2073. Le gage confère au créancier le droit de se faire payer sur la chose qui en est l'objet, par privilège et préférence aux autres créanciers. — C. 2079, 2095, 2102 2°.

2074. Ce privilège n'a lieu qu'autant qu'il y a un acte public ou sous seing privé, dûment enregistré, contenant la déclaration de la somme due, ainsi que l'espèce et la nature des choses remises en gage, ou un état annexé de leurs qualité, poids et mesure. — La rédaction de l'acte par écrit et son enregistrement ne sont néanmoins prescrits qu'en matière excédant la valeur de cent cinquante francs (*b*). — C.

---

de la sentence, ou s'oppose à l'exécution de l'arrêt ou jugement portant condamnation par corps, la contrainte sera sursise jusqu'à ce que l'appel ou l'opposition aient été terminés : mais si avant l'appel ou opposition signifié les huissiers ou sergens s'étaient saisis de sa personne, il ne sera sursis à la contrainte.

(*a*) Ord. *avril* 1667, *tit.* XXXIV.

Art. 13. Les poursuites et contraintes par corps n'empêcheront les saisies-exécutions et ventes des biens de ceux qui sont condamnés.

(*b*) Ord. *janv.* 1629.

Art. 145. Toutes personnes qui prendront gages pour deniers prêtés ou dus sans bailler reconnoissance par écrit desdits gages, restitueront les gages et perdront la dette.

Ord. *mars* 1673, *tit.* VI.

Art. 2. Aucun prêt ne sera fait sous gage, qu'il n'y en ait un acte par-devant notaire, dont sera retenu minute, et qui con-

1815, 1818, 1841 s., 1847, 1848, 1853, 2076. — Co. 95.

2075. Le privilége énoncé en l'article précédent ne s'établit sur les meubles incorporels, tels que les créances mobilières, que par acte public ou sous seing privé, aussi enregistré, et signifié au débiteur de la créance donnée en gage. — C. 1250 2°, 1690, 2076, 2081.

2076. Dans tous les cas, le privilége ne subsiste sur le gage qu'autant que ce gage a été mis et est resté en la possession du créancier, ou d'un tiers convenu entre les parties. — C. 1238, 1606, 1607, 1689, 2102 1° 2° 5°, 2119, 2279.

2077. Le gage peut être donné par un tiers pour le débiteur. — C. 1119 s., 2014, 2090.

2078. Le créancier ne peut, à défaut de paiement, disposer du gage ; sauf à lui à faire ordonner en justice que ce gage lui demeurera en paiement et jusqu'à due concurrence, d'après une estimation faite par experts, ou qu'il sera vendu aux enchères. — Toute clause qui autoriserait le créancier à s'approprier le gage ou à en disposer sans les formalités cidessus, est nulle. — C. 6, 900, 1133, 1172, 2079, 2088. — Pr. 802 s., 617 s.

2079. Jusqu'à l'expropriation du débiteur, s'il y a lieu,

il reste propriétaire du gage, qui n'est, dans la main du créancier, qu'un dépôt assurant le privilége de celui-ci. — C. 1917 s., 2078, 2083, 2103 2°.

2080. Le créancier répond, selon les règles établies au titre des *Contrats ou des Obligations conventionnelles en général*, de la perte ou détérioration du gage qui serait survenue par sa négligence. — C. 1137, 1146 s., 1245, 1302 s., 1383, 1933. — De son côté, le débiteur doit tenir compte au créancier des dépenses utiles et nécessaires que celui-ci a faites pour la conservation du gage. — C. 1375, 1890, 1947, 2086, 2102 3°.

2081. S'il s'agit d'une créance donnée en gage, et que cette créance porte intérêts, le créancier impute ces intérêts sur ceux qui peuvent lui être dus. — Si la dette pour sûreté de laquelle la créance a été donnée en gage ne porte point elle-même intérêts, l'imputation se fait sur le capital de la dette. — C. 1220, 1244, 1254, 1907, 2075, 2083.

2082. Le débiteur ne peut, à moins que le détenteur du gage n'en abuse, en réclamer la restitution qu'après avoir entièrement payé, tant en principal qu'intérêts et frais, la dette pour sûreté de laquelle le gage a été donné. — S'il existait de la part du même dé-

tiendra la somme prêtée, et les gages qui auront été délivrés, à peine de restitution des gages, à laquelle le préteur sera contraint par corps, sans qu'il puisse prétendre de privilége sur les gages, sauf à exercer ses autres actions.

v. Les gages qui ne pourront être exprimés dans l'obligation,

seront énoncés dans une facture ou inventaire, dont sera fait mention dans l'obligation ; et la facture ou inventaire contiendra la quantité, qualité, poids et mesure des marchandises, ou autres effets donnés en gage, sous les peines portées par l'article précédent.

biteur, envers le même créancier, une autre dette contractée postérieurement à la mise en gage, et devenue exigible avant le paiement de la première dette, le créancier ne pourra être tenu de se dessaisir du gage avant d'être entièrement payé de l'une et de l'autre dette, lors même qu'il n'y aurait eu aucune stipulation pour affecter le gage au paiement de la seconde. — C. 818, 1948, 2074, 2087, 2102 2º. — Co. 547.

2083. Le gage est indivisible nonobstant la divisibilité de la dette entre les héritiers du débiteur ou ceux du créancier. — L'héritier du débiteur, qui a payé sa portion de la dette, ne peut demander la restitution de sa portion dans le gage, tant que la dette n'est pas entièrement acquittée. — Réciproquement, l'héritier du créancier, qui a reçu sa portion de la dette, ne peut remettre le gage au préjudice de ceux de ses cohéritiers qui ne sont pas payés. — C. 1217 s., 2090, 2114.

2084. Les dispositions ci-dessus ne sont applicables ni aux matières de commerce, ni aux maisons de prêt sur gage autorisées, et à l'égard desquelles on suit les lois et réglemens qui les concernent. — Co. 93, 95, 190, 198, 546-551. — P. 411.

CHAPITRE II.
DE L'ANTICHRÈSE.

2085. L'antichrèse ne s'établit que par écrit. — C. 1325, 1341, 1347, 1348, 2074. — Co. 446. — Le créancier n'acquiert par ce contrat que la faculté de percevoir les fruits de l'immeuble, à la charge de les imputer annuellement sur les intérêts, s'il lui en est dû, et ensuite sur le capital de sa créance. — C. 584 s., 1254, 2081, 2089.

2086. Le créancier est tenu, s'il n'en est autrement convenu, de payer les contributions et les charges annuelles de l'immeuble qu'il tient en antichrèse. — Il doit également, sous peine de dommages et intérêts, pourvoir à l'entretien et aux réparations utiles et nécessaires de l'immeuble, sauf à prélever sur les fruits toutes les dépenses relatives à ces divers objets. — C. 1137, 1149, 1375, 1381, 2080, 2087.

2087. Le débiteur ne peut, avant l'entier acquittement de la dette, réclamer la jouissance de l'immeuble qu'il a remis en antichrèse. — Mais le créancier qui veut se décharger des obligations exprimées en l'article précédent, peut toujours, à moins qu'il n'ait renoncé à ce droit, contraindre le débiteur à reprendre la jouissance de son immeuble. — C. 2083.

2088. Le créancier ne devient point propriétaire de l'immeuble par le seul défaut de paiement au terme convenu; toute clause contraire est nulle; en ce cas, il peut poursuivre l'expropriation de son débiteur par les voies légales. — C. 2078, 2093, 2204 s. — Pr. 551, 673 s.

2089. Lorsque les parties ont stipulé que les fruits se compenseront avec les intérêts, ou totalement, ou jusqu'à une certaine concurrence, cette convention s'exécute comme toute autre qui n'est point prohibée par les lois. — Modifé. L. 3 sept. 1807; C. 1907 note.

2090. Les dispositions des articles 2077 et 2083 s'appliquent à l'antichrèse comme au gage.

2091. Tout ce qui est statué au présent chapitre ne préjudicie point aux droits que des tiers pourraient avoir sur le fonds de l'immeuble remis à titre d'antichrèse. — Si le créancier, muni à ce titre, a d'ailleurs sur le fonds des privilèges ou hypothèques légalement établis et conservés, il les exerce à son ordre et comme tout autre créancier. — C. 1165, 2085, 2094 s., 2166 s. — Co. 446.

TITRE DIX-HUITIÈME.

DES PRIVILÈGES ET HYPOTHÈQUES.

Décrété le 26 ventôse an XII, promulgué le 6 germinal (19-29 mars 1804).

CHAPITRE Ier.

DISPOSITIONS GÉNÉRALES.

2092. Quiconque s'est obligé personnellement, est tenu de remplir son engagement sur tous ses biens mobiliers et immobiliers, présens et à venir (1). — C. 2093, 2204, 2206, 2207, 2209, 2212. — Pr. 580-583, 592, 593.

2093. Les biens du débiteur sont le gage commun de ses créanciers; et le prix s'en distribue entre eux par contribution, à moins qu'il n'y ait entre les créanciers des causes légitimes de préférence. — C. 1166 s., 2094, 2204 s., 2218. — Pr. 655, 656 s., 749 s. — Co. 552 s., 565 s.

2094. Les causes légitimes de préférence sont les privilèges et hypothèques. — C. 555, 867, 1673, 1890, 1918, 2073, 2095 s., 2114 s., 2178.

CHAPITRE II.

DES PRIVILÈGES.

2095. Le privilège est un droit que la qualité de la créance donne à un créancier d'être préféré aux autres créanciers, même hypothécaires (a). — C. 2096 s., 2106, 2166, 2180, comp. 2073, 2102 2°.

2096. Entre les créanciers privilégiés, la préférence se règle par les différentes qualités des privilèges. — C. 2097, 2101-2103.

2097. Les créanciers privilégiés qui sont dans le même rang, sont payés par concurrence. — C. 2096.

2098. Le privilège, à raison des droits du trésor royal, et l'ordre dans lequel il s'exerce, sont réglés par les lois qui les concernent (2). — Le trésor royal ne peut cependant obtenir de privilège au préju-

(1) L. 6 niv. an VI.
Art. 4. Il ne sera plus reçu, à l'avenir, d'opposition sur le tiers conservé de la dette publique inscrite ou à inscrire.
(a) L. 11 brum. an VII.
Art. 1er. L'hypothèque est un droit réel sur les immeu

bles affectés au paiement d'une obligation. Le privilège sur les immeubles est le droit d'être préféré aux autres créanciers, quoique antérieurs en hypothèque.
(2) Déc. 6-22 août 1791, tit. XIII.
Art. 22. La régie aura privilège et préférence à tous créan-

19

dice des droits antérieurement acquis à des tiers. — C. 2102 7°, 2121. — Co. 461.

2009. Les priviléges peuvent être sur les meubles ou sur les immeubles. — C. 2100-2105.

SECTION PREMIÈRE.

Des Priviléges sur les Meubles.

2100. Les priviléges sont ou généraux, ou particuliers sur certains meubles. — C. 2101, 2102.

ciers, sur les meubles et effets mobiliers des comptables, pour leurs débets, et sur ceux des redevables, pour les droits, à l'exception des frais de justice et autres privilégiés, de ce qui sera dû pour six mois du loyer seulement, et sauf aussi la revendication, dûment formée par les propriétaires, des marchandises en nature qui seront encore sous balle et sous corde. Pareil privilége s'exercera sur les immeubles acquis par les comptables, depuis le commencement de leur gestion. *Décr. 4 germ. an II, relatif aux douanes, tit. VI.*

Art. 4. La République est préférée à tous créanciers, pour droits, confiscation, amende et restitution, et avec la contrainte par corps.

Décr. 1er germ. an XIII.

Art. 47. La régie (*des droits réunis*) aura privilége et préférence à tous les créanciers, sur les meubles et effets mobiliers des comptables pour leurs débets, et sur ceux des redevables pour les droits, à l'exception des frais de justice, de ce qui sera dû pour six mois de loyer seulement, et sauf aussi la revendication dûment formée par les propriétaires des marchandises en nature qui seront encore sous balle et sous corde.

L. 6 sept. 1807.

Art. 1er. Le privilége et l'hypothèque maintenus par les articles 2098 et 2121 du Code civil, au profit du trésor public, sur les biens meubles et immeubles de tous les comptables char-

cés de la recette ou du paiement de ses deniers, sont réglés ainsi qu'il suit.

2. Le privilége du trésor public a lieu sur tous les biens meubles des comptables, même à l'égard des femmes séparées de biens, pour les meubles trouvés dans les maisons d'habitation du mari, à moins qu'elles ne justifient légalement que lesdits meubles leur sont échus de leur chef, ou que les deniers employés à l'acquisition leur appartenaient. — Ce privilége ne s'exerce néanmoins qu'après les priviléges généraux et particuliers énoncés aux articles 2101 et 2102 du Code civil.

3. Le privilége du trésor public sur les fonds de cautionnement des comptables continuera d'être régi par les lois existantes.

4. Le privilége du trésor public a lieu : — 1° Sur les immeubles acquis à titre onéreux par les comptables, postérieurement à leur nomination; — 2° Sur ceux acquis au même titre, et depuis cette nomination, par leurs femmes, même séparées de biens. — Sont exceptées néanmoins les acquisitions à titre onéreux faites par les femmes, lorsqu'il sera légalement justifié que les deniers employés à l'acquisition leur appartenaient.

5. Le privilége du trésor public mentionné en l'article 4 ci-dessus a lieu conformément aux articles 2106 et 2113 du Code civil, à la charge d'une inscription qui doit être faite dans les deux mois

§ 1er.

Des privilèges généraux sur les Meubles.

2101. Les créances privilégiées sur la généralité des meubles sont celles ci-après

exprimées, et s'exercent dans l'ordre suivant : — C. 516, 527-532, 2096, 2104 s., 2107. — 1o Les frais de justice; — C. 112, 113, 810, 1054. — Pr. 579, 635, 655, 656-672, 714, 759, 768, 819-821, 907-944, 986 s.

de l'enregistrement de l'acte translatif de propriété. — En aucun cas il ne peut préjudicier, — 1o Aux créanciers privilégiés désignés dans l'article 2103 du Code civil, lorsqu'ils ont rempli les conditions prescrites pour obtenir privilège; — 2o Aux créanciers désignés aux articles 2101, 2104 et 2105 du Code civil, dans le cas prévu par le dernier de ces articles; — 3o Aux créanciers du précédent propriétaire qui auraient, sur le bien acquis, des hypothèques légales, existantes indépendamment de l'inscription, ou toute autre hypothèque valablement inscrite.

6. A l'égard des immeubles des comptables qui leur appartenaient avant leur nomination, le trésor public a une hypothèque légale, à la charge de l'inscription, conformément aux articles 2121 et 2134 du Code civil. — Le trésor public a une hypothèque semblable, et à la même charge, sur les biens acquis par le comptable autrement qu'à titre onéreux, postérieurement à sa nomination.

7. A compter de la publication de la présente loi, tous receveurs généraux de département, tous receveurs particuliers d'arrondissement, tous payeurs généraux et divisionnaires, ainsi que les payeurs de département, des ports et des armées, seront tenus d'énoncer leurs titres et qualités dans les actes de vente, d'acquisition, de partage, d'échange et autres translatifs de propriété

qu'ils passeront; et ce, à peine de destitution; et en cas d'insolvabilité envers le trésor public, d'être poursuivis comme banqueroutiers frauduleux. — Les receveurs de l'enregistrement et les conservateurs des hypothèques seront tenus, aussi à peine de destitution, et en outre de tous dommages et intérêts, de requérir ou de faire, au vu desdits actes, l'inscription au nom du trésor public, pour la conservation de ses droits, et d'envoyer, tant au procureur impérial du tribunal de première instance de l'arrondissement des biens qu'à l'agent du trésor public à Paris, le bordereau prescrit par les articles 2148 et suivans du Code civil. — Demeurent néanmoins exceptés les cas où, lorsqu'il s'agira d'une aliénation à faire, le comptable aura obtenu un certificat du trésor public, portant que cette aliénation n'est pas sujette à l'inscription de la part du trésor. Ce certificat sera énoncé et daté dans l'acte d'aliénation.

8. En cas d'aliénation, par tout comptable, de biens affectés aux droits du trésor public par privilège ou par hypothèque, les agens du gouvernement poursuivront, par voie de droit, le recouvrement des sommes dont le comptable aura été constitué redevable.

9. Dans le cas où le comptable ne serait pas actuellement constitué redevable, le trésor public sera tenu, dans trois mois, à compter de la notification qui lui sera faite aux termes de l'ar-

— Co. 481, 565. — 2º Les frais funéraires; — C. 1481 , 1570. — 3º Les frais quelconques de la dernière maladie , concurremment entre ceux à qui ils sont dus; — C. 383, 2272, 2274. —. 4º Les salaires des gens de service, pour l'année échue et ce qui est dû sur l'année courante; — C. 1780, 1781, 2257,

ticle 2183 du Code civil, de fournir et de déposer au greffe du tribunal de l'arrondissement des biens vendus, un certificat constatant la situation du comptable ; à défaut de quoi, ledit délai expiré, la main-levée de l'inscription aura lieu de droit, et sans qu'il soit besoin de jugement. — La main-levée aura également lieu de droit dans le cas où le certificat constatera que le comptable n'est pas débiteur envers le trésor public.

10. La prescription des droits du trésor public, établie par l'article 2227 du Code civil, court. au profit des comptables, du jour où leur gestion a cessé.

11. Toutes dispositions contraires à la présente loi sont abrogées.

Nota. L'avis du conseil d'État du 25 février 1808, déclare cette loi et les articles 2098 et 2121 du Code civil, applicables au trésor de la couronne.

L. 5 sept. 1807.

ART. 1er. En conséquence de l'article 2098 du Code civil, le privilége du trésor public est réglé de la manière suivante, en ce qui concerne le remboursement des frais dont la condamnation est prononcée à son profit, en matière criminelle, correctionnelle et de police.

2. Le privilége du trésor public sur les meubles et effets mobiliers des condamnés ne s'exercera qu'après les autres priviléges et droits ci-après mentionnés, savoir : — 1º Les priviléges désignés aux articles 2101 et 2102 du Code civil; — 2º Les

sommes dues pour la défense personnelle du condamné, lesquelles, en cas de contestation de la part de l'administration des domaines, seront réglées d'après la nature de l'affaire par le tribunal qui aura prononcé la condamnation.

3. Le privilége du trésor public sur les biens immeubles des condamnés n'aura lieu qu'à la charge de l'inscription dans les deux mois, à dater du jour du jugement de condamnation, passé lequel délai, les droits du trésor public ne pourront s'exercer qu'en conformité de l'article 2113 du Code civil.

4. Le privilége mentionné dans l'article 3 ci-dessus ne s'exercera qu'après les autres priviléges et droits suivans : — 1º Les priviléges désignés en l'article 2101 du Code civil, dans le cas prévu par l'article 2105; — 2º Les priviléges désignés en l'article 2103 du Code civil, pourvu que les conditions prescrites pour leur conservation aient été accomplies ; — 3º Les hypothèques légales existantes indépendamment de l'inscription, pourvu toutefois qu'elles soient antérieures au mandat d'arrêt, dans le cas où il en aurait été décerné contre le condamné ; et, dans les autres cas, au jugement de condamnation ; — 4º Les autres hypothèques, pourvu que les créances aient été inscrites au bureau des hypothèques avant le privilége du trésor public, et qu'elles résultent d'actes qui aient une date certaine antérieure auxdits mandats d'arrêt ou

2272. — Co. 549. — 5° Les fournitures de subsistances faites au débiteur et à sa famille; savoir, pendant les six derniers mois, par les marchands en détail, tels que boulangers, bouchers et autres, et pendant la dernière année, par les maîtres de pension et marchands en gros (a). — C. 630.

jugemens de condamnation; — 5° Les sommes dues pour la défense personnelle du condamné, sauf le règlement, ainsi qu'il est dit en l'article 2 ci-dessus.

L. 12 nov. 1808.

ART. 1er. Le privilège du trésor public pour le recouvrement des contributions directes est réglé ainsi qu'il suit, et s'exerce avant tout autre : — 1° Pour la contribution foncière de l'année échue et de l'année courante, sur les récoltes, fruits, loyer, et revenus des biens immeubles sujets à la contribution; — 2° Pour l'année échue et l'année courante des contributions mobilières, des portes et fenêtres, des patentes, et toute autre contribution directe et personnelle, sur tous les meubles et autres effets mobiliers appartenant aux redevables, en quelque lieu qu'ils se trouvent.

2. Tous fermiers, locataires, receveurs, économes, notaires, commissaires-priseurs, et autres dépositaires et débiteurs de deniers provenant du chef des redevables, et affectés au privilège du trésor public, seront tenus, sur la demande qui leur en sera faite, de payer, en l'acquit des redevables et sur le montant des fonds qu'ils doivent, ou qui sont en leurs mains, jusqu'à concurrence de tout ou partie des contributions dues par ces derniers. Les quittances des percepteurs pour les sommes légitimement dues leur seront allouées en compte.

3. Le privilège attribué au trésor public pour le recouvrement des contributions directes ne préjudicie point aux autres droits qu'il pourrait exercer sur les biens des redevables, comme tout autre créancier.

4. Lorsque, dans le cas de saisie de meubles et autres effets mobiliers pour le paiement des contributions, il s'élèvera une demande en revendication de tout ou partie desdits meubles et effets, elle ne pourra être portée devant les tribunaux ordinaires qu'après avoir été soumise, par l'une des parties intéressées, à l'autorité administrative, aux termes de la loi des 23 et 28 oct.-5 nov. 1790.

L. 28 avr. 1816.

ART. 76. Le recouvrement des droits de timbre et des amendes de contraventions y relatives sera poursuivi par voie de contrainte; et, en cas d'opposition, les instances seront instruites et jugées selon les formes prescrites par les lois des 22 frim. an VII et 27 vent. an IX, sur l'enregistrement. — En cas de décès des contrevenans, lesdits droits et amendes seront dus par leurs successeurs, et jouiront, soit dans les successions, soit dans les faillites ou tous autres cas, du privilège des contributions directes.

(a) L. 11 brum. an VII.

ART. 11. Il y a privilège sur les immeubles, sans qu'il soit nécessaire d'aucune inscription, — 1° Pour frais de scellés et inventaires; — 2° Pour une année échue et celle courante de la contribution foncière; — 3° Pour frais de dernière maladie et inhumation; — 4° Pour une an-

632, 1339, 1733, 2271, 2272, 2098 *note*, *L.* 5 sept. 1807, art. 2 (p. 290) ; L. 5 sept. 1807, art. 1 (p. 292) ; L. 12 nov. 1808, art. 1 2° (p. 293).

§ II.

Des Privilèges sur certains Meubles.

2102. Les créances privilégiées sur certains meubles sont, — 1° Les loyers et fermages des immeubles, sur les fruits de la récolte de l'année, et sur le prix de tout ce qui garnit la maison louée ou la ferme et de tout ce qui sert à l'exploitation de la ferme ; savoir, pour tout ce qui est échu, et pour tout ce qui est à échoir, si les baux sont authentiques, ou si, étant sous signature privée, ils ont une date certaine ; et, dans ces deux cas, les autres créanciers ont le droit de relouer la maison ou la ferme pour le restant du bail, et de faire leur profit des baux ou fermages, à la charge toutefois de payer au propriétaire tout ce qui lui serait encore dû. — C. 1317, 1322, 1328, 1753 s., 1766, 1767, 1826. — Pr. 626 s., 662, 819 s. — Et à défaut de baux authenti-

qués, ou lorsqu'étant sous signature privée, ils n'ont pas une date certaine, pour une année à partir de l'expiration de l'année courante. — C. 1714 s. — Le même privilége a lieu pour les réparations locatives, et pour tout ce qui concerne l'exécution du bail ; — C. 1720, 1728 s., 1754 s. — Néanmoins les sommes dues pour les semences ou pour les frais de la récolte de l'année, sont payées sur le prix de la récolte, et celles dues pour ustensiles, sur le prix de ces ustensiles, par préférence au propriétaire, dans l'un et l'autre cas ; — C. 548. — Le propriétaire peut saisir les meubles qui garnissent sa maison ou sa ferme, lorsqu'ils ont été déplacés sans son consentement, et il conserve sur eux son privilége, pourvu qu'il ait fait la revendication ; savoir, lorsqu'il s'agit du mobilier qui garnissait une ferme, dans le délai de quarante jours ; et dans celui de quinzaine, s'il s'agit des meubles garnissant une maison (a) ; — C. 1141, 1753, 1813, 2119, 2279, 2280. — Pr. 592, 593, 626 s., 820, 826 s. — 2° La

---

née d'arrérages et ce qu'il y a d'échu sur l'année courante des gages des domestiques. — Les priviléges pour frais de scellés et inventaires, pour ceux de dernière maladie et inhumation, et pour les gages des domestiques, ne seront exercés sur les immeubles que subsidiairement, et en cas d'insuffisance du mobilier pour acquitter ces créances : leur effet, dans les lieux où ils n'étaient point admis, ne pourra préjudicier aux hypothèques antérieures à la publication de la présente.

(a) COUTUME D'ORLÉANS, *ch.* XIX.

ART. 121. Les fruicts d'une mestairie, pour la rente foncière, moisons, ferme, ou pension d'icelle, peuvent estre arrestez et empeschez par le seigneur de ladite mestairie. Et tient tel arrest et empeschement jusques à plein payement desdites rentes, moisons, ferme, ou pension. Et semblablement peuvent estre empeschez, les foins, fourrages et pailles, pour la nourriture du bestial de ladite mestairie, et aussi pour faire des fumiers, afin

créance sur le gage dont le créancier est saisi (*a*); — C. 2073-2076, 2119, 2279. — Co. 446. — 3° Les frais faits pour la conservation de la chose; — C. 1137, 1375, 1381, 1890, 1947, 2080, 2103 4°, 2110. — 4° Le prix d'effets mobiliers non payés, s'ils sont encore en la possession du débiteur, soit qu'il ait acheté à terme ou sans terme; — C. 535, 1582 s. — Si la vente a été faite sans terme, le vendeur peut même revendiquer ces effets tant qu'ils sont en la possession de l'acheteur, et en empêcher la revente, pourvu que la revendication soit faite dans la huitaine de la livraison, et que les effets se trouvent dans le même état

dans lequel cette livraison a été faite (*b*); — C. 1166, 1184, 1657, 2279. — Pr. 826 s. — Co. 578. — Le privilège du vendeur ne s'exerce toutefois qu'après celui du propriétaire de la maison ou de la ferme, à moins qu'il ne soit prouvé que le propriétaire avait connaissance que les meubles et autres objets garnissant sa maison ou sa ferme n'appartenaient pas au locataire; — C. 2102 2°, 2279. — Il n'est rien innové aux lois et usages du commerce sur la revendication; — Co. 550, 576-579. — 5° Les fournitures d'un aubergiste, sur les effets du voyageur qui ont été transportés dans son auberge (*c*); — C.

---

de les convertir à fumer et amender les terres d'icelle mestairie, ores que le mestayer ne fust à ce expressément obligé. Et si lesdicts fruicts, pailles, fumiers et fourrages, estoient enlevés, ledit seigneur les pourra poursuivre, et faire arrester, et sera préféré à tous autres.

COUTUME DE PARIS.

Art. 161. Il est loisible à un propriétaire d'aucune maison par luy baillée à tiltre de loyer, faire procéder par voye de gagerie en ladite maison, pour les termes à luy deuz pour le louage, sur les biens estans en icelle.

162. S'il y a des soubslocatifs, peuvent estre prins leurs biens pour ledit loyer et charges du bail, et néantmoins leur seront rendus en payant le loyer pour leur occupation.

171. Toutesfois les propriétaires des maisons sises es villes et fauxbourgs, et fermes des champs, peuvent suivre les biens de leurs locatifs ou fermiers exécutés, encores qu'ils soient transportés,

pour estre premiers payez de leurs loyez ou moison, et iceux arrester, jusques à ce qu'ils soient vendus et délivrés par authorité de justice.

(*a*) COUTUME DE PARIS.

Art. 181. N'a lieu la contribution, quand le créancier se trouve saisi du meuble qui lui a été baillé en gage.

(*b*) COUTUME DE PARIS.

Art. 176. Qui vend aucune chose mobiliaire sans jour et sans terme, espérant estre payé promptement, il peut sa chose poursuir en quelque lieu qu'elle soit transportée, pour estre payé du prix qu'il l'a vendue.

177. Et néantmoins encores qu'il eust donné terme, si la chose se trouve saisie sur le debteur par autre créancier, il peut empescher la vente, et est préféré sur la chose, aux autres créanciers.

(*c*) COUTUME DE PARIS.

Art. 175. Despens d'hostelage, livrés par hostes à pélerins, ou à leurs chevaux, sont privilégiés,

1358 2°, 1950, 1953 *., 2060, 2074, 2271, 2279. — 6° Les frais de voiture et les dépenses accessoires, sur la chose voiturée; — C. 1783 *., 2076. — Co. 106 *., 806, 807. — 7° Les créances résultant d'abus et prévarications commis par les fonctionnaires publics dans l'exercice de leurs fonctions, sur les fonds de leur cautionnement, et sur les intérêts qui en peuvent être

dus (1). — C. 2202 *et la note*, 2098 *note*, L. 5 sept. 1807, art. 3 (p. 290); L. 12 nov. 1808, art. 1 1°. — Supp. *Notaire*, L. 25 vent. an XI, art. 33.

SECTION II.
Des Privilèges sur les Immeubles.

2103. Les créanciers privilégiés sur les immeubles sont, — C. 2095, 2098, 2105 *., 2106 *., 2171. —1° Le vendeur, sur l'immeuble vendu, pour le

---

et viennent à préférer devant tout autre, sur les biens et chevaux hostelés, et les peut l'hostelier retenir jusques à payement: et s'aucun autre créancier les vouloit enlever, l'hostelier a juste cause de soy opposer.
(1) L. 25 niv. *an XIII.*

ART. 1er. Les cautionnemens fournis par les agens de change, les courtiers de commerce, les avoués, greffiers, huissiers et les commissaires - priseurs, sont, comme ceux des notaires (art. 33 de la loi du 25 vent. an XI), affectés, par premier privilége, à la garantie des condamnations qui pourraient être prononcées contre eux par suite de l'exercice de leurs fonctions; par second privilége, au remboursement des fonds qui leur auraient été prêtés pour tout ou partie de leur cautionnement, et, subsidiairement, au paiement, dans l'ordre ordinaire, des créances particulières qui seraient exigibles sur eux.
Nota. Cette disposition est applicable aux cautionnemens des receveurs généraux et particuliers, et de tous les autres comptables publics, ou préposés des administrations. — *Voyez* L .6 vent an XIII (25 février 1805). L. 28 avr. 1816, *sur les finances.*

ART. 88. Les cautionnemens des avocats à la cour de cassa-

tion, notaires, avoués, greffiers et huissiers à notre cour de cassation et dans les cours royales et tribunaux de première instance, tribunaux de commerce et justices de paix, sont fixés en raison de la population et du ressort des tribunaux de la résidence de ces fonctionnaires.

Nota. Les lois des 25 nivôse an XIII (15 janv. 1805); 6 vent. an XIII (25 févr. 1805) et les décrets des 28 août 1808, 22 déc. 1812, affectent, sous certaines conditions, le cautionnement des fonctionnaires, d'un privilége de second ordre, en faveur des personnes qui en auraient fourni les fonds en tout ou en partie.

Un décret du 27 février 1811 établit et règle le privilége des facteurs de la halle aux farines de Paris, sur le dépôt de garantie des boulangers, pour les farines qu'ils ont livrées sur le carreau de la halle.

D'après les décrets des 6 fév. 1811 et 15 mai 1813, la ville de Paris pour garantie du crédit qu'elle accorde aux bouchers a privilége sur leur cautionnement, sur la valeur estimative des étaux vendus à des tiers, ou supprimés et rachetés par le commerce de la boucherie et sur ce qui leur sera dû pour viande fournie, pour vente de peaux et suifs.

paiement du prix; — C. 1184, 1654, 1673, 2108, 2151, 2377. — S'il y a plusieurs ventes successives dont le prix soit dû en tout ou en partie, le premier vendeur est préféré au second, le deuxième au troisième, et ainsi de suite; — C. 1140, 1141, 1583 ». — 2º Ceux qui ont fourni les deniers pour l'acquisition d'un immeuble, pourvu qu'il soit authentiquement constaté, par l'acte d'emprunt, que la somme était destinée à cet emploi, et, par la quittance du vendeur, que ce paiement a été fait des deniers empruntés; — C. 1250 2º, 1317. — 3º Les cohéritiers, sur les immeubles de la succession, pour la garantie des partages faits entre eux, et des soulte ou retour de lots; — C. 815, 832, 827, 833, 875, 884 »., 2109. — 4º Les architectes, entrepreneurs, maçons et autres ouvriers employés pour édifier, reconstruire ou réparer des bâtimens, canaux, ou autres ouvrages quelconques, pourvu néanmoins que, par un expert nommé d'office par le tribunal de première instance dans le ressort duquel les bâtimens sont situés, il ait été dressé préalablement un procès-verbal, à l'effet de constater l'état des lieux relative-

ment aux ouvrages que le propriétaire déclarera avoir dessein de faire, et que les ouvrages aient été, dans les six mois au plus de leur perfection, reçus par un expert également nommé d'office; — Mais le montant du privilége ne peut excéder les valeurs constatées par le second procès-verbal, et il se réduit à la plus-value existante à l'époque de l'aliénation de l'immeuble et résultant des travaux qui y ont été faits (a); — C. 1793 »., 1798 »., 2110, 2113, 2270. — Supp. Marais, L. 16 sept. 1807, art. 19 »., 23. — 5º Ceux qui ont prêté les deniers pour payer ou rembourser les ouvriers, jouissent du même privilége, pourvu que cet emploi soit authentiquement constaté par l'acte d'emprunt, et par la quittance des ouvriers, ainsi qu'il a été dit ci-dessus pour ceux qui ont prêté les deniers pour l'acquisition d'un immeuble. — C. 1250, 1317, 2110. — Supp. Mines, L. 21 avril 1810, art. 20.

SECTION III.
Des Privilèges qui s'étendent sur les Meubles et les Immeubles.

2101. Les priviléges qui s'étendent sur les meubles et les immeubles sont ceux énon-

(a) L. 11 brum. an VII.
ART. 12. Il y a aussi privilége en faveur des ouvriers et de leurs cessionnaires, mais seulement jusqu'à concurrence de la plus-value existante au moment de l'aliénation d'un immeuble, quand cette plus-value a pour origine les constructions, réparations et autres impenses que les ouvriers y auraient faites, et lorsque, avant le commencement des travaux, il aura été dressé un pro-

cès-verbal qui constate l'état dudit immeuble, l'utilité de ces ouvrages, et qu'il aura été procédé à leur réception deux mois au plus tard après leur confection. — Ces procès-verbaux seront dressés par des experts nommés d'office par le juge de paix du canton où l'immeuble est situé, et en présence du commissaire du directoire exécutif près l'administration municipale du même arrondissement.

cés en l'article 2101. — C. 2101 *et la note*, 2105, 2107, 2098 *note*, L. 5 sept. 1807, art. 2, 4 s. (p. 290).

2105. Lorsqu'à défaut de mobilier les privilégiés énoncés en l'article précédent se présentent pour être payés sur le prix d'un immeuble en concurrence avec les créanciers privilégiés sur l'immeuble, les paiemens se font dans l'ordre qui suit : — 1º Les frais de justice et autres énoncés en l'article 2101; — 2º Les créances désignées en l'article 2103. — C. 2098 *note*, L. 5 sept. 1807, art. 5 (p. 290); L. 5 sept. 1807, art. 4 (p. 291).

SECTION IV.

Comment se conservent les Priviléges.

2106. Entre les créanciers, les priviléges ne produisent d'effet à l'égard des immeubles qu'autant qu'ils sont rendus publics par inscription sur les registres du conservateur des hypothèques, de la manière déterminée par la loi, et à compter de la date de cette inscription, sous les seules exceptions qui suivent (*a*). — C. 2095 s., 2107 s., 2113, 2146 s., 2166 s., 2198.

2107. Sont exceptées de la formalité de l'inscription les créances énoncées en l'article 2101. — C. 2101 *et la note*, 2106, *secus* 2166. — Pr. 834.

2108. Le vendeur privilégié conserve son privilége par la transcription du titre qui a transféré la propriété à l'acquéreur, et qui constate que la totalité ou partie du prix lui est due; à l'effet de quoi la transcription du contrat faite par l'acquéreur vaudra inscription pour le vendeur et pour le prêteur qui lui aura fourni les deniers payés, et qui sera subrogé aux droits du vendeur par le même contrat : sera néanmoins le conservateur des hypothèques tenu, sous peine de tous dommages et intérêts envers les tiers, de faire d'office l'inscription sur son registre, des créances résultant de l'acte translatif de propriété, tant en faveur du vendeur qu'en faveur des prêteurs, qui pourront aussi faire faire, si elle ne l'a été, la transcription du contrat de vente, à l'effet d'acquérir l'inscription de ce qui leur est dû sur le prix (1). — C. 1184, 1654 s., 2103 1º, 2106, 2113, 2148, 2155, 2166, 2181, 2196 s. — Pr. 692, 834 (*b*).

2109. Le cohéritier ou co-

(*a*) Édit *de mars* 1673.
Art. 24. Les créanciers privilégiés qui se seront opposés dans les quatre mois du jour de leurs contrats, obligations, ou autres titres, seront conservés dans leurs priviléges.
L. 11 *brum. an VII.*
Art. 2. L'hypothèque ne prend rang et les priviléges sur les immeubles n'ont d'effet que par leur inscription dans les registres publics à ce destinés, sous les

exceptions autorisées par l'article 11 (C. 2101 *note*).
(1) Av. C. D'Ét. 12 *flor. an XIII*
Le Conseil d'État, — Est d'avis que les actes de vente sous signature privée enregistrés peuvent être présentés à la transcription.
(*b*) L. 11 *brum. an VII.*
Art. 29. Lorsque le titre de mutation constate qu'il est dû au précédent propriétaire ou à ses ayant-cause, soit la totalité ou

partageant conserve son privilége sur les biens de chaque lot ou sur le bien licité, pour les soulte et retour de lots, ou pour le prix de la licitation, par l'inscription faite à sa diligence, dans soixante jours, à dater de l'acte de partage ou de l'adjudication par licitation; durant lequel temps aucune hypothèque ne peut avoir lieu sur le bien chargé de soulte ou adjugé par licitation, au préjudice du créancier de la soulte ou du prix. — C. 815, 833, 839, 834 s., 2103 3º, 2106, 2113, 2146 s., 2163 s.— Pr. 834 s., 966 s.

2110. Les architectes, entrepreneurs, maçons et autres ouvriers employés pour édifier, reconstruire ou réparer des bâtimens, canaux ou autres ouvrages, et ceux qui ont, pour les payer et rembourser, prêté les deniers dont l'emploi a été constaté, conservent, par la double inscription faite, 1º du procès-verbal qui constate l'état des lieux, 2º du procès-verbal de réception, leur privilége à la date de l'inscription du premier procès-verbal (a). — C. 2103 4º 5º, 2106, 2113.

2111. Les créanciers et légataires qui demandent la séparation du patrimoine du défunt, conformément à l'article 878, au titre *des Successions*, conserve, à l'égard des créanciers des héritiers ou représentans du défunt, leur privilége sur les immeubles de la succession, par les inscriptions faites sur chacun de ces biens, dans les six mois à compter de l'ouverture de la succession. — Avant l'expiration de ce délai, aucune hypothèque ne peut être établie avec effet sur ces biens par les héritiers ou représentans au préjudice de ces créanciers ou légataires.—C. 878-880, 1017, 2106, 2113, 2146 s., 2166. — Pr. 834.

2112. Les cessionnaires de ces diverses créances privilégiées exercent tous, les mêmes droits que les cédans, en leur lieu et place.—C. 1249 s., 1689 s., 1692, 2214.

2113 Toutes créances privilégiées soumises à la formalité de l'inscription, à l'égard desquelles les conditions ci-dessus prescrites pour conserver le privilége n'ont pas été accomplies, ne cessent pas néanmoins d'être hypothécaires; mais l'hypothèque ne date, à l'égard des tiers, que de l'époque des inscriptions qui auront dû être faites ainsi qu'il sera ci-après expliqué. — C. 2098 *et à la note*, L. 3 sept. 1807, art. 5 (p. 290); L. 3 sept.

partie du prix, soit des prestations qui en tiennent lieu, la transcription conserve à ceux-ci le droit de préférence sur les biens aliénés ; à l'effet de quoi, le conservateur des hypothèques fait inscription, sur ses registres, des créances non encore inscrites qui en résulteraient, sans préjudice néanmoins du privilége accordé par l'art. 12 (C. 2103 *note*).

(a) L 11 *brum. an VII.*
ART. 13. Le procès-verbal qui constate les ouvrages à faire, doit être inscrit avant le commencement des réparations, et le privilége n'a d'effet que par cette inscription. — Celui de réception des ouvrages doit être également inscrit à l'effet de déterminer le *maximum* de la créance privilégiée.

1807, art. 3 (p. 293) ; 2106 s., 2134, 2154.

CHAPITRE III.
DES HYPOTHÈQUES.

2114. L'hypothèque est un droit réel sur les immeubles affectés à l'acquittement d'une obligation. — C. 2093, 2093 *note*. — Elle est, de sa nature, indivisible, et subsiste en entier sur tous les immeubles affectés, sur chacun et sur chaque portion de ces immeubles. — C. 1222 s. — Elle les suit dans quelques mains qu'ils passent. — C. 2166 s., 2180.

2115. L'hypothèque n'a lieu que dans les cas et suivant les formes autorisés par la loi.

2116. Elle est ou légale, ou judiciaire, ou conventionnelle (a). — C. 2121 s., 2123, 2124 s.

2117. L'hypothèque légale est celle qui résulte de la loi. — C. 1017, 2106-2113, 2121 s. — Co. 490. — L'hypothèque judiciaire est celle qui résulte des jugemens ou actes judiciaires. — C. 2123. — L'hypothèque conventionnelle est celle qui dépend des conventions, et de la forme extérieure des actes et des contrats. — C. 2125 s.

2118. Sont seuls susceptibles d'hypothèques, — 1º Les biens immobiliers qui sont dans le commerce, et leurs accessoires réputés immeubles ; — C. 517 s., 1128, 2133, 2134. — Supp. *Mines*, L. 21 avril 1810, art. 5, 7, 8, 19, 21; L. 27 avril 1838, art. 6. — 2º L'usufruit des mêmes biens et accessoires pendant le temps de sa durée (b). — C. 526, 551-553, 664, 2125, 2204. — Pr. 778.

2119. Les meubles n'ont pas de suite par hypothèque (c). — C. 527 s., 2279.

2120. Il n'est rien innové par le présent Code aux dispositions des lois maritimes concernant les navires et bâtimens de mer (d). — Co. 190-196.

(a) L. 11 *brum. an VII*. Art. 3. L'hypothèque existe, mais à la charge de l'inscription, — 1º Pour une créance consentie par acte notarié ; — 2º Pour celle résultant d'une condamnation judiciaire ; — 3º Pour celle qui résulte d'un acte privé dont la signature aura été reconnue ou déclarée telle par un jugement ; — 4º Pour celles auxquelles la loi donne le droit d'hypothèque.

(b) L. 11 *brum. an VII*. Art. 6. Sont seuls susceptibles d'hypothèque, — 1º Les biens territoriaux transmissibles, ensemble leurs accessoires inhérens ; — 2º L'usufruit, ainsi que la jouissance à titre d'emphytéose, des mêmes biens, pour le temps de leur durée.

(Nota. Le décret du 9 mess. an III, voulait qu'il restât encore vingt-cinq années de jouissance, pour que le droit résultant du bail emphytéotique fût susceptible d'hypothèque.)

7. Les rentes constituées, les rentes foncières, et les autres prestations que la loi a déclarées rachetables, ne pourront plus à l'avenir être frappées d'hypothèque.

(c) COUTUME DE PARIS, *tit.* VIII. Art. 170 Meubles n'ont point de suite par hypothèque, quand ils sont hors de la possession du débiteur.

(d) L. 11 *brum. an VII* Art. 8. Il n'est rien innové par la présente aux dispositions de l'ordonnance de la marine, du

SECTION PREMIÈRE.
Des Hypothèques légales.

2121. Les droits et créances auxquels l'hypothèque légale est attribuée, sont, — Ceux des femmes mariées, sur les biens de leur mari; — C. 1421, 1472, 1495, 1531, 1549, 1560, 1564 n., 1579, 2135 n., 2153, 2193 n. — Co. 563. — Ceux des mineurs et interdits, sur les biens de leur tuteur; — C. 389, 396, 417, 450, 469 n., 489, 509, 2135 n., 2153, 2193 n. — Supp. *Aliénés*, L. 30 juin 1838, art. 35. — Ceux de l'État, des communes et des établissemens publics, sur les biens des receveurs et administrateurs comptables. — C. 2134, 2098 *note*, L. 5 sept. 1807, art. 6 (p. 290).

2122. Le créancier qui a une hypothèque légale peut exercer son droit sur tous les immeubles appartenant à son débiteur, et sur ceux qui pourront lui appartenir dans la suite, sous les modifications qui seront ci-après exprimées. — C. 2129 *note*, 2140-2145, 2161 n. — Co. 563.

SECTION II.
Des Hypothèques judiciaires.

2123. L'hypothèque judiciaire résulte des jugemens, soit contradictoires, soit par défaut, définitifs ou provisoires, en faveur de celui qui les a obtenus. Elle résulte aussi des reconnaissances ou vérifications, faites en jugement, des signatures apposées à un acte obligatoire sous seing privé (1).

---

mois d'août 1681, concernant le droit de suite et les priviléges auxquels les navires et bâtimens de mer continueront d'être affectés, même dans les mains d'un nouvel acquéreur, pour les cas qui y sont exprimés, et sans qu'il soit besoin d'inscription.

(1) L. 3 *sept.* 1807

ART. 1er. Lorsqu'il aura été rendu un jugement sur une demande en reconnaissance d'obligation sous seing privé, formée avant l'échéance ou l'exigibilité de ladite obligation, il ne pourra être pris aucune inscription hypothécaire en vertu de ce jugement, qu'à défaut de paiement de l'obligation après son échéance ou son exigibilité, à moins qu'il n'y ait eu stipulation contraire.

2. Les frais relatifs à ce jugement ne pourront être répétés contre le débiteur, que dans le cas où il aura dénié sa signature. Les frais d'enregistrement seront à la charge du débiteur, tant dans le cas dont il vient d'être parlé, que lorsqu'il aura refusé de se libérer après l'échéance ou l'exigibilité de la dette.

AV. C. D'ÉT. 25 *therm. an XII.*

Le Conseil d'État est d'avis, — 1° Que les condamnations et les contraintes émanées des administrateurs, dans les cas et pour les matières de leur compétence, emportent hypothèque de la même manière et aux mêmes conditions que celles de l'autorité judiciaire; — 2° Que conformément aux articles 2157 et 2159 du Code civil des Français, la radiation non consentie des inscriptions hypothécaires faites en vertu de condamnations prononcées ou de contraintes décernées par l'autorité administrative, doit être poursuivie devant les tribunaux ordinaires; mais que, si le fond du droit y est contesté, les parties doivent être renvoyées devant l'autorité administrative.

Nota. Un avis du Conseil d'État, du 29 oct. 1811, approuvé

— C. 1318, 1323 s., 2117. —
Pr. 155, 193 s., 450, 834. —
Supp. *Enregistrement*, L. 22
frim. an VII, art. 84. — Elle
peut s'exercer sur les immeubles actuels du débiteur et sur
ceux qu'il pourra acquérir, sauf
aussi les modifications qui seront ci-après exprimées. —
C. 2129 *note*, 2134, 2148, 2161
s. — Les décisions arbitrales
n'emportent hypothèque qu'autant qu'elles sont revêtues de
l'ordonnance judiciaire d'exécution. — Pr. 1020 s. — L'hypothèque ne peut pareillement
résulter des jugemens rendus
en pays étranger, qu'autant
qu'ils ont été déclarés exécutoires par un tribunal français;
sans préjudice des dispositions
contraires qui peuvent être
dans les lois politiques ou dans
les traités (*a*). — C. 2128. —
Pr. 546. — I. Cr. 121.

SECTION III.

Des Hypothèques conventionnelles.

2124. Les hypothèques

conventionnelles ne peuvent
être consenties que par ceux
qui ont la capacité d'aliéner
les immeubles qu'ils y sou-
mettent (*b*). — C. 128, 217, 457,
484, 509, 958, 983, 1108, 1124
s., 1421, 1428, 1449, 1535, 1538,
1554, 1594, 1988, 2059, 2117,
2125 s. — Co. 7, 446 s. —
Except. C. 1507, 1508. — Co. 6.

2125. Ceux qui n'ont sur
l'immeuble qu'un droit suspendu par une condition, ou réso-
luble dans certains cas, ou sujet à rescision, ne peuvent
consentir qu'une hypothèque
soumise aux mêmes conditions
ou à la même rescision. — C.
865, 929, 952, 954, 983, 1181,
1183, 1304 s., 1654, 1673, 1674,
2132, 2148 4°, 2163, *except.*
133, 958.

2126. Les biens des mineurs, des interdits, et ceux
des absens, tant que la possession n'en est déférée que provisoirement, ne peuvent être
hypothéqués que pour les causes et dans les formes établies

le 12 nov. suivant, décide que,
conformément à l'avis du conseil
d'État du 25 therm. an XII, il
peut être pris inscription hypothécaire en vertu des contraintes
que l'article 32 de la loi des
6-22 août 1791 autorise l'administration des douanes à décer-
ner, pour le recouvrement des
droits dont il est fait crédit, et
pour défaut de rapport des certificats de décharge des acquits-
à-caution.

Av. C. D'ÉT. 24 *mars* 1812.

Le Conseil d'État, — Vu l'avis
du 16 therm. an XII, approuvé le
25; — Vu l'avis du 29 oct. dernier, approuvé par Sa Majesté le
12 nov. suivant, — Est d'avis, que
les dispositions contenues en ces
deux actes sont applicables aux
arrêtés des administrateurs par

lesquels les débets des comptables des communes et des établissemens publics sont fixés.

(*a*) ORD. *janv.* 1629.

ART. 121. Les jugemens rendus, contrats ou obligations reçues ès royaumes et souverainetés
étrangères pour quelque cause
que ce soit, n'auront aucune hypothèque ni exécution en notre-
dit Royaume, ains tiendront les
contrats lieu de simples promesses, et nonobstant les jugemens,
nos sujets contre lesquels ils auront été rendus pourront de nouveau débattre leurs droits comme
entiers par-devant nos officiers.

(*b*) L. 11 *brum. an VII*

ART. 9. Peuvent seuls consentir hypothèque sur des biens,
ceux qui ont capacité pour les
aliéner.

par la loi, ou en vertu de jugemens (*a*). —C. 128, 217, 389, 457 *s*., 484, 499, 509, 513, 2123. — Co. 6, 7.

2127. L'hypothèque conventionnelle ne peut être consentie que par un acte passé en forme authentique devant deux notaires ou devant un notaire et deux témoins. —C. 1317, 2116 *note*, 2129, 2152. — Pr. 834 *s*. —Supp. *Notaire*, L. 25 vent. an XI, art. 9 *s*.; L. 21 juin 1843, art. 1, 3.

2128. Les contrats passés en pays étranger ne peuvent donner d'hypothèque sur les biens de France, s'il n'y a des dispositions contraires à ce principe dans les lois politiques ou dans les traités. —C. 11, 2123 *et la note* A. — Pr. 546, 834.

2129. Il n'y a d'hypothèque conventionnelle valable que celle qui, soit dans le titre constitutif de la créance, soit dans un acte authentique postérieur, déclare spécialement la nature et la situation de chacun des immeubles ac-

tuellement appartenant au débiteur, sur lesquels il consent l'hypothèque de la créance. Chacun de tous ses biens présens peut être nominativement soumis à l'hypothèque. — Les biens à venir ne peuvent pas être hypothéqués (*b*). — C. 1130, 2122, 2123, 2127, 2130, 2171.

2130. Néanmoins, si les biens présens et libres du débiteur sont insuffisans pour la sûreté de la créance, il peut, en exprimant cette insuffisance, consentir que chacun des biens qu'il acquerra par la suite, y demeure affecté à mesure des acquisitions. — C. 2129 *et la note*, 2148, 2161 *s*.

2131. Pareillement, en cas que l'immeuble ou les immeubles présens, assujettis à l'hypothèque, eussent péri, ou éprouvé des dégradations, de manière qu'ils fussent devenus insuffisans pour la sûreté du créancier, celui-ci pourra ou poursuivre dès à présent son remboursement, ou obtenir un supplément

---

(*a*) L. 11 *brum. an VII.*
Art. 10. Les biens des mineurs, ceux des majeurs interdits, et des absens, auxquels il a été nommé un curateur, ne peuvent être hypothéqués que pour les causes et dans les formes établies par les lois, ou en vertu d'un jugement.

(*b*) L. 11 *brum. an VII.*
Art. 4. Toute stipulation volontaire d'hypothèque doit indiquer la nature et la situation des immeubles hypothéqués: elle ne peut comprendre que des biens appartenant au débiteur lors de la stipulation; mais elle s'étend à toutes les améliorations qui y surviendront. L'hypothèque judi-

ciaire ne peut affecter que les biens appartenant au débiteur lors du jugement. Quant aux hypothèques que les femmes ont droit d'exercer sur les biens de leurs maris, et à toutes autres hypothèques légales, elles frappent, au moment même de l'inscription, sur tous les biens appartenant au débiteur et situés dans l'arrondissement du bureau où se fait l'inscription. — Le créancier peut aussi, par des inscriptions ultérieures, mais sans préjudice de celles antérieures à la sienne, faire porter son hypothèque sur les biens qui écherraient à son débiteur, ou qu'il acquerrait par la suite.

d'hypothèque.—C. 1183, 2020, 2130.

2132. L'hypothèque conventionnelle n'est valable qu'autant que la somme pour laquelle elle est consentie, est certaine et déterminée par l'acte : si la créance résultant de l'obligation est conditionnelle pour son existence, ou indéterminée dans sa valeur, le créancier ne pourra requérir l'inscription dont il sera parlé ci-après, que jusqu'à concurrence d'une valeur estimative par lui déclarée expressément, et que le débiteur aura droit de faire réduire, s'il y a lieu. — C. 1168, 1181. 1183, 2125, 2148 4°, 2159, 2163.

2133. L'hypothèque acquise s'étend à toutes les améliorations survenues à l'immeuble hypothéqué. — C. 517 s., 552 s., 559, 1019, 2103 4°, 2110, 2118, 2129 note.

SECTION IV.
Du Rang que les Hypothèques ont entre elles.

2134. Entre les créanciers, l'hypothèque, soit légale, soit judiciaire, soit conventionnelle, n'a de rang que du jour de l'inscription prise par le créancier sur les registres du conservateur, dans la forme et de la manière prescrites par la loi, sauf les exceptions portées en l'article suivant.—

C. 2106 *et la note*, 2113, 2116, 2130, 2135, 2146 s. — Co. 490. — I. Cr. 121.

2135. L'hypothèque existe, indépendamment de toute insc ption,—C. 2134. — 1° Au profit des mineurs et interdits, sur les immeubles appartenant à leur tuteur, à raison de sa gestion, du jour de l'acceptation de la tutelle; — C. 418, 450, 509, 2121, 2136 s., 2193 s. — 2° Au profit des femmes, pour raison de leurs dot et conventions matrimoniales, sur les immeubles de leur mari, et à compter du jour du mariage. — C. 75, 1391, 1394, 2121, 3136 s., 2153, 2193 s. — Co. 563 s. — La femme n'a hypothèque pour les sommes dotales qui proviennent de successions à elle échues, ou de donations à elle faites pendant le mariage, qu'à compter de l'ouverture des successions ou du jour que les donations ont eu leur effet. — C. 718, 932, 1542. — Elle n'a hypothèque pour l'indemnité des dettes qu'elle a contractées avec son mari, et pour le remploi de ses propres aliénés, qu'à compter du jour de l'obligation ou de la vente. — C. 1431, 1433 s. — Dans aucun cas, la disposition du présent article ne pourra p judicier aux droits acquis à des tiers avant la publication du présent titre (a).

(a) ÉDIT *de mars* 1673.

ART. 57. N'entendons comprendre en nostre présent édit les hypothèques des mineurs sur les biens de leurs tuteurs, protuteurs ou curateurs comptables, sans néanmoins que ceux qui jouissent du privilège des mineurs, soient dispensés de former et faire registrer leurs op-

positions sur les biens des administrateurs, syndics et autres qui ont eu le maniement de leurs biens.

58. Les mineurs seront néanmoins tenus dans l'an après leur majorité de former leur opposition sur les biens de leurs tuteurs, protuteurs ou curateurs comptables, et de la faire enre-

—C. 2, 2194 *note*, Av. C. D'ÉT. 8 mai 1812.

2136. Sont toutefois les maris et les tuteurs tenus de rendre publiques les hypothèques dont leurs biens sont grevés, et, à cet effet, de requérir eux-mêmes, sans aucun délai, inscription aux bureaux à ce établis, sur les immeubles à eux appartenant, et sur ceux qui pourront leur appartenir par la suite. — C. 2135, 2137 s., 2146 s., 2193 s. — Les maris et les tuteurs qui, ayant manqué de requérir et de faire faire les inscriptions ordonnées par le présent article, auraient consenti ou laissé prendre des priviléges

ou des hypothèques sur leurs immeubles, sans déclarer expressément que lesdits immeubles étaient affectés à l'hypothèque légale des femmes et des mineurs, seront réputés stellionataires, et comme tels, contraignables par corps. — C. 2059, 2066. — Pr. 126, 133, 800 5°, 903. — Co. 612.

2137. Les subrogés tuteurs seront tenus, sous leur responsabilité personnelle, et sous peine de tous dommages et intérêts, de veiller à ce que les inscriptions soient prises sans délai sur les biens du tuteur, pour raison de sa gestion, même de faire faire lesdites inscriptions (*a*). — C.

gistrer en la manière ci-dessus, auquel cas ils seront conservés dans leurs hypothèques du jour de l'acte de tutelle; et si leur opposition n'est registrée qu'après l'année de leur majorité, elle n'aura effet que du jour de l'enregistrement.

60. Exceptons pareillement les hypothèques des femmes sur les biens de leurs maris, pour dot, douaire, et autres droits procédant de leur mariage.

61. Elles auront aussi indemnité et hypothèque du jour de leur contrat de mariage sur les biens de leurs maris, pour les obligations dans lesquelles elles seront entrées avec eux, encore qu'elles n'aient formé ni fait registrer aucune opposition.

Nota. Les femmes séparées de biens avec leurs maris devaient, pour conserver leur rang d'hypothèque, faire enregistrer leurs oppositions sur les biens de leurs maris, dans les quatre mois de l'acte ou du jugement de séparation. —Les veuves devaient former leurs oppositions, dans l'an-

née, à partir du jour du décès de leurs maris. — Passé ces délais, elles pouvaient encore former opposition, mais elles ne prenaient plus rang que du jour de l'enregistrement de leur opposition (art. 62, 64).

(*a*) L. 11 brum. an VII.

ART. 11. A l'égard des inscriptions au profit des mineurs, des interdits, des absens, sur leurs tuteurs, curateurs et administrateurs, elles seront faites à la diligence du subrogé tuteur ou curateur, à peine de demeurer responsable du préjudice qui résulterait du défaut ou retard d'inscription. Au défaut du subrogé tuteur, les parens ou amis qui auront concouru à la nomination du tuteur ou curateur, chacun individuellement et sous leur responsabilité solidaire, seront tenus de requérir les mêmes inscriptions, ou de veiller à ce qu'elles soient faites en temps utile, à la diligence de l'un d'eux.— Celles des époux encore mineurs, pour raison de leurs conventions et droits matrimoniaux, seront fai-

20

120 »., 509, 1142, 1149, 2135, 2140 »., 2194 ».—Pr. 126, 132.

2138. A défaut par les maris, tuteurs, subrogés tuteurs, de faire faire les inscriptions ordonnées par les articles précédens, elles seront requises par le procureur du Roi près le tribunal de première instance du domicile des maris et tuteurs, ou du lieu de la situation des biens. — C. 102 »., 2136, 2137 et la note, 2148 5o, 2194 ».

2139. Pourront les parens, soit du mari, soit de la femme, et les parens du mineur, ou, à défaut de parens, ses amis, requérir lesdites inscriptions; elles pourront aussi être requises par la femme et par les mineurs. — C. 2135 »., 2137 et la note, 2194 ».

2140. Lorsque, dans le contrat de mariage, les parties majeures seront convenues qu'il ne sera pris d'inscription que sur un ou certains immeubles du mari, les immeubles qui ne seraient pas indiqués pour l'inscription resteront libres et affranchis de l'hypothèque pour la dot de la femme et pour ses reprises et conventions matrimoniales. Il ne pourra pas être convenu qu'il ne sera pris aucune inscription. — C. 1387, 1394, 1398, 2123, 2135 2o, 2142, 2144 ».

2141. Il en sera de même pour les immeubles du tuteur, lorsque les parens, en conseil de famille, auront été d'avis qu'il ne soit pris d'inscription que sur certains immeubles. — C. 407 »., 2122, 2140, 2143.

2142. Dans le cas des deux articles précédens, le mari, le tuteur et le subrogé tuteur, ne seront tenus de requérir inscription que sur les immeubles indiqués. — C. 2136, 2146 ».

2143. Lorsque l'hypothèque n'aura pas été restreinte par l'acte de nomination du tuteur, celui-ci pourra, dans le cas où l'hypothèque générale sur ses immeubles excéderait notoirement les sûretés suffisantes pour sa gestion, demander que cette hypothèque soit restreinte aux immeubles suffisans pour opérer une pleine garantie en faveur du mineur. — La demande sera formée contre le subrogé tuteur, et elle devra être précédée d'un avis de famille. — C. 407 »., 420 »., 2123, 2141, 2162, 2164. — Pr. 882 ».

2144. Pourra pareillement le mari, du consentement de sa femme, et après avoir pris l'avis des quatre plus proches parens d'icelle, réunis en assemblée de famille, demander que l'hypothèque générale sur

---

tes à la diligence des père, mère ou tuteur, sous l'autorisation desquels le mariage aura été contracté. A défaut de subrogé tuteur ou curateur, et en cas de prédécès desdits père, mère ou tuteur, sous l'autorisation desquels le mariage aurait été contracté, les inscriptions seront faites à la diligence des parens et amis qui ont concouru à la tutelle ou curatelle, à

peine, par chacun des sus-nommés, de demeurer solidairement responsable de tout préjudice. Si les inscriptions mentionnées au présent article n'ont point été requises dans les deux mois de la publication de la présente par les personnes chargées de le faire, elles le seront par le commissaire du Directoire exécutif près les administrations municipales.

tous ses immeubles, pour raison de la dot, des réprises et conventions matrimoniales, soit restreinte aux immeubles suffisans pour la conservation entière des droits de la femme. — C. 2135, 2140, 2143, 2161, 2161.

2145. Les jugemens sur les demandes des maris et des tuteurs ne seront rendus qu'après avoir entendu le procureur du Roi, et contradictoirement avec lui. — Pr. 83 s., 885. — Dans le cas où le tribunal prononcera la réduction de l'hypothèque à certains immeubles, les inscriptions prises sur tous les autres seront rayées. — C. 2156 s.

CHAPITRE IV.
DU MODE DE L'INSCRIPTION DES PRIVILÉGES ET HYPOTHÈQUES.

2146. Les inscriptions se font au bureau de conservation des hypothèques dans l'arrondissement duquel sont situés les biens soumis au privilége ou à l'hypothèque. Elles ne produisent aucun effet, si elles sont prises dans le délai pendant lequel les actes faits avant l'ouverture des faillites sont déclarés nuls (a). — C. 2106, 2134 s., 2166, 2196 s. — Pr. 673 s., 717, 834. — Co. 446-448, 571. — Il en est de même entre les créanciers d'une succession, si l'inscription n'a été faite par l'un d'eux que depuis l'ouverture, et dans le cas où la succession n'est acceptée que par bénéfice d'inventaire. — C. 797 s., 811 s., 2111. — Pr. 986 s.

2147. Tous les créanciers inscrits le même jour exercent en concurrence une hypothèque de la même date, sans distinction entre l'inscription du matin et celle du soir, quand cette différence serait marquée par le conservateur (b). — C. 2134, 2166 *note* A, § 4.

(a) Édit de mars 1673.
Art. 12. Ceux qui auront hypothèque en vertu de quelque titre que ce soit, même de sentences, jugemens ou arrêts sur héritages, rentes foncières ou constituées par nous sur les hôtels de ville, domaines engagés, offices domaniaux et autres immeubles qui ont une situation certaine, pourront former leurs oppositions aux greffes des enregistremens des bailliages et sénéchaussées de la situation des immeubles sur lesquels ils auront hypothèque.
L. 11 brum. an VII.
Art. 3. L'inscription qui serait faite dans les dix jours avant la faillite, banqueroute ou cessation publique de paiement d'un débiteur, ne confère point hypothèque.

16. Les inscriptions seront faites au bureau de la conservation des hypothèques de la situation des biens sur lesquels le créancier entend exercer son hypothèque ou privilége. Si l'inscription de la même créance a été faite dans plusieurs bureaux, l'hypothèque n'a rang sur les biens situés dans chacun d'eux, que du jour où l'inscription y a été effectuée.
(b) Édit de mars 1673.
Art. 11. L'opposition contiendra élection de domicile pour l'opposant dans le lieu où se fera l'enregistrement; elle sera datée et fera mention si c'est devant ou après midi, elle sera signée de l'opposant ou du porteur de sa procuration et du greffier.

2148. Pour opérer l'inscription, le créancier représente, soit par lui-même, soit par un tiers, au conservateur des hypothèques, l'original en brevet ou une expédition authentique du jugement ou de l'acte qui donne naissance au privilége ou à l'hypothèque. — C. 2108 *note*, 2123, 2127, 2150, 2153, 2199 s. — Il y joint deux bordereaux écrits sur papier timbré, dont l'un peut être porté sur l'expédition du titre : ils contiennent, — 1° Les nom, prénom, domicile du créancier, sa profession s'il en a une, et l'élection d'un domicile pour lui dans un lieu quelconque de l'arrondissement du bureau ; — C. 111, 2152. — 2° Les nom, prénom, domicile du débiteur, sa profession s'il en a une connue, ou une désignation individuelle et spéciale, telle, que le conservateur puisse reconnaître et distinguer dans tous les cas l'individu grevé d'hypothèque ; — C. 2149. — 3° La date et la nature du titre ; — 4° Le montant du capital des créances exprimées dans le titre, ou évaluées par l'inscrivant, pour les rentes et prestations, ou pour les droits éventuels, conditionnels ou indéterminés, dans les cas où cette évaluation est ordonnée ; comme aussi le montant des accessoires de ces capitaux, et l'époque de l'exigibilité (1) ; — C. 2132, 2153 3°, 2163 s. — 5° L'indication de l'espèce et de la situation des biens sur lesquels il entend conserver son privilége ou son hypothèque. — C. 2149. — Cette dernière disposition n'est pas nécessaire dans le cas des hypothèques légales ou judiciaires : à défaut de convention, une seule inscription, pour ces hypothèques, frappe tous les immeubles compris dans l'arrondissement du bureau (a). — C. 1017, 2111, 2122, 2193.

---

(1) Quant à la mention d'exigibilité, cette formalité ayant été souvent omise dans les inscriptions prises avant la publication du Code civil, une loi du 4 sept. 1807 a permis, dans les six mois à dater de sa promulgation, d'insérer après coup cette mention.

Nota. Le créancier n'est pas tenu d'indiquer dans l'inscription l'époque de l'exigibilité qui peut avoir lieu en vertu de l'art. 1912 du Code civil ; mais quant aux arrérages, il doit en désigner non-seulement le montant, mais encore l'époque de leur échéance ou de leur exigibilité. (Décision du grand juge, 21 juin 1808.)

(a) L. 11 *brum. an VII.*

Art. 17. A cet effet (c'est-à-dire pour opérer l'inscription), le créancier représente soit par lui-même, soit par un tiers, l'original en brevet, ou une expédition du titre, pour toutes hypothèques autres que celles légales, et y joint deux bordereaux écrits sur papier timbré, dont l'un peut être porté sur l'expédition du titre. Ils contiennent, 1° les nom, prénom, profession et domicile du créancier, et élection de domicile pour lui dans l'étendue du bureau où l'inscription est faite ; — 2° Les nom, prénoms, profession et domicile du débiteur, ou une désignation individuelle et spéciale, assez précise pour que le conservateur des hypothèques puisse reconnaître et distinguer dans tous les cas l'individu grevé ; — 3° La date du titre, ou, à défaut de titre, l'époque à laquelle l'hy-

2149. Les inscriptions à faire sur les biens d'une personne décédée, pourront être faites sous la simple désignation du défunt, ainsi qu'il est dit au n° 2 de l'article précédent. — C. 877, 2148 et la note 1. — Pr. 457.

2150. Le conservateur fait mention, sur son registre, du contenu aux bordereaux, et remet au requérant, tant le titre ou l'expédition d'un titre, que l'un des bordereaux, au pied duquel il certifie avoir fait l'inscription (a). — C. 2148, 2153, 2197 et la note. — Pr. 773, 837.

2151. Le créancier inscrit pour un capital produisant intérêt ou arrérage, a droit d'être colloqué pour deux années seulement, et pour l'année courante, au même rang d'hypothèque que pour son capital; sans préjudice des inscriptions particulières à prendre, portant hypothèque à compter de leur date, pour les arrérages autres que ceux conservés par la première inscription (b). — C. 1905 a., 2148 4°, 2197. — Pr. 689, 757, 767, 770.

2152. Il est loisible à celui qui a requis une inscription, ainsi qu'à ses représentans, ou cessionnaires par acte authentique, de changer sur le registre des hypothèques le domicile par lui élu, à la charge d'en choisir et indiquer un autre dans le même arrondissement (c). — C. 111, 1692, 2148 1°, 2156.

2153. Les droits d'hypothèque purement légale de l'État, des communes et des éta-

pothèque a pris naissance; — 4° Le montant des capitaux et accessoires, et l'époque de leur exigibilité; — 5° L'indication de l'espèce et de la situation des biens sur lesquels il entend conserver son hypothèque ou privilège. — Cette dernière disposition n'est point applicable aux hypothèques légales, ni à celles résultant d'un jugement; leurs inscriptions sont faites sans qu'il soit besoin de désignation des biens grevés. — Les inscriptions à faire sur les biens d'une personne décédée, pourront l'être sur la simple dénomination du défunt. — Le requérant sera tenu de déclarer la somme en numéraire à laquelle il évalue les rentes et prestations pour lesquelles il s'inscrit.

(a) L. 11 brum. an VII
Art. 18. Le conservateur fait mention sur un registre du contenu aux bordereaux, et remet au requérant tant l'expédition du titre, que l'un des bordereaux, au pied duquel il certifie avoir fait l'inscription.

(b) L. 11 brum. an VII.
Art. 19. Le créancier inscrit pour un capital produisant des intérêts, a droit de venir, pour deux années d'arrérages, au même rang d'hypothèque que pour son capital.

(c) L. 11 brum. an VII
Art. 20. Il est loisible à celui qui a requis l'inscription, ainsi qu'à ses héritiers et cessionnaires, de changer par déclaration, sur le registre des hypothèques, le domicile élu, à la charge d'en indiquer un autre dans l'étendue du bureau. Les actions auxquelles les inscriptions donneront lieu contre le créancier, seront intentées par exploits faits à sa personne, ou à son dernier domicile indiqué par le registre; et ce, nonobstant le décès du créancier et de celui chez lequel ce domicile aurait été élu.

blissemens publics sur les biens des comptables, ceux des mineurs ou interdits sur les tuteurs, des femmes mariées sur leurs époux, seront inscrits sur la représentation de deux bordereaux, contenant seulement, — C. 2121. — 1º Les nom, prénom, profession et domicile réel du créancier, et le domicile qui sera par lui, ou pour lui, élu dans l'arrondissement; — C. 111, 2148 1º, 2152. — 2º Les nom, prénom, profession, domicile, ou désignation précise du débiteur;

—C. 2148 2º. —3º La nature des droits à conserver, et le montant de leur valeur quant aux objets déterminés, sans être tenu de le fixer quant à ceux qui sont conditionnels, éventuels ou indéterminés (a). — C. 1181, 1183, 2132, secus 2148 4º.

2154. Les inscriptions conservent l'hypothèque et le privilége pendant dix années, à compter du jour de leur date; leur effet cesse, si ces inscriptions n'ont été renouvelées avant l'expiration de ce délai (1).—C. 2146, 2149, 2200 (b).

(a) L. 11 brum. an VII.
ART. 21. Tout droit d'hypothèque légale ou conventionnelle, — 1º Au profit de la Nation, sur les comptables de deniers publics pour raison de leur gestion, et sur leurs cautions à l'égard des biens servant de cautionnement; — 2º Au profit des mineurs, des interdits et des absens, sur leurs tuteurs, curateurs et administrateurs, aussi pour raison de leur gestion; — 3º Des époux, pour raison de leurs conventions et droits matrimoniaux éventuels, qui ne seraient encore ni ouverts ni déterminés, — Sera, nonobstant les dispositions de l'article 17, inscrit sur la simple représentation de deux bordereaux, contenant, — 1º Les nom, prénoms, profession et domicile du requérant, ainsi que le domicile par lui ou pour lui élu dans l'étendue du bureau où l'inscription sera requise; — 2º Les nom, prénoms, profession et domicile du débiteur, ou une désignation suffisante, telle qu'elle est indiquée par l'article 17; — 3º La nature du droit qu'il s'agit de conserver, à l'époque où il a pris naissance, sans être tenu d'en déterminer le montant. —

Ces inscriptions seront reçues sans aucune avance des salaires du conservateur, et sauf son recours contre le grevé.
(1) Av. C. D'ÉT. 22 janv 1808.
Le Conseil d'État, sur la question de savoir si les inscriptions hypothécaires prises d'office, et celles prises par les femmes, les mineurs et le trésor public, sur les biens des maris, des tuteurs et des comptables, doivent être renouvelées avant l'expiration du délai de dix années;
Est d'avis que, — 1º Toute inscription doit être renouvelée avant l'expiration du laps de dix années; — 2º Lorsque l'inscription a été nécessaire pour opérer l'hypothèque, le renouvellement est nécessaire pour sa conservation; — 3º Lorsque l'hypothèque existe indépendamment de l'inscription, et que celle-ci n'est ordonnée que sous des peines particulières, ceux qui ont dû la faire doivent la renouveler sous les mêmes peines; —4º Enfin, lorsque l'inscription a dû être faite d'office par le conservateur, elle doit être renouvelée par le créancier qui a intérêt.
(b) L. 11 brum. an VII.
ART. 23. Les inscriptions con-

2155. Les frais des inscriptions sont à la charge du débiteur, s'il n'y a stipulation contraire; l'avance en est faite par l'inscrivant, si ce n'est quant aux hypothèques légales, pour l'inscription desquelles le conservateur a son recours contre le débiteur. Les frais de la transcription qui peut être requise par le vendeur, sont à la charge de l'acquéreur (a). — C. 1248, 1593, 2108, 2121, 2166. — Pr. 834 s.

2156. Les actions auxquelles les inscriptions peuvent donner lieu contre les créanciers, seront intentées devant le tribunal compétent, par exploits faits à leur personne, ou au dernier des domiciles élus sur le registre; et ce, nonobstant le décès soit des créanciers, soit de ceux chez lesquels ils auront fait élection de domicile. — C. 111, 2145, 2148, 2149, 2153 *et la note*, 2159, 2161, 2183. — Pr. 447, 753, 832 s.

servent l'hypothèque et le privilége pendant dix années à compter du jour de leur date; leur effet cesse, si ces inscriptions n'ont été renouvelées avant l'expiration de ce délai. — Néanmoins leur effet subsiste, savoir, sur les comptables publics et privés dénommés en l'article 21, et sur les cautions des comptables publics, jusqu'à l'apurement définitif des comptes, et six mois au delà; et sur les époux, pour tous leurs droits et conventions de mariage, soit déterminés, soit éventuels, pendant tout le temps du mariage, et une année après.

(a) L. 11 *brum. an* VII.

ART. 24. Les frais des inscriptions sont à la charge du débiteur, s'il n'y a eu stipulation

CHAPITRE V.

DE LA RADIATION ET RÉDUCTION DES INSCRIPTIONS.

2157. Les inscriptions sont rayées du consentement des parties intéressées et ayant capacité à cet effet, ou en vertu d'un jugement en dernier ressort ou passé en force de chose jugée (b). — C. 1109 s., 1133 s., 1351, 2158, 2160, 2180 2°. — Pr. 135, 155, 548 s., 772 s.

2158. Dans l'un et l'autre cas, ceux qui requièrent la radiation déposent au bureau du conservateur l'expédition de l'acte authentique portant consentement, ou celle du jugement. — C. 1317, 2157 *et la note*. — Pr. 772.

2159. La radiation non consentie est demandée au tribunal dans le ressort duquel l'inscription a été faite, si ce n'est lorsque cette inscription a eu lieu pour sûreté d'une condamnation éventuelle ou

contraire. — Les tuteurs et curateurs des mineurs, des interdits et des absens, peuvent employer en dépense, dans le compte de leur gestion, les frais qu'ils auront payés pour celles faites sur eux à l'effet de conserver les hypothèques indéfinies des administrés.

(b) L. 11 *brum. an* VII.

ART. 23. Les inscriptions sont radiées sur la justification du consentement des parties intéressées, ou du jugement exécutoire qui l'aurait ordonné.

Dans l'un et l'autre cas, ceux qui requièrent la radiation, sont tenus de déposer au bureau de la conservation des hypothèques l'expédition de l'acte authentique du consentement, ou celle du jugement.

indéterminée, sur l'exécution ou liquidation de laquelle le débiteur et le créancier prétendu sont en instance ou doivent être jugés dans un autre tribunal ; auquel cas la demande en radiation doit y être portée ou renvoyée. — C. 2133, 2158. — Pr. 171, 548. — Cependant la convention faite par le créancier et le débiteur, de porter, en cas de contestation, la demande à un tribunal qu'ils auraient désigné, recevra son exécution entre eux. — C. 111, 1134.

2160. La radiation doit être ordonnée par les tribunaux, lorsque l'inscription a été faite sans être fondée ni sur la loi, ni sur un titre, ou lorsqu'elle l'a été en vertu d'un titre soit irrégulier, soit éteint ou soldé, ou lorsque les droits de privilège ou d'hypothèque sont effacés par les voies légales. — C. 2154, 2157, 2180, 2181-2195. — Pr. 772, 774.

2161. Toutes les fois que les inscriptions prises par un créancier qui, d'après la loi, aurait droit d'en prendre sur les biens présens ou sur les biens à venir d'un débiteur, sans limitation convenue, seront portés sur plus de domaines différens qu'il n'est nécessaire à la sûreté des créances, l'action en réduction des inscriptions, ou en radiation d'une partie en ce qui excède la proportion convenable, est ouverte au débiteur. On y suit les règles de compétence éta-

blies dans l'article 2159 (1). — C. 2121, 2122, 2123, 2143 s., 2161 s. — La disposition du présent article ne s'applique pas aux hypothèques conventionnelles. — C. 1134, 2124, 2131.

2162. Sont réputées excessives les inscriptions qui frappent sur plusieurs domaines, lorsque la valeur d'un seul ou de quelques-uns d'entre eux excède de plus d'un tiers en fonds libres le montant des créances en capital et accessoires légaux. — C. 2143 s., 2161.

2163. Peuvent aussi être réduites comme excessives, les inscriptions prises d'après l'évaluation faite par le créancier, des créances qui, en ce qui concerne l'hypothèque à établir pour leur sûreté, n'ont pas été réglées par la convention, et qui, par leur nature, sont conditionnelles, éventuelles ou indéterminées. — C. 1181, 1183, 2125, 2132, 2148 4°, 2153 3°, 2161, 2164 s.

2164. L'excès, dans ce cas, est arbitré par les juges, d'après les circonstances, les probabilités des chances et les présomptions de fait, de manière à concilier les droits vraisemblables du créancier avec l'intérêt du crédit raisonnable à conserver au débiteur ; sans préjudice des nouvelles inscriptions à prendre avec hypothèque du jour de leur date, lorsque l'événement aura porté les créances indéter-

---

(1) L. 16 sept. 1807.

ART. 15. La cour (des comptes) prononcera sur les demandes en réduction, en translation d'hypothèques, formées par des comptables encore en exercice,

ou par ceux hors d'exercice dont les comptes ne sont pas définitivement apurés, en exigeant les sûretés suffisantes pour la conservation des droits du trésor.

minées à une somme plus forte. — C. 1953, 2146, 2148.

2165. La valeur des immeubles dont la comparaison
est à faire avec celle des créances, et le tiers en sus, est déterminée par quinze fois la
valeur du revenu déclaré par
la matrice du rôle de la contribution foncière, ou indiqué
par la cote de contribution sur
le rôle, selon la proportion
qui existe dans les communes
de la situation entre cette matrice ou cette cote et le revenu, pour les immeubles non
sujets à dépérissement, et dix
fois cette valeur pour ceux qui
y sont sujets. Pourront néanmoins les juges s'aider, en outre, des éclaircissemens qui
peuvent résulter des baux non
suspects, des procès-verbaux
d'estimation qui ont pu être
dressés précédemment à des
époques rapprochées, et autres actes semblables, et éva-
luer le revenu au taux moyen
entre les résultats de ces divers renseignemens. — C.
2161 s.

CHAPITRE VI.
DE L'EFFET DES PRIVILÉGES ET HYPOTHÈQUES CONTRE LES TIERS DÉTENTEURS.

2166. Les créanciers ayant
privilége ou hypothèque inscrite sur un immeuble, le suivent en quelques mains qu'il
passe, pour être colloqués et
payés suivant l'ordre de leurs
créances ou inscriptions (1).
— C. 2094, 2106 s., 2114, 2134
s., 2146 s., 2167 s., 2198,
2218. — Pr. 692, 749 s., 834
s., 991 (a).

2167. Si le tiers détenteur
ne remplit pas les formalités

---

(1) Pour la purge des priviléges et hypothèques en cas de
concession de mines, *voyes*
Supp. *Mines*, L. 21 avril 1810,
art. 17. — Pour la purge des
priviléges et hypothèques en cas
d'expropriation forcée, *voyes*
Supp. *Expropriation pour cause
d'utilité publique*, L. 3 mai 1841,
art. 13 2°.

(a) L. 11 *brum. an VII.*

Art. 14. Les créanciers ayant
privilége ou hypothèque sur un
immeuble, peuvent le suivre en
quelques mains qu'il se trouve,
pour être payés et colloqués sur
le prix dans l'ordre suivant : —
1° Les créanciers privilégiés désignés en l'article 11, avant tous
autres, et en observant entre eux
l'ordre indiqué par le même article ; — 2° Les ouvriers, les
entrepreneurs, leurs cessionnaires, lorsqu'ils se seront conformés aux dispositions des articles
12 et 13, jusqu'à concurrence
seulement de la plus-value résultant des constructions, réparations et améliorations ; — 3° Les
précédens propriétaires, ou leurs
ayant-cause, dont les droits auront été maintenus selon les formes indiquées par la présente,
pour ce qui leur restera dû du
prix, ou pour les charges qui en
tiendront lieu ; — 4° Les créanciers hypothécaires, suivant la
priorité de leurs inscriptions, et
en cas de concours de plusieurs
inscriptions faites le même jour,
et d'insuffisance de fonds pour
en payer intégralement les
causes, par contribution entre
les créanciers qui les auraient
requises : — Le tout sans préjudice du droit qu'ont les créanciers des personnes décédées, et
les légataires, de demander la distinction et la séparation des patrimoines, conformément aux lois.

qui seront ci-après établies, pour purger sa propriété, il demeure, par l'effet seul des inscriptions, obligé comme détenteur à toutes les dettes hypothécaires, et jouit des termes et délais accordés au débiteur originaire (a). — C. 1231, 2166, 2172, 2181 s., 2193 s.

2168. Le tiers détenteur est tenu, dans le même cas, ou de payer tous les intérêts et capitaux exigibles, à quelque somme qu'ils puissent monter, ou de délaisser l'immeuble hypothéqué, sans aucune réserve. — C. 2151, 2167, 2169 s.

2169. Faute par le tiers détenteur de satisfaire pleinement à l'une de ces obligations, chaque créancier hypothécaire a droit de faire vendre sur lui l'immeuble hypothéqué, trente jours après commandement fait au débiteur originaire, et sommation faite au tiers détenteur de payer la dette exigible ou de délaisser l'héritage. — C. 2093, 2114, 2166, 2170, 2172 s., 2183, 2204, 2217 et la note, 2218. — Pr. 551-673 s.

2170. Néanmoins le tiers détenteur qui n'est pas personnellement obligé à la dette, peut s'opposer à la vente de l'héritage hypothéqué qui lui a été transmis, s'il est demeuré d'autres immeubles hypothéqués à la même dette dans la possession du principal ou des principaux obligés, et en requérir la discussion préalable selon la forme réglée au titre *du Cautionnement*: pendant cette discussion, il est sursis à la vente de l'héritage hypothéqué. — C. 2021-2024, 2169, 2171.

2171. L'exception de discussion ne peut être opposée au créancier privilégié ou ayant hypothèque spéciale sur l'immeuble. — C. 2103, 2104 s., 2129, 2170, 2206 s.

2172. Quant au délaissement par hypothèque, il peut être fait par tous les tiers détenteurs qui ne sont pas personnellement obligés à la dette, et qui ont la capacité d'aliéner. — C. 1123 s., 2124, 2173 s.

2173. Il peut l'être même après que le tiers détenteur a reconnu l'obligation ou subi condamnation en cette qualité seulement : le délaissement n'empêche pas que, jusqu'à l'adjudication, le tiers détenteur ne puisse reprendre l'immeuble en payant toute la dette et les frais. — C. 2167 s., 2174. — Pr. 706.

2174. Le délaissement par hypothèque se fait au greffe du tribunal de la situation des biens; et il en est donné acte par ce tribunal.—Sur la pétition du plus diligent des intéressés, il est créé à l'immeuble délaissé un curateur sur lequel la vente de l'immeuble est poursuivie dans les formes prescrites pour les expropriations. — C. 812, 2204 s., 2218. —Pr. 673 s.

2175. Les détériorations

(a) L. 11 *brum. an VII.*
Art. 15. La vente, soit volontaire, soit forcée, de l'immeuble grevé, ne rend point exigibles les capitaux aliénés ni les autres créances non échues. — En conséquence, l'acquéreur et l'adjudicataire jouiront des mêmes termes et délais qu'avaient les précédens propriétaires de l'immeuble, pour acquitter les charges et dettes hypothécaires inscrites.

qui procèdent du fait ou de la négligence du tiers détenteur, au préjudice des créanciers hypothécaires ou privilégiés, donnent lieu contre lui à une action en indemnité; mais il ne peut répéter ses impenses et améliorations que jusqu'à concurrence de la plus-value résultant de l'amélioration. — C. 861 s., 1245, 1381 s., 1631 s., 2103 s., 2115.

2176. Les fruits de l'immeuble hypothéqué ne sont dus par le tiers détenteur qu'à compter du jour de la sommation de payer ou de délaisser, et, si les poursuites commencées ont été abandonnées pendant trois ans, à compter de la nouvelle sommation qui sera faite. — C. 549 s., 583 s., 2169, 2217. — Pr. 397, 399, 689.

2177. Les servitudes et droits réels que le tiers détenteur avait sur l'immeuble avant sa possession, renaissent après le délaissement ou après l'adjudication faite sur lui. — C. 637, 703 s., 1234, 2172 s. — Ses créanciers personnels, après tous ceux qui sont inscrits sur les précédens propriétaires, exercent leur hypothèque à leur rang, sur le bien délaissé ou adjugé. — C. 2134, 2174.

2178. Le tiers détenteur qui a payé la dette hypothécaire, ou délaissé l'immeuble hypothéqué, ou subi l'expropriation de cet immeuble, a le recours en garantie, tel que de droit, contre le débiteur principal. — C. 611, 874, 1020, 1251, 1625 s., 2172 s.

2179. Le tiers détenteur qui veut purger sa propriété en payant le prix, observe les formalités qui sont établies dans le chapitre VIII du présent titre. — C. 2181 s., 2193 s.

CHAPITRE VII.
DE L'EXTINCTION DES PRIVILÉGES ET HYPOTHÈQUES.

2180. Les priviléges et hypothèques s'éteignent, — 1º Par l'extinction de l'obligation principale, — C. 1234, 1250, 1251, 1278-1280, 2038. — 2º Par la renonciation du créancier à l'hypothèque, — C. 2157 s. — 3º Par l'accomplissement des formalités et conditions prescrites aux tiers détenteurs pour purger les biens par eux acquis, — C. 2181 s., 2193 s. — 4º Par la prescription. — C. 2219 s. — La prescription est acquise au débiteur, quant aux biens qui sont dans ses mains, par le temps fixé pour la prescription des actions qui donnent l'hypothèque ou le privilège. — C. 2262. — Quant aux biens qui sont dans la main d'un tiers détenteur, elle lui est acquise par le temps réglé pour la prescription de la propriété à son profit: dans le cas où la prescription suppose un titre, elle ne commence à courir que du jour où il a été transcrit sur les registres du conservateur. — C. 2181, 2263, 2265 s. — Les inscriptions prises par le créancier n'interrompent pas le cours de la prescription établie par la loi en faveur du débiteur ou du tiers détenteur. — C. 2146, 2154, 2242 s.

CHAPITRE VIII.
DU MODE DE PURGER LES PROPRIÉTÉS DES PRIVILÉGES ET HYPOTHÈQUES.

2181. Les contrats translatifs de la propriété d'immeubles ou droits réels immobiliers, que les tiers détenteurs voudront purger de priviléges et hypothèques, seront transcrits en entier par le conservateur des hypothèques dans l'arrondissement duquel les biens sont situés. — Cette transcription se fera sur un registre à ce destiné, et le conservateur sera tenu d'en donner reconnaissance au requérant (*a*). — C. 939 *n.*, 1069 *n.*, 2108, 2118, 2180 3°, 2182 *n.*, 2193 *n.*, 2198 *n.*

2182. La simple transcription des titres translatifs de propriété sur le registre du conservateur, ne purge pas les hypothèques et privilèges établis sur l'immeuble. — Le vendeur ne transmet à l'acquéreur que la propriété et les droits qu'il avait lui-même sur la chose vendue : il les transmet sous l'affectation des mêmes privilèges et hypothèques dont il était chargé (*b*). — C. 711, 1138, 1140, 1583, 2108, 2125, 2166 *note* 1, 2181, 2189, 2198. — Pr. 834.

2183. Si le nouveau propriétaire veut se garantir de l'effet des poursuites autorisées dans le chapitre VI du présent titre, il est tenu, soit avant les poursuites, soit dans le mois,

au plus tard, à compter de la première sommation qui lui est faite, de notifier aux créanciers, aux domiciles par eux élus dans leurs inscriptions, — C. 2148 1°, 2152, 2156, 2166-2180, 2193 *n.* — Pr. 832 *n.* — T. 1er, art. 29 § 56, 72, art. 143. — 1° Extrait de son titre, contenant seulement la date et la qualité de l'acte, le nom et la désignation précise du vendeur ou du donateur, la nature et la situation de la chose vendue ou donnée; et, s'il s'agit d'un corps de biens, la dénomination générale seulement du domaine et des arrondissemens dans lesquels il est situé, le prix et les charges faisant partie du prix de la vente, ou l'évaluation de la chose si elle a été donnée; — C. 2184 *n.*, 2192. — 2° Extrait de la transcription de l'acte de vente; — C. 2181, 2196. — 3° Un tableau sur trois colonnes, dont la première contiendra la date des hypothèques et celle des inscriptions; la seconde, le nom des créanciers; la troisième, le montant des créances inscrites (*c*). — C. 2148, 2196.

(*a*) L. 11 *brum. an VII.*
A*r*t. 26. Les actes translatifs de biens et droits susceptibles d'hypothèques doivent être transcrits sur les registres du bureau de la conservation des hypothèques dans l'arrondissement duquel les biens sont situés. — Jusque-là ils ne peuvent être opposés aux tiers qui auraient contracté avec le vendeur, et qui se seraient conformés aux dispositions de la présente.
27. Le conservateur des hypothèques certifie, au bas de l'expédition qu'il rend à l'acquéreur,

la transcription qu'il en a faite.
(*b*) L. 11 *brum. an VII.*
A*r*t. 28. La transcription prescrite par l'article 26 transmet à l'acquéreur les droits que le vendeur avait à la propriété de l'immeuble, mais avec les dettes et hypothèques dont cet immeuble est grevé.
(*c*) L. 11 *brum. an VII.*
A*r*t. 30. Si le prix exprimé dans le contrat est insuffisant pour acquitter toutes les charges et hypothèques, l'acquéreur, pour se dispenser d'en payer l'intégralité et se garantir de l'effet des

2184. L'acquéreur ou le donataire déclarera, par le même acte, qu'il est prêt à acquitter, sur-le-champ, les dettes et charges hypothécaires jusqu'à concurrence seulement du prix, sans distinction des dettes exigibles ou non exigibles. — C. 1188, 2167 s., 2183 note, 2185.

2185. Lorsque le nouveau propriétaire a fait cette notification dans le délai fixé, tout créancier dont le titre est inscrit, peut requérir la mise de l'immeuble aux enchères et adjudications publiques; à la charge, — C. 2183 s., 2192. — Pr. 703 s., 832 s., 834, 835. — Co. 573. — 1° Que cette réquisition sera signifiée au nouveau propriétaire dans quarante jours, au plus tard, de la notification faite à la requête de ce dernier, en y ajoutant deux jours par cinq myriamètres de distance entre le domicile élu et le domicile réel de chaque créancier requérant; — C. 2184 1°. — Pr. 1033. — 2° Qu'elle contiendra soumission du requérant, de porter ou faire porter le prix à un dixième en sus de celui qui aura été stipulé dans le contrat, ou déclaré par le nouveau propriétaire; — 3° Que la même signification sera faite dans le même délai au précédent propriétaire, débiteur principal; — 4° Que l'original et les copies de ces exploits seront signés par le créancier requérant, ou par son fondé de procuration expresse, lequel, en ce cas, est tenu de donner copie de sa procuration; — C. 66, 1984 s., 1997. — Pr. 216, 218, 853, 884. — 5° Qu'il offrira de donner caution jusqu'à concurrence du prix et des charges (1). — C. 2040 s. — Pr. 518 s., 832, 833. — Le tout à peine de nullité (a). — Pr. 832, 833, 1029. — T. 5e, art. 4 § 3.

---

poursuites autorisées par l'article 14, est tenu de notifier, dans le mois de la transcription de l'acte de mutation, aux créanciers, aux domiciles par eux élus, — 1° Son contrat d'acquisition; — 2° Le certificat de transcription qu'il en a requis; — 3° L'état des charges et hypothèques dont est grevée la propriété, avec déclaration qu'il acquittera sur-le-champ celles échues et celles à échoir, dans les mêmes termes et de la même manière qu'elles ont été constituées, mais le tout jusqu'à concurrence seulement du prix stipulé en son acte.

(1) L. 21-24 fév. 1837.

ART. UNIQUE. Dans le cas prévu par les articles 2185 du Code civil et 832 du Code de procédure civile, si la mise aux enchères est requise au nom de l'État, le trésor royal sera dispensé d'offrir et de donner caution.

(a) L. 11 brum. an VII.

ART. 31. Lorsque l'acquéreur a fait cette notification dans le délai prescrit, tout créancier dont les titres ont été inscrits, peut requérir la mise aux enchères et adjudication publiques de l'immeuble, à la charge, 1° de le déclarer à l'acquéreur dans le mois de la notification par lui faite; 2° de se soumettre de porter ou faire porter le prix au moins à un vingtième en sus de celui stipulé dans le contrat. — Cette réquisition est signifiée tant à l'acquéreur qu'au vendeur, par exploit dont l'original ainsi que les copies seront signés du créan-

2186. A défaut, par les créanciers, d'avoir requis la mise aux enchères dans le délai et les formes prescrits, la valeur de l'immeuble demeure définitivement fixée au prix stipulé dans le contrat, ou déclaré par le nouveau propriétaire, lequel est, en conséquence, libéré de tous privilége et hypothèque, en payant ledit prix aux créanciers qui seront en ordre de recevoir, ou en le consignant (a). — C. 1257 s., 2180 3°, 2185. — Pr. 775-777, 812 s., 835.

2187. En cas de revente sur enchères, elle aura lieu suivant les formes établies pour les expropriations forcées, à la diligence soit du créancier qui l'aura requise, soit du nouveau propriétaire. — C. 2204. — Pr. 710 s., 832 s., 836 s. — Le poursuivant énoncera dans les affiches le prix stipulé dans le contrat, ou déclaré, et la somme en sus à laquelle le créancier s'est obligé de la porter ou faire porter (b). — C. 2185 2°. — Co. 573.

2188. L'adjudicataire est tenu, au delà du prix de son adjudication, de restituer à l'acquéreur ou au donataire dépossédé les frais et loyaux coûts de son contrat, ceux de la transcription sur les registres du conservateur, ceux de notification, et ceux faits par lui pour parvenir à la revente (c). — C. 1630, 1699, 2178-2177.

2189. L'acquéreur ou le donataire qui conserve l'immeuble mis aux enchères, en se rendant dernier enchérisseur, n'est pas tenu de faire transcrire le jugement d'adjudication (d).

---

cier, ou de son fondé de pouvoir, lequel, en ce cas, sera tenu de donner copie de sa procuration; le tout à peine de nullité.

(a) L. 11 *brum. an VII.* ART. 32. Faute de la déclaration et soumission dans ledit délai, la valeur de l'immeuble demeure fixée définitivement au prix stipulé par le contrat d'acquisition, et l'acquéreur sera en conséquence libéré de toutes charges et hypothèques, en payant ledit prix aux créanciers qui seront en ordre de le recevoir.

(b) L. 11 *brum. an VII.* ART. 33. En cas de revente sur enchères, elle a lieu suivant les formes déterminées pour les expropriations forcées, à la diligence soit de l'acquéreur, soit du créancier qui l'aura requise : le poursuivant énoncera dans les affiches la quotité du prix porté au contrat, et la somme en sus à laquelle le créancier s'est obligé de le porter ou faire porter.

(c) L. 11 *brum. an VII.* ART. 34. Le tiers adjudicataire restitue à l'acquéreur les frais et loyaux coûts du premier contrat et de sa transcription sur les registres des hypothèques, ensemble ceux par lui faits pour parvenir à la revente ; le tout en sus du prix de l'adjudication.

(d) L. 11 *brum. an VII.* ART. 22. L'adjudication doit être transcrite, à la diligence de l'adjudicataire, sur les registres du bureau de la conservation des hypothèques de la situation des biens, dans le mois de sa prononciation. Il ne peut, avant l'accomplissement de cette formalité, se mettre en possession des biens adjugés ; et, après l'expiration du mois, les créanciers non remboursés ont aussi la faculté, même sans attendre l'échéance du

2190. Le désistement du créancier requérant la mise aux enchères, ne peut, même quand le créancier paierait le montant de la soumission, empêcher l'adjudication publique, si ce n'est du consentement exprès de tous les autres créanciers hypothécaires.—C. 1625 s.

2191. L'acquéreur qui se sera rendu adjudicataire aura son recours tel que de droit contre le vendeur, pour le remboursement de ce qui excède le prix stipulé par son titre, et pour l'intérêt de cet excédant, à compter du jour de chaque paiement. — C. 1626 s., 2192.

2192. Dans le cas où le titre du nouveau propriétaire comprendrait des immeubles et des meubles, ou plusieurs immeubles, les uns hypothéqués, les autres non hypothéqués, situés dans le même ou dans divers arrondissemens de bureaux, aliénés pour un seul et même prix, ou pour des prix distincts et séparés, soumis ou non à la même exploitation, le prix de chaque immeuble frappé d'inscriptions particulières et séparées, sera déclaré dans la notification du nouveau propriétaire, par ventilation, s'il y a lieu, du prix total exprimé dans le titre. — Le créancier surenchérisseur ne pourra, en aucun cas, être contraint d'étendre sa soumission ni sur le mobilier, ni sur d'autres immeubles que ceux qui sont hypothéqués à sa créance et

situés dans le même arrondissement, sauf le recours du nouveau propriétaire contre ses auteurs, pour l'indemnité du dommage qu'il éprouverait, soit de la division des objets de son acquisition, soit de celle des exploitations. — C. 2166, 2185, 2211.

CHAPITRE IX.
DU MODE DE PURGER LES HYPOTHÈQUES, QUAND IL N'EXISTE PAS D'INSCRIPTION SUR LES BIENS DES MARIS ET DES TUTEURS.

2193. Pourront les acquéreurs d'immeubles appartenant à des maris ou à des tuteurs, lorsqu'il n'existera pas d'inscriptions sur lesdits immeubles à raison de la gestion du tuteur, ou des dot, reprises et conventions matrimoniales de la femme, purger les hypothèques qui existeraient sur les biens par eux acquis. — C. 2121, 2133 s., 2153, 2166 *note* 1, 2181, 2194 s.—Supp. *Expropriation pour cause d'utilité publique,* L. 3 mai 1841, art. 17.

2194. A cet effet, ils déposeront copie dûment collationée du contrat translatif de propriété au greffe du tribunal civil du lieu de la situation des biens, et ils certifieront par acte signifié, tant à la femme ou au subrogé tuteur, qu'au procureur du Roi près le tribunal, le dépôt qu'ils auront fait. Extrait de ce contrat, contenant sa date, les

terme d'exigibilité de leurs créances, de faire procéder contre l'adjudicataire, et à sa folle enchère, à la revente et adjudication des biens, dans les mêmes formes et délais qu'à l'égard du saisi ; sauf

que le commandement sera remplacé par une dénonciation du certificat délivré par le conservateur des hypothèques, que la transcription du jugement d'adjudication n'a point été faite.

noms, prénoms, professions et domiciles des contractans, la désignation de la nature et de la situation des biens, le prix et les autres charges de la vente, sera et restera affiché pendant deux mois dans l'auditoire du tribunal ; pendant lequel temps, les femmes, les maris, tuteurs, subrogés tuteurs, mineurs, interdits, parens ou amis, et le procureur du Roi, seront reçus à requérir s'il y a lieu, et à faire faire au bureau du conservateur des hypothèques, des inscriptions sur l'immeuble aliéné, qui auront le même effet que si elles avaient été prises le jour du contrat de mariage, ou le jour de l'entrée en gestion du tuteur; sans préjudice des poursuites qui pourraient avoir lieu contre les maris et les tuteurs, ainsi qu'il a été dit ci-dessus, pour hypothèques par eux consenties au profit de tierces personnes sans leur avoir déclaré que les immeubles étaient déjà grevés d'hypothèques, en raison du mariage ou de la tutelle (1). — C. 2059, 2135-2139, 2146 s., 2183, 2193, 2195 (n).

2195. Si, dans le cours des

---

(1) Av. C. d'Ét. 9 mai-1er juin 1807.

Le Conseil d'État est d'avis, — 1º Que lorsque, soit la femme ou ceux qui la représentent, soit le subrogé tuteur, ne seront pas connus de l'acquéreur, il sera nécessaire et il suffira, pour remplacer la signification qui doit leur être faite aux termes de l'article 2194, en premier lieu, que dans la signification à faire au procureur impérial, l'acquéreur déclare que ceux du chef desquels il pourrait être formé des inscriptions pour raison d'hypothèques légales existant indépendamment de l'inscription, n'étant pas connus, il fera publier la susdite signification dans les formes prescrites par l'article 683 du Code de procédure civile ; en second lieu, que le susdit acquéreur fasse cette publication dans lesdites formes de l'article 683 du Code de procédure civile, ou que, s'il n'y avait pas de journal dans le département, l'acquéreur se fasse délivrer par le procureur du Roi, un certificat portant qu'il n'en existe pas ; — Secondement, que le délai de deux mois, fixé par l'article 2194 du Code civil, pour prendre inscription du chef des femmes et des mineurs et interdits, ne devra courir que du jour de la publication faite aux termes du susdit article 683 du Code de procédure civile, ou du jour de la délivrance du certificat du procureur du Roi, portant qu'il n'existe pas de journal dans le département.

Av. C. d'Ét. 8 mai 1812.

Le Conseil d'État est d'avis, — Que le mode de purger les hypothèques légales des femmes et des mineurs, établi par le Code civil et par l'avis du Conseil d'État du 9 mai 1807, est applicable aux femmes veuves et aux mineurs devenus majeurs, ainsi qu'à leurs héritiers ou autres représentans ;

Qu'il n'y a pas nécessité de fixer un délai particulier aux femmes après la mort de leurs maris et aux mineurs devenus majeurs ou à leurs représentans, pour prendre inscription.

(a) Édit de juin 1771.

Art. 6. Tous propriétaires d'immeubles réels ou fictifs par acquisition, échanges, licitation, ou autres titres translatifs de propriété qui voudront purger

deux mois de l'exposition du contrat, il n'a pas été fait d'inscription du chef des femmes, mineurs ou interdits, sur les immeubles vendus, ils passent à l'acquéreur sans aucune charge, à raison des dot, reprises et conventions matrimoniales de la femme, ou de la gestion du tuteur, et sauf le recours, s'il y a lieu, contre le mari et le tuteur. — S'il a été pris des inscriptions du chef desdites femmes, mineurs ou interdits, et s'il existe des créanciers antérieurs qui absorbent le prix en totalité ou en partie, l'acquéreur est libéré du prix ou de la portion du prix par lui payée aux créanciers placés en ordre utile; et les in-

scriptions du chef des femmes, mineurs ou interdits, seront rayées, ou en totalité, ou jusqu'à due concurrence. — C. 2185, 2186, 2194. — Pr. 835. — Si les inscriptions du chef des femmes, mineurs ou interdits, sont les plus anciennes, l'acquéreur ne pourra faire aucun paiement du prix au préjudice desdites inscriptions, qui auront toujours, ainsi qu'il a été dit ci-dessus, la date du contrat de mariage, ou de l'entrée en gestion du tuteur; et, dans ce cas, les inscriptions des autres créanciers qui ne viennent pas en ordre utile seront rayées (a). — C. 2135, 2146 s. — Pr. 759, 767.

les hypothèques dont lesdits immeubles seront grevés, seront tenus de prendre à chaque mutation des lettres de ratification.

7. Les lettres de ratification purgeront les hypothèques et privilèges à l'égard de tous les créanciers des vendeurs qui auront négligé de faire leur opposition dans la forme prescrite ci-après, avant le sceau d'icelles.

8. Sera tenu l'acquéreur, avant le sceau des lettres de ratification, de déposer au greffe du bailliage ou sénéchaussée, dans le ressort duquel seront situés les héritages vendus, le contrat de vente d'iceux; comme aussi le greffier dudit bailliage et sénéchaussée sera tenu, dans les trois jours dudit dépôt, d'insérer dans un tableau qui sera à cet effet placé dans l'auditoire, un extrait dudit contrat, quant à la translation de propriété seulement, prix et condition d'icelle, lequel restera exposé pendant deux mois, et avant l'expiration duquel ne pourront être obtenues

sur ledit contrat aucunes lettres de ratification.

9. Pourra pendant lesdits mois, tout créancier légitime du vendeur se présenter au greffe, pour y faire recevoir une soumission d'augmenter le prix de la vente, au moins d'un dixième du prix principal; et dans le cas de surenchère par autre créancier du vendeur, d'un vingtième en sus dudit prix principal par chaque surenchérisseur, ensemble de restituer à l'acquéreur les frais et loyaux coûts, et du fait donner bonne et suffisante caution, qui sera reçue par-devant le lieutenant-général, ou autre officier du siège, suivant l'ordre du tableau, en la manière accoutumée, et sera loisible à l'acquéreur de conserver l'objet vendu, en parfournissant le plus haut prix auquel il aura été porté.

(a) Edit de juin 1771.

Art. 11. Les créanciers et tous ceux qui prétendront droit de privilège et hypothèque, à quelque titre que ce soit, sur les

21

CHAPITRE X.

DE LA PUBLICITÉ DES REGISTRES, ET DE LA RESPONSABILITÉ DES CONSERVATEURS.

2196. Les conservateurs des hypothèques sont tenus de délivrer à tous ceux qui le requièrent, copie des actes transcrits sur leurs registres et celle des inscriptions subsistantes, ou certificat qu'il n'en existe aucune (a). — C. 2150, 2183, 2197 s., 2202.

2197. Ils sont responsables du préjudice résultant. — C. 1149, 1382 s., 2102 7°, 2202 s. — 1° De l'omission sur leurs registres, des transcriptions d'actes de mutation, et des inscriptions requises en leurs bureaux; — C. 2146 s., 2150, 2181, 2199. — 2° Du défaut de mention dans leurs certificats, d'une ou de plusieurs des inscriptions existantes, à moins, dans ce dernier cas, que l'erreur ne provint de désignations insuffisantes qui ne pourraient leur être imputées (b). — C. 2196, 2198 s.

---

immeubles tant réels que fictifs de leurs débiteurs, de quelque nature que soient les immeubles, et en quelque lieu et coutume qu'ils soient situés, seront tenus, à compter du jour de l'enregistrement du présent édit, de former leur opposition entre les mains des conservateurs créés par l'article 2, à l'effet par les créanciers de conserver leurs hypothèques et priviléges lors des mutations de propriété des immeubles et des lettres de ratification qui seront prises sur lesdites mutations par les nouveaux propriétaires.

16. Les oppositions dureront trois ans, pendant lequel temps seulement leur effet subsistera; pourront les créanciers les renouveler, même avant l'expiration dudit délai, pour la conservation de leurs priviléges et hypothèques.

17. Toutes personnes, de quelque qualité qu'elles soient, même les mineurs, les interdits, les absens, les gens de main-morte, les femmes en puissance de mari, seront tenues de former opposition dans la forme ci-dessus, sous peine de déchéance de leurs hypothèques; sauf le recours, ainsi que de droit, contre les tu-

teurs et administrateurs qui auront négligé de former opposition.

(a) Édit de juin 1771.

Art. 2. Les conservateurs seront tenus de délivrer, quand ils en seront requis, les extraits de leurs registres, et d'y coter le jour et la date des oppositions, le registre ainsi que le feuillet où elles auront été registrées, ou de donner des certificats portant qu'il n'en a été formé aucune, à peine de privation de leurs offices et de quinze cents livres d'amende et des dommages-intérêts des parties.

Nota. Les articles 73 et 74 de l'édit du mois de mars 1673 imposaient la même obligation aux greffiers des greffes d'enregistrement et les rendaient également responsables de la vérité de leurs certificats.

L. 11 *brum. an VII.*

Art. 51. Les conservateurs des hypothèques sont tenus de délivrer, quand ils en seront requis, la copie des actes transcrits sur leurs registres, ainsi que l'état des inscriptions subsistantes, ou le certificat qu'il n'en existe aucune.

(b) L. 11 *brum. an VII.*

Art. 52. Ils sont responsables

2198. L'immeuble à l'égard duquel le conservateur aurait omis dans ses certificats une ou plusieurs des charges inscrites, en demeure, sauf la responsabilité du conservateur, affranchi dans les mains du nouveau possesseur, pourvu qu'il ait requis le certificat depuis la transcription de son titre; sans préjudice néanmoins du droit des créanciers de se faire colloquer suivant l'ordre qui leur appartient, tant que le prix n'a pas été payé par l'acquéreur, ou tant que l'ordre fait entre les créanciers n'a pas été homologué (a). — C. 2114, 2134 s., 2166, 2183, 2196, 2202 s., 2218. — Pr. 749 s., 834

2199. Dans aucun cas, les conservateurs ne peuvent refuser ni retarder la transcription des actes de mutation, l'inscription des droits hypo-

thécaires, ni la délivrance des certificats requis, sous peine des dommages et intérêts des parties; à l'effet de quoi, procès-verbaux des refus ou retardemens seront, à la diligence des requérans, dressés sur-le-champ, soit par un juge de paix, soit par un huissier audiencier du tribunal, soit par un autre huissier ou un notaire assisté de deux témoins (b). — C. 1149, 1382, 2146 s., 2181, 2191, 2198 s., 2202 s.

2200. Néanmoins les conservateurs seront tenus d'avoir un registre sur lequel ils inscriront, jour par jour et par ordre numérique, les remises qui leur seront faites d'actes de mutation pour être transcrits, ou de bordereaux pour être inscrits; ils donneront au requérant une reconnaissance sur papier timbré, qui rappellera le numéro du registre

---

du préjudice qu'occasionneraient, — 1° le défaut de mention sur leurs registres des transcriptions d'actes de mutation, et des inscriptions requises en leurs bureaux; — 2° L'omission qu'ils feraient dans les certificats qui leur seraient demandés pour constater les inscriptions existantes, de l'une ou de plusieurs de celles requises antérieurement, à moins que, dans ce dernier cas, l'erreur ne provienne d'une désignation insuffisante qui ne pourrait leur être imputée.

(a) L. 11 *brum. an VII.*

ART. 53. Au moyen de la responsabilité prononcée par l'article précédent, l'immeuble à l'égard duquel le conservateur aurait omis une ou plusieurs des charges inscrites, en demeure affranchi dans les mains du nouveau possesseur, pourvu qu'il ait

requis ce certificat depuis la transcription de l'acte de mutation; sauf néanmoins aux créanciers le droit de faire colloquer leurs créances suivant le rang qui leur appartient, tant que le prix n'a point été payé au vendeur, ou que l'ordre et distribution n'a point été fait entre les autres créanciers. Le conservateur sera subrogé de droit aux actions que les créanciers qu'il aurait été obligé de payer avaient contre le débiteur originaire.

(b) L. 11 *brum. an VII.*

ART. 51. Dans aucun cas, les conservateurs des hypothèques ne pourront refuser ni retarder les transcriptions d'actes de mutation, les inscriptions ou la délivrance des certificats qui seront requis conformément aux lois; à peine de répondre des dommages et intérêts des parties.

sur lequel la remise aura été inscrite, et ils ne pourront transcrire les actes de mutation ni inscrire les bordereaux sur les registres à ce destinés, qu'à la date et dans l'ordre des remises qui leur en auront été faites. — C. 939, 1069, 2108, 2148 s., 2153, 2181, 2203 s.

2201. Tous les registres des conservateurs sont en papier timbré, cotés et paraphés à chaque page par première et dernière, par l'un des juges du tribunal dans le ressort duquel le bureau est établi. Les registres seront arrê-

tés chaque jour comme ceux d'enregistrement des actes (a).

2202. Les conservateurs sont tenus de se conformer, dans l'exercice de leurs fonctions, à toutes les dispositions du présent chapitre, à peine d'une amende de deux cents à mille francs pour la première contravention, et de destitution pour la seconde; sans préjudice des dommages et intérêts des parties, lesquels seront payés avant l'amende (1). — C. 1149, 1382 s., 2103 7°, 2196 s., 2203.

2203. Les mentions de dé-

(a) ÉDIT de juin 1771.
ART. 21. Les conservateurs des hypothèques tiendront un registre en papier timbré, dont les feuillets seront cotés sans frais, par premier et dernier, et paraphés à chaque page par le lieutenant général du siège, ou autre officier, suivant l'ordre du tableau, dans lequel ils inscriront de suite, sans aucun blanc ni interligne, toutes les oppositions qui seront formées entre leurs mains, à peine de faux, de quinze cents livres d'amende, et de tous dépens, dommages - intérêts des parties.

Nota. Les articles 3 et 7 de l'édit de mars 1673 statuaient de même à l'égard des greffiers des greffes d'enregistrement.

(1) AV. C. D'ET. 11 déc. 1810, *approuvé le 23 déc.*

Considérant qu'une transcription inexacte des bordereaux remis au conservateur des hypothèques par un créancier requérant inscription, donne à celui-ci, s'il en a souffert quelque préjudice, une action en garantie contre le conservateur; mais qu'à l'égard des tiers, la valeur de l'inscription se réduit à ce qui

a été transcrit sur le registre, parce que ce registre est la seule pièce que les intéressés soient appelés à consulter, et que le créancier qui a requis l'inscription a plus spécialement à s'imputer de n'avoir pas veillé à ce que la transcription fût exacte; — Que du reste, au moment même où l'on découvre, soit des erreurs, soit des irrégularités dans la transcription faite au registre du conservateur, il doit, sans doute, y avoir des moyens pour empêcher que les effets de l'erreur ne se prolongent, mais que, sans recourir à l'autorité des tribunaux, lesquels ne pourraient autoriser à faire, sur les registres publics, des corrections qui léseraient des droits antérieurement acquis à des tiers, le conservateur n'a qu'une voie légitime d'opérer la rectification, en portant sur ses registres, et seulement à la date courante, une nouvelle inscription ou seconde transcription plus conforme aux bordereaux remis par les créanciers; — Qu'en cet état néanmoins, et pour obvier à tout double emploi, la seconde transcription, constituant la nouvelle inscription, doit être

pôt, les inscriptions et transcriptions sont faites sur les registres, de suite, sans aucun blanc ni interligne, à peine, contre le conservateur, de mille à deux mille francs d'amende, et des dommages et intérêts des parties, payables aussi par préférence à l'amende (1). — C. 1149, 1382 s., 2201 note, 2202.

TITRE DIX-NEUVIÈME.

DE L'EXPROPRIATION FORCÉE ET DES ORDRES ENTRE LES CRÉANCIERS.

Décrété le 28 ventôse an XII, promulgué le 8 germinal
[18-29 mars 1804].

CHAPITRE 1er.
DE L'EXPROPRIATION FORCÉE.

2204. Le créancier peut poursuivre l'expropriation, 1o des biens immobiliers et de leurs accessoires réputés immeubles appartenant en propriété à son débiteur ; 2o de l'usufruit appartenant au débiteur sur les biens de même nature. — C. 517 s., 553 s., 578 s., 2092 s., 2118, 2205 s. — Pr. 551, 673 s. — Co. 571.

2205. Néanmoins la part indivise d'un cohéritier dans les immeubles d'une succession ne peut être mise en vente par ses créanciers personnels, avant le partage ou la licitation qu'ils peuvent provoquer s'ils le jugent convenable, ou dans lesquels ils ont le droit d'intervenir conformément à l'article 882, au titre des Successions. — C. 822, 882, 1166.

2206. Les immeubles d'un mineur, même émancipé, ou d'un interdit, ne peuvent être mis en vente avant la discus-

accompagnée d'une note relatant la première inscription qu'elle a pour but de rectifier, et que le conservateur doit donner aux parties requérantes des extraits tant de la première que de la deuxième inscription ; — Est d'avis qu'au moyen de ces explications, il n'y a pas lieu de recourir à une autorisation solennelle, ni de faire intervenir l'autorité judiciaire en chaque affaire où il écherra de rectifier une inscription fautive.

(1) L. 21 vent. an VII.

ART. 5. Le préposé de la régie à la conservation des hypothèques fournira un cautionnement en immeubles.

8. Le cautionnement ci-dessus demeure spécialement et exclusivement affecté à la responsabilité du préposé à la conservation des hypothèques, pour les erreurs et omissions dont la loi le rend garant envers les citoyens. — Cette affectation subsistera pendant toute la durée des fonctions, et dix années après; passé lequel délai, les biens servant de cautionnement seront affranchis de plein droit de toutes actions de recours qui n'auraient point été intentées dans cet intervalle.

Nota. La loi du 28 avril 1816, article 66, a augmenté le cautionnement des conservateurs.

sion du mobilier. — C. 388,
476 s., 509, 2207.

2207. La discussion du
mobilier n'est pas requise avant
l'expropriation des immeubles
possédés par indivis entre un
majeur et un mineur ou interdit, si la dette leur est commune, ni dans le cas où les
poursuites ont été commencées contre un majeur, ou
avant l'interdiction. — C. 2206.

2208. L'expropriation des
immeubles qui font partie de
la communauté, se poursuit
contre le mari débiteur, seul,
quoique la femme soit obligée
à la dette. — C. 1421, 1431. —
Co, 5, 7. — Celle des immeubles de la femme qui ne sont
point entrés en communauté,
se poursuit contre le mari et
la femme, laquelle, au refus
du mari de procéder avec elle, ou si le mari est mineur,
peut être autorisée en justice.

— C. 217 s., 1428, 1449, 1533,
1538, 1554 s., 1576. — Pr.
861 s. — En cas de minorité
du mari et de la femme, ou de
minorité de la femme seule,
si son mari majeur refuse de
procéder avec elle, il est nommé par le tribunal un tuteur
à la femme, contre lequel la
poursuite est exercée. — C.
476, 482.

2209. Le créancier ne peut
poursuivre la vente des immeubles qui ne lui sont pas
hypothéqués, que dans le cas
d'insuffisance des biens qui
lui sont hypothéqués.

2210. La vente forcée des
biens situés dans différens arrondissemens ne peut être provoquée que successivement, à
moins qu'ils ne fassent partie
d'une seule et même exploitation (1). — C. 2211. — Elle est
suivie dans le tribunal dans le
ressort duquel se trouve le

---

(1) L. 14-21 *nov.* 1808.
Art. 1er. La saisie immobilière des biens d'un débiteur, situés dans plusieurs arrondissemens, pourra être faite simultanément, toutes les fois que la valeur totale desdits biens sera inférieure au montant réuni des
sommes dues tant au saisissant
qu'aux autres créanciers inscrits.

2. La valeur des biens sera établie d'après les derniers baux authentiques, sur le pied du denier
vingt-cinq. — A défaut de baux
authentiques, elle sera calculée
d'après le rôle des contributions
foncières, sur le pied du denier
trente.

3. Le créancier qui voudra
user de la faculté accordée par
l'article 1er, sera tenu de présenter requête au président du tribunal de l'arrondissement, où le
débiteur a son domicile, et d'y

joindre, 1º copie en forme des
baux authentiques, ou, à leur
défaut, copie également en forme du rôle de la contribution foncière ; 2º l'extrait des inscriptions prises sur le débiteur dans
les divers arrondissemens où les
biens sont situés, ou le certificat qu'il n'en existe aucune.
La requête sera communiquée
au ministère public, et répondue
d'une ordonnance portant permis
de faire la saisie de tous les biens
situés dans les arrondissemens et
département y désignés.

4. Les procédures relatives
tant à l'expropriation forcée qu'à
la distribution du prix des immeubles seront portées devant les
tribunaux respectifs de la situation des biens.

5. Toutes dispositions contraires à la présente loi sont abrogées.

chef-lieu de l'exploitation, ou à défaut de chef-lieu, la partie de biens qui présente le plus grand revenu, d'après la matrice du rôle (a).

2211. Si les biens hypothéqués au créancier, et les biens non hypothéqués, ou les biens situés dans divers arrondissemens, font partie d'une seule et même exploitation, la vente des uns et des autres est poursuivie ensemble, si le débiteur le requiert; et ventilation se fait du prix de l'adjudication, s'il y a lieu. — C. 1601, 2193, 2210.

2212. Si le débiteur justifie, par baux authentiques, que le revenu net et libre de ses immeubles pendant une année, suffit pour le paiement de la dette en capital, intérêts et frais, et s'il en offre la délégation au créancier, la poursuite peut être suspendue par les juges, sauf à être reprise s'il survient quelque opposition ou obstacle au paiement. — C. 1244, 1275 s., 1317, 1711.

2213. La vente forcée des immeubles ne peut être poursuivie qu'en vertu d'un titre authentique et exécutoire, pour une dette certaine et liquide. — Si la dette est en espèces non liquidées, la poursuite est valable; mais l'adjudication ne pourra être faite qu'après la liquidation. — C. 1317. — Pr. 545 et la note, 551.

2214. Le cessionnaire d'un titre exécutoire ne peut poursuivre l'expropriation qu'après que la signification du transport a été faite au débiteur. — C. 877, 1689 s., 2112.

2215. La poursuite peut avoir lieu en vertu d'un jugement provisoire ou définitif, exécutoire par provision, nonobstant appel; mais l'adjudication ne peut se faire qu'après un jugement définitif en dernier ressort, ou passé en force de chose jugée (b). — C. 1351. — Pr. 135, 417, 458 s., 548-547. — La poursuite ne peut s'exercer en vertu de jugemens rendus par défaut durant le délai de l'opposition. — Pr. 20, 155 s., 159. — Co. 643.

2216. La poursuite ne peut être annulée sous prétexte que

(a) L. 11 brum. an VII, sur les expropriations forcées.

ART. 10. Un créancier ne peut provoquer que successivement la vente des biens de son débiteur situés dans plusieurs départemens, à moins que les biens ne fussent partie d'un domaine exploité ou affermé par une même personne. Dans ce cas, l'adjudication de la totalité desdits biens se fait par le tribunal civil dans le ressort duquel se trouve le chef-lieu d'habitation ou exploitation. Dans le cas où il n'y aurait pas de chef-lieu d'exploitation, l'adjudication sera faite par le tribunal civil dans l'arrondissement duquel se trouvera la partie des biens à laquelle la matrice du rôle de la contribution foncière attribue le plus de revenus.

(b) ORD. avril 1667, tit. XXVII.

ART. 3. Les héritages et autres immeubles de ceux qui auront été condamnés par provision à quelque somme pécuniaire ou espèce, pourront être saisis réellement, mais ne pourront être vendus et adjugés qu'après la condamnation définitive.

le créancier l'aurait commencée pour une somme plus forte que celle qui lui est due.

2817. Toute poursuite en expropriation d'immeubles doit être précédée d'un commandement de payer, fait, à la diligence et requête du créancier, à la personne du débiteur ou à son domicile, par le ministère d'un huissier. — Les formes du commandement et celles de la poursuite sur l'expropriation sont réglées par les lois sur la procédure (a).— Pr. 551, 673 s.

CHAPITRE II.

DE L'ORDRE ET DE LA DISTRIBUTION DU PRIX ENTRE LES CRÉANCIERS.

2818. L'ordre et la distribution du prix des immeubles, et la manière d'y procéder, sont réglés par les lois sur la procédure. — Pr. 656 s., 749 s., 775 s.

TITRE VINGTIÈME.

DE LA PRESCRIPTION.

Décrété le 24 ventôse an XII, promulgué le 4 germinal [15-25 mars 1804].

CHAPITRE Ier.

DISPOSITIONS GÉNÉRALES.

2819. La prescription est un moyen d'acquérir ou de se libérer par un certain laps de temps, et sous les conditions déterminées par la loi. — C. 712, 1234, 2180, 2228 s.

2820. On ne peut, d'avance, renoncer à la prescription : on peut renoncer à la prescription acquise. — C. 6, 1130, 2222, 2224.

2821. La renonciation à la prescription est expresse ou tacite : la renonciation tacite résulte d'un fait qui suppose l'abandon du droit acquis. — C. 778, 2222.

2822. Celui qui ne peut aliéner, ne peut renoncer à la prescription acquise. — C. 217, 457, 484, 509, 513, 1124, 1125, 1421, 1428, 1535, 1538, 1554, 1561, 1594, 1988, 2320, 2221.

2823. Les juges ne peuvent pas suppléer d'office le moyen résultant de la prescription.

2824. La prescription peut être opposée en tout état de cause, même devant la cour royale (b), à moins que la partie qui n'aurait pas opposé le moyen de la prescription ne doive, par les circonstances, être présumée y avoir renoncé. — C. 2221. — Pr. 464, 465.

2825. Les créanciers, ou toute autre personne ayant intérêt à ce que la prescription

---

(a) L. 11 brum. an VII, sur les expropriations forcées.

ART. 1er. Nul ne peut poursuivre la vente forcée d'un immeuble, qu'en vertu d'un titre exécutoire, et après un intervalle de trente jours, à partir de celui du commandement qu'il est tenu de faire à son débiteur.

(b) L'édition du C. civ. de 1804 portait : *Même devant le tribunal d'appel ;* l'édition du 3 sept. 1807 y a substitué à tort ces mots : *Même devant la cour royale.*

soit acquise, peuvent l'opposer, encore que le débiteur ou le propriétaire y renonce. — C. 632,788,1053, 1166, 1167,1464.

2226. On ne peut prescrire le domaine des choses qui ne sont point dans le commerce. — C. 328, 538, 540, 714, 1128, 1598.

2227. L'État, les établissemens publics et les communes sont soumis aux mêmes prescriptions que les particuliers, et peuvent également les opposer (a). — C. 539, 541, 542, 560, 713, 723. — Pr. 398. — Supp. *Liste civile*, L. 2 mars 1832, art. 8.

CHAPITRE II.
DE LA POSSESSION.

2228. La possession est la détention ou la jouissance d'une chose ou d'un droit que nous tenons ou que nous exerçons par nous-mêmes, ou par un autre qui la tient ou qui l'exerce en notre nom. — C. 2229 s., 2236. — Pr. 3 2°, 23 *et la note*. — Supp. *Compétence*, L. 25 mai 1838, article 6 1°.

2229. Pour pouvoir prescrire, il faut une possession continue et non interrompue, paisible, publique, non équi-

---

(a) ÉDIT du 30 *juin* 1539.
Ordonnons par édict par nous fait sur la réunion de nostredit domaine, toutes aliénations, ou entreprises et usurpations faites sur iceluy, quelque temps que ce fust, ou puist estre, fussent subjectes à réunion et incorporation de nostre domaine, et qu'ès procès meus et à mouvoir, pendans et indécis sur ladite réunion de nos juges et officiers, présens et à venir, n'eussent, et n'ayent aucun esgard à quelque possession, jouissance et prescription que ce soit, et par quelque laps de temps qu'elle ait duré, ores qu'elle excédé cent ans, ains sans soy arrester icelles, qu'ils eussent et ayent à passer, et procéder au jugement desdicts procès, en faisant droict sur les autres moyens, et défenses des parties collitigans avec nous, ou nostre procureur général, si aucunes ils ont, ou ont allégué ausdits procès.
ÉDIT *de fév.* 1566.
ART. 1er. Le domaine de nostre couronne ne peut estre aliéné qu'en deux cas seulement, l'un pour apanage des puinés mâles

de la maison de France; auquel cas il y a retour à nostre couronne par leur décès sans mâles, en pareil estat et condition qu'était ledit domaine lors de la concession de l'apanage : nonobstant toutes disposition, possession, acte exprès ou taisible fait ou intervenu pendant l'apanage; l'austre pour l'aliénation à deniers comptans pour la nécessité de la guerre, après lettres patentes pour ce décernées et publiées en nos parlemens, auquel cas il y a faculté de rachat perpétuel.
DÉCR. 22 *nov.*-1er *déc.* 1790.
ART. 36. La prescription aura lieu à l'avenir pour les domaines nationaux dont l'aliénation est permise par les décrets de l'Assemblée nationale, et tous les détenteurs d'une portion quelconque desdits domaines, qui justifieront en avoir joui par eux-mêmes ou par leurs auteurs, à titre de propriétaires, publiquement et sans trouble, pendant quarante ans continuels, à compter du jour de la publication du présent décret, seront à l'abri de toute recherche.

voque, et à titre de propriétaire. — C. 688, 690 s., 2230
s., 2236, 2242 s. — Pr. 23.

2230. On est toujours présumé posséder pour soi, et à
titre de propriétaire, s'il n'est
prouvé qu'on a commencé à
posséder pour un autre. — C.
1350, 1352, 2229, 2234.

2231. Quand on a commencé à posséder pour autrui, on
est toujours présumé posséder
au même titre, s'il n'y a preuve du contraire. — C. 1350,
1352, 2229, 2236-2238.

2232. Les actes de pure
faculté et ceux de simple tolé-
rance ne peuvent fonder ni
possession ni prescription. —
C. 688, 691, 2229.

2233. Les actes de violence ne peuvent fonder non plus
une possession capable d'opérer la prescription. — La possession utile ne commence que
lorsque la violence a cessé. —
C. 1111 s., 1304, 2229.

2234. Le possesseur actuel qui prouve avoir possédé
anciennement, est présumé
avoir possédé dans le temps intermédiaire, sauf la preuve
contraire. — C. 1350, 1352,
2229 s.

2235. Pour compléter la
prescription, on peut joindre
à sa possession celle de son
auteur, de quelque manière
qu'on lui ait succédé, soit à
titre universel ou particulier,
soit à titre lucratif ou onéreux.
— C. 724, 1122, 2237, 2239.

CHAPITRE III.
DES CAUSES QUI EMPÊCHENT LA
PRESCRIPTION.

2236. Ceux qui possèdent
pour autrui, ne prescrivent jamais, par quelque laps de temps
que ce soit. — Ainsi, le fermier, le dépositaire, l'usufrui-

tier, et tous autres qui détien-
nent précairement la chose du
propriétaire, ne peuvent la
prescrire. — C. 131, 133, 578,
1709, 1918, 2071, 2226, 2231,
2237 s., 1762. — Co. 450.

2237. Les héritiers de ceux
qui tenaient la chose à quelqu'un des titres désignés par
l'article précédent, ne peuvent
non plus prescrire. — C. 724,
1122, 2236.

2238. Néanmoins les personnes énoncées dans les articles 2236 et 2237 peuvent
prescrire, si le titre de leur
possession se trouve interver-
ti, soit par une cause venant
d'un tiers, soit par la contra-
diction qu'elles ont opposée au
droit du propriétaire.

2239. Ceux à qui les fermiers, dépositaires et autres
détenteurs précaires ont transmis la chose par un titre translatif de propriété, peuvent la
prescrire. — C. 2236, 2265 s.

2240. On ne peut pas prescrire contre son titre, en ce sens
que l'on ne peut point se changer à soi-même la cause et le
principe de sa possession. —
C. 2231, 2241.

2241. On peut prescrire
contre son titre, en ce sens
que l'on prescrit la libération
de l'obligation que l'on a contractée. — C. 1234, 2240.

CHAPITRE IV.
DES CAUSES QUI INTERROMPENT
OU QUI SUSPENDENT LE COURS
DE LA PRESCRIPTION.

SECTION PREMIÈRE.
Des Causes qui interrompent la
Prescription.

2242. La prescription peut
être interrompue ou naturellement ou civilement. — C.
2229, 2243 s.

2243. Il y a interruption naturelle, lorsque le possesseur est privé, pendant plus d'un an , de la jouissance de la chose, soit par l'ancien propriétaire , soit même par un tiers. — C. 2242. — Pr. 23.

2244. Une citation en justice, un commandement ou une saisie, signifiés à celui qu'on veut empêcher de prescrire, forment l'interruption civile. — C. 2169, 2176, 2183, 2242, 2245 s., 2274. — Pr. 1, 59, 583, 626, 636, 673, 674, 780, 819. — Co. 198.

2245. La citation en conciliation devant le bureau de paix, interrompt la prescription, du jour de sa date, lorsqu'elle est suivie d'une assignation en justice donnée dans les délais de droit. — C. 2245, 2246 s.—Pr. 48, 49 note, 50, 57.

2246. La citation en justice , donnée même devant un juge incompétent , interrompt la prescription. — C. 2244. — Pr. 168-171.

2247. Si l'assignation est nulle par défaut de forme, — Pr. 59 s., 173, 1029. — Si le demandeur se désiste de sa demande , — Pr. 402 s. — S'il laisse périmer l'instance (a), — Pr. 397-401. — Ou si sa demande est rejetée, — C. 1350 3°, 1351. — L'interruption est regardée comme non avenue.

2248. La prescription est interrompue par la reconnaissance que le débiteur ou le possesseur fait du droit de celui contre lequel il prescrivait. — C. 1337, 1338, 1351 s., 2242, 2263.

2249. L'interpellation faite, conformément aux articles ci-dessus, à l'un des débiteurs solidaires, ou sa reconnaissance, interrompt la prescription contre tous les autres, même contre leurs héritiers. — L'interpellation faite à l'un des héritiers d'un débiteur solidaire, ou la reconnaissance de cet héritier, n'interrompt pas la prescription à l'égard des autres cohéritiers , quand même la créance serait hypothécaire, si l'obligation n'est indivisible. — Cette interpellation ou cette reconnaissance n'interrompt la prescription , à l'égard des autres codébiteurs , que pour la part dont cet héritier est tenu.—Pour interrompre la prescription pour le tout, à l'égard des autres codébiteurs, il faut l'interpellation faite à tous les héritiers du débiteur décédé, ou la reconnaissance de tous ces héritiers. — C. 709, 1200, 1206, 1313, 1222 s.

2250. L'interpellation faite au débiteur principal, ou sa reconnaissance, interrompt la prescription contre la caution. — C. 2011, 2034 s.

SECTION II
Des Causes qui suspendent le cours de la Prescription.

2251. La prescription court

---

n'avoit esté formée ni introduite, et sans qu'on puisse prétendre prescription avoir esté interrompue.

Nota. L'ordonnance de janvier 1629, art. 91, porte que cet article 15 sera gardé dans tout le Royaume.

contre toutes personnes, à moins qu'elles ne soient dans quelque exception établie par une loi. — C. 709 s., 2251 s.

2252. La prescription ne court pas contre les mineurs et les interdits, sauf ce qui est dit à l'article 2278, et à l'exception des autres cas déterminés par la loi. — C. 388, 509, 709 s., 1663, 1676. — Pr. 398, 444.

2253. Elle ne court point entre époux. — C. 1096, 1099, 2254 s.

2254. La prescription court contre la femme mariée, encore qu'elle ne soit point séparée par contrat de mariage ou en justice, à l'égard des biens dont le mari a l'administration, sauf son recours contre le mari (a). — C. 614, 1421, 1428, 1443 s., 1531, 1536, 1549, 1562, 2255 s.

2255. Néanmoins elle ne court point, pendant le mariage, à l'égard de l'aliénation d'un fonds constitué selon le régime dotal, conformément à l'article 1561, au titre du *Contrat de mariage et des Droits respectifs des Époux* (b). — C. 1560, 2254, 2256.

2256. La prescription est

pareillement suspendue pendant le mariage, — 1º Dans le cas où l'action de la femme ne pourrait être exercée qu'après une option à faire sur l'acceptation ou la renonciation à la communauté ; — C. 2257. — 2º Dans le cas où le mari, ayant vendu le bien propre de la femme sans son consentement, est garant de la vente, et dans tous les autres cas où l'action de la femme réfléchirait contre le mari. — C. 1428, 1535, 1538, 1554 s., 1576, 1599, 1626 s.

2257. La prescription ne court point, — A l'égard d'une créance qui dépend d'une condition, jusqu'à ce que la condition arrive ; — C. 1180, 1181 s., 2180. — A l'égard d'une action en garantie, jusqu'à ce que l'éviction ait lieu ; — C. 1626 s. — A l'égard d'une créance à jour fixe, jusqu'à ce que ce jour soit arrivé. — C. 1185 s.

2258. La prescription ne court pas contre l'héritier bénéficiaire, à l'égard des créances qu'il a contre la succession. — C. 724, 802 2º. — Pr. 996. — Elle court contre une succession vacante, quoique

---

(a) Cout. DE BERRY, tit. XII.

Art. 16. Es biens propres ou conquests appartenant à la femme avant le contract de mariage, ou qui luy sont venus pendant iceluy et qui ne tombent en communauté, mais le mary en a l'administration, et fait les fruits siens, prescription ne peut courir contre la femme constant le mariage : toutefois s'il y avoit eu séparation entre le mary et la femme quant aux biens, du jour d'icelle la prescription peut commencer à courir contre elle.

(b) Cout. DU BOURBONNAIS, chap. III.

Art. 27. Propriété de biens dotaux immeubles ne se prescript par un tiers détenteur, constant le mariage : autre chose est des arrérages et fruits provenans desdits biens dotaux et meubles, qui se prescrivent par trente ans.

28. Prescription ne court durant le mariage, contre la femme de ses biens dotaux ou paraphernaux aliénés par son mary sans son consentement.

non pourvue de curateur. — C. 462, 790, 811 s. — Pr. 998 s.

2259. Elle court encore pendant les trois mois pour faire inventaire, et les quarante jours pour délibérer. — C. 779, 795 s., 1457. — Pr. 174, 187.

CHAPITRE V.
DU TEMPS REQUIS POUR PRESCRIRE.

SECTION PREMIÈRE.
Dispositions générales.

2260. La prescription se compte par jours, et non par heures. — C. 2147, 2261. — *Secus* Co. 436.

2261. Elle est acquise lorsque le dernier jour du terme est accompli. — Co. 132.

SECTION II
De la Prescription trentenaire.

2262. Toutes les actions, tant réelles que personnelles, sont prescrites par trente ans, sans que celui qui allègue cette prescription soit obligé d'en rapporter un titre, ou qu'on puisse lui opposer l'exception déduite de la mauvaise foi (a). — C. 617, 625, 706, 712, 789, 966, 1234, 2228 s., 2236, 2242, 2251 s., 2281, *except.* 328.

2263. Après vingt-huit ans de la date du dernier titre, le débiteur d'une rente peut être contraint à fournir à ses frais un titre nouvel à son créancier ou à ses ayant-cause. — C. 1248, 1337, 1909, 2248, 2257.

2264. Les règles de la prescription sur d'autres objets que ceux mentionnés dans le présent titre, sont expliquées dans les titres qui leur sont propres. — C. 133, 181, 183, 185, 318 s., 328, 330, 475, 559, 617, 642, 690 s., 706 s., 789, 809, 886, 957, 966, 1304, 1633, 1648, 1660, 1676, 1854, 2180 4o. — Co. 64, 108, 155, 189, 430-434. — I. Cr. 2, 635 s., 642.

SECTION III.
De la Prescription par dix et vingt ans.

2265. Celui qui acquiert de bonne foi et par juste titre un immeuble, en prescrit la propriété par dix ans, si le véritable propriétaire habite dans le ressort de la cour royale dans l'étendue de laquelle l'immeuble est situé; et par vingt ans, s'il est domicilié hors dudit ressort (b). — C. 517 s., 526, 550, 617, 706, 707, 966, 2180 4o, 2266-2270.

(a) COUTUME DE PARIS, *tit.* VI.
ART. 118. Si aucun a jouy, usé et possédé d'un héritage ou rente, ou autre chose prescriptible par l'espace de trente ans continuellement tant par luy que par ses prédécesseurs, franchement, publiquement, et sans aucune inquiétation, supposé qu'il ne fasse apparoir de tiltre, il a acquis prescription entre sages et non privilégiés.

(b) COUTUME DE PARIS, *tit.* VI.
ART. 113. Si aucun a jouy et possédé héritage ou rente à juste tiltre et de bonne foy tant par lui que ses prédécesseurs, dont il a le droit et cause, franchement et sans inquiétation par dix ans entre présens, et vingt ans entre absens sages et non privilégiés, il acquiert prescription dudict héritage ou rente.

2266. Si le véritable propriétaire a eu son domicile en différens temps, dans le ressort et hors du ressort, il faut, pour compléter la prescription, ajouter à ce qui manque aux dix ans de présence, un nombre d'années d'absence double de celui qui manque, pour compléter les dix ans de présence. — C. 2265.

2267. Le titre nul par défaut de forme, ne peut servir de base à la prescription de dix et vingt ans.— C. 550, 2265.

2268. La bonne foi est toujours présumée, et c'est à celui qui allègue la mauvaise foi à la prouver. — C. 1116, 2269.

2269. Il suffit que la bonne foi ait existé au moment de l'acquisition. — C. 2231, 2268.

2270. Après dix ans, l'architecte et les entrepreneurs sont déchargés de la garantie des gros ouvrages qu'ils ont faits ou dirigés.—C. 1792.

SECTION IV
De quelques Prescriptions particulières.

2271. L'action des maîtres et instituteurs des sciences et arts, pour les leçons qu'ils donnent au mois; — Celle des hôteliers et traiteurs, à raison du logement et de la nourriture qu'ils fournissent; — C. 2102 5°. — Celle des ouvriers et gens de travail, pour le payement de leurs journées, fournitures et salaires (a), — C. 1781, 1799, 2101 4°. — Se prescrivent par six mois. — C. 2260 n., 2274, 2275, 2278.

2272. L'action des médecins, chirurgiens et apothicaires, pour leurs visites, opérations et médicamens (b); — C. 2101 8°. — Celle des huissiers, pour le salaire des actes qu'ils signifient, et des commissions qu'ils exécutent; — C. 2060 7°, 2276. — Pr. 60. — Celle des marchands, pour les marchandises qu'ils vendent aux particuliers non marchands (c); — C. 1329, 2101 8°. — Co. 1. — Celle des maîtres de pension, pour le prix de la pension de leurs élèves; et des autres maîtres, pour le prix de l'apprentissage; — C. 2101 5°. — Celle des do-

---

(a) Cour. de Paris, tit. vi.
Art. 126. Marchans, gens de mestier et autres vendeurs de marchandise et denrées en détail, comme boulangers, patissiers, cousturiers, selliers, bouchers, bourreliers, passementiers, mareschaux, rotisseurs, cuisiniers et autres semblables, ne peuvent faire action après les six mois passés du jour de la première délivrance de leurdite marchandise ou denrée, sinon qu'il y eust arrest de compte, sommation ou interpellation judiciairement faicte, cédule ou obligation.
Ord. mars 1673, tit. 1er.
Art. 8. L'action sera inten-

tée dans six mois pour marchandises et denrées vendues en détail par boulangers, patissiers, bouchers, rôtisseurs, cuisiniers, couturiers, passementiers, selliers, bourreliers et autres semblables.
Nota. L'ordonnance de juin 1510, art. 68, décidait de même.
(b) Cour. de Paris, tit. vi.
Art. 25. Les médecins, chirurgiens et apoticaires doivent intenter leurs actions dedans un an, et après ledit an ne sont recevables.
(c) Cour. de Paris, tit. vi.
Art. 127. Drappiers, merciers, espiciers, orfèvres, et au-

mestiques qui se louent à l'année, pour le palement de leur
salaire (a), — C. 1781, 2101 4°.
— Se prescrivent par un an.—
C. 2260 m., 2271 note, 2274,
2275, 2278.

2273. L'action des avoués,
pour le palement de leurs
frais et salaires, se prescrit
par deux ans, à compter du
jugement des procès, ou de la
conciliation des parties, ou
depuis la révocation desdits
avoués. A l'égard des affaires
non terminées, ils ne peuvent
former de demandes pour leurs
frais et salaires qui remonteraient à plus de cinq ans. —
C. 2260 m., 2274-2276, 2278.—
Pr. 49 5°, 60.

2274. La prescription, dans
les cas ci-dessus, a lieu, quoiqu'il y ait eu continuation de
fournitures, livraisons, services et travaux. — Elle ne
cesse de courir que lorsqu'il
y a eu compte arrêté, cédule
ou obligation, ou citation en
justice non périmée (b). — C.
2254, 2271-2273, 2275, 2278.
— Pr. 15, 156, 397 m., 469.

2275. Néanmoins ceux
auxquels ces prescriptions seront opposées, peuvent déférer le serment à ceux qui les
opposent, sur la question de
savoir si la chose a été réellement payée. — Le serment
pourra être déféré aux veuves et héritiers, ou aux tuteurs de ces derniers, s'ils
sont mineurs, pour qu'ils aient
à déclarer s'ils ne savent pas
que la chose soit due (c). —
C. 1358 m., 2271 m., 2278.
Co. 189.

2276. Les juges et avoués
sont déchargés des pièces cinq

---

tres marchans grossiers, maçons, charpentiers, couvreux,
barbiers, serviteurs, laboureurs
et autres mercenaires, ne peuvent faire action ne demande de
leur marchandise, sallaires et
service après un an passé, à
compter du jour de la livrance
de leur marchandise ou vacation,
s'il n'y a cédule, obligation, arrest de compte par escrit, ou interpellation judiciaire.
ORD. *mars* 1673, *tit. Ier.*

ART. 7. Les marchands en
gros et en détail, et les maçons,
charpentiers, couvreurs, serruriers, vitriers, plombiers, pa-
veurs, et autres de pareille qualité, seront tenus de demander
le palement dans l'an, après la
délivrance.

(a) ORD. *Juin* 1510.

ART. 67. Ordonnons que les
serviteurs dedans un an, à compter du jour qu'ils seront sortis
hors du service, demanderont, si
bon leur semble, leursdits loyers,
salaires ou gages, et ledit an
passé, n'y seront reçus, ains en
seront déboutés par fin de non
recevoir, et si ne pourront demander dedans ledit an que les
loyers et gages des trois dernières années qu'ils auront servi,
s'il n'est qu'il y eust convenance
ou obligation par escrit, ou des
années précédentes interpellations ou sommations suffisantes.

(b) ORD. *mars* 1673, *tit. Ier.*

ART. 9. Voulons le contenu
ès deux art. 7 et 8 (C. 2271
et 2272 *notes*) avoir lieu, encore
qu'il y eût eu continuation de
fourniture ou ouvrage; si ce
n'est qu'avant l'année ou les six
mois, il n'y eût eu compte arrêté, sommation, ou interpellation judiciaire, cédule, obligation ou contrat.

(c) ORD. *mars* 1673, *tit. Ier.*

ART. 10. Pourront néanmoins
les marchands et ouvriers, défé-

ans après le jugement des procès. — Les huissiers, après deux ans, depuis l'exécution de la commission, ou la signification des actes dont ils étaient chargés, en sont pareillement

déchargés. — C. 2060 7°, 2272, 2278, 2278.

2277. Les arrérages de rentes perpétuelles et viagères (1) ; — C. 629, 530, 584, 1909 s. (a). — Ceux des pen-

rer le serment à ceux auxquels la fourniture aura été faite, les assigner et les faire interroger. Et à l'égard des veuves, tuteurs de leurs enfans, héritiers et ayant-cause, leur faire déclarer s'ils savent que la chose est due, encore que l'année ou les six mois soient expirés.

(1) Décr. 24 août 1793, ordonnant la formation d'un grand-livre.

Art. 156. Tous les débets arriérés antérieurs à l'année précédente, seront payés à la trésorerie nationale par le payeur principal de la dette publique ; et, dans tous les cas, aucun créancier ne pourra réclamer que les cinq dernières années avant le semestre courant.

Ord. 13 oct. 1819, sur le paiement des arrérages de la dette publique et des pensions.

Art. 3. La prescription des arrérages des rentes viagères et pensions, n'aura lieu ; savoir : pour les rentes viagères, que dans le délai de cinq ans, conformément au décret du 9 ventôse an XIII et à l'article 158 de la loi du 24 août 1793 ; et pour les pensions, que dans le délai de trois ans, conformément à l'arrêté du 15 flor. an II.

(a) Ord. juin 1510.

Art. 71. La plupart de nos sujets au temps présent, usent d'achats et ventes de rente, que les anciens appellent rentes à prix d'argent, les autres rentes volantes, pensions, hypothèques ou rentes à rachat, selon la di-

versité des lieux et pays où se font iceux contrats, à cause desquels contrats plusieurs sont mis à pauvreté et destruction pour les grands arrérages que les acheteurs laissent courir sur eux, qui montent souvent plus que le principal, pour le paiement desquels faut vendre et distraire tous leurs biens, et tombent eux et leurs enfans en mendicité et misère, et aussi souvent les acheteurs perdent leur principal et arrérages, pour ce que leur vendeur auparavant avait vendu à plusieurs autres semblables rentes, les payemens desquelles et des arrérages surmontent les biens du vendeur, et le dernier perd son principal et arrérages, moyennant lesquels contrats se font plusieurs fausses ventes, fraudes et tromperies, desquelles sortent plusieurs procès, tant criminels que civils, et plusieurs y perdent leur avoir tout vendeurs que acheteurs ; pour ce nous désirans pourvoir à l'indemnité de nos sujets, considérons tels et semblables contrats estre odieux et à restreindre, avons ordonné et ordonnons que les acheteurs de telles rentes et hypothèques ne pourront demander que les arrérages de cinq ans au moins, et si outre iceux cinq ans aucune année des arrérages estoit eschue, dont n'eussent fait question ne demande en jugement, ne seront reçus à la demander, ains en seront déboutés par fin de non recevoir, et en ce ne sont comprises les rentes foncières portant directe ou censive.

sions alimentaires; — C. 1015 2º. — Pr. 581 s. — Les loyers des maisons, et le prix de ferme des biens ruraux (a); — C. 1728. — Les intérêts des sommes prêtées, et généralement tout ce qui est payable par année, ou à des termes périodiques plus courts (2), — C. 1905 s. (b). — Se prescrivent par cinq ans. — C. 2060 s., 2278.

2278. Les prescriptions dont il s'agit dans les articles de la présente section, courent contre les mineurs et les interdits; sauf leur recours contre leurs tuteurs.—C. 388, 450, 476 s., 509, 1382, 2252, 2271 s.

2279. En fait de meubles, la possession vaut titre. — C. 2119 et la note. — Néanmoins celui qui a perdu ou auquel il a été volé une chose, peut la revendiquer pendant trois ans, à compter du jour de la perte ou du vol, contre celui dans les mains duquel il la trouve; sauf à celui-ci son recours contre celui duquel il la tient. — C. 527 s., 549, 550, 1141, 1802, 1383, 1926, 1935, 2102 4º, 2280. — Pr. 826 s.— Co. 574 s. — P. 379, 408.

2280. Si le possesseur actuel de la chose volée ou perdue l'a achetée dans une foire ou dans un marché, ou dans une vente publique, ou d'un marchand vendant des choses pareilles, le propriétaire originaire ne peut se la faire rendre qu'en remboursant au possesseur le prix qu'elle lui a coûté.—C. 2279. —Supp. *Police rurale,* L. 28 sept.-6 oct. 1791, tit. 11, art. 11.

2281. Les prescriptions commencées à l'époque de la publication du présent titre seront réglées conformément aux lois anciennes. — Néanmoins les prescriptions alors commencées, et pour lesquelles il faudrait encore, suivant les anciennes lois, plus de trente ans à compter de la même époque, seront accomplies par ce laps de trente ans. — C. 2, 2227 et la note, 2262 s.

DÉCR. 20 *août* 1792, tit. III.

ART. 1er. Les arrérages à échoir de cens, redevances, même de rentes foncières ci-devant perpétuelles, se prescriront à l'avenir par cinq ans, à compter du jour de la publication du présent décret, s'ils n'ont été conservés par la reconnaissance du redevable, ou par des poursuites judiciaires.

(a) ORD. *Janv.* 1629.

ART. 142. Les loyers de maisons et prix des baux à ferme ne pourront être demandés cinq ans après les baux expirés.

(2) AV. C. D'ÉT. 21 *mars* 1809.

Est d'avis que la caisse d'amortissement doit rejeter, à l'avenir, toute demande d'intérêts qui remonteraient au delà de cinq ans, si la prescription n'a été interrompue.

(b) ORD. *Janv.* 1629.

ART. 159. L'interpellation ou demande en justice des intérêts, d'une somme principale, ores qu'elle eût été suivie de sentence, ou que lesdits intérêts soient adjugés par sentence ou arrêt, n'acquerra intérêts pour plus de cinq ans, si elle n'est continuée et réitérée.

FIN DU CODE CIVIL.

TABLE

DES

MATIÈRES DU CODE CIVIL.

TITRE PRÉLIMINAIRE.

DE LA PUBLICATION, DES EFFETS ET DE L'APPLICATION DES LOIS EN GÉNÉRAL.   Art. 1 à 6

LIVRE PREMIER.

DES PERSONNES.

LIVRE DEUXIÈME.

DES BIENS, ET DES DIFFÉRENTES MODIFICATIONS DE LA PROPRIÉTÉ.

LIVRE TROISIÈME.

DES DIFFÉRENTES MANIÈRES DONT ON ACQUIERT LA PROPRIÉTÉ.

FIN DE LA TABLE DES MATIÈRES.

LOI DES 17 JANVIER, 30 AVRIL, 7-11 MAI 1849, SUR LES MAJORATS ET LES SUBSTITUTIONS.

ART. 1er. Les majorats de biens particuliers qui auront été transmis à deux degrés successifs, à partir du premier titulaire, sont abolis. Les biens composant ces majorats demeurent libres entre les mains de ceux qui en sont investis. — Art. 5. — C. 896 et la note 1.

2. Pour l'avenir, la transmission, limitée à deux degrés à partir du premier titulaire, n'aura lieu qu'en faveur des appelés déjà nés ou conçus lors de la promulgation de la présente loi. — S'il n'existe point d'appelés à cette époque, ou si ceux qui existaient décèdent avant l'ouverture de leur droit, les biens des majorats deviendront immédiatement libres entre les mains du possesseur.

3. Pendant une année à partir de la promulgation de la présente loi, lorsqu'une saisie sera pratiquée sur les biens devenus libres en vertu de l'article précédent, les juges pourront toujours, quelle que soit la nature du titre, appliquer l'art. 1244 du Code civil, et surseoir aux poursuites ultérieures pendant le délai qu'ils détermineront.

4. Il n'est rien innové, quant au droit spécial de révocation conféré au fondateur par l'art. 3 de la loi du 12 mai 1835. — Art. 5. — Voyez p. 131, note 1.

5. Dans les cas prévus par les art. 1, 2 et 4 de la présente loi, le ministre de la justice statuera sur les demandes en radiation, soit de la transcription hypothécaire, soit de l'annotation spéciale d'immobilisation des rentes sur l'État ou des actions de la banque de France. Sur son refus, les parties intéressées pourront se pourvoir devant les tribunaux ordinaires, qui statueront définitivement.

6. Sont abrogées, relativement aux majorats des biens particuliers, les dispositions du décret du 1er mars 1808, art. 6, et du décret du 4 juin 1809, relatives à la retenue et à la capitalisation du dixième du revenu des rentes sur l'État ou des actions de la banque.

7. La mutation par décès d'un majorat de biens particuliers donnera ouverture au droit de transmission de propriété en ligne directe. — La taxe du cinquième d'une année de revenu, établie par le décret du 4 mai 1809, est abolie pour l'avenir. — Il ne sera perçu qu'un droit de transmission d'usufruit mobilier sur la pension de la veuve.

8. La loi du 17 mai 1826, sur les substitutions, est abrogée. — C. 1048 n.

9. Les substitutions déjà établies sont maintenues au profit de tous les appelés nés ou conçus lors de la promulgation de la présente loi. — Lorsqu'une substitution sera recueillie par un ou plusieurs des appelés dont il vient d'être parlé, elle profitera à tous les autres appelés du même degré, ou à leurs représentants, quelle que soit l'époque où leur existence aura commencé. — C. 1048 n.

LES CODES FRANÇAIS

COLLATIONNÉS SUR LES TEXTES OFFICIELS

et l'on trouve ce qui rapporte

LES TEXTES DU DROIT ANCIEN ET INTERMÉDIAIRE

NÉCESSAIRES A L'INTELLIGENCE DES ...

PAR LOUIS TRIPIER

Avocat à la Cour d'appel de Paris, Docteur en droit, ...
du Conseil général de l'Yonne.

4 beau-fort vol. gr. in-8, papier collé. Prix ...

Les mêmes, in-32. Prix ...

Les Constitutions françaises ...
... jusques et y compris ...
pris la Constitution du ...
novembre ... accompa-
gnées de notes ...
entre elles. Deuxième édition, par Louis Tripier,
... de Paris, Docteur en droit, ...

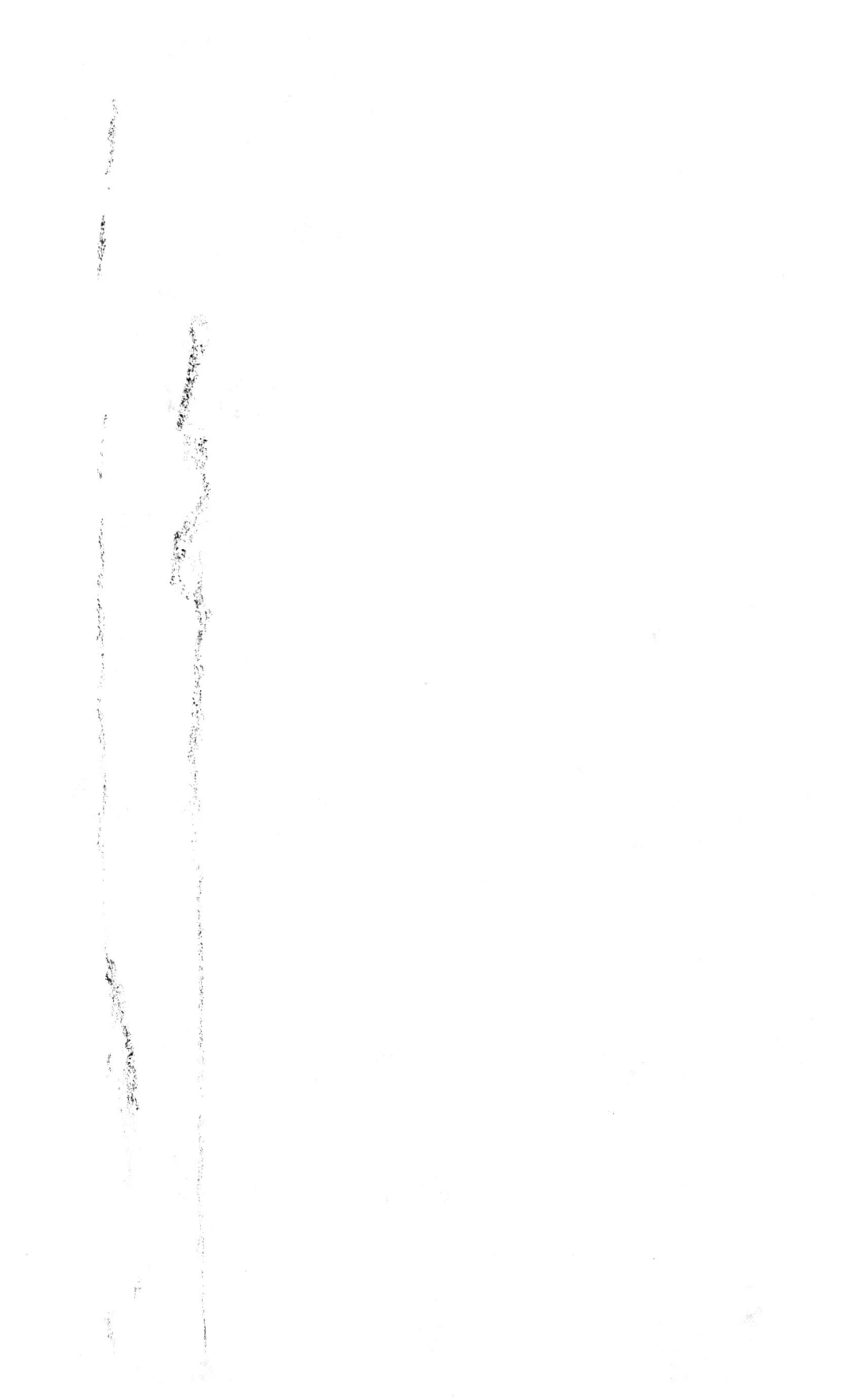

www.ingramcontent.com/pod-product-compliance
Lightning Source LLC
Chambersburg PA
CBHW061127220326
41599CB00024B/4192